V Congresso de Direito da Insolvência

V Congresso de Direito da Insolvência

Coordenação
Catarina Serra

ALMEDINA

V CONGRESSO DE DIREITO DA INSOLVÊNCIA
COORDENAÇÃO
Catarina Serra
EDITOR
EDIÇÕES ALMEDINA, S.A.
Rua Fernandes Tomás, nºs 76-80
3000-167 Coimbra
Tel.: 239 851 904 · Fax: 239 851 901
www.almedina.net · editora@almedina.net
DESIGN DE CAPA
FBA.
PRÉ-IMPRESSÃO
João Jegundo
IMPRESSÃO E ACABAMENTO
PENTAEDRO, LDA.
Novembro, 2019
DEPÓSITO LEGAL
464380/19

ALMEDINA | GRUPOALMEDINA

BIBLIOTECA NACIONAL DE PORTUGAL – CATALOGAÇÃO NA PUBLICAÇÃO

CONGRESSO DE DIREITO DA
INSOLVÊNCIA, 5, Lisboa, 2019

V Congresso de Direito da Insolvência / coord.
Catarina Serra
ISBN 978-972-40-8256-1

I – SERRA, Catarina

CDU 347

PREFÁCIO

No passado dia 26 de Junho de 2019 foi publicada no Jornal Oficial da União Europeia a tão aguardada Directiva sobre reestruturação e insolvência [Directiva (UE) 2019/1023]. A Directiva entrou já em vigor e deverá ser transposta por todos os Estados-membros até 17 de Julho de 2021,

Antecipando a publicação da Directiva, no V Congresso de Direito da Insolvência analisaram-se já as medidas previstas no seu texto final e o respectivo impacto na ordem jurídica interna.

Da discussão (animada) resultou um conjunto de ideias importantes que era imprescindível coligir. Este é um dos maiores objectivos perseguidos com este livro. Espera-se que ele possa contribuir para uma melhor ponderação das soluções no quadro da próxima revisão legislativa.

Além da Directiva, houve, naturalmente, tempo no Congresso para abordar os grandes institutos / os institutos "inevitáveis" do Direito da insolvência e a disciplina, cada vez mais importante, da reestruturação preventiva. Deu-se atenção ainda à relação entre a insolvência e o Direito tributário e à (complexa) matéria dos recursos no processo de insolvência.

Depois de tudo – não pode deixar de se dizer –, é notória a emergência de uma significativa tensão entre os interesses dos credores e os interesses dos empresários / sócios. Consequentemente, a questão essencial parece ser hoje a da finalidade dos institutos, em particular aqueles que respeitam à reestruturação preventiva. São eles predispostos para a tutela dos interesses dos credores ou para a tutela da empresa e dos interesses associados a esta? Poder-se-á, por exemplo, dizer que os processos pré-insolvenciais como o PER são concebidos predominantemente no interesse da empresa (como via para continuidade da empresa) ou no interesse dos credores (como meio de pagar aos credores)?

No momento da aplicação do Direito, esta dúvida determina uma variedade de interpretações normativas que é, compreensivelmente, indesejável.

Sabendo que o equilíbrio perfeito dos interesses em confronto será sempre um objectivo impossível, é ao legislador que cabe, em primeira linha, dispensar orientações mais claras.

Mas cabe a todos os que estudam e aplicam o Direito contribuir para esta clarificação, partilhando e debatendo as suas ideias. Do cumprimento deste dever foi exemplo mais esta edição do Congresso de Direito da Insolvência e é exemplo mais este livro.

A todos os que, de múltiplas formas, participaram nesta obra, fica o meu agradecimento e, desde já, o convite para participar nas próximas, sendo tantos e tão importantes os desafios que se avizinham.

Braga, 13 de Agosto de 2019

Catarina Serra

PROGRAMA

11 DE ABRIL

09h30 – APRESENTAÇÃO – DIREITO DA INSOLVÊNCIA IMINENTE
Catarina Serra
Juíza Conselheira do Supremo Tribunal de Justiça

09h45 – **TEMA I** – DIREITO DA INSOLVÊNCIA: GRANDES INSTITUTOS
Presidente da mesa: *Rui Pinto Duarte*
Professor Convidado da Faculdade de Direito da Universidade Católica Portuguesa
Advogado

DÍVIDAS DA MASSA
Pedro Pais de Vasconcelos
Professor jubilado da Faculdade de Direito da Universidade de Lisboa / Advogado

DEVERES DE LEALDADE DOS ADMINISTRADORES E PRESUNÇÕES DE CULPA NA INSOLVÊNCIA
Manuel Carneiro da Frada
Professor da Faculdade de Direito da Universidade do Porto

10h45 – Debate

11h15 – *Coffee-Break*

11h45 – **TEMA I** (CONT.)
Presidente da mesa: *Pedro Pais de Vasconcelos*
Professor jubilado da Faculdade de Direito da Universidade de Lisboa / Advogado

PESSOAS ESPECIALMENTE RELACIONADAS
Maria de Fátima Ribeiro
Professora da Faculdade de Direito da Universidade Católica Portuguesa

IMPUGNAÇÃO PAULIANA, SOB A SOMBRA DA RESOLUÇÃO EM BENEFÍCIO DA MASSA
Francisco Mendes Correia
Professor da Faculdade de Direito da Universidade de Lisboa

12h45 – Debate

13h00 – Almoço

14h30 – **TEMA I** (CONT.)
Presidente da mesa: *Nuno Manuel Pinto Oliveira*
Juiz Conselheiro do Supremo Tribunal de Justiça

CONTRATOS SINALAGMÁTICOS E RECUSA DE CUMPRIMENTO PELO ADMINISTRADOR
Maria de Lurdes Pereira
Professora da Faculdade de Direito da Universidade de Lisboa

NATUREZA E FUNÇÕES DA RESPONSABILIDADE PELA INSOLVÊNCIA CULPOSA
Henrique Sousa Antunes
Professor da Faculdade de Direito da Universidade Católica Portuguesa

15h30 – Debate

16h00 – *Coffee-Break*

16h30 – **TEMA II** – CREDORES E GARANTES
Presidente da mesa: *Henrique Sousa Antunes*
Professor da Faculdade de Direito da Universidade Católica Portuguesa

O PAPEL DOS CREDORES NA INSOLVÊNCIA E NA PRÉ-INSOLVÊNCIA
João Labareda
Advogado

RESPONSABILIDADE PELA CONCESSÃO DE CRÉDITO A EMPRESAS EM SITUAÇÃO DESESPERADA
Nuno Manuel Pinto Oliveira
Juiz Conselheiro do Supremo Tribunal de Justiça

INSOLVÊNCIA E TUTELA DO CONSUMIDOR
Ana Taveira da Fonseca
Professora da Faculdade de Direito da Universidade Católica Portuguesa

PER E GARANTES
Catarina Monteiro Pires
Professora da Faculdade de Direito da Universidade de Lisboa

18h30 – Debate

12 DE ABRIL

09h30 – **TEMA III** – SOB A ÉGIDE DA DIRECTIVA: REESTRUTURAÇÃO PREVENTIVA
Presidente da mesa: *Maria de Fátima Ribeiro*
Professora da Faculdade de Direito da Universidade Católica Portuguesa

ADMINISTRADORES E (NOVO?) DEVER GERAL DE PREVENÇÃO DA INSOLVÊNCIA
Jorge Coutinho de Abreu
Professor da Faculdade de Direito da Universidade de Coimbra

CONVERSÃO DE CRÉDITOS EM CAPITAL
Paulo Olavo Cunha
Professor da Faculdade de Direito da Universidade Católica Portuguesa / Advogado

10h30 – Debate

11h00 – *Coffee-Break*

11h30 – **TEMA III** (CONT.)
Presidente da mesa: *Paulo Olavo Cunha*
Professor da Faculdade de Direito da Universidade Católica Portuguesa / Advogado

TUTELA DOS INTERESSES DOS TRABALHADORES
Júlio Vieira Gomes
Juiz Conselheiro do Supremo Tribunal de Justiça
Professor Convidado da Faculdade de Direito da Universidade Católica Portuguesa

LIMITES AOS PODERES DA ASSEMBLEIA GERAL E AOS DIREITOS DOS SÓCIOS
Diogo Costa Gonçalves
Professor da Faculdade de Direito da Universidade de Lisboa

12h30 – Debate

13h00 – Almoço

14h30 – **TEMA III** (CONT.)
Presidente da mesa: *Catarina Serra*
Juíza Conselheira do Supremo Tribunal de Justiça

FINANCIAMENTO PARA A REESTRUTURAÇÃO E FINANCIAMENTO INTERCALAR
Madalena Perestrelo de Oliveira
Professora da Faculdade de Direito da Universidade de Lisboa

APROVAÇÃO E HOMOLOGAÇÃO DE PLANOS DE RECUPERAÇÃO
Fátima Reis Silva
Juíza Desembargadora do Tribunal da Relação de Lisboa

15h30 – Debate

16h00 – *Coffee-Break*

16h30 – **TEMA IV** – RECURSOS E (OUTROS) PROCESSOS
Presidente da mesa: *Fátima Reis Silva*
Juíza Desembargadora do Tribunal da Relação de Lisboa

INSOLVÊNCIA E RESPONSABILIDADE TRIBUTÁRIA
Rui Duarte Morais
Professor da Faculdade de Direito da Universidade Católica Portuguesa

RECURSOS NO PROCESSO DE INSOLVÊNCIA E NO PER
Rui Pinto
Professor da Faculdade de Direito da Universidade de Lisboa

17h30 – Debate

18h00 – Encerramento

Em face do Direito da insolvência iminente. O tratamento justo como condição para a reestruturação forçada da dívida: prioridade absoluta ou prioridade relativa?

CATARINA SERRA
Juíza Conselheira do Supremo Tribunal de Justiça
Professora Associada com Agregação da Escola de Direito da Universidade do Minho
(contrato na situação prevista no artigo 73º do ECDU)

1. Observações iniciais e enquadramento

O título escolhido para presente texto tem um (deliberado) duplo sentido.

Desde logo, anuncia a aproximação de novas regras.

Com efeito, em 26 de Junho de 2019 foi publicada no Jornal Oficial da União Europeia a tão aguardada Diretiva sobre reestruturação e insolvência ou, mais exactamente, a Directiva (UE) 2019/1023 do Parlamento Europeu e do Conselho de 20 de Junho de 2019 sobre os regimes de reestruturação preventiva, o perdão de dívidas e as inibições, e sobre as medidas destinadas a aumentar a eficiência dos processos relativos à reestruturação, à insolvência e ao perdão de dívidas, e que altera a Directiva (UE) 2017/1132[1].

De acordo com o seu art. 35º, a Directiva entrou em vigor no vigésimo dia seguinte ao da sua publicação e, nos termos do disposto no seu artigo 34º, deverá ser transposta por todos os Estados-membros até 17 de Julho de 2021, o que significa que, a curto prazo, terão de ser introduzidas alterações na legislação nacional.

Depois, chama a atenção para o proeminente ramo / sub-ramo do Direito da insolvência, com função preventiva. É verdade que, como o seu nome indica, a Directiva impõe novas regras também no quadro dos processos de insolvência, mas o seu maior alvo é, sem dúvida, a disciplina da reestruturação preventiva (*preventive restrucutring framework*).

[1] O texto da Directiva está disponível na versão em língua portuguesa em https://eur-lex.europa.eu/legal-content/PT/TXT/?uri=CELEX:32019L1023.

Na impossibilidade de tratar aqui todas as novidades que se avizinham no Direito português, destacar-se-ia, por um lado, a obrigatoriedade da divisão – de alguma divisão[2] – dos credores e dos sujeitos afectados em classes / categorias e, por outro, a necessidade de previsão do "*cross-class cram-down*" (na tradução oficial, da "reestruturação forçada da dívida contra categorias de credores")[3/4].

O *cross-class cram-down* tem o intuito de facilitar a adopção do plano de reestruturação e funciona sob proposta do devedor ou, pelo menos, com o seu acordo (art. 11º, nº 1, da Directiva). Trata-se de uma medida que permite o suprimento judicial da vontade dos sujeitos discordantes, tornando o plano vinculativo para eles, no caso de – e apesar de – o plano de reestruturação não ser aprovado conforme previsto no art. 9º, nº 6, da Directiva[5]. Está, assim, abrangida não só a hipótese em que apenas falta a aprovação por uma das categorias mas também a hipótese em que o plano é aprovado apenas por uma das categorias, faltando a aprovação das restantes[6].

Como não poderia deixar de ser, a possibilidade de *cross-class cram-down* está subordinada, na Directiva, ao preenchimento de certos requisitos.

Mais precisamente, para que possa ter lugar o *cross-class cram-down* o plano de reestruturação deverá: (1) cumprir o disposto no artigo 10º, nºs 2 e 3 [art. 11º, nº 1 *(a)*, da Directiva][7]; (2) ter sido aprovado por uma maioria

[2] Como regra mínima, estabelece-se a divisão entre credores garantidos e credores não garantidos (cfr. art. 9º, nº 4, da Directiva). Determina-se, contudo, que as Pequenas e Médias Empresas possam ser, em certos casos, dispensadas desta obrigação (cfr. artigo 9º, nº 4, e considerando 45 da Directiva).

[3] O *cross-class cram-down* teve origem nos Estados Unidos (section 1129 do *Bankruptcy Code*), mas existe já em países como a Alemanha (§ 245 da *Insolvenzordnung*) e a Holanda (artikel 146 da *Faillissementswet*). Curiosamente, na Inglaterra, conhecida por ser particularmente *debtor-friendly*, o *cross-class cram-down* não está explicitamente previsto.

[4] Ambas as medidas foram objecto de comentário noutro momento. Cfr., designadamente, Catarina Serra, "A harmonização do Direito substantivo da Insolvência", in: Catarina Serra (coord.), *IV Congresso de Direito da Insolvência*, Coimbra, Almedina, 2017, pp. e s. Por este motivo dispensaram-se maiores desenvolvimentos.

[5] Determina-se aí, mais exactamente, que "*[o] plano de reestruturação é adotado pelas partes afetadas mediante obtenção de uma maioria do montante dos respetivos créditos ou interesses em cada uma das categorias. Os Estados-Membros podem, além disso, exigir a obtenção de uma maioria do número de partes afetadas em cada categoria*".

[6] Não sem algumas exigências, conforme se verá.

[7] Traduz-se isto nas exigências de que: (1) o plano de reestruturação tenha sido adoptado em conformidade com o art. 9º da Directiva; (2) os credores com suficientes interesses comuns na mesma categoria sejam tratados em pé de igualdade e de forma proporcional aos seus

das categorias votantes de partes afectadas, desde que pelo menos uma dessas categorias seja uma categoria de credores garantidos (*secured creditors*) ou tenha precedência sobre a categoria de credores comuns não garantidos (*senior creditors*) ou, se não for o caso, por, pelo menos, uma das categorias votantes de partes afectadas ou, se o Direito nacional assim o previr, de partes prejudicadas que não seja uma categoria de detentores de participações nem qualquer outra categoria que, após a avaliação do devedor como empresa em actividade, não recebesse qualquer pagamento nem conservasse qualquer interesse ou, se o direito nacional assim o previr, se possa razoavelmente presumir que não receberia qualquer pagamento nem conservaria qualquer interesse se fosse aplicada a ordem normal das prioridades de liquidação nos termos do direito nacional [art. 11º, nº 1 *(b)* *(i)* e *(ii)*, da Directiva][8]; (3) garantir que as categorias votantes discordantes de credores afectados recebem um tratamento pelo menos tão favorável como o de qualquer outra categoria do mesmo grau e mais favorável do que o de qualquer categoria de grau inferior [art. 11º, nº 1 *(c)*, da Directiva]; e (4) não prever que alguma categoria de partes afectadas recebe ou conserva mais do que o montante correspondente à totalidade dos seus créditos ou interesses [art. 11º, nº 1 *(d)*, da Directiva].

Olhando para as condições acabadas de enunciar, é notória uma alteração "de última hora": no lugar da *absolute priority rule* (regra de prioridade absoluta) está agora a *relative priority rule* (regra de prioridade relativa) [art. 11º, nº 1 *(c)*, da Directiva].

De facto, no texto inicial da Directiva uma das condições indispensáveis para o *cross-class cram-down* era a prioridade absoluta [versão inicial do art. 11º, nº 1 *(c)*, da Directiva]. A verdade é que, por recomendação do

créditos; (3) a notificação do plano tenha efectuada nos termos do Direito nacional a todas as partes afectadas; (4) havendo credores discordantes, o plano satisfaça o "teste do melhor interesse dos credores" ("*best interest of creditors' test*") (exigência esta que, não obstante, só será examinada se o plano for contestado com este fundamento); (5) se aplicável, qualquer novo financiamento seja necessário para executar o plano de reestruturação e não prejudique injustamente os interesses dos credores. Prevê-se ainda que possa haver recusa de confirmação do plano caso este não apresente perspectivas razoáveis de evitar a insolvência do devedor ou de garantir a viabilidade da empresa.

[8] Não seja, enfim, uma categoria *out-of-the-money*. Para efeitos desta qualificação, ou seja, a qualificação como *out-of-the-money*, pergunta-se, pertinentemente, Nicolaes W. A. Tollenaar ["The European Commission's Proposal for a Directive on Preventive Restructuring Proceedings", in: *Insolvency Intelligence*, 2017 (5), p. 69] se aquilo que deve considerar-se é o valor de liquidação da empresa ou o valor da empresa recuperada.

Conselho, no texto final da Directiva, a regra da prioridade absoluta deixou de ser uma condição necessária (uma "regra mínima") para a adopção de planos aprovados naquelas condições, conforme se explica no considerando 55 da Directiva, estando o seu lugar ocupado, como se disse, pela regra da prioridade relativa.

A razão, apresentada por altura da divulgação da Directiva, em Outubro de 2018, foi a de que a medida do *cross-class cram-down* era nova e suscitava a apreensão dos Estados-membros, sendo, em particular, problemática a regra da prioridade absoluta

Sucede, porém, que a prioridade absoluta não desapareceu; permanece como regra opcional, podendo os Estados-membros adoptá-la, em vez da prioridade relativa, se assim o pretenderem [art. 11º, nº 2 *(a)*, da Directiva]. Por outras palavras, a prioridade absoluta passa a ser uma condição do *cross-class cram-down* nos Estados-membros que por ela optem, em alternativa à prioridade relativa [art. 11º, nº 2 *(a)*, da Directiva][9].

Compreensivelmente, a questão de saber qual é, em rigor, a regra mais adequada à finalidade de protecção dos credores tem suscitado uma discussão acesa entre os mais reputados especialistas.

2. Prioridade relativa *versus* prioridade absoluta

A regra da prioridade absoluta exige que nenhum credor das categorias discordantes deixe de ser pago na íntegra antes do pagamento aos credores das categorias inferiores ou menos graduadas[10/11].

[9] Ainda assim, permite-se, no considerando 56 da Directiva, que os Estados-membros prevejam derrogações à prioridade absoluta quando se considere justo que, por exemplo, os sócios retenham certos valores ao abrigo do plano apesar de uma categoria menos graduada ser obrigada a aceitar a redução dos seus créditos ou os fornecedores de serviços essenciais afectados pela suspensão das acções individuais sejam pagos antes de categorias mais graduadas de credores. Diz-se ainda, no considerando 57 da Directiva, que, se os Estados-membros excluírem os sócios das categorias de credores votantes, não faz sentido a aplicação da regra da prioridade absoluta na relação entre os credores e os sócios.

[10] A regra é igualmente originária do Direito norte-americano (por isso se lhe chamando "regra americana" de protecção dos credores), tendo sido alegadamente criada pelo *US Supreme Court* [caso *Northern Pacific Railway Company v. Boyd*, 228 U.S. 482, 502 (1913)]. No plano de recuperação da *Northern Pacific*, os sócios propunham-se readquirir as acções da empresa mas os credores menos gradados não receberiam qualquer pagamento. O Tribunal rejeitou o plano, afirmando que uma aquisição pela qual se dava tratamento preferencial aos sócios (consentindo que eles mantivessem proprietários da empresa) em detrimento dos credores menos graduados não era admissível. O Tribunal criou, então, a regra da prioridade absoluta,

A regra dá aos credores discordantes das categorias mais graduadas (*senior creditors*) o poder de vetar a adopção do plano sempre que este preveja alguma distribuição a credores menos graduados (*more junior creditors*)[12]. Por outras palavras, os credores discordantes das categorias de credores garantidos (*secured* ou *senior creditors*) têm direito de vetar o plano sempre que ele preveja alguma distribuição aos credores comuns (*unsecured* ou *junior creditors*); estes, por sua vez, têm direito de veto sempre que o plano preveja alguma distribuição aos sócios (*shareholders*)[13].

para impedir eventuais acordos entre credores mais graduados e sócios, susceptiveis de colocar os credores menos graduados numa posição injusta. Marginalmente, o Tribunal reconheceu que seria possível aos sócios reter as suas participações quando trouxessem uma contribuição nova, substancial e essencial para a empresa, o que, segundo alguns, corresponderia ao reconhecimento de uma excepção (*SME equity retention plan*, de que se falará adiante). Em 1978, a regra obteve consagração na lei [*section* 1129 (b) (2) (ii) do *Bankruptcy Code*], muito embora não se use a expressão "regra da prioridade absoluta". A regra já não é, todavia, completamente estranha aos ordenamentos jurídicos europeus, tendo sido acolhida, em complemento do "teste do melhor interesse dos credores" ("*best interest of creditors' test*"), na Alemanha [§ 245 (1), 1 e 2, da *Insolvenzordnung*] e ainda em Itália. Explica com pormenores as origens da regra STEPHEN J. LUBBEN ("The overstated absolute priority rule", in: *Fordham Journal of Corporate & Financial Law*, 2016, vol. XXI, pp. 581 e s.).

[11] Correspondentemente, a regra da prioridade absoluta era definida no texto inicial do art. 2º (10) da Directiva como "*a obrigatoriedade de uma categoria de credores discordante ser paga na íntegra antes de uma categoria inferior poder receber qualquer distribuição ou conservar qualquer participação no âmbito do plano de reestruturação*". Entendem STEPHAN MADAUS e BOB WESSELS ["ELI Business Report – Rescue of Business in Insolvency Law (September 6, 2017)", p. 39 (disponível em https://www.europeanlawinstitute.eu/fileadmin/user_upload/p_eli/Publications/Instrument_INSOLVENCY.pdf)] que esta definição é insuficiente, faltando a segunda vertente da regra. Segundo eles, a regra assegura que (a) uma categoria de credores discordantes pode insistir em ser satisfeita na íntegra antes de alguma categoria inferior receber ou manter algum valor ao abrigo do plano e (b) uma categoria de credores discordantes ou sócios pode insistir em ser tratada pelo menos tão favoravelmente como os credores de outra categoria com a mesma posição fora da insolvência.

[12] Segundo o texto inicial do considerando 28 da Directiva, "*[a] regra da prioridade absoluta serve de base para determinar o valor a repartir pelos credores no contexto da reestruturação. Como corolário da regra da prioridade absoluta, nenhuma categoria de credores pode receber ou manter, ao abrigo do plano de reestruturação, valores ou lucros económicos superiores ao montante total dos créditos ou participações dessa categoria. A regra da prioridade absoluta permite determinar, em comparação com a estrutura de capital da empresa objeto de reestruturação, o valor da distribuição que as partes têm a receber ao abrigo do plano de reestruturação, com base no valor da empresa quando em atividade*".

[13] A ordem (decrescente) de prioridades na distribuição em contexto pré-insolvencial é, normalmente, a seguinte: *senior creditors, unsecured creditors, junior creditors, shareholders / equity holders.*

Os únicos sujeitos que não podem, em princípio, vetar o plano são os sócios, pois são os sujeitos afectados menos graduados ou "credores residuais" ("*residual claimants*"). Dito de outro modo, para a empresa se manter exclusivamente nas mãos dos sócios ao longo e depois da reestruturação é preciso que todas as categorias de credores aceitem o plano ou estes sejam pagos na íntegra.

Em contrapartida, a regra da prioridade relativa exige – exige apenas – que as categorias discordantes de credores sejam tratadas pelo menos tão favoravelmente como as categorias que tenham a mesma posição e mais favoravelmente do que as categorias inferiores ou menos graduadas [versão actual do art. 11º, nº 1 *(c)*, da Directiva].

É possível dizer que a prioridade relativa é uma combinação de dois princípios / duas regras: o princípio / a regra segundo a qual deve dar-se às categorias superiores tratamento mais favorável e às categorias inferiores tratamento menos favorável e o princípio / a regra segundo a qual a categorias iguais deve dar-se tratamento igualmente favorável.

A maior adequação da regra da prioridade relativa é entusiasticamente defendida por autores como STEPHAN MADAUS e BOB WESSELS, por um lado[14], e LORENZO STANGHELLINI, RIZ MOKAL, CHRISTOPH PAULUS e IGNACIO TIRADO, por outro[15].

Sabendo que a prioridade absoluta é vista, no sistema norte-americano como "*bankruptcy's most important and famous rule*"[16], STEPHAN MADAUS e BOB WESSELS chamam, porém, a atenção para o facto de a Directiva não ser, na parte dos instrumentos de reestruturação preventiva, um instrumento de Direito da insolvência mas sim de Direito pré-insolvencial. Ora,

[14] Cfr. STEPHAN MADAUS / BOB WESSELS, "ELI Business Report – Rescue of Business in Insolvency Law (September 6, 2017)", cit., pp. 324, 333, 334, 335 e s., STEPHAN MADAUS ["Rescuing companies involved in insolvency proceedings with rescue plans", 2013, pp. 1 e s. (disponível em https://papers.ssrn.com/sol3/papers.cfm?abstract_id=2271979)], começara a defender a tese anos antes, enfatizando-a, porém, em coordenação com a tese da inaplicabilidade da prioridade absoluta aos sócios fundadores (*old equity*).

[15] Cfr. LORENZO STANGHELLINI / RIZ MOKAL / CHRISTOPH PAULUS / IGNACIO TIRADO, *Best Practices in European Restructuring*, Milano, CEDAM, 2018, pp. 45 e s. (também disponível em https://www.codire.eu/wp-content/uploads/2018/11/Stanghellini-Mokal-Paulus-Tirado-Best-practices-in-European-restructuring.-Contractualised-distress-resolution-in-the-shadow-of-the-law-2018-1.pdf).

[16] As palavras foram proferidas pelo *US Supreme Court* no caso *Czyzewski v. Jevic Holding Corp.*, 580 U.S._2017.

aquilo que faz sentido num processo de insolvência, mesmo com finalidade de recuperação, não faz necessariamente sentido no contexto de uma reestruturação pré-insolvencial[17]. Se o objectivo, nesta segunda hipótese, é o da continuação da empresa, deve assegurar-se que os sócios mantêm a titularidade das suas participações sociais [18], sob pena de não terem nenhum incentivo para dar início a uma reestruturação e, ao invés, terem o fundado receio de perder a empresa para os credores dada a "ameaça" da alteração da estrutura de capital da empresa que é susceptível de comportar o plano de reestruturação[19].

[17] A ideia é reiterada por Stephan Madaus ["Leaving the Shadows of US Bankruptcy Law: A Proposal to Divide the Realms of Insolvency and Restructuring Law", in: *European Business Organization Law Review*, 2018, 19 (3), pp. 615 e s.] De acordo com o autor, o objectivo de reestruturação antecipada das empresas conduziu a um número de iniciativas legislativas de tipo preventivo dirigidas a disponibilizar instrumentos adequados à pré-insolvência. O resultado é uma mistura de regras de Direito da insolvência e de Direito da reestruturação que se desenvolveu orientada por necessidades práticas em vez de por princípios doutrinais. O autor propõe uma nova taxonomia, que distinga as soluções legais (as regras e os processos) destinadas a resolver o problema do concurso de credores na insolvência dos recursos contratuais que permitem aos sujeitos afastar-se daquelas soluções (ob. cit., pp. 623 e s.).

[18] Enquanto isso, a recuperação na insolvência pode muito bem passar pela venda da empresa (*asset deal*), caso em que só a empresa *stricto sensu* é recuperada, sendo a sociedade extinta e deixando, naturalmente, os sócios de ser sócios.

[19] Propende, *grosso modo*, para a mesma opinião Nicolaes W. A. Tollenaar, ["The European Commission's Proposal for a Directive on Preventive Restructuring Proceedings", cit., p. 72]. Diz ele, mais precisamente, que a possibilidade de os credores retirarem a empresa das mãos dos sócios e a transferirem para terceiros ou para si próprios é uma consequência drástica, que não deve ocorrer antes da declaração de insolvência ou sem que esta declaração seja cem por cento segura. Quando o devedor está ainda solvente e pode satisfazer as obrigações, o mero facto de uma maioria de sujeitos em posição idêntica aceitar uma coisa diferente daquilo a que tem direito não fornece suficiente justificação para alterar os direitos da minoria que pretende reter aquilo a que tem direito. Vincular uma minoria discordante quando todos os direitos podem ser satisfeitos constitui uma violação material dos direitos existentes. Ao contrário, quando o devedor está insolvente e os créditos não podem ser integralmente satisfeitos, a justificação para vincular a minoria é que a solução proposta permite que os credores como um todo realizem de forma mais eficaz os seus direitos. O efeito vinculativo da decisão da maioria não visa restringir mas sim tornar mais eficaz a realização daqueles direitos. Prosseguindo na sua análise, o autor prognosticava o fracasso da Directiva por não ter conseguido transpor de forma completa o sistema norte-americano. Segundo ele, a regra da prioridade absoluta é insuficiente por si só, ou seja, sem o complemento da regra de que nenhum credor pode receber mais do que aquilo a que tem direito à custa das categorias menos graduadas, abrindo-se a porta a situações em que as categorias de credores mais graduados

Destacam ainda os autores a flexibilidade que a regra da prioridade relativa representa e que resulta, na prática, na maior viabilidade da adopção de planos, com vantagens, sobretudo, para a preservação das Pequenas e Médias Empresas.

Acrescentam que, mesmo no Direito norte-americano, começam a aparecer sinais de cepticismo quanto à manutenção da regra da prioridade absoluta, dizendo-se, por exemplo, no Relatório do *American Bankruptcy Institute* para a revisão do *Chapter 11*, que "*[t]he absolute priority rule is an important creditor protection in chapter 11 cases, but it also has proven to be inflexible and often a barrier to a debtor's successful reorganization*"[20].

Em contrapartida, Rolef de Weijs *et al.*[21] assumem uma atitude fortemente crítica relativamente à alteração introduzida na versão final da Directiva e advertem para o grave erro que ela constitui[22].

recebem, de facto, mais do que aquilo a que têm direito à custa das categorias de credores menos graduados (ob. cit., p. 75).

[20] Cfr. American Bankruptcy Institute (ABI) Commission, "2012-2014 Final Report and Recommendations" , p. 213 (disponível em https://abiworld.app.box.com/s/vvircv5xv83aavl4dp4h).

[21] Cfr. R.J. de Weijs / A.L. Jonkers / M. Malakotipour "The imminent distortion of European Insolvency Law: How the European Union erodes the basic fabric of Private Law by allowing 'Relative Priority' (RPR)" (disponível em https://papers.ssrn.com/sol3/papers.cfm?abstract_id=3350375). Na sequência deste artigo, os autores enviaram, em 20 de Março de 2019, uma carta ao Parlamento Europeu (disponível em https://drive.google.com/file/d/1l4Xeljvi2LjarI5aR6c7DBUv3YX2OlNa/view), pugnando para que a regra da prioridade relativa não fosse adoptada no texto final da Directiva

[22] Advertem para o facto de ser ilusória a associação da regra da prioridade relativa à regra homónima que é discutida nos Estados Unidos. Esta última só difere da regra da prioridade absoluta no que toca ao momento em que os direitos são apreciados, assegurando a prevalência dos direitos dos credores garantidos sobre os dos credores comuns e a prevalência dos direitos destes últimos sobre os dos sócios. Em contrapartida, a regra europeia da prioridade relativa desconsidera totalmente a posição dos créditos. O ponto é (antecipadamente) contrariado por Stephan Madaus ["Rescuing companies involved in insolvency proceedings with rescue plans", 2013, cit., p. 13 (nota 18)]. Segundo este último autor, trata-se não só de duas regras diferentes como a segunda teria nascido da necessidade de atenuação da primeira, sendo a proposta imputável a Douglas G. Baird e Robert K. Rasmussen ("Control Rights, Priority Rights, and the Conceptual Foundations of Corporate Reorganizations", in: *Virginia Law Review*, 2001, Vol. 87, p. 936). Dizem estes últimos autores que, segundo a regra da prioridade absoluta, os sócios apenas podem conservar algum valor se todos os credores forem pagos na íntegra, enquanto a ideia de prioridade relativa, mais difícil de apreender, preserva o valor opcional das participações dos sócios no capital da empresa.

Com tal alteração – alegam – existe o perigo de uma regra de protecção de credores se transformar num veículo para comportamentos oportunísticos dos sócios, consubstanciado na transferência de valor dos credores para os sócios, o que é ameaçador para a própria matéria do Direito Privado.

Segundo os autores, mais do que uma regra de Direito da insolvência, a prioridade absoluta é, na verdade, uma regra de protecção de credores originária do Direito Privado, que garante que os sócios só recebem se e na medida em que todos os outros titulares de créditos (os credores) sejam pagos (*"equity is wiped out first"*). Ora, a divisão, existente no Direito financeiro das sociedades (*Corporate Finance Law*), entre dívida (*debt*) e capital (*equity*) assenta no pressuposto de que os sócios disponibilizam uma forma de capital que comporta risco. Este pressuposto constitui a base da responsabilidade limitada das sociedades. Os sócios têm direito aos lucros porque estão condenados a suportar o risco. Sendo a sua responsabilidade limitada, os sócios nunca perdem mais do que investem (*they do not risk more than they invest*). Em caso de insolvência, a primazia dos interesses dos sócios deve ceder e dar lugar à primazia dos direitos dos credores, sendo o Direito da insolvência "uma forma de expropriação dos sócios em benefício dos credores", "convertendo os credores comuns nos novos proprietários da empresa, logo, com direito a receber (apenas) aquilo a que a empresa teria direito a receber fora da insolvência"[23]. Por isso, esta medida tem um impacto que ultrapassa o próprio Direito da insolvência, sugerindo, se for adoptada, que o sistema do Direito privado está a funcionar, não a favor, mas contra os credores.

É certo que, para o plano de reestruturação ser confirmado ou judicialmente homologado, é exigível que ele supere o "teste do melhor interesse dos credores" (*"best interest of creditors' test"*). Esta é uma condição indispensável para que os planos sejam vinculativos para os credores discordantes. Mas isto não é suficiente para assegurar a protecção dos credores relativamente aos sócios[24]. Se o teste do melhor interesse dos credores for

[23] Cfr. Thomas L. Jackson, *The Logic and Limits of Bankruptcy Law*, Cambridge, Harvard University Press, 1986, p. 14.

[24] Chamam igualmente a atenção para a insuficiência deste mecanismo Riz Mokal e Ignacio Tirado ("Has Newton Had His Day? Relativity and Realism in European Restructuring", in: *Eurofenix – The Journal of INSOL Europe*, 2018/2019, 74, pp. 20 e s.), dizendo que ele não impede que parte do valor que deveria ir para os sujeitos das categorias discordantes seja desviado para sujeitos diversos sempre que a liquidação não seja um cenário provável.

o único teste a superar, os credores recebem, em última análise, o valor de liquidação, mas é seguro que os sócios ficam com o valor residual da empresa (*going concern surplus*). Ora, depois da redução do passivo respeitante aos créditos comuns, o valor residual da empresa ascende, normalmente, a um valor mais elevado[25].

Continuando a enaltecer a regra da prioridade absoluta, salientam os autores que, apesar do seu nome, ela não obriga, *em absoluto*, a que os credores sejam pagos na íntegra, podendo o plano ser adoptado posto que aprovado pelas maiorias exigidas e só não podendo ser judicialmente imposto quando esta aprovação falta[26].

Contestam, em particular, a razão apresentada para a substituição da regra da prioridade absoluta pela da prioridade relativa. Como pode a prioridade absoluta – interrogam-se – suscitar reservas aos Estados-membros

Renomeiam-no "teste do resultado em liquidação" ("*returns in liquidation' test*") e confrontam-no com o "teste do resultado na alternativa realista" ("*returns in realistic alternative' test*") (ob. cit. pp. 20-23). Na senda do já defendido quando acompanhados por outros autores (cfr. LORENZO STANGHELLINI / RIZ MOKAL / CHRISTOPH PAULUS / IGNACIO TIRADO (*Best Practices in European Restructuring*, cit., pp. 37-38), propõem, por isso, que seja adoptado um critério diferente: o do resultado na alternativa realista. Em conformidade com isso, aquilo que os credores discordantes recebem deverá ser comparado, não com um pior cenário hipotético, mas com o cenário que, realisticamente, for o mais provável se o plano não for aprovado. Este pode ser – mas não tem de ser – a liquidação – a liquidação da empresa como um todo (*asset deal*) ou a liquidação dos bens *uti singuli*. Por definição, um credor discordante não quer que o plano seja aprovado e por isso não pode queixar-se desde que receba pelo menos tanto quanto receberia nesse cenário. Em análise crítica da Proposta de Directiva, também REINHARD BORK ["Preventive restructuring frameworks: a 'Comedy of Errors' or 'All's Well That Ends Well'?" [a versão digital foi amavelmente oferecida pelo autor, encontrando-se o artigo publicado in: *International Corporate Rescue*, 2017, Vol. 14 (6)] chama a atenção para o facto de, no caso dos processos pré-insolvenciais, a liquidação ser apenas um cenário possível e nem sequer o mais provável. Por outro lado, nestes casos, o valor de liquidação da empresa é mais difícil de fixar.

[25] Com a regra da prioridade relativa haverá, assim, um forte incentivo para os sócios "encenarem" a insolvência da empresa. Os sócios podem, inclusivamente, estruturar a empresa de forma a que o seu valor de liquidação seja particularmente baixo, deslocando, por exemplo, bens essenciais à empresa (como a marca ou outros direitos de propriedade industrial) para outras entidades e fazendo com que sejam, depois, objecto de locação à empresa.

[26] Admitindo que a regra é, no quadro do Direito norte-americano, simultaneamente, mais flexível e menos absoluta do que à primeira vista pode parecer mas expressando reservas, tendo em conta os resultados da sua aplicação cfr. STEPHEN J. LUBBEN, "The overstated absolute priority rule", cit., pp. 581 e s.

tendo em conta que a Directiva *força*[27] os Estados-membros a adoptar uma medida nova e tão invasiva como a que permite que a vontade de uma maioria de credores seja contrariada pelo *cross-class cram-down*?

Partindo do princípio de que um dos objetivos fundamentais da Directiva é a salvaguarda das Pequenas e Médias Empresas, designadamente evitando a separação entre (quem detém) a propriedade e (quem detém) o controlo da empresa, seria possível admitir ressalvas à prioridade absoluta, aplicáveis caso a caso. Sendo os credores comuns quase sempre Pequenas e Médias Empresas, são estas, aliás, que correm o sério risco de ser desconsideradas no contexto da prioridade relativa (*class-skipping*).

Reconhecem os autores que a regra da prioridade absoluta poderia ser "afinada". Convocando a recente proposta para a revisão do *Chapter 11*, assinalam que o *American Bankruptcy Institute* avançou duas possíveis excepções, aplicáveis no âmbito das relações entre os credores e os sócios. A primeira permitiria aos sócios reter a sua participação no capital quando disponibilizassem financiamento novo à empresa[28]. O raciocínio é, funda-

[27] Sublinhado dos autores.

[28] A excepção tradicional à regra da prioridade absoluta é a "*new value exception*" (também conhecida como "*new value doctrine*" ou "*new value corollary*"). Esta excepção encontra as suas origens predominantemente na *case law* e nem tanto no *Bankruptcy Code*. Ela permite ultrapassar a regra da prioridade absoluta obrigando os sócios a fazerem uma contribuição *substancial* e *essencial* em contrapartida da sua continuação à frente da empresa. Para que esta contribuição (este *new value*) se qualifique como substancial, a maioria dos tribunais exige que ela seja, primeiro, uma contribuição actual ("*a present contribution*"), segundo, livremente transmissível ("*freely tradable in the market*") e, terceiro, em dinheiro ou susceptível de avaliação pecuniária ("*money or money's worth*"). Para ser qualificada como essencial, é geralmente exigido que a ela esteja directamente relacionada com o êxito do plano de recuperação. No caso *Northern Pacific Railway Company v. Boyd, 228 U.S. 482, 502 (1913)*, o *US Supreme Court*, sustentando a regra da prioridade absoluta, havia já afirmado, marginalmente, que deveria permitir-se ao sócio reter a sua participação se trouxesse uma contribuição nova, substancial e essencial para a empresa. Alguns autores questionaram a validade da excepção após a decisão do *US Supreme Court* no caso *Bank of America v. 203 North LaSalle Street Partnership, 526 U.S. 434 (1999)*. Estava em causa uma empresa com um activo constituído exclusivamente por propriedade imobiliária. Durante o período reservado à proposta do plano de recuperação (conhecido como "*exclusivity period*"), a empresa procurou que o plano fosse judicialmente homologado não obstante a oposição dos credores menos graduados. Nos termos do plano, os sócios reteriam a sua participação na empresa contribuindo com alguns milhões de dólares para o pagamento de impostos que, no caso contrário, não seriam pagos. No entanto, o plano não previa um mecanismo para a aquisição da empresa por parte de não sócios. O caso reclamava, aparentemente, uma apreciação da validade da excepção do *new value*.

mentalmente, o seguinte: quando os sócios pagam pela retenção da sua participação, eles não estão a reter a sua participação por causa da sua posição mas sim a adquirir de novo a sua participação. A segunda permitiria aos sócios das Pequenas e Médias Empresas reter a sua participação independentemente do consentimento dos credores quando, pelas suas qualidades pessoais, sejam necessários para a continuação da empresa ("*SME equity retention plan*") [29] [30]. A verdade é que se eles são necessários corresponderá também ao interesse dos credores envolvê-los. Poderia ainda conceber-se uma terceira excepção, mais complexa e a exigir maior reflexão: permitir aos credores comerciais reter valor enquanto os credores mais graduados não forem pagos na íntegra. Existindo casos em que a reestruturação tem apenas por alvo os créditos de que são titulares os credores financeiros, haveria lugar à exclusão dos credores comerciais do âmbito dos sujeitos afectados.

Concluem os autores com uma enumeração das suas críticas[31], afirmando que a regra da prioridade relativa, em primeiro lugar, desres-

O Tribunal rejeitou o plano sem, contudo, apreciar directamente esta questão. Em vez disso, limitou-se a dizer que o plano não era conforme à regra da prioridade absoluta e rejeitou a sua homologação. Na opinião do Tribunal, os proponentes do plano não haviam conseguido provar que a retenção da propriedade da empresa se devia a um novo investimento e não, meramente, à sua posição actual. A decisão teve o mérito de destacar a importância da sujeição da empresa à possibilidade de aquisição por parte de terceiros (o que é referido actualmente como "*market test*") mas, na realidade, não lança dúvidas sobre a validade da excepção do *new value*. Sobre a excepção cfr., entre outros, James J. White, "Absolute priority and New Value", in: *Thomas M. Cooley Law Review*, 1991, 8, pp. 1 e s., Douglas S. Neville, "The New Value Exception to the Chapter 11 Absolute Priority Rule", in: *Missouri Law Review*,1995, 60, pp. 465 e s., e, em especial, depois do caso *203 North LaSalle*, Hieu T. Hoang, "The New Value Exception to the Absolute Priority Rule after *in re 203 N. LaSalle Street Partnership: What Should Bankruptcy Courts Do, and How Can Congress Help?*", in: *University of Pennsylvania Law Review*, 2000, 149, pp. 580 e s.

[29] Cfr. American Bankruptcy Institute (ABI) Commission, "2012-2014 Final Report and Recommendations" , cit., pp. 225.-226 e pp. 296-299.

[30] A Directiva reconhece a importância deste tipo de contribuições referindo-se à necessidade de o plano de reestruturação contemplar a possibilidade de os sócios de Pequenas e Médias Empresas prestarem assistência à reestruturação sob uma forma não monetária, com base, por exemplo, na sua experiência, na sua reputação ou nos seus contactos comerciais (cfr. considerando 59 da Directiva).

[31] As críticas foram objecto de resposta, primeiro por Stephan Madaus ("Die neue European Relative Priority Rule der Restrukturierungsrichtlinie – Das Ende des europäischen Insolvenzrechts?", disponível em https://stephanmadaus.de/2019/03/12/die-neue-european-

peita, injustificadamente, as regras básicas da prioridade dos créditos, em segundo lugar, externaliza o risco e estimula as "encenações" de insolvência, em terceiro lugar, é insusceptível de funcionar na prática e, por último, não protege satisfatoriamente as Pequenas e Médias Empresas e nem tão-pouco os sócios destas[32] [33].

3. Prioridade absoluta ou prioridade relativa? A alternatividade de soluções como obstáculo à harmonização

Independentemente das críticas acabadas de mencionar e de todas as críticas que possam ser feitas à prioridade relativa, é um facto que foi ela a

-relative-priority-rule-der-restrukturierungsrichtlinie-das-ende-des-europaeischen-insolvenzrechts/) e, depois, por Bob Wessels ("A reply to professor De Weijs et al.", disponível em http://www.bobwessels.nl/blog/2019-03-doc10-the-full-version-of-my-reply-to-professor-de-weijs-et-al/). Entre outras coisas, salientam estes autores que a realidade europeia é diversa da norte-americana: a maioria dos credores são de tipo diferente (trabalhadores, o Estado enquanto titular de créditos fiscais ou titulares de direitos de indemnização) e passariam, com a prioridade absoluta, a deter (injustificadamente) o poder de vetar o plano. Além disso, o devedor que é visado na Directiva é um devedor ainda não insolvente. Por fim, a regra da prioridade relativa não desincentiva os sócios de participar na reestruturação, bem pelo contrário.

[32] Os autores parafraseiam Nicolaes W. A. Tollenaar, que, em intervenção dedicada à análise da Directiva (no INSOL Europe Congress, que se realizou em Atenas, em 2018) afirmou: "*[s]o please, all remember: Absolute Priority Rule good. Relative Priority Rule not good*".

[33] Em texto exclusivamente da sua autoria e com teor mais "informal", Rolef de Weijs ["A reply to professor Madaus: 'The new European relative priority from the Preventive Restructuring Directive – The end of European Insolvency Law?'" (disponível em https://corporatefinancelab.org/2019/03/15/a-reply-to-professor-madaus-the-new-european-relative-priority-from-the-preventive-restructuring-directive-the-end-of-european-insolvency-law/)] explica que está a transpor-se para os ordenamentos europeus o sistema norte-americano amputado da sua regra mais elementar. Ora, isso conduz a um claro e excessivo protecionismo dos sócios em detrimento dos credores (os fornecedores e outros credores comerciais). Alega o autor que com a regra da prioridade relativa deixa de se exigir que os credores sejam pagos na íntegra antes de se permitir aos sócios manter as suas participações sociais contra a vontade dos credores. Quer dizer: os sócios podem manter a sua posição independentemente da vontade dos credores e sem que eles sejam integralmente pagos. Ilustra a situação indesejável com um exemplo: se os credores receberem 20 milhões, sendo o passivo total de 300 milhões, e os sócios tiverem participações sociais no valor de 12 milhões, está assegurada a regra da prioridade relativa (a categoria dos credores recebe, de facto, mais do que a categoria – menos graduada – dos sócios), mas a verdade é que os sócios mantêm a sua posição incólume e os credores são, tecnicamente, "expropriados". A isto pode contrapor-se que a regra da prioridade relativa comporta também a exigência de um tratamento justo em termos percentuais.

eleita na versão final da Directiva para funcionar como regra mínima / condição indispensável para o suprimento judicial do plano nos casos em que falta a aprovação por alguma(s) das categorias. Permanece, porém, como se disse, a alternativa da prioridade absoluta. Por qual das regras deverá, afinal, optar o legislador nacional?

Em face dos argumentos aduzidos por cada uma das correntes, a resposta não se apresenta fácil. Em qualquer caso, a opção terá de resultar de uma análise cuidadosa de cada uma das regras e de uma ponderação exaustiva das consequências da sua aplicação no universo em que serão aplicadas[34].

Ambas as regras constituem mecanismos de protecção dos credores discordantes, ou seja, funcionam como testes / critérios concebidos para concretizar o objectivo do "tratamento justo" (*fair treatment*), segundo o qual o plano de recuperação só deve ser adoptado se, havendo categoria(s) de credores discordantes, esta(s) for(em) tratada(s) de forma justa.

No que respeita à prioridade absoluta, não deve perder-se de vista que ela tem origem na lei da insolvência norte-americana, estando regulada no *Chapter 11 – Reorganization* – do *Bankruptcy Act.* O seu campo de actuação "natural" é, portanto, o da recuperação de empresas *insolventes* e não, de facto, o da reestruturação preventiva[35].

Aplicada às relações entre os credores e os sócios (que constituem sempre a categoria menos graduada de sujeitos afectados), a prioridade abso-

[34] Alguns autores portugueses expressaram dúvidas no quadro da versão inicial da Directiva quanto à compatibilidade da regra da prioridade absoluta com as regras vigentes no Direito português. Cfr. Fátima Reis Silva, "Editorial – A Proposta de Diretiva relativa aos quadros jurídicos em matéria de reestruturação preventiva, à concessão de uma segunda oportunidade e às medidas destinadas a aumentar a eficiência dos processos de reestruturação, insolvência e quitação (2016/0359)", in: *RED – Revista electrónica de Direito*, 2018, nº 2, vol. 16, pp. 11-12 (disponível em https://cije.up.pt/pt/red/edicoes-anteriores/2018-nordm-2/editorial-14/). Partindo de definição, já eliminada, de prioridade absoluta contida no anterior art. 2º (10), a autora afirmava que "*não é facilmente discernível como respeitar a regra da prioridade absoluta – requisito para impor o plano a categorias de credores discordantes nos termos do art. 11º – e não vincular todos os credores de determinado devedor*".

[35] Salienta Nicolaes W. A. Tollenaar ["The European Commission's Proposal for a Directive on Preventive Restructuring Proceedings", cit., p. 66] que, na lei norte-americana, os credores têm, dentro de um período limitado e exclusivo, o direito de propor um plano sem que o consentimento do devedor seja solicitado. O acolhimento deste último elemento não foi cogitado pelo legislador europeu.

luta significa que os sócios não podem manter-se à frente da empresa a não ser quando a maioria dos credores consinta (através de uma aprovação do plano dita "normal", isto é, aprovação em todas as categorias) ou quando os credores sejam pagos na íntegra.

A prioridade relativa não é tão exigente quanto a prioridade absoluta: para haver suprimento judicial do plano nos casos de não aprovação em todas as categorias, é suficiente que os credores das categorias discordantes não recebam um tratamento mais desfavorável do que os sócios. Um dos grandes méritos desta regra, por comparação com a prioridade absoluta, é, pois, o de evitar que os sócios se sintam desmotivados de recorrer aos instrumentos de reestruturação preventiva. Isto é particularmente importante para as sociedades de cariz familiar, directamente dependentes das qualidades pessoais dos sócios e, em geral, para as Pequenas e Médias Empresas. Ora, as Pequenas e Médias Empresas[36] – é preciso não esquecer – representam a grande maioria das empresas europeias (99%,

[36] Segundo o art. 2º, nº 2, al. *c)*, da Directiva, a definição de Pequenas e Médias Empresas (PME) é a que resultar do Direito interno de cada Estado-membro. Em Portugal, não obstante muito difundida na linguagem jurídica, a classificação das empresas como Pequenas e Médias é, originariamente, uma classificação económica, que assenta na dimensão da empresa, não lhe correspondendo uma definição jurídica precisa ou unívoca. Existe um único complexo normativo onde é possível encontrar uma referência explícita à classificação – o Código do Trabalho, que, naturalmente, privilegia o critério do número de efectivos / trabalhadores. Na norma do art. 100º, cuja epígrafe é "tipos de empresas", diz-se que se considera "microempresa a que emprega menos de 10 trabalhadores", "pequena empresa a que emprega de 10 a menos de 50 trabalhadores" e "média empresa a que emprega de 50 a menos de 250 trabalhadores". Na realidade, em Portugal, grande parte das PME reconduz-se a empresários em nome individual. Mais conforme ao propósito de harmonização, o considerando 18 da Directiva sugere que os Estados-membros dêem a devida atenção à Directiva 2013/34/UE do Parlamento Europeu e do Conselho, de 26 de junho de 2013, relativa às demonstrações financeiras anuais, às demonstrações financeiras consolidadas e aos relatórios conexos de certas formas de empresas, e à Recomendação da Comissão de 6 de Maio de 2003, relativa à definição de micro, pequenas e médias empresas. De acordo com o art. 2º daquela Recomendação, são dois os factores que permitem qualificar uma empresa (empresa autónoma) como Pequena ou Média: o número de efectivos e o volume de negócios ou o balanço total. De uma forma sintética, é possível dizer que, nos termos da Recomendação, as Pequenas e Médias Empresas são as empresas que empregam menos de 250 pessoas e, simultaneamente, têm um volume de negócios anual que não excede 50 milhões de euros ou cujo balanço total anual não excede 43 milhões de euros. Segundo informação disponível na respectiva página (https://ec.europa.eu/growth/smes/business-friendly-environment/sme-definition_en), a Comissão prepara-se para rever a definição de PME.

segundo o considerando 17 da Directiva) e são – ou devem ser – os destinatários-alvo da Directiva[37].

A regra da prioridade relativa aporta, além disso, uma ideia de maior flexibilidade. Isso é visível, desde logo, no plano psicológico (a regra da prioridade "absoluta" soa a coisa mais rígida). Mas a vantagem afirma-se sobretudo no plano prático, traduzindo-se na maior acessibilidade da condição / na maior facilidade do teste a superar e, por conseguinte, na maior probabilidade de adopção de planos de recuperação em *cross-class cram-down* [38].

Num plano diferente, é possível dizer, por fim, que a prioridade relativa dá aos Estados-membros liberdade para escolher a regra mais exigente da prioridade absoluta. São os defensores daquela que o salientam, lembrando que a Directiva não impede que os Estados-membros consagrem, em alternativa, a regra da prioridade absoluta, criando-se, então, a (desejável) concorrência de leis entre os Estados-membros (*regulatory competition*)[39].

[37] Recorde-se que a Directiva permite aos Estados-membros dispensar, em certos casos, as Pequenas e Médias Empresas da obrigação de tratamento dos sujeitos afectados por categorias distintas, sendo que, nesta hipótese, não se pode de todo falar de *cross-class cram-down* (quando a categoria única vote contra o plano deverá poder ser apresentado um novo plano nos termos da Directiva) (cfr. artigo 9º, nº 4, e considerando 45 da Directiva). E mesmo quando as Pequenas e Médias Empresas estejam sujeitas àquela obrigação, determina-se na Directiva que o *cross-class cram-down* deve permanecer facultativo (cfr. considerando 58 da Directiva). Tudo isto retira força aos argumentos exclusivamente baseados na maior adequação da regra da prioridade relativa aos interesses das Pequenas e Médias Empresas.

[38] Como se viu, até os adeptos da prioridade absoluta reconhecem a necessidade de desvios / excepções, em particular atendendo às Pequenas e Médias Empresas. Com tais desvios / excepções, não se aproximará ela da prioridade relativa?

[39] Como é sabido, existe sempre o risco de esta concorrência desembocar numa (indesejável) "nivelação por baixo" ("*race to the bottom*") das legislações dos Estados-membros. Veja-se, a propósito desta matéria, Horst Eidenmüller, "The Rise and Fall of Regulatory Competition Law in European Union, European Corporate Governance Institute, Working Paper N° 456/2019, June 2019, pp. 1 e s. (disponível em https://ssrn.com/abstract=3396618). Segundo o autor, contendo a Directiva mais de 70 soluções possíveis, é de esperar que os Estados-membros usem a sua liberdade para "fazer experiências" a partir do processo (ineficaz) que lhes é imposto pelo legislador europeu. Por outro lado, o ambiente institucional – tribunais, administradores judiciais, *etc.* – é absolutamente crucial para o funcionamento adequado dos processos de reestruturação e este ambiente varia significativamente de Estado-membro para Estado-membro. Os estímulos para o *forum shopping* continuarão, portanto, a existir mesmo depois da transposição da Directiva. Em qualquer caso, a Directiva reduzirá a *regulatory competition* e o *forum shopping* no quadro da reestruturação de empresas, não sendo admissíveis, a partir de agora, soluções que sejam radicalmente novas ou inovadoras.

Em contrapartida, não deixa de se notar que a natureza alternativa da medida poderá comprometer a tão ambicionada harmonização. O recurso a soluções opcionais é ilustrativo de uma técnica recorrente (inevitável?) do legislador europeu, que encontra a sua justificação nas dificuldades inerentes ao processo legislativo europeu, nas dificuldades de obtenção de consensos entre os Estados-membros.

Prognosticando o futuro da Directiva sobre reestruturação e insolvência, não obstante ainda antes da sua publicação, afirmava Reinhard Bork que ela realizará provavelmente o objectivo de assegurar instrumentos de reestruturação preventiva em todos os Estados-membros. Isso irá implicar transformações, sobretudo em países como a Alemanha ou a Dinamarca, em que não existem processos pré-insolvenciais em sentido próprio. A verdade é que a Directiva não disponibiliza um modelo de processo pré-insolvencial, disponibiliza apenas um conjunto de medidas, algumas das quais são facultativas e a maioria de carácter processual, para integrar, à vontade de cada Estados-membro, o desenho dos seus processos pré-insolvenciais.

Com tanta flexibilidade, é de recear – conclui o autor – que, em vez de se atingir a tão desejada harmonização, se produza uma notável diversidade[40/41].

Não pode deixar de se partilhar a preocupação de Reinhard Bork.

E não pode, por isso mesmo, deixar de se advertir para a necessidade de serem bem estudadas todas as opções disponíveis antes de se avançar para a revisão legislativa. Sendo a Directiva uma espécie de *tool boox* ou de *menu à la carte* e tendo cada um dos instrumentos / pratos escolhidos consequências tão importantes no universo dos interesses económicos, e tão distintas entre si, como a prioridade absoluta e a prioridade relativa demonstram, não deverá permitir-se que, na premência da adopção das

[40] Cfr. Reinhard Bork, "Preventive restructuring frameworks: a 'Comedy of Errors' or 'All's Well That Ends Well'?", cit. O autor reiterou o mesmo receio em momento posterior não obstante ainda antes da publicação da Directiva (cfr. Reinhard Bork, "Directive on Preventive Restrucuturing Frameworks – Political compomise in the trilogue talks and imminent adoption", in: *Eurofenix – The Journal of INSOL Europe*, 2019, 75, pp. 18 e s.).

[41] Para outras análises recentes à Proposta de Directiva e criticas com fundamentos diversos, cfr., por todos, Horst Eidenmüller, "Contracting for a European Insolvency Regime", in: *European Business Organisation Law Review*, 2017 (18), pp. 273 e s., e Nicolaes W. A. Tollenaar, "The European Commission's Proposal for a Directive on Preventive Restructuring Proceedings", cit., pp. 65 e s.

novas regras, o legislador adopte soluções menos reflectidas ou acabe por se afastar do seu objectivo essencial, que é o de favorecer a reestruturação das empresas portuguesas mas sempre com consideração por todos os interesses em confronto e propiciando a todos sujeitos envolvidos um tratamento razoável e justo – tão justo quanto possível.

O sinalagma na insolvência

MARIA DE LURDES PEREIRA
Professora Auxiliar da Faculdade de Direito da Universidade de Lisboa

SUMÁRIO: I. Introdução. II. A tutela do sinalagma nos contratos em curso à data da declaração de insolvência: os princípios do CIRE; *a)* Introdução; *b)* Primeiro princípio; *c)* Segundo princípio. III. Conclusão.

I. Introdução

1. É sabido que o regime dos contratos em curso à data da declaração de insolvência e de que seja parte o insolvente encerra numerosas e intrincadas questões. Algumas das dificuldades são originadas pela própria redação da lei, nuns pontos desnecessariamente complexa[1] e, noutros pontos, geradora de dúvidas praticamente insanáveis.[2] Outras dificuldades decorrem de uma deficiente sistemática, que consiste em a lei formular um princípio de âmbito aparentemente geral no art. 102º do CIRE, aplicável a todos os casos não abrangidos pelas regras «especiais» seguintes, mas afinal com uma extensão bastante mais limitada. Nos contratos que envolvam prestações duradouras, por exemplo, a *suspensão* de execução do contrato com a declaração de insolvência, ordenada cegamente no art. 102º, nº 1 do CIRE, ou é, nuns casos, pura e simplesmente inviável ou é, em muitos outros, inconveniente. Assim, um contrato de mútuo cujo mutuário se torne insolvente é um contrato em curso nos termos do capítulo IV CIRE,

[1] A lei alemã, apesar de ser, quanto ao regime dos contratos em curso, a fonte de inspiração da lei nacional, é bastante mais económica nos enunciados normativos: o princípio geral do art. 102º do CIRE e o regime que o complementa no art. 103º do mesmo diploma correspondem, no essencial, ao regime estabelecido §103 e §105 da *Insolvenzordnung* que têm redações bastante mais curtas e simples.

[2] Basta recordar a perplexidade que resulta da falta de coordenação entre a epígrafe do art. 103º do CIRE e a definição da previsão normativa que é feita no corpo do artigo. Se a epígrafe do preceito se refere a «prestações indivisíveis», os nºs 1 e 3 do artigo delimitam o seu âmbito de aplicação aos contratos que imponham o cumprimento de uma «prestação infungível» ou «fracionável na entrega de várias coisas, não facilmente substituíveis, entre as quais interceda uma conexão funcional».

por ser um contrato sinalagmático e ainda não se encontrar integralmente executado por nenhuma das partes,[3] mas *não é possível* suspendê-lo, pelo que o art. 102º não se lhe pode aplicar.[4] E quanto a outras relações contratuais duradouras que envolvam uma prestação continuada e não reguladas especialmente no CIRE, a sua suspensão, sendo embora praticável, teria *consequências contrárias às pretendidas* na lei, dado que, em vez de se limitar a adiar a respetiva execução, tornaria impossível a prestação em apreço pelo período por que durasse a suspensão.

Não são ainda de descurar as dúvidas que pode gerar a articulação deste regime com os demais regimes do processo de insolvência, designadamente a sua coordenação com as regras de vencimento imediato de dívidas, bem como com os efeitos da declaração de insolvência sobre ações judiciais pendentes. Assim, por exemplo, a aplicação do art. 91º, nº 1 do CIRE às obrigações de restituição emergentes do mútuo (no caso de insolvência do mutuário), da locação (no caso de insolvência do locatário) e do depósito (no caso de insolvência do depositário) implicaria que a declaração de insolvência fizesse cessar automaticamente esses contratos, quando a lei pretende nos art. 102º e ss. do CIRE reservar ao administrador a decisão sobre a conveniência ou não de esses contratos sobreviverem. A necessária conciliação das várias normas impõe aqui uma interpretação restritiva do art. 91º do CIRE e a prevalência das regras do art. 108º (no caso de insolvência do locatário) e do 114º (no caso de insolvência do depositante) do mesmo diploma.[5]

Acima de tudo, no entanto, as dificuldades decorrem da própria heterogeneidade das situações da vida a regular. Há que reconhecer a complexidade do desafio que o legislador enfrenta quando se propõe estabelecer o regime dos contratos em curso à data da declaração de insolvência. A par da variedade dos esquemas contratuais, há ainda que lidar com a diversi-

[3] Assim, M. Brito Bastos, *O mútuo bancário. Ensaio sobre a estrutura sinalagmática do contrato de mútuo*, Coimbra, 261-271.

[4] Neste sentido, M. Brito Bastos, *O mútuo bancário* (cit. na n. 3), 265-269. O autor sustenta a aplicação analógica ao contrato de mútuo da disciplina dos contratos de locação em curso.

[5] Uma razão adicional para a não aplicação do art. 91º, nº 1 do CIRE à obrigação de restituição do capital resultante de um contrato de mútuo, no caso de insolvência do mutuário, é a assinalada por M. Brito Bastos, *O mútuo bancário* (cit. na n. 3), 259: «com a sua aplicação mecânica, chegar-se-ia a uma situação em que a disponibilização do capital cessaria antecipadamente, continuando os juros remuneratórios dessa disponibilização a vencer-se, o que se mostraria contrário ao sinalagma contratual».

dade dos estádios em que eles se encontram e que reclamam regulações apropriadas: contratos integralmente por executar, contratos parcialmente executados, contratos em vias de serem resolvidos por alguma das partes, contratos definitivamente incumpridos, contratos defeituosamente executados, contratos cujos créditos foram, na totalidade ou em parte, cedidos a terceiros, etc. A própria decisão do administrador, em vez de traçar em termos definitivos o destino de um contrato em curso, pode criar novas hesitações: a massa pode não estar em condições de cumprir o contrato que o administrador resolveu conservar; o administrador pode vir a cumprir defeituosamente o contrato que quis manter; o administrador optou pelo cumprimento de um contrato que só depois se vem revelar ter sido defeituosamente cumprido pelo insolvente, entre muitas outras hipóteses.

2. O presente estudo tem um fim menos ambicioso e versará apenas um tema. No ponto que se segue pretendo analisar em que termos e com que limites, após a declaração de insolvência de uma das partes de um contrato sinalagmático ainda não integralmente cumprido por nenhuma delas, o contraente *in bonis* beneficia de certos direitos, meios de defesa ou «remédios» ligados à tutela sinalagma, ou seja, *meios de defesa relacionados com a sua condição de devedor de uma contraprestação* a cumprir ou já parcialmente cumprida à parte insolvente. Para esse efeito, tento *descrever várias regras legais que apresentam um fundo valorativo comum através da formulação de dois princípios*. Estes princípios respeitam aos reflexos da decisão do administrador de insolvência na posição jurídica da parte *in bonis*, sendo um deles aplicável à decisão de recusa de cumprimento e o outro referente à opção pela execução do contrato. A identificação de princípios tem um valor heurístico na solução de casos cujo enquadramento no regime legal dos artigos 102º e ss. do CIRE se apresenta duvidoso e serão dados alguns exemplos disso.

II. A tutela do sinalagma nos contratos em curso à data da declaração de insolvência: os princípios do CIRE

a) Introdução

3. Relativamente aos contratos sinalagmáticos[6] ainda não integralmente cumpridos por nenhuma das partes à data da declaração de insolvência

[6] Tomarei sinalagma no sentido amplo, que abrange não apenas a «troca» de prestações *proprio sensu*, mas também a «troca» de quaisquer outras atribuições patrimoniais que não

e de que seja parte o insolvente duas dúvidas acodem imediatamente ao espírito relacionadas com a tutela do sinalagma desses contratos no âmbito do processo de insolvência. Se a parte *in bonis* já cumpriu parcialmente o contrato e for colocada perante a recusa de cumprimento pelo administrador da insolvência, poderá, com o pretexto de que não alcançará o cumprimento do que lhe foi prometido, exigir a restituição da parte da prestação que fez? E se a parte *in bonis* for confrontada com um pedido de execução da prestação por ela devida ao abrigo do contrato celebrado com o insolvente, poderá recusar-se a fazê-lo com o argumento de que não recebeu aquilo a que, por seu turno, tinha direito?

Ambas as questões mereceriam resposta positiva fora do contexto um processo de insolvência e, portanto, *antes e independentemente* de ele ser instaurado. A parte fiel, caso o incumprimento da outra (ora declarada insolvente) viesse a ser convertido em definitivo, poderia *resolver* o contrato e obter a *restituição «por inteiro»* do que prestou (cf. o artigo 801º, nº 2 do CC). E caso lhe fosse exigido o cumprimento da sua obrigação – ainda não cumprida, total ou parcialmente –, a parte fiel poderia recusá-lo licitamente, opondo à outra (ora declarada insolvente) a *exceção do não cumprimento*, a menos que se tivesse obrigado a cumprir antes (cf. o artigo 428º do CC). Mesmo nesta última hipótese, a obrigação de prestar em primeiro lugar não a privaria totalmente da *exceptio*: a situação de insolvência não judicialmente declarada da outra parte (ora declarada insolvente) teria a virtualidade de lhe tornar legítima a recusa de cumprimento, dada a incerteza criada quanto à possibilidade de obter a contraprestação prometida (cf. os artigos 429º e 781º do CC).

O que dizer, porém, da posição da parte *in bonis após a declaração* de insolvência? Conservará ela este grau de proteção relativamente à sua *condição jurídica de devedora*? É certo que a insolvência envolve uma «compressão» dos *direitos* dos credores do insolvente, dado que estes, durante o processo

possam ser descritas como prestações. A esta luz, são sinalagmáticos, por exemplo, tanto o contrato de mútuo como o de compra e venda de créditos, muito embora a atribuição patrimonial a cargo de uma das partes não seja suscetível de ser definida como uma *prestação* e, consequentemente, a situação jurídica encabeçada por aquele a quem incumbe essa atribuição não seja configurável como uma *obrigação*. A defesa de um conceito amplo de sinalagma e das suas virtualidades encontra-se em Lurdes Pereira/Pedro Múrias, «Conceito e extensão do sinalagma», *Estudos em honra do Professor Doutor José de Oliveira Ascensão*, Vol. I, Almedina, 2008, 379-430.

de insolvência, estão limitados a exercê-los nos termos previstos na lei da insolvência (cf. o artigo 90º do CIRE) e, na melhor das hipóteses, apenas receberão, no final, uma parte do valor da prestação que lhes era devida (cf. o artigo 604º do CC e os artigos 172º e ss. do CIRE). Mas o que sucede às obrigações dos credores do insolvente perante o mesmo insolvente, quando estas estejam num nexo sinalagmático com os seus direitos de crédito: estarão essas obrigações sujeitas ao mesmo regime que seria aplicável antes da insolvência? O regime dos artigos 102º e ss. do CIRE oferece-nos respostas a estas interrogações. Mas as respostas estão dispersas por vários preceitos cuja conexão entre si, por um lado, e cuja ligação com os problemas acabados de enunciar, por outro, nem sempre é evidente, daí se seguindo a importância de enunciar os princípios subjacentes. É o que se procurará fazer de seguida, não sem antes expor algumas considerações introdutórias quanto aos preceitos legais relevantes.

4. A disposição incontornável nesta matéria e que constitui o ponto partida para o seu estudo é o artigo 102º do CIRE, onde encontramos (alegadamente) o princípio ou princípios gerais aplicáveis ao destino dos contratos sinalagmáticos pendentes à data da declaração de insolvência. Ainda que o artigo 102º do CIRE comece por qualificar-se como «princípio geral quanto a negócios ainda não cumpridos» – conforme resulta da sua epígrafe –, o preceito tem um âmbito bastante mais modesto: visa apenas uma parte do universo dos «negócios em curso» regulados no capítulo IV do CIRE, concretamente, os *contratos sinalagmáticos*. Logo no seu texto, o artigo 102º do CIRE torna claro que se aplica exclusivamente aos «contratos bilaterais», pelo não contém a disciplina de contratos «bilaterais imperfeitos» como o mandato gratuito, de contratos de cooperação como o de associação em participação e de negócios unilaterais como a procuração, embora todos estes sejam «negócios em curso» previstos no capítulo IV do CIRE.

Por outro lado, os «negócios em curso» do capítulo IV do CIRE e os «negócios ainda não cumpridos» do art. 102º do CIRE são *apenas os que não tenham sido ainda integralmente cumpridos por nenhuma das partes*, não abrangendo a lei aqueles já cumpridos totalmente por uma das partes, seja o insolvente, seja a parte *in bonis*, mas não executados totalmente pela outra, embora a estes últimos caísse igualmente bem o epíteto de «negócios ainda não cumpridos» ou de «negócios em curso». A exclusão dos contratos já inteiramente executados por uma das partes compreende-se desde que se tenha presente que o traço fundamental do regime legal é o de conceder ao administrador da insolvência a possibilidade de ajuizar se o cumprimento *futuro* de um contrato pendente que obriga o insolvente tem ou não vantagens na perspetiva da satisfação do interesse dos credores do insolvente. O objetivo do regime dos arts. 102º e ss. do CIRE *não é* conferir ao administrador um direito de decidir sobre o que se passou *antes* da declaração de insolvência, direito esse que, pelo contrário, é a peça central do regime da resolução em benefício da massa dos arts. 120º e ss. do CIRE. Percebe-se, por isso, que não faria sentido deferir ao administrador da insolvência um poder de decisão sobre o cumprimento dos contratos que, antes da abertura do processo, já se apresentem integralmente cumpridos por uma das partes. A solução é evidente, desde logo, nos contratos já totalmente cumpridos pelo insolvente antes da declaração de insolvência, em relação aos quais, abstraindo da verificação eventual dos pressupostos da resolução em benefício da massa, resta somente exigir à parte *in bonis* o respetivo cumprimento, pertencendo o correspondente crédito à massa insolvente (cf. o art. 46º, nº 1 do CIRE). Mas a solução não deixa de ser também convincente no caso de um contrato integralmente cumprido pela parte *in bonis* antes da insolvência, pois aí o benefício para a massa (a existir) já se encontra assegurado e à parte *in bonis* sobra apenas a via de reclamar no processo de insolvência (cf. o art. 90º do CIRE) os créditos que para ela emerjam daquele contrato, concretamente o crédito à contraprestação ou ao seu valor no caso de ela não corresponder a uma soma em dinheiro (cf. o art. 96º, nº 1, al. a) do CIRE).[7]

5. Uma leitura apressada dos preceitos legais relevantes poderia levar a crer que interessa ao presente estudo *apenas* o disposto no art. 102º do CIRE, na medida em que este tem justamente por objeto a definição de um «princípio geral». Mas essa impressão é enganadora, pois deverão ser

[7] Diversamente, Oliveira Ascensão, «Insolvência: efeitos sobre os negócios em curso», ROA 65 (2005), 281-312, 290-291, considera que a restrição do regime aos contratos ainda não integralmente executados é «incompreensível», pois «o administrador teria [nestes casos] de aceitar o cumprimento ou de cumprir, por mais nocivo que isso fosse para o processo de insolvência». Porém, como se acentua no texto, os arts. 102º e ss. do CIRE não visam conceder ao administrador de insolvência a possibilidade de «*voltar atrás*» num negócio que se apresente nocivo para a massa: esse é antes um domínio reservado à resolução em benefício da massa.

tidas igualmente em conta outras disposições do capítulo IV do CIRE e até disposições que se encontram fora desse capítulo.

Um confronto do regime do art. 102º do CIRE com o dos preceitos seguintes revela que o «princípio geral» que aparentemente consagra, mesmo que restrito aos contratos sinalagmáticos e, dentro destes, aos que não tenham sido inteiramente cumpridos por nenhuma das partes, não tem exatamente o sentido de uma regra à qual as demais disposições se limitem a estabelecer pontuais desvios e que funcione como *factispecies* de acolhimento para todos os casos não especialmente regulados.

Desde logo, no caso de alguns contratos que envolvam prestações duradouras, a suspensão da sua execução, genericamente ordenada no art. 102º, nº 1 do CIRE com o objetivo de permitir ao administrador da insolvência uma formação do juízo sobre a conveniência do seu cumprimento, conduziria a uma *automática, involuntária e definitiva recusa de cumprimento* desses contratos, pelo tempo que durasse a suspensão, como acima se assinalou. Por isso, relativamente aos contratos que obrigam a prestações (ou atribuições) duradouras pendentes à data da declaração de insolvência e que foram objeto de regulação especial CIRE, percebe-se por que razão a lei, salvo no caso do mandato (cf. o art. 110º do CIRE),[8] declarou expressamente que a sua execução não se suspende com a abertura do processo de insolvência. A continuidade da execução desses contratos mesmo após a declaração de insolvência foi indispensável para assegurar-se, como a lei pretendeu, a possibilidade de o administrador apreciar a conveniência em mantê-los. É o que se passa com os contratos de locação e com os contratos de prestação duradoura de serviços (cf. os arts. 108º, 109º, 111º e 114º do CIRE). Salvo no caso do contrato de locação em que se torne insolvente o locador, em todos esses casos a lei quis conceder ao administrador a possibilidade de resolver ou denunciar os correspondentes contratos, mas, para o fazer, teve precisamente de estabelecer a regra da sua não suspensão com o início do processo de insolvência. Pelas razões que se acaba de expor, a regra da suspensão constante do art. 102º, nº 1 do CIRE *não pode*

[8] A caducidade (automática) do mandato que não se mostre «estranho à massa insolvente» logo com a declaração de insolvência justifica-se pelo objetivo de evitar uma sobreposição (e, logo, um conflito) com os próprios poderes do administrador da insolvência relativamente à massa.

aplicar-se supletivamente sem mais a todos os contratos duradouros que não os expressamente individualizados neste código.[9]

Um outro exemplo de que o art. 102º não tem, em rigor, o estatuto de uma regra geral pode ver-se ainda no direito concedido à parte *in bonis* de denunciar o contrato de prestação duradoura de serviço em caso de insolvência do credor dessa prestação (cf. o art. 111º, nº 1 do CIRE), no direito de resolver o contrato de locação em que não tenha havido entrega da coisa (cf. os arts. 108º, nº 5 e 109º, nº 2 do CIRE)[10] ou ainda na possibilidade de o locador *in bonis* resolver o contrato de arrendamento com fundamento em falta de pagamento das rendas pelo locatário insolvente (implícito no art. 108º, nº 4 do CIRE)[11]. Estes direitos não têm qualquer paralelo no art. 102º do CIRE, que não concede àquela parte uma faculdade de se desligar do contrato, não sendo, por esta razão, muito rigoroso qualificá-los como meros desvios ao princípio geral.

b) Primeiro princípio

6. Um primeiro princípio em matéria de efeitos da decisão do administrador de insolvência relativamente aos contratos em curso respeita ao tema da restituição do que já tiver sido prestado pela parte *in bonis*. A regra geral a esse propósito é muito clara e consta do art. 102º, nº 3, alínea a) do CIRE. Quando o administrador de insolvência recuse o cumprimento do contrato, *se o contraente in bonis que já tiver executado uma parte da prestação que lhe cabia no contrato, não poderá exigir a restituição* daquilo que prestou.

A razão de adoção desta regra parece decorrer de um imperativo de tratamento análogo entre um contrato que tenha sido *parcialmente* cumprido pela parte *in bonis* antes da declaração de insolvência e um contrato *totalmente* cumprido pela mesma nessa data. Neste último caso, à luz do direito

[9] Diversamente, Oliveira Ascensão, «Insolvência» (cit. na n. 7), 295, considera que a suspensão se aplica a todas as relações contratuais duradouras não sujeitas a regime especial. O autor, no entanto, havia afirmado certeiramente o seguinte: «O princípio do art. 102º não é assim tão "princípio geral" como proclama. Nem sequer o é com o complemento do art. 103º. Há que atender a todas as figuras contidas no capítulo para captar realmente os princípios gerais.» (*idem*, 287).

[10] Assinalando a dificuldade de conciliar este direito da parte *in bonis* com o direito do administrador de optar pelo cumprimento, cf. L. Menezes Leitão, *Código da insolvência e da recuperação de empresas anotado*, 6ª ed., Almedina, 2012, art. 108º n. m. 5, e art. 109º n. m. 3.

[11] Quanto a este último, cf. L. Menezes Leitão, *Direito da insolvência*, Almedina, 8ª ed., 2018, 201, n. 271.

português, a parte *in bonis* não pode pedir restituição alguma, estando limitada a reclamar o seu direito à prestação devida pelo insolvente como crédito sobre a insolvência. Na verdade, neste segundo exemplo, o contrato, ainda que não tenha sido – no todo ou em parte – cumprido pelo insolvente antes da declaração, *não é «negócio curso»* para efeitos do art. 102º do CIRE, o qual supõe que não haja integral cumprimento por nenhum dos contraentes.[12] Se a parte *in bonis* já executou plenamente a prestação por ela contratualmente devida, o administrador da insolvência não é chamado a optar pelo cumprimento ou não cumprimento de um contrato. A parte *in bonis* tem somente, em tais circunstâncias, o direito a reclamar o seu crédito no processo e obterá inevitavelmente uma satisfação deste limitada às forças do património insolvente. A privação de um direito à recuperação do que tenha sido prestado pela parte *in bonis* é, de resto, confirmada pelo disposto no art. 119º, nº 2 do CIRE. Um dos sentidos da proibição de cláusulas contratuais que atribuam à situação de insolvência de uma das partes o valor de uma condição resolutiva do negócio ou de causa de constituição de um direito à resolução a favor da parte *in bonis* é precisamente o de vedar que esta parte possa recuperar o que prestou com fundamento em não receber aquilo que lhe foi prometido.[13] Ora – e terá sido esta a analogia que ditou a formulação da regra do art. 102º, nº 3, al. a) do CIRE –, a solução aplicável aos casos em que a parte *in bonis* cumpriu *parcialmente* não poderia ser diversa da solução aplicável a um cumprimento *integral*, pois o facto é que em ambas as hipóteses a parte *in bonis* cumpriu e nessa medida – na medida justamente do que cumpriu – deve ser tratada da mesma forma.[14]

[12] Cf. o que se escreveu *supra*, 35-36.

[13] Assim, a proibição do art. 119º, nº 2 do CIRE não se destina apenas a impedir que o contrato «já chegue» resolvido ao administrador da insolvência, o que o privaria da faculdade de opção pelo cumprimento prevista no art. 102º do CIRE (cf. L. Menezes Leitão, «A (in) admissibilidade da insolvência como fundamento da resolução de contratos», in Catarina Serra (coord.) *III Congresso do Direito da Insolvência*, Almedina, 2015, 89-101 (99)). Ela também se aplica, a meu ver, fora desse domínio, concretamente a contratos que já tenham sido integralmente cumpridos pela parte *in bonis* e em relação aos quais não há qualquer decisão do administrador a salvaguardar.

[14] Terá sido também esta a razão por que regra idêntica foi consagrada no § 26 (1) da *Konkursordnung* alemã, que vigorou neste país entre 1877 e 1998 e que ultrapassava a incoerência da anterior *Konkursordnung* prussiana que permitia à parte *in bonis* a recuperação da parte que tivesse prestado antes da declaração de insolvência, desde que a prestação se mantivesse na

Se é certo parte *in bonis* que tenha executado, antes da declaração de insolvência, uma parte da prestação a que se encontrava obrigada fica privada do direito de recuperá-la ainda que o administrador de insolvência opte pelo não cumprimento do contrato (cf. novamente o art. 102º, nº 3, al. a) do CIRE), não tem, contudo, de devolver a parte da prestação que já tenha recebido do insolvente, a qual pode até superar proporcionalmente a parte que ela fez (cf. o art. 102º, nº 3, al. a) do CIRE), nem perde o direito de reclamar na insolvência a parte da contraprestação ou o valor desta (caso não se trate originalmente de uma contraprestação pecuniária) correspondente à parte do contrato que executou, caso não a tenha recebido antes da declaração de insolvência. Neste aspeto, a posição da parte *in bonis* que tenha cumprido parcialmente continua a acompanhar a posição da parte *in bonis* que tenha cumprido integralmente, já que esta última conserva, como acima se viu, o seu direito à prestação devida pelo insolvente ou adquire o direito ao valor dessa prestação, caso esta não seja originariamente em dinheiro. Naturalmente, a *satisfação* do crédito ao valor de parte da prestação devida pelo insolvente está sujeita às vicissitudes próprias da insolvência, podendo nunca chegar a ocorrer ou só se verificar em medida inferior ao que foi prestado pelo contraente *in bonis*. Mas o crédito em si mesmo considerado não deixa de ser reconhecido e a insolvência não constitui evidentemente uma causa de extinção desse crédito. Esse direito da parte *in bonis* resulta do art. 102º, nº 3, al. c) do CIRE. Ao atribuir à parte *in bonis* o valor da prestação devida pelo devedor insolvente *deduzida* do valor da contraprestação que aquela *não tenha chegado a realizar* compensa-se a contraprestação que já realizou.[15]

7. Procurando ir um pouco mais além no fundamento da regra da privação do direito à restituição do que tiver sido prestado pela parte *in bonis*

massa insolvente (cf. Marotzke, *Gegenseitige Verträge im neun Insolvenzrecht*, 3ª ed., Luchterand, 2001, 298-299).

[15] Neste sentido, N. Pinto de Oliveira, «Efeitos da declaração de insolvência sobre os negócios em curso: em busca dos princípios perdidos», in Catarina Serra (coord.), *I Congresso de direito da insolvência*, Almedina, 2013, 201-227 (226) que afirma: «O art. 102º, nº 3, al. c) propõe-se resolver *simultaneamente* dois problemas: em primeiro lugar, propõe-se resolver o problema da compensação do desequilíbrio entre a (parte da) prestação e a (parte da) contraprestação já realizadas e, em segundo lugar, o problema da indemnização dos danos que correspondem à diferença entre prestação e contraprestação».

antes da declaração de insolvência, percebe-se, sem dificuldade, que ela pretende ser uma concretização de um princípio de ordem superior e de caráter mais geral, com inúmeras manifestações no direito da insolvência: o princípio de igualdade de tratamento dos credores. Com efeito, tendo a parte *in bonis* cumprido antes da declaração de insolvência, sujeita-se ao risco de não vir posteriormente a obter aquilo que lhe foi prometido em troca precisamente por causa da possibilidade de insolvência do outro contraente. A parte que cumpre antes está, tal como os demais credores, mesmo daqueles cujos créditos não provenham de um contrato sinalagmático, sujeita não obter a esperada satisfação em consequência da insuficiência do património do devedor. Ora, dir-se-ia que permitir à parte que cumpriu antes que *voltasse atrás no cumprimento que fez*, implicaria, por via *indireta*, uma exoneração daquele risco, o que se traduziria num *tratamento desigual* relativamente aos demais credores comuns do devedor insolvente. E é esse tratamento desigual que a regra se propõe evitar.

No entanto, a reflexão sobre o fundamento material do art. 102º, nº 3, al. a), na parte em que se refere à posição da parte *in bonis*, não pode ficar por aqui. Se se compreende o bem fundado da preocupação do legislador português em evitar um avantajamento da parte *in bonis* de um contrato sinalagmático que já o tenha parcialmente cumprido relativamente aos demais credores quando o administrador opte pelo não cumprimento, já não se pode aceitar que a exclusão do direito à restituição do que tenha sido prestado por aquela parte seja a *única via* de evitar um tratamento privilegiado. Como assinala Marotzke, esse tratamento igualitário pode ser plenamente assegurado permitindo a restituição do já prestado *desde que, por um lado, a restituição se cinja ao valor do prestado e não permita a recuperação de um objeto que tenha «entrado» na massa insolvente e que, por outro lado, o crédito (pecuniário) à restituição seja considerado um crédito sobre a insolvência.*[16] Quer dizer, a lei portuguesa optou, como regra geral, por excluir o direito da parte *in bonis* à restituição do prestado, no caso de recusa do administrador de insolvência de cumprimento do contrato, assim como no caso de a parte *in bonis* ter realizado integralmente a prestação que contratual-

[16] Cf. Marotzke, *Gegenseitige* (cit. na n. 14), 299-305. Perante dados legais aparentemente desfavoráveis ao direito da parte *in bonis* à recuperação do prestado, o autor propõe uma interpretação do § 26 da antigo *Konkursordnung* que contemple esse direito, com as restrições assinaladas no texto, e também parece sujeitar o atual § 105 da *Insolvenzordnung* a uma interpretação idêntica (*idem*, 307 e ss.).

mente lhe incumbia antes da declaração de insolvência. Mas essa solução não se impunha como a única via adequada à prossecução dos valores cuja proteção o legislador teve em vista: a mesma finalidade poderia ter sido atingida consagrando-se a possibilidade de a parte *in bonis* reclamar uma restituição, em valor, do já prestado, estando esta, porém, limitada às forças da massa insolvente.

Num aspeto significativo, embora marginal, as soluções em questão podem divergir. O resultado, em termos económicos, da solução de atribuir à parte *in bonis* uma «compensação» pelo seu cumprimento parcial calculada nos termos expostos não é necessariamente igual ao resultado do direito à recuperação do valor da prestação. Se a prestação devida pela parte *in bonis* tiver um valor superior à devida pelo insolvente, a solução restitutória será mais vantajosa do que a pura e simples conservação da parte da prestação que o insolvente eventualmente já tenha feito antes de ser como tal declarado (cf. o art. 102º, nº 3, al. a) do CIRE) ou, no caso de este não ter cumprido, do que o direito a exigir o valor da prestação devida pelo insolvente, deduzido do valor da parte da contraprestação que a parte *in bonis* não chegou a efetuar (cf. o art. 102º, nº 3, al. c) do CIRE). Poderá, por isso, perguntar-se se, *de iure condendo*, não teria sido sistematicamente mais coerente ter consagrado como regra geral a possibilidade de a parte *in bonis* optar pelo direito à restituição do que prestou, naturalmente sujeito à devolução do que ela própria recebeu e à concorrência paritária com os demais créditos sobre a insolvência, sempre que fosse confrontada com a decisão de recusa de cumprimento do administrador. A solução seria mais ajustada ao sinalagma, já que não se vê por que razão a parte *in bonis* tenha de abdicar da sua prestação mais valiosa quando não receba aquilo por que estava disposta a abdicar daquele maior valor. Além de mais coerente com o sinalagma, ela não importaria, conforme se assinalou, qualquer tratamento discriminatório da parte que optasse pela restituição perante os demais credores do insolvente, já que, relativamente o crédito à restituição concorreria em termos paritários com os restantes créditos. Seja como for, esta é uma discussão que não poderá ser aqui desenvolvida.[17]

[17] Note-se que o reconhecimento legislativo uma opção restitutória à parte *in bonis* não poderia cingir-se ao regime dos «negócios em curso», devendo ser consagrada igualmente no caso de aquela parte ter executado a totalidade da prestação por si devida antes da declaração de insolvência.

8. Conhecida a regra geral, importa perceber se a ela são postos desvios. À primeira vista, os casos em que a lei da insolvência faculta à parte *in bonis* a restituição da parte da prestação que esta tenha feito anteriormente à declaração de insolvência constituiriam *exceções* àquela regra, no sentido mais radical do termo. No entanto, não é assim. O art. 103º, nº 1, al. c), e nº 4º, al. b) do CIRE conferem indiscutivelmente à parte *in bonis* o direito à restituição do prestado antes da declaração. Simplesmente, não consagram, com isso, qualquer tratamento privilegiado da parte *in bonis*, na medida em que o *crédito à restituição é sempre pecuniário e é qualificado como crédito sobre a insolvência*. Repare-se que no caso do art. 103º, nº 1, al. c) a lei converte expressamente o direito da parte *in bonis* à restituição em espécie do que prestou num crédito ao respetivo custo ou valor (consoante os casos) e qualifica-o como crédito sobre a insolvência. Por seu turno, na alínea b) do nº 4 do mesmo artigo, trata-se do direito da parte *in bonis* à restituição daquilo que esta pagou em troca da «prestação indivisível» do insolvente, pressupondo a lei que aquela terá sido em dinheiro. Por outras palavras, os preceitos citados, não obstante estabelecerem uma solução aparentemente oposta à daqueles que consagram exclusão do direito à restituição, têm em relação a estes um *fundo valorativo comum*. E o mesmo se pode dizer do disposto no art. 107º, nº 2, segunda parte, do CIRE. Neste último caso, é a própria lei – e não a decisão do administrador de insolvência – que estabelece, como efeito automático e definitivo da declaração de insolvência, que nenhuma das partes poderá exigir o cumprimento do contrato, o que desencadeará efeitos restitutórios a cargo do vendedor, quando o comprador já tenha pago uma parte do preço. E o direito à restituição, quando seja o comprador a parte *in bonis*, tem a natureza de um crédito sobre a insolvência.

9. A diferença das soluções vigentes em matéria de um direito à restituição da parte *in bonis* levanta a questão de saber por que razão o legislador português terá optado nuns casos por excluir aquele direito e noutros por reconhecê-lo, ainda que como crédito sobre a insolvência e necessariamente pecuniário.

O fundamento da diferenciação parece residir no facto de, em certos casos, a recusa de cumprimento do contrato decidida pelo administrador da insolvência não ser acompanhada da conservação, pela parte *in bonis*, do que já tenha recebido do insolvente (quando seja caso disso) e/ou do direito dessa mesma parte ao valor da prestação devida pelo insolvente, deduzido do valor da parte da (contra)prestação que a parte *in bonis* não chegou a realizar. Nas situações em que a parte *in bonis* não tenha o direito de *conservar* o que já recebeu e/ou de *exigir* uma «compensação» pela parte da prestação que já fez antes da declaração de insolvência, impõe-se, de facto, que possa exigir a restituição do que prestou, uma vez que a insolvência não constitui, de forma alguma, um fundamento para um tal desequilíbrio no plano da *atribuição ou reconhecimento dos direitos*, embora possa interferir – e interferirá normalmente – na sua *satisfação*.

Recorde-se que a parte *in bonis* que tenha executado, antes da declaração de insolvência, uma parte da prestação a que se encontrava obrigada fica privada, em princípio, do direito de recuperá-la mesmo que o administrador de insolvência opte pelo não cumprimento do contrato, mas, em contrapartida, não tem de devolver a parte da prestação que já tenha recebido do insolvente (cf. o art. 102º, nº 3, al. a) do CIRE), e tem o direito de reclamar na insolvência a prestação devida pelo insolvente ou o valor desta (caso não se trate originalmente de uma contraprestação pecuniária) deduzida do valor da parte da (contra)prestação que não chegou a realizar (cf. o art. 102º, nº 3, al. c) do CIRE). Sucede que em determinados casos essa «compensação» da parte *in bonis* pelo cumprimento que já realizou não ocorre, por variadas razões. Pode ver-se um desses casos no disposto no art. 103º, nº 1 do CIRE. Pense-se no exemplo de a parte *in bonis* ter entregue antes do início do processo uma parte das coisas devidas e entre a totalidade das coisas que estava obrigada a entregar interceder uma conexão funcional que impeça que o fornecimento de apenas uma parte delas tenha alguma utilidade para a massa insolvente. Aí, optando o administrador pelo não cumprimento do contrato, não é do interesse da própria massa insolvente ficar com as coisas já entregues antes pela parte *in bonis*. Sobretudo, não é do interesse da massa insolvente *ter de remunerar essas coisas* e/ou não *poder exigir o reembolso da remuneração* já paga pelo insolvente antes da declaração de insolvência. Nestes casos, e noutros em que o cumprimento parcial não seja apto a satisfazer, sequer parcialmente, o interesse que a massa insolvente tinha no cumprimento do contrato, a decisão de recusa de cumprimento do administrador deve ter por efeito o direito da parte *in bonis* à restituição do valor do prestado, ainda que como crédito sobre a insolvência. E é isto que, pelo menos na parte relativa aos casos em que a prestação da parte *in bonis*, corresponda à entrega de várias coisas entre as quais «interceda uma conexão funcional», dispõe precisamente o art. 103º, nº 1, al. b) do CIRE.[18]

Noutras hipóteses, estão em causa interesses diversos. Pode suceder que a parte *in bonis* tenha executado uma parte da prestação que lhe incumbia antes da declaração de insolvência e, embora possa interessar à massa insolvente a manutenção desse cumprimento parcial, essa manutenção constitui uma solução desequilibrada para a parte *in bonis*. Suponha-se que esta cumpriu uma parte do contrato e recebeu em troca, também antes da declaração de insolvência, uma parte da prestação que era devida pelo insolvente; suponha-se ainda que a prestação devida pelo insolvente correspondia à entrega de várias coisas entre as quais intercede uma conexão funcional, de tal forma que o cumprimento parcial não apresenta para a parte *in bonis* qualquer utilidade, *i. e.*, não é capaz de satisfazer, sequer parcialmente, o interesse que esta tinha na prestação. Nesse caso, a opção do administrador pelo incumprimento não deverá privar a parte *in bonis* de optar por restituir o que recebeu, que para ela não tem interesse algum, e cumulativamente exigir o reembolso do preço que pagou. Nestes casos, portanto, a recusa de cumprimento deve ser associada a um conjunto de restituições, sob pena de a insolvência ter para a parte *in bonis* um efeito nocivo que vai muito além do prejuízo que têm de sofrer todos os credores do insolvente em consequência da insolvência. E é por isso que o art. 103º, nº 4 do CIRE estabelece aqui os correspondentes direitos (à restituição do prestado), seja a favor da parte *in bonis*, seja a favor da massa.

Em suma, no caso de o administrador de insolvência optar pelo não cumprimento de um contrato sinalagmático em curso, a regra geral vigente no direito da insolvência português nega à parte *in bonis* o direito à restituição do que prestou ao insolvente antes da declaração de insolvência No entanto, em casos especiais, o direito à recuperação do prestado pela pare

[18] Implícita no que se acaba de dizer está a opinião de que o art. 103º do CIRE se aplica aos contratos que respeitem prestações indivisíveis, mas suscetíveis de fisicamente serem executadas por partes, sendo o caso da entrega de várias coisas entre as quais «interceda uma conexão funcional» apenas um exemplo, entre outros possíveis, desse tipo de prestações. É notório, no entanto, que esta ideia, apesar de ter reflexo na epígrafe do preceito, não ficou adequadamente refletida na sua parte dispositiva, em que se refere incompreensivelmente a categoria das prestações infungíveis. Esta incoerência entre epígrafe e texto da disposição tem dado azo ao surgimento de várias propostas interpretativas na doutrina que não serão aqui *ex professo* analisadas, por isso se desviar substancialmente do propósito limitado deste estudo.

in bonis é reconhecido sem que essa solução entre em contradição valorativa com a primeira, uma vez que tal direito terá necessariamente por objeto uma quantia em dinheiro (mesmo quando não tenha sido dinheiro o que a parte *in bonis* «entregou» ao insolvente) e a sua satisfação estará sujeita às forças da massa, constituindo um (mero) crédito sobre a insolvência. Por fim, ao menos em termos genéricos, são inteligíveis os fundamentos que levaram o legislador português a escolher uma ou outra das soluções consoante o grupo de casos, sendo certo que, como acima se disse, elas partilham um fundo valorativo comum.

10. O que se acaba de se expor revela já a base material para enunciar um princípio: *recusando o administrador de insolvência ou a lei o cumprimento de um contrato sinalagmático em curso, e tendo a parte in bonis executado, já a essa data, uma parte da prestação que lhe cabia no contrato, não poderá ela exigir a restituição daquilo que prestou, ou, nos casos em que não tenha direito a conservar a prestação que eventualmente já tenha recebido do insolvente e/ou não tenha direito a ser compensada pela parcela de prestação que já executou, a parte in bonis tem direito à restituição do prestado, mas a restituição será necessariamente pecuniária e constituirá um crédito sobre a insolvência.* O princípio assim formulado revela as restrições que a insolvência traz aos meios de defesa próprios dos contratos sinalagmáticos quando tenha havido cumprimento prévio pela parte *in bonis*. Esta, apesar poder ser privada, em consequência da insolvência, no todo ou em parte, da satisfação do seu direito à prestação que lhe foi prometida, não pode invocar *o malogro da troca* para recuperar o que prestou ou, quando tal argumento seja admitido, não poderá recuperar o prestado em espécie, mas apenas em valor, e o respetivo crédito será tratado como um crédito comum.

11. A enunciação de um princípio com esta extensão, além de, repete-se, permitir harmonizar disposições à primeira vista dificilmente conciliáveis entre si, tem ainda um valor heurístico que importa destacar. Sem ele, na verdade, a solução de certos casos não regulados seria inevitavelmente encaminhada para a «regra geral», *i. e.*, para a regra de exclusão do direito à restituição estatuída no art. 102º, nº 3, al. a) do CIRE, e não para as regras – de outra forma vistas como excecionais – do art. 103º, nº 1, al. c), e nº 4º, al. b) e do art. 107º, nº 2 do CIRE que consagram o direito à restituição do que já tenha sido prestado pela parte *in bonis*. Uma outra possibilidade

seria reconhecer, nesses casos «difíceis», um direito da parte *in bonis* à restituição com base no enriquecimento sem causa da massa insolvente decorrente da decisão do administrador da insolvência de recusar o cumprimento do contrato, direito esse a que seria dada a prioridade própria dos créditos sobre a massa (cf. o art. 51º, nº 1, al. i) do CIRE). Ambas as soluções são justamente contrariadas pelo referido princípio.

Três exemplos permitem ilustrar o que acabo de afirmar. O primeiro exemplo é o da compra e venda sob reserva de propriedade sem que tenha havido entrega ao comprador, caso o vendedor seja declarado insolvente. Em tal hipótese, a lei permite que o administrador de insolvência recuse o cumprimento do contrato (cf. o arts. 102º, nº 1 e 104º, nº 1 do CIRE). No entanto, o comprador pode já ter pago uma parte do preço e, nesse caso, perguntar-se-á se tem direito à restituição do prestado, ainda que como crédito sobre a insolvência. A lei não faculta aqui uma indemnização ao comprador que lhe permita «compensar» a parte do preço já paga. Na verdade, de acordo com a fórmula legal de cálculo da indemnização devida em caso de recusa de cumprimento do contrato de compra e venda, o direito do comprador cinge-se à diferença, se positiva, entre o valor da coisa e o preço convencionado atualizado à data da declaração de insolvência («o montante das prestações (...) previstas até ao final do contrato»: cf. o art. 104º, nº 5 do CIRE). Esta regra de cálculo corresponde exatamente à diferença de valor das prestações (*rectius*, de uma atribuição e de uma prestação) do contrato de compra e venda e difere substancialmente da fórmula do art. 102º, nº 3, al. c). Neste último, a indemnização assenta no valor da prestação devida pelo insolvente *deduzida* do valor da prestação devida pela parte *in bonis* (no caso agora em análise, o comprador) que ainda não tenha sido realizada, o que permite uma compensação do que esta parte eventualmente tenha prestado antes da insolvência, ainda que limitada ao valor da prestação que lhe foi prometida. Nada disto, porém, é facultado ao comprador *in bonis* pelo art. 104º, nº 5, e, por esta razão, mantém-se premente a questão colocada: pode este, confrontado com a frustração da compra e venda, exigir a restituição da parte do preço que eventualmente já tenha pago ao vendedor entretanto declarado insolvente? A resposta não pode deixar de ser positiva: o comprador que vê a venda malograr-se não pode ser privado da restituição do que já pagou. A situação de insolvência e o imperativo de tratamento igualitário dos credores não justificam que o comprador seja expropriado desse direito, apenas forçam a que ele o exerça em iguais condições aos demais credores. De resto, o confronto com a hipótese análoga do art. 107º, n. 2, em que ao vendedor é imposto um dever de restituição, não autoriza quaisquer dúvidas sobre a solução. Por fim, – e este é o ponto que cumpre sublinhar – a solução de facultar ao comprador a restituição do preço, ainda que a efetiva satisfação do seu crédito possa ser, a final, comprometida por insuficiência da massa insolvente, não é senão uma concretização do princípio acima enunciado.

Um segundo exemplo pode encontrar-se na hipótese de o contrato de locação, em que se torne insolvente o locador e a coisa locada não tenha ainda sido entregue ao locatário, vir a ser resolvido pelo administrador da insolvência, conforme permitido pelo art. 109º, nº 2 do CIRE. Nesse caso, pode bem suceder que o locatário *in bonis* já tenha pago antecipadamente ao locador (agora insolvente) rendas ou alugueres. Poderá, em face da resolução do contrato, exigir o reembolso das rendas e alugueres já pagos? É certo que, neste caso, a lei classifica o direito exercido pelo administrador como um direito de resolução do contrato e não como um direito de «recusar o cumprimento», o que, desde logo, lança uma objeção formal à aplicabilidade da regra de não restituição do art. 102º, nº 3, al. a) do CIRE. Dir-se-ia, à luz desta diferença semântica, que o locatário poderia exigir o reembolso das rendas e alugueres. No entanto, a objeção não seria muito convincente atendendo a que, em certas hipóteses, a «recusa de cumprimento» pelo administrador da insolvência, nos termos do art. 102º do CIRE, não obstante a indeterminação da locução legal, corresponde inegavelmente a uma verdadeira *resolução* do contrato.[19] Sobretudo, aquela objeção não permitiria fundamentar substancialmente o direito à restituição. Assim, o recurso ao princípio enunciado é indispensável à determinação e justificação da solução adequada do caso, que não poderá deixar de consistir no reconhecimento do direito do locatário *in bonis* à recuperação das rendas ou alugueres já pagos, ainda que como crédito sobre a insolvência.[20] Na verdade, a resolução prevista no nº 2, do art. 109º do CIRE não é acompanhada de qualquer indemnização do locatário *in bonis*, pelo que não poderá ser compensado, por essa via, do cumprimento que já tenha efetuado. Poderá duvidar-se da coerência da solução adotada pelo legisla-

[19] Cf. *infra*, o texto correspondente às n. 34 e 35, quanto à qualificação da recusa de cumprimento como uma verdadeira resolução do contrato pelo administrador da insolvência.

[20] Neste sentido, L. Menezes Leitão, «A (In)Admissibilidade» (cit. na n. 13), 94.

dor. Tendo em conta que a insolvência, em regra, não priva, nem deve privar, o contraente *in bonis* da diferença de valor das prestações, caso ela lhe seja favorável, apenas afetando, naturalmente, a possibilidade de satisfação efetiva de um tal direito, é discutível que aqui a decisão de resolução pelo administrador de insolvência deixe o locatário de «mãos vazias». Em todo o caso, a denegação da indemnização, qualquer que seja o juízo definitivo que se faça quanto à bondade da solução, não pode afetar o tema da restituição. Antes pelo contrário, sendo negada à parte *in bonis* qualquer compensação e não sendo o contrato cumprido, verifica-se precisamente o segundo segmento do princípio enunciado nos termos do qual a parte *in bonis*, no caso, o locatário, pode exigir a restituição do que prestou, embora como crédito sobre a insolvência.

O terceiro e último exemplo da utilidade da enunciação do princípio encontra-se no papel que este pode desempenhar na questão de saber se, no contrato-promessa de compra e venda, o promitente comprador *in bonis* tem direito à restituição do sinal prestado antes da declaração de insolvência do promitente vendedor na hipótese de o administrador da insolvência optar pelo não cumprimento do contrato-promessa e, em caso afirmativo, qual a qualificação do correspondente crédito. A análise do reflexo da decisão de recusa de cumprimento no direito à restituição do sinal prestado reveste um duplo interesse neste domínio: por um lado, permite ilustrar a utilidade de identificação do princípio, por outro, permite definir com mais exatidão a sua amplitude. Na verdade, no contrato-promessa, o sinal não corresponde à prestação que o promitente comprador deve por força desse contrato, pelo que à primeira vista o princípio acima descrito, referente às prestações de um contrato sinalagmático em curso, não se lhe aplicaria. Mesmo quando o sinal entregue pelo promitente comprador corresponda a uma antecipação do preço da compra e venda[21] e seja qualificável, portanto, como contraprestação, ele não é uma contraprestação devida por força do contrato-promessa e é só este o contrato em curso à data da declaração de insolvência, sobre cujo destino incide a decisão do administrador. Por isso, ao contrário dos exemplos que até ao momento

[21] O sinal pode corresponder a uma parte do preço, mas não tem necessariamente de ser assim, não tendo sequer de coincidir, no todo ou em parte, com qualquer prestação devida (cf. o art. 442º, nº 1 do CC). A antecipação do preço é, no entanto, a situação mais frequente na prática e que só nesse caso, aliás, funciona a presunção de estipulação de sinal (cf. o art. 441º).

foram apresentados, a entrega do sinal pelo promitente comprador ao promitente vendedor antes da declaração da insolvência deste último não consubstancia um cumprimento parcial do contrato promessa pela parte *in bonis* e, por isso, repete-se está aparentemente fora do âmbito de aplicação do princípio atrás referido.

No entanto, o sinal não deixa de ser uma coisa que a parte *in bonis* entregou ao insolvente antes da respetiva declaração e que posteriormente, malogrado o efeito que essa entrega tinha em vista, *terá necessariamente de ser devolvido* no caso de o administrador recusar o cumprimento da promessa. Na doutrina, parece imperar o reconhecimento de um direito à restituição do sinal ao promitente comprador *in bonis* e de um correspondente dever da massa insolvente em caso de recusa de cumprimento da promessa pelo administrador, embora o direito seja erradamente enquadrado nas regras que atribuem ao contraente *in bonis* um direito à indemnização. Além disso, é discutida a sua qualificação crédito sobre a massa (e, portanto, satisfeito prioritariamente: cf. o art. 172º do CIRE) ou como crédito da insolvência. O princípio que enunciei atrás permite conferir um enquadramento correto e uma justificação mais substancial à solução da restituição: o sinal prestado não é uma prestação devida por força do contrato-promessa, pelo que, recusando o administrador o cumprimento da promessa, o promitente comprador ficará sem direito a compensação alguma pelo que entregou (o art. 102º, nº 3, al. c) do CIRE não lhe proporciona tal compensação) e é forçoso, justamente por isso, que possa reclamar a restituição.[22]

[22] No sentido da inaplicabilidade do art. 102º, nº 1, al. a) à restituição do sinal em singelo, cf. A. Taveira da Fonseca, *Da recusa de cumprimento da obrigação para tutela do direito de crédito*, Almedina, 2015, 380. Diversamente, Pestana Vasconcelos, «Direito de retenção, contrato-promessa e insolvência», CDP nº 33 (Jan./Mar. 2011), 3-29 (14, n. 41), afirma que a restituição ao promitente-comprador *in bonis* do sinal *em singelo* é negada pelo art. 102º, nº 3, al a) do CIRE, pelo que a recuperação só poderia ser alcançada por «via indireta» através da indemnização devida pela massa ao promitente-comprador em caso de recusa de cumprimento. Em sentido próximo, Catarina Serra, *Lições de direito da insolvência*, Almedina, 2018, 237, propõe a aplicação do art. 102º, nº 3, al. c) do CIRE, para preencher esta «lacuna da lei» e proporcionar ao promitente comprador uma compensação pelo sinal prestado. Como está implícito no texto, creio que não há analogia, pois o sinal não é a contraprestação devida no contrato-promessa e, de resto, a aplicação daquele preceito é excluída pelo art. 104º, nº 5, para o qual remete, em matéria de contrato-promessa, o art. 106º, nº 2, ambos do CIRE. O direito do promitente comprador *in bonis* relativamente ao sinal prestado é à restituição do mesmo e não a uma compensação calculada nos termos do art. 102º, nº 3, al. c) do CIRE (à luz do qual, aliás, o crédito do promitente comprador estaria sempre limitado pelo valor da coisa a que se refere o

Mas é sobretudo na solução da segunda dificuldade que tem interesse o princípio enunciado. O *direito à restituição do sinal em singelo não pode deixar de ser qualificado como crédito sobre a insolvência e não como crédito sobre a massa.*[23] Não se justifica, de facto, que o promitente comprador *in bonis* que tenha antecipado o preço da compra e venda – ou que tenha entregue qualquer outra coisa a título de sinal – possa ser exonerado do risco de insolvência e tratado de forma mais favorável que os restantes credores da insolvência. Não há razão para privilegiar o promitente comprador que sinaliza a promessa antes da declaração de insolvência do promitente vendedor em face das partes de quaisquer outros contratos do insolvente que tenham cumprido parcialmente também antes da declaração. Num e noutro caso, o direito à restituição, sempre que seja reconhecido, só pode ter o estatuto de um crédito sobre a insolvência e não sobre a massa. Além disso, seria dificilmente compreensível que o promitente comprador *in bonis* que tenha resolvido a promessa sinalizada *antes* da declaração de insolvência com fundamento em incumprimento do vendedor seja apenas titular de um crédito sobre a insolvência (no caso, ao sinal em dobro) e o promitente que não o tenha feito e seja confrontado com uma recusa (lícita) de cumprimento da promessa pelo administrador de insolvência fosse titular de um crédito sobre a massa (no caso, ao sinal em singelo).[24]

contrato prometido). Veja-se ainda a solução proposta por Soveral Martins, *Um curso de direito da insolvência*, 2ª ed., Almedina, 2017 191-193: o autor propõe que seja «descontada» quantia prestada a título de sinal na indemnização atribuída pelo art. 104º, nº 5 do CIRE; simplesmente o «desconto» do sinal nessa indemnização não permite ao promitente comprador recuperá-lo. De resto, o autor assinala, corretamente, os limites desta solução no caso de o sinal não corresponder a uma parte do preço (*idem*, n.106).

[23] Contrariamente, veja-se N. Pinto de Oliveira, «A qualificação do crédito resultante da não execução do contrato-promessa», in Catarina Serra (Coord.), *III Congresso de direito da Insolvência*, Almedina, 2015, 127, propondo aqui a aplicação do art. 51º, nº 1, al. i) do CIRE, referente às dívidas que tenham por fonte o enriquecimento sem causa da massa insolvente. Catarina Serra, *Lições* (cit. na n. 24), 237, n. 343, aparentemente não toma uma posição definitiva quanto à qualificação do direito à restituição do sinal como crédito sobre a massa.

[24] Note-se também que há quem sustente a qualificação do (alegado) direito do promitente comprador ao *sinal em dobro* constituído *após a declaração de insolvência* como crédito sobre a massa, qualificação essa sobre a qual não me pronuncio neste texto. N. Pinto de Oliveira, «A qualificação» (cit. na n. 23), 131-132 e 135, e L. Menezes Leitão, *Direito da insolvência* (cit. na n. 11), 197, defendem que esse direito, quando a ele haja lugar, constitui uma dívida da massa, aplicando aqui o disposto no art. 51º, nº 1, al. e) do CIRE). Esta posição está indissociavelmente ligada à tese (exposta *infra*, n. 27) de que o administrador apesar de não pode recusar o cum-

12. Dada a resposta ao problema da qualificação do crédito do promitente comprador *in bonis* à restituição do sinal em singelo, importa precisar que, para o efeito da colocação e da resolução desse problema, não foi necessário tomar posição no controverso tema do direito do promitente comprador ao *sinal em dobro* no tipo de casos aqui em vista, isto é, na hipótese de insolvência do vendedor e de opção do administrador de insolvência pelo não cumprimento da promessa.[25] Na verdade, a pergunta à qual o princípio acima enunciado permite dar resposta é apenas a de saber se e em que termos o comprador *in bonis* tem direito à restituição do sinal *em singelo*, pelo que se pode aqui abstrair da questão *adicional* do direito a uma *indemnização* equivalente ao valor do sinal, *cumulável* com a restituição do mesmo.

No tratamento do problema colocado, também não foi necessário tomar posição quanto à extensão da faculdade do administrador da insolvência do promitente vendedor de recusar o cumprimento do contrato-promessa com eficácia obrigacional. Este tema é igualmente marcado por uma significativa divergência de opiniões na doutrina, sendo detetável uma tendência para, em nome da proteção do promitente-comprador que tenha beneficiado da tradição da coisa objeto do contrato prometido antes da declaração de insolvência, restringir essa faculdade do administrador da insolvência, que assim se acharia privado da opção pela inexecução

primento de determinados contratos-promessa, poderá incumpri-los em termos definitivos, tendo, nesse caso, a parte *in bonis* o direito ao sinal em dobro. Parece, contudo, injustificável que o promitente comprador que já tenha resolvido o contrato-promessa *antes* da insolvência só possa reclamar o seu crédito ao sinal em dobro como crédito sobre a insolvência e, no caso de o fazer *depois* da declaração de insolvência, seja premiado com a condição de credor da massa.

[25] Sem pretensões de exaustividade, defendendo a inaplicabilidade do regime do sinal (nos casos em que o administrador possa recusar o cumprimento da promessa): Catarina Serra/N. Pinto Oliveira, ROA 70 (2010), «Insolvência, contrato-promessa: os efeitos da insolvência sobre o contrato-promessa com eficácia obrigacional», 395-440 (413), N. Pinto de Oliveira, «A qualificação» (cit. na n. 23), 129 e *passim*, Soveral Martins, *Um curso* (cit. na n. 22), 185-195, e L. Menezes Leitão, *Direito da insolvência* (cit. na n. 11), 196, Sustentando, pelo contrário, que o promitente comprador tem direito a uma indemnização calculada nos termos do art. 442º do CC sempre que o administrador recuse o cumprimento, e que o art. 106º, nº 2 do CIRE não se aplica às promessas sinalizadas, cf. Pestana Vasconcelos, «Contrato-promessa e falência/insolvência – Ac. TRC de 15.4.2008, CDP nº 24 (Out./Dez. 2008), 54-64 (62-63), ID *Direito de retenção* (cit. na n. 22), 9 e ss., e Gravato Morais, «Promessa obrigacional de compra e venda com tradição da coisa e insolvência do promitente-vendedor», CDP nº 29 (Jan./Mar. 2010), 3-12 (9).

da promessa.[26] A questão a que pretendi aqui dar resposta respeita apenas aos casos em que seja lícito ao administrador recusar o cumprimento da promessa, pelo que, se é certo que tem como pressuposto a existência de situações em que o administrador pode recusar o cumprimento, não exige que se conheça exatamente o âmbito dos casos em que está autorizado a fazê-lo e em que tal lhe é vedado.[27]

[26] L. Menezes Leitão, *Direito da insolvência* (cit. na n. 11), 196-197, sustenta não ser possível a recusa de cumprimento da promessa com eficácia obrigacional em caso de insolvência do promitente vendedor quando a coisa objeto do contrato prometido tenha sido entregue ao projetado adquirente. Seguindo-o, F. Albuquerque de Matos, «Os efeitos da declaração de insolvência sobre os negócios em curso», in Catarina Serra (Coord.), *IV Congresso de direito da insolvência*, Almedina, 2017, 35-70 (58 e 63). N. Pinto de Oliveira, «Efeitos» (cit. na n. 15), 209-210, e «A qualificação» (cit. na n. 23), 120-121 (com referências) sustenta a proibição de recusa quando a mesma seja abusiva, generalizando a regra do art. 102º, nº 4 do CIRE: tal sucederia, de acordo com o autor, se a decisão afrontasse princípios constitucionais, como o do direito à habitação.

[27] Note-se que alguns autores admitem a possibilidade de o promitente comprador *in bonis* ter direito à restituição do sinal, mais concretamente, à «restituição» do sinal em dobro, nos casos em que, segundo sustentam, seja vedado ao administrador da insolvência recusar o cumprimento do contrato-promessa. O que se defende é que, nestes casos, se estava vedado ao administrador da insolvência recusar o cumprimento, mas o contrato acaba na realidade por ser incumprido, então é reconhecido ao promitente-comprador o direito ao sinal em dobro. Assim, N. Pinto de Oliveira, «A qualificação» (cit. na n. 23), 130-131 e L. Menezes Leitão, *Direito da insolvência* (cit. na n. 11), 196-197. No entanto, este efeito parece contraditório com o ponto de partida. Se se defende que o administrador, num conjunto mais ou menos alargado de hipóteses, não pode recusar o cumprimento do contrato em nome da tutela da parte *in bonis*, o resultado deve ser o cumprimento do próprio contrato e não indemnização. Por outras palavras, e passe a imprecisão, o resultado deve ser o cumprimento do contrato «em espécie». A solução indemnizatória (de resto limitada ao valor do sinal) acaba por desvirtuar essa (suposta) decisão legislativa de tutelar o promitente comprador *in bonis* proibindo o administrador de incumprir o contrato. Anote-se que nos casos em que a lei indiscutivelmente veda ao administrador a opção pelo não cumprimento é difícil conceber sequer a possibilidade *fáctica* de o administrador, mesmo querendo, incumprir o contrato. É o que se passa na venda com reserva de propriedade, estando a coisa nas mãos do comprador: se vendedor se torna insolvente, o pagamento do preço pelo comprador *in bonis* operará a transmissão da propriedade, não dando ao administrador qualquer hipótese de incumprir o contrato (cf. o art. 104º, nº 1 do CIRE). Da mesma forma, na venda com transmissão da propriedade, mas sem entrega à data da declaração de insolvência, se o vendedor cai em insolvência, o comprador pode exigir a restituição ou separação do bem (cf. os arts. 105º, nº 1, al. a) e 141º do CIRE), sem que ao administrador seja dada a possibilidade de o evitar. Por fim, nos casos de promessa com eficácia real e tradição, tornando-se insolvente o promitente vendedor, a venda a terceiro pelo administrador não perturba o direito do promitente adquirente (ainda que a via de exercício do seu direito seja bastante controversa na doutrina) pelo que qualquer ação

Por fim, é igualmente indiferente na resposta à questão da existência e graduação do direito à restituição do sinal em singelo saber se este direito, a existir, é ou não garantido por um direito de retenção. Por essa razão, não se viu necessidade de tomar uma posição nesta matéria, que é, uma vez mais, objeto de intensa controvérsia doutrinal.[28]

13. Do regime aplicável à compra e venda sob reserva de propriedade (art. 104º do CIRE) e à compra e venda com transmissão da propriedade, mas sem entrega (art. 105º do CIRE) podem extrair-se duas soluções qualificáveis como verdadeiras *exceções* ao princípio acima enunciado. O facto de constituírem exceções não significa, porém, que sejam infundadas ou criticáveis. Bem pelo contrário, como se verá de seguida.

No caso de recusa de cumprimento da venda sob reserva de propriedade pelo administrador do comprador insolvente, o *direito do vendedor in bonis à separação da coisa* (cf. o art. 141º, nº 1, al. c) do CIRE)[29] corresponde, em termos materiais, a um direito à restituição *em espécie* daquilo que a parte *in bonis* prestou ao insolvente antes da declaração de insolvência, direito esse cuja satisfação não se encontra condicionada às forças da massa, antes é exercido, em certo sentido, com prejuízo dos demais credores, sejam eles credores da massa ou credores da insolvência. Este tratamento «privilegiado» do vendedor sob reserva justifica-se, no entanto, tendo em conta o objetivo com que foi fixada a cláusula de reserva de propriedade, que

do administrador, só por si, não gerará o incumprimento definitivo da promessa. Tenho, por isso, bastantes reservas quanto à tese exposta de que, estando o administrador impedido de recusar o cumprimento do contrato-promessa, o promitente adquirente pode dar à eventual inércia ou recusa do administrador em cumprir o contrato o valor de um incumprimento definitivo (*maxime*, por meio de interpelação admonitória) e exigir o sinal em dobro.

[28] Poderá eventualmente a qualificação do crédito do promitente comprador como crédito sobre a massa afastar a aplicabilidade de um direito de retenção, mas nunca o contrário, razão pela qual não há necessidade de tomar posição quanto à aplicação do art. 755º, nº 1, al. f) do CC no contexto da insolvência do promitente vendedor (defendendo que a qualificação como crédito da massa afasta a aplicabilidade do direito de retenção, cf. N. Pinto de Oliveira, «A qualificação» (cit. na n. 23), 135; contra, L. Menezes Leitão, *Direito da insolvência* (cit. na n. 11), 197, n. 265). O tema do direito de retenção promitente comprador na insolvência é amplamente debatido na doutrina e na jurisprudência, e já deu lugar, inclusive, à emissão dois acórdãos de uniformização de jurisprudência: o AUJ 4/2014 (Távora Vitor), DR 1ª Série nº 95/2014, de 19-05-2014, e o AUJ 4/2019 (Mª Olinda Garcia), DR 1ª Série nº 141/2019, de 25-07-2019.

[29] Indicando expressamente este direito, cf. L. Menezes Leitão, *Direito da insolvência* (cit. na n. 11), 193.

é justamente o de tornar imune o vendedor à eventual incapacidade do comprador para pagar o preço.[30]

Na compra e venda com transmissão de propriedade, mas sem entrega, a recusa de cumprimento pelo administrador do comprador insolvente não poderá deixar de ter por efeito o *regresso do direito de propriedade à esfera do vendedor in bonis*.[31] É certo esse *efeito real* da decisão do administrador da insolvência não configura um direito à *restituição* do prestado pela parte *in bonis* antes da declaração de insolvência, pelo que, aparentemente, não teríamos aqui uma verdadeira exceção ao princípio enunciado. No entanto, na compra e venda o sinalagma constitui-se entre uma atribuição patrimonial que não pode ser inteiramente descrita como uma prestação – a transmissão do direito de propriedade e a entrega[32] – e uma prestação – o preço.[33] A regra de «regresso» da atribuição patrimonial ao património da parte *in bonis*, sendo esse efeito imune à insuficiência da massa para solver as respetivas dívidas, constitui, por isso, um *desvio claro* ao princípio. O vendedor *in bonis* recupera, assim, tudo aquilo que «prestou», *rectius*, a atribuição patrimonial que fez no contrato celebrado com o insolvente, e recupera-o sem sofrer a concorrência dos demais credores do insolvente. A exceção compreende-se. Permitir ao administrador da insolvência do comprador que recusasse o cumprimento do contrato, se exonerasse, por essa via, do dever de pagar o preço e mantivesse a propriedade da coisa, com a possibilidade de reivindicar a coisa ao vendedor *in bonis* (ou a quem detivesse) constituiria uma solução inaceitável, uma via de enriquecimento da massa insolvente, estranha aos princípios gerais da insolvência.

Sublinhe-se, por fim, que nos dois casos que se acaba de expor a decisão do administrador da insolvência que recuse o cumprimento do con-

[30] Pestana de Vasconcelos, «O novo regime insolvencial da compra e venda», RFDUP Ano 3 (2006), 521-559 (557), assinala que a exclusão da possibilidade de o vendedor reaver as mercadorias entregues em caso de insolvência do comprador quando já tenha sido transferida a propriedade prejudica o crédito comercial, pois só em condições de necessidade aceitará o vendedor, sem constituição de garantias, cumprir antes do comprador. No entanto, a solução não poderia deixar de ser esta, atento o princípio de tratamento igualitário dos credores.

[31] Assim, Oliveira Ascensão, «Insolvência» (cit. na n. 7), 299, e Pestana de Vasconcelos, «O novo regime» (cit. na n. 30), 544.

[32] Repare-se que a compra e venda pode ocorrer em casos em que a coisa já se encontre nas mãos do comprador, caso em que a «relação de troca» se estabelece unicamente entre a transmissão do direito e o preço.

[33] Já atrás referi a importância de um conceito amplo de sinalagma: cf. *supra*, n. 6.

trato tem, indiscutivelmente, uma eficácia resolutiva. Tem-na neste último caso, na medida em que a eliminação do efeito real produzido pelo contrato é um efeito privativo da resolução.[34] E tem-no também no primeiro, já que o direito de aquisição a favor do comprador, fundado na estipulação da cláusula, tem também de extinguir-se, o que novamente só é viável mediante resolução do contrato.[35]

14. Distinto do problema do direito da parte *in bonis* à restituição do que prestou antes da declaração de insolvência é o problema *simétrico* do (eventual) *direito da própria massa insolvente à restituição* do que o devedor insolvente tenha prestado em momento anterior àquela declaração. Os valores que relevam na solução desta segunda questão são necessariamente distintos dos que importam para a solução da primeira, desde logo porque um direito da massa insolvente a exigir à parte *in bonis* a restituição do cumprimento já havido nunca poderia ter o sinalagma por fundamento, já que a insolvência, *só por si*, não afeta as perspetivas de a massa obter da parte *in bonis* a contraprestação pela parcela do contrato que o devedor (agora insolvente) executou anteriormente. Assim, quando o art. 102º, nº 3, al. a) do CIRE nega, por princípio, o direito da massa insolvente à restituição do que tenha sido prestado pelo devedor antes da declaração de insolvência, esta decisão legislativa já não pode ser enquadrada como uma compressão ou privação dos meios de defesa próprios dos contratos sinalagmáticos, pela simples razão de que a situação de insolvência em que caiu o devedor não lhe oferece, na perspetiva da tutela do sinalagma, qualquer fundamento para se desvincular e exigir de volta o que já entregou.

Mas sé certo que se trata de dois problemas substancialmente distintos, isso não significa que possam ser resolvidos autonomamente. Pelo contrário, a solução de um condiciona, até certa medida, a solução de outro. A opção do legislador português de privar a parte *in bonis*, em regra, do direito à restituição do que prestou afeta inevitavelmente o direito da massa insolvente a exigir a restituição do que o devedor já tenha prestado, na medida em que seja proporcional ao prestado pela parte *in bonis*. Se por exemplo a parte *in bonis* executou antes da insolvência 50% da prestação

[34] Assim, os autores citados *supra*, na n. 31.

[35] A decisão do administrador permitirá depois o cancelamento da cláusula no registo, quando seja esse o caso.

por si devida, e o devedor insolvente fez, também até essa data, 50% do que lhe cabia, percebe-se que a privação da primeira do direito à restituição do que prestou tenha por efeito forçoso a negação de semelhante direito ao segundo. Que dizer, porém, dos casos em que o devedor insolvente *prestou em maior medida* do que a parte *in bonis*: como se justifica aí a exclusão do direito à restituição que o art. 102º, nº 3, al. a) do CIRE ordena? Nesse grupo de casos, a solução legal supõe uma justificação autónoma e explica-se por a insolvência, *só por si*, não permitir pôr em causa atos anteriores do insolvente. Salvo se e na medida em que tais atos tenham sido prejudiciais aos demais credores – e, portanto, nos casos, nos termos e com os fundamentos da resolução em benefício da massa – a insolvência não dá azo à reponderação da atividade pretérita do insolvente. A massa insolvente tem então apenas direito a exigir o valor da contraprestação correspondente à prestação já efetuada pelo devedor (cf. o art. 102º, nº 3, al. b) do CIRE).

À semelhança do que sucede em sede de direito à restituição da parte *in bonis*, também a regra de exclusão do direito da massa à restituição da prestação que o devedor insolvente tenha feito antes da declaração de insolvência conhece desvios, os quais têm precisamente o mesmo âmbito que vimos valer para o direito da parte *in bonis*. Como regra geral, se a massa insolvente tem de restituir a esta última o que ela tenha prestado e/ou não tiver o direito a exigir daquela parte o valor da contraprestação proporcional ao que o devedor insolvente prestou, então impõe-se, com evidência, o direito da massa à restituição. O desequilíbrio que resultaria da solução diversa não tem apoio em qualquer valor ou princípio do direito da insolvência. Compreende-se, assim, o direito de restituição atribuído à massa insolvente nos arts. 103º, nº 1, al. a), nº 4 al. a) e 107º, nº 2, ambos do CIRE. Em todos estes casos, embora por razões várias, a massa insolvente não conserva a parte da prestação já realizada pelo outro contraente e/ou não tem o direito de exigi-la, razão pela qual fica investida no direito a recuperar o valor do que prestou.

Fora dos casos em que a lei o contemple expressamente, deve ser admitido um direito à restituição a favor da massa sempre que se verifiquem os mencionados pressupostos. Assim, por exemplo, o direito da massa à recuperação do prestado pelo insolvente deve existir no caso de recusa de cumprimento pelo administrador de insolvência do comprador que seja parte de uma venda sob reserva de propriedade, embora tal direito não esteja previsto no art. 104º do CIRE. A massa insolvente não chega a adquirir a propriedade da coisa e tem de restituí-la ao vendedor no caso (eventual) de esta lhe ter sido entregue, *rectius*, o vendedor pode requerer a sua separação da massa. A massa insolvente fica, assim, sem qualquer «compensação» pelo preço pago. Nos preceitos acima citados, esta é precisamente a situação em que se reconhece à massa insolvente o direito a reaver o prestado, pelo que há que aplicá-los por analogia. O art. 107º, nº 2 do CIRE oferece uma base particularmente convincente para aplicação analógica, na medida em que se trata aí também de um contrato de compra e venda e em que se estatui que o vendedor, mesmo sendo a parte *in bonis*, fica obrigado à restituição das «importâncias já recebidas» a título de preço. Nada justifica, na verdade, que o vendedor *in bonis* possa manter definitivamente a parte do preço que recebeu antes da declaração de insolvência do comprador.[36] Mesmo quando o comprador tenha usado a coisa durante um certo período – o que não tem de se verificar –, sempre seria arbitrário indemnizar o vendedor negando ao comprador a restituição da parte do preço paga, que só por sorte corresponderá ao desgaste resultante do uso. Além disso, a compra e venda não se destina a proporcionar o gozo temporário da coisa, pelo que o preço pago também não pode evidentemente ser retido com a justificação de constituir a remuneração contratualmente devida pelo gozo havido. De resto, o cálculo da indemnização a que o vendedor *in bonis* tem direito toma por base o «valor da coisa na data da recusa», pelo que a eventual desvalorização da coisa decorrente da sua utilização pelo comprador é atendida por esta via, não devendo interferir no direito da massa insolvente ao reembolso do preço pago.[37]

[36] Em sentido contrário, Pestana de Vasconcelos, «O novo regime» (cit. na n. 30), 553-554 afirma que, existindo reserva de propriedade e insolvência, do comprador «não há lugar a restituições». L. Menezes Leitão, *Direito da insolvência* (cit. na n. 11), 192, também nega o direito do comprador insolvente à restituição do prestado, esclarecendo ainda não ser aplicável «o art. 102º, nº 3, al. b), na medida em que a entrega pelo vendedor suplanta os pagamentos que tiverem sido, entretanto, feitos pelo comprador». Esta última observação do autor leva a crer que a solução defendida assenta no pressuposto de que existe uma espécie de «sinalagma substitutivo» entre a temporária fruição da coisa proporcionada pela entrega do vendedor e as prestações do preço já pagas pelo comprador, o que justificaria a retenção do preço. No entanto, este pressuposto não é aceitável (como resulta do que se diz no texto), nem tão-pouco a coisa tem de ter sido entregue ao comprador insolvente para que se aplique o art. 104º do CIRE.

[37] Questão diversa é a de saber se o vendedor *in bonis* pode *recusar o reembolso* do preço *enquanto*, por seu turno, não receber a *indemnização* devida pela massa. O art. 107º, nº 2 do CIRE resolve

Um outro exemplo da necessidade de reconhecer o direito da massa ao que tenha sido prestado pelo insolvente antes da declaração de insolvência mesmo quando tal não seja expressamente cominado na lei pode encontrar-se nos casos de promessa de venda sinalizada em que o promitente comprador tenha sido declarado insolvente e o administrador opte pelo não cumprimento do contrato. Aí a regra geral da não restituição do art. 102º, nº 3, al. a) do CIRE não se apresenta adequada. Na verdade, a massa não pode exigir do promitente vendedor *in bonis*, nos termos da alínea b) daquele preceito, «o valor da contraprestação correspondente» ao sinal prestado, pela simples razão de que o sinal não constitui a prestação devida pelo insolvente ao abrigo do contrato-promessa. E, como acima se disse, a lei estabelece desvios à regra geral de exclusão do direito à restituição quando a massa não possa pedir uma compensação pelo já prestado e/ou não possa conservar a contraprestação já recebida. Por isso, idêntico desvio à regra geral parece impor-se no caso do sinal prestado pelo promitente comprador que venha a cair em insolvência.

A inaplicabilidade do art. 102º, nº 3, al. a) do CIRE à promessa de venda com convenção de sinal traz um esclarecimento relevante para o tema, amplamente discutido, da aplicação do art. 442º do CC à decisão do administrador da insolvência de recusar o cumprimento do contrato-promessa, em caso de insolvência seja do promitente comprador, seja do promitente vendedor. De facto, já se sustentou que precisamente porque o promitente vendedor *in bonis* poderia fazer seu o sinal por força da proibição contida naquele artigo, o disposto no art. 106º, nº 2 do CIRE não se aplicaria à promessa sinalizada, a qual, sendo objeto de uma decisão de não cumprimento do administrador, estaria antes sujeita ao regime legal do sinal.[38] Esta argumentação não pode aceitar-se, desde logo porque uma regra que disciplina o *direito à restituição* do que tenha sido prestado é chamada a resol-

a dificuldade reconhecendo ao vendedor um direito *compensar* o direito à indemnização com o dever de restituir o preço, solução que ultrapassa os limites em que a compensação é admitida, em geral, na insolvência (cf. o art. 99º do CIRE). A analogia indicada no texto sugere que esta solução da compensação valha igualmente para o caso da venda com reserva de propriedade. Não deixa, contudo, de se tratar de uma concretização do instituto da compensação dos arts. 847º e ss. do CC, o que supõe precisamente a existência (e a exigibilidade) de dois créditos recíprocos, entre os quais se conta o direito da massa à restituição da parte do preço paga antes da declaração de insolvência.

[38] Assim, Pestana de Vasconcelos, *Direito de retenção* (cit. na n. 22), 12-15.

ver um problema relativo ao *direito à indemnização*. Não se pode supor que, ao proibir as partes de exigirem a restituição do que tenham prestado, a lei da insolvência quisesse abranger os casos em que a legitimação da retenção do que se recebeu tem uma função indemnizatória. Além disso, a tese não pode aceitar-se também por partir do pressuposto equívoco de que a lei da insolvência atribui ao promitente vendedor o direito de reter o sinal entregue e consequentemente priva o promitente comprador insolvente de exigir o correspondente reembolso. Já se viu que não é assim.

Poderá, é claro, defender-se que, na promessa sinalizada, a decisão do administrador de insolvência de não cumprir desencadeia a indemnização prevista no art. 442º, nº 1 do CC e não a indemnização prevista na lei da insolvência. Mas essa tese terá de assentar *noutros argumentos*. Nessa medida, e estritamente nessa medida, poderá o promitente vendedor *in bonis reter* o sinal prestado antes da declaração, mas *a título de indemnização*. Simetricamente, em caso de declaração de insolvência do promitente vendedor, poderá o promitente comprador exigir a restituição do sinal acrescida de uma quantia de igual valor (*i. e.*, o sinal em dobro). Simplesmente, estas soluções terão de ser justificadas por outra via. Designadamente, terá de se ultrapassar a objeção (corrente) de que a remissão do art. 106º, nº 2 do CIRE para a indemnização prevista no art. 104º, nº 5 do mesmo diploma afastaria o regime do sinal. Como quer que se tente fundamentar esta tese, o certo é que ela não poderá invocar a seu favor a suposto direito do promitente vendedor *in bonis* de conservar, à luz do art. 102º, nº 3, al. a) do CIRE, o sinal prestado.

c) Segundo princípio

15. Ao contrário do anterior, o segundo princípio supõe a decisão de cumprimento do contrato pelo administrador da insolvência e respeita à prestação ou parte da prestação *ainda não cumprida* pela parte *in bonis*. Se esta não cumpriu, no todo ou em parte, o contrato, uma decisão do administrador de insolvência que opte pela sua execução *poderá forçá-la a cumprir sem receber a prestação que lhe caiba*? Se não tiver feito, parcial ou totalmente, a sua prestação antes da declaração de insolvência, designadamente para se precaver contra o risco de não cumprimento do devedor, poderá depois ser constrangida a cumprir e ficar, por assim dizer, de «mãos vazias», tendo de se contentar com uma satisfação do seu crédito na medida das forças do património do insolvente a liquidar, o que, no limite, pode traduzir-se em nada receber?

Antes da declaração de insolvência, a resolução da questão posta seria relativamente simples. A parte *in bonis* poderia invocar o incumprimento do devedor para «suspender» a execução da sua obrigação, a menos que se tivesse vinculado a prestar em primeiro lugar. Poderia invocar, em suma, a *exceção do não cumprimento* do art. 428º do CC. Mesmo na hipótese de se ter obrigado a prestar antes do devedor, a ameaça séria de não poder satisfazer o seu crédito sobre este, consubstanciada numa situação de insolvência não judicialmente declarada, tornar-lhe-ia igualmente lícita a recusa do cumprimento, nos termos da denominada *exceção de insegurança* (cf. os arts. 429º e 780º do CC).[39] Mas, se é assim antes da declaração de insolvência, terá essa declaração o efeito de despojar a parte *in bonis* destas exceções?

16. A resposta que a lei portuguesa dá ao problema colocado não é totalmente clara, ao contrário do que a singeleza deste poderia sugerir. Na verdade, e adiantando a resposta em linhas gerais, se a parte *in bonis* não executou a prestação por si devida antes da declaração de insolvência ou, tendo-a realizado parcialmente, o fez em menor medida do que recebeu do devedor antes dessa data, ela *conserva aquele meio de defesa*, em termos que caberá adiante precisar. Se, porém, a parte *in bonis*, antes da declaração de insolvência, executou a prestação por si devida em maior medida do que recebeu do insolvente, poder-se-ia entender que a *exceptio* só subsistiria em relação a uma parte do seu crédito, concretamente à parte relativa à prestação devida pelo insolvente proporcional à contraprestação ainda

[39] A. Taveira da Fonseca, *Da recusa* (cit. na n. 22), 188-189, entende que nos casos de perda de benefício do prazo (entre os quais se conta a situação de insolvência não judicialmente declarada do devedor) faltaria ao art. 429º do CC «sentido útil». Por meio da simples perda do benefício do prazo da parte que se obrigou a prestar em último lugar, estatuída no art. 780º do CC, passaria a outra parte a poder exigir o *cumprimento simultâneo das obrigações*, pelo que se aplicaria *diretamente o art. 428º* do CC, não sendo necessária a regra do art. 429º do CC. No entanto, não é exato fazer depender o exercício da *exceptio* da vontade de a parte vinculada a prestar em primeiro lugar se prevalecer da perda do benefício do prazo pela outra e exigir-lhe *antecipadamente* o cumprimento. A parte vinculada a prestar em primeiro lugar pode não estar minimamente interessada em receber a prestação da outra antes do momento convencionado, pois, por variadíssimas razões, o cumprimento antecipado pode impedir ou perturbar a satisfação do seu interesse na prestação. O art. 429º do CC tem, por isso, pleno sentido útil nos casos que compõem a sua previsão normativa, pois permite à parte que se vinculou a prestar em primeiro lugar exercer a *exceptio* sem ter de exigir o cumprimento «antecipado» da obrigação da outra.

não executada pelo contraente *in bonis* à data da declaração de insolvência. Se, relativamente a esta primeira «parcela» do crédito, o contraente *in bonis* seria plenamente protegido e poderia invocar que este ainda não foi satisfeito para o efeito recusar o cumprimento da sua obrigação, já em relação à segunda parcela do crédito, pelo contrário, o contraente *in bonis* não seria protegido e *não poderia furtar-se a cumprir* aquilo que se obrigou invocando que não recebeu e provavelmente não receberá a contrapartida proporcional *ao que já prestou*. Veremos, porém, que esta primeira impressão criada pela lei, que, a verificar-se, constrangeria significativamente a *exceptio* nos casos assinalados, não se confirma.

17. Começarei por indicar e fundamentar o direito de a parte *in bonis* recusar, no contexto da insolvência, o cumprimento da sua obrigação por ser titular de um crédito contra o insolvente cuja satisfação ainda não obteve (ou ainda não obteve na totalidade), para só depois examinar os limites que a lei coloca a esse direito. As situações mais simples em que se coloca o problema são aquelas em que a parte *in bonis* ainda não tenha executado de todo a sua prestação ou tenha executado em menor medida do que o que foi executado pelo devedor, antes de ser declarado insolvente. Maior complexidade envolvem as hipóteses em que a parte *in bonis* executou o contrato em maior medida do que o devedor. Em todo o caso, o que se pretende saber é se, optando o administrador pelo cumprimento do contrato, poderá a parte *in bonis* recusar-se a cumprir a sua obrigação invocando que não foi satisfeito o crédito que detém contra o insolvente.

18. A lei começa por resolver a questão colocada operando uma *alteração à qualificação do crédito* da parte *in bonis* à prestação devida pelo agora insolvente, no caso de o administrador optar pela execução do contrato. Esse crédito passa a ser, a partir da decisão do administrador, um crédito sobre a massa, nos termos art. 51º, nº 1, al. f) do CIRE, pelo será satisfeito prioritariamente (cf. o art. 172º do CIRE). Identicamente, os nºs 3 e 5, do art. 103º do CIRE atribuem de forma expressa a natureza de crédito sobre a massa ao direito da parte *in bonis* à prestação do devedor insolvente no caso de o administrador optar pela execução dos contratos aí previstos. Por fim, nos termos do art. 51º, nº 1, al. g) do CIRE, o crédito correspondente a uma «contraprestação já realizada» pela parte *in bonis* ao abrigo da exigência de execução de um contrato duradouro pelo administrador

provisório passa a ser também um crédito sobre a massa. A mesma solução encontra-se nos casos em que seja a própria lei, e não o administrador, que «opte» pelo cumprimento do contrato, impondo-o. São igualmente créditos sobre a massa os correspondentes a dívidas resultantes de contratos bilaterais cujo cumprimento não possa ser recusado pelo administrador da insolvência (cf. o art. 51º, nº 1, al. e) do CIRE), assim como o é o crédito do mandatário à remuneração e reembolso de despesas, no caso de o mandante se tornar insolvente e de o mandatário ser constrangido ao cumprimento do mandato por a sua intervenção ser necessária para evitar prejuízos da massa insolvente, até ao momento em que o administrador esteja em condições de tomar as respetivas providências (cf. o art. 110º, nº 2, al. a) e nº 3 do CIRE).[40]

19. Em qualquer dos casos, a alteração de qualificação do crédito da parte *in bonis* constitui uma clara concretização da *proteção do sinalagma* na insolvência.[41] Estas soluções legais têm como pressuposto a *oponibilidade no contexto da insolvência da exceção do contrato não cumprido* pertencente à parte *in bonis* antes e independentemente de qualquer insolvência.[42] Pode

[40] Ao estabelecer, no o art. 110º, nº 2, al. a) do CIRE, que o contrato de mandato se *mantém* após a declaração de insolvência do mandante sempre que «a prática de atos pelo mandatário [seja necessária] para evitar prejuízos previsíveis para a massa insolvente, até que o administrador da insolvência tome as devidas providências», a lei não só *legitima* a atuação do mandatário, que tem cobertura num contrato que permanece vigente, como ainda o «*constrange*» à realização da sua prestação, uma vez que a manutenção do contrato significa também a manutenção das respetivas obrigações contratuais. Outro parece, no entanto, ser o sentido da alínea b) do mesmo preceito.

[41] Neste sentido, veja-se L. Menezes Leitão, «As dívidas da massa insolvente», in Catarina Serra (coord.), *IV Congresso de direito da insolvência*, Almedina, 2017, 25-33 (27-28), quando afirma que a qualificação se justifica porque de outra forma «a outra parte se veria obrigada a realizar uma prestação, sem ter qualquer garantia relativa à realização da contraprestação».

[42] Em M. Lurdes Pereira/Pedro Múrias, «Os direitos de retenção e o sentido da exceção de não cumprimento», RDES Ano XLIV (Jan.-Dez. 2008), 187-239 (220-222) os preceitos que qualificam os créditos da parte *in bonis* à contraprestação como créditos sobre a massa (caso o administrador decida o cumprimento do contrato) são invocados precisamente para reconhecer a eficácia da *exceptio* em sede de insolvência. No direito alemão, também se aceita a persistência (*Insolvenzfestigkeit*) da exceção do não cumprimento na insolvência, apenas se discutindo se se está perante um princípio privativo dos contratos sinalagmáticos ou se o mesmo se estende a outros direitos de recusa de cumprimento não restritos a prestações ligadas por uma relação de troca (trata-se do tema da oponibilidade do «direito geral de retenção» ou *allgemeine Züruckbehaltungsrecht* em sede de insolvência): cf. Katharina Blaum,

dizer-se que a lei portuguesa partiu de um princípio de sobrevivência ou persistência deste meio de defesa da parte *in bonis* perante a declaração de insolvência. É certo que em lado algum do código encontramos uma menção expressa à suscetibilidade de exercício do «remédio» do art. 428º do CC no âmbito do respetivo processo. Mas a alteração da qualificação do crédito da parte *in bonis* à prestação devida pelo insolvente nos casos em que seja constrangida, pelo administrador ou pela lei, ao cumprimento do contrato só pode compreender-se aceitando-se o pressuposto da possibilidade de exercício daquela exceção. Na verdade, estando a lei (diretamente ou por via da opção do administrador da insolvência) «empenhada» no cumprimento do contrato e tendo presente que a parte *in bonis* poderia licitamente recusar-se a executar o que ainda não fez invocando que ainda não obteve – e provavelmente não obterá – o que lhe foi prometido, a *superação do impasse* só pode ocorrer assegurando-se que o crédito daquela parte à prestação devida pelo insolvente não está limitada a uma quota do património a liquidar. Na perspetiva legal, que é a de viabilizar a execução integral do contrato, de nada serviria declarar a sobrevivência e oponibilidade da *exceptio*, pois isso equivaleria apenas a dar a satisfação dos direitos de ambas as partes por inatingível. O fim legal impôs antes a fixação da saída para o «diferendo». Mas precisamente porque pressupõe a existência de um «diferendo» é que a solução da lei não pode deixar de ser vista como reconhecimento da eficácia da *exceptio* em sede de insolvência.

20. Se é verdade que, como se vem de afirmar, os preceitos indicados do código da insolvência *pressupõem* a oponibilidade da exceção do não cumprimento no contexto da insolvência, daí não se segue necessariamente que extraiam dessa oponibilidade todos os seus corolários. Na verdade, a mera «promoção» do crédito (ou da parcela do crédito) da parte *in bonis*, que passa a ter o estatuto crédito sobre a massa, não resolve todos os problemas, ou, mais exatamente, não proporciona à parte *in bonis* uma proteção integral. Basta pensar que *a massa insolvente pode ser ou tornar-se insuficiente* para a liquidação de todas as dívidas da massa. Mesmo atendendo à responsabilidade do administrador por danos causados aos credores da massa se esta não bastar para satisfação dos seus direitos e na medida em que

Zurückbehaltungsrechte in der Insolvenz, Nomos, 2008, 110 e ss. Veja-se, sobre este último tema, o que se dirá ainda *infra*, no texto junto à n. 66.

estes resultem de um ato do administrador, nos termos do art. 59º, nº 2 do CIRE, a verdade é que a desproteção do contraente *in bonis* permanece. Desde logo, porque a responsabilidade do administrador não abrange os casos em que seja a própria lei a impor o cumprimento do contrato em curso. Depois, porque a responsabilidade do administrador depende de ilicitude e culpa e, aliás, no caso dos contratos em curso, a ilicitude parece existir apenas quando o administrador opte pelo cumprimento e seja, à data dessa opção, *manifestamente improvável* a suficiência da massa para a satisfação do crédito da parte *in bonis*.[43]

Além de não eliminar totalmente o risco de incumprimento, a requalificação do crédito da parte *in bonis* não impede a verificação dos pressupostos do art. 428º do CC: enquanto uma das partes não oferecer cumprimento simultâneo (quando as prestações devam ser executadas simultaneamente) ou não cumprir (quando se tenha obrigado a cumprir em primeiro lugar) pode a outra parte recusar-se a executar a contraprestação, por muito «garantida» que esteja a obtenção da prestação que lhe foi prometida. A *exceptio* não é afastável mediante a prestação de garantias (cf. o art. 428º, nº 2 do CC), pelo que também não pode ser afetada pela alteração da qualificação do crédito no contexto da insolvência. Por isso, mesmo depois da decisão de cumprimento do contrato pelo administrador de insolvência, a parte *in bonis* continua a poder exercer a exceção do não cumprimento e, sendo confrontada com um pedido de cumprimento do administrador que não lhe ofereça o cumprimento simultâneo pela massa, pode recusar-se licitamente a cumprir.

Só assim não será nos casos em que o contraente *in bonis* se tenha vinculado a prestar em primeiro lugar. Em tal hipótese, o facto de passar a ser titular de uma dívida sobre a massa elimina o risco a que a que *exceção de insegurança* visa reagir. A requalificação do crédito da parte *in bonis*

[43] Existe uma *assimetria* entre o critério da responsabilização do administrador do art. 59º, nº 2 do CIRE e o critério de exercício do direito potestativo do administrador do art. 102º, nº 4 do CIRE. O primeiro critério exige maior diligência ao administrador, já que este é responsabilizado desde que fosse previsível a insuficiência da massa, à luz das circunstâncias que conhecia ou devia conhecer. O segundo critério exige menos, pois o administrador só não tem poderes para o ato de optar pelo cumprimento quando seja manifesto o risco de insuficiência da massa. Como não se pode responsabilizar o administrador pelo exercício de um direito nos limites em que este lhe é legalmente concedido, parece inevitável que, relativamente à sua decisão de cumprir contratos em curso, a responsabilidade do administrador seja mais exígua que relativamente a outros domínios da sua atividade.

pode ser incluída no conceito de «garantias de cumprimento» prestadas pela outra parte a que se refere o art. 429º do CC ou, em qualquer caso, pode ser a elas equiparada. Desta forma, embora esta exceção sobreviva num primeiro momento à insolvência, ela é afastada, por via da opção do administrador pelo cumprimento. A solução é aplicável mesmo à compra e venda comercial: após a declaração de insolvência do comprador, o vendedor que se obrigou a entregar a coisa antes de receber o preço terá de honrar esta obrigação sem que para isso o administrador tenha de constituir caução. Esta solução, bem como a consequente revogação do art. 468º do C. Com., que uma parte da doutrina tem vindo a sustentar com fundamento na ausência de uma remissão do art. 141º do CIRE para aquele preceito,[44] é reforçada pela consideração de que, com a decisão do administrador, o preço se torna uma dívida da massa.

No entanto, se, no decurso do processo, seja por desvalorização do ativo, seja por aumento do passivo, a situação da massa vier a degradar-se e a tornar-se insuficiente para satisfazer o direito da parte *in bonis* (sem existirem perspetivas de melhoria), renasce a possibilidade de esta recusar o cumprimento da sua obrigação, invocando a perda ou a desvalorização da garantia que entretanto lhe havia sido «prestada».[45]

21. É agora possível formular, ao menos provisoriamente, o segundo princípio. *Optando o administrador pelo cumprimento do contrato ou sendo este imposto por lei, a parte in bonis que se tenha obrigado executar a prestação que lhe cabe em simultâneo ou depois do recebimento da prestação devida pelo insolvente pode opor-lhe a exceção do não cumprimento.* Pelo contrário, *se a parte in bonis se vinculou a prestar antes de receber a prestação devida pelo agora insolvente e o administrador opta pelo cumprimento do respetivo contrato, deixa de poder exercer a «exceção de insegurança» do art. 429º do CC*, já que a qualificação do crédito da parte *in bonis* como crédito sobre a massa constitui, em princípio, uma «garantia» bastante do cumprimento. Caso, porém, no decurso do processo, a situação da massa venha a degradar-se e a tornar-se insuficiente

[44] Assim Oliveira Ascensão, «Insolvência» (cit. na n. 7), 304-305. Carvalho Fernandes/João Labareda, *Código da insolvência e recuperação de empresas anotado*, 2ª ed., Quid Juris, 2008, art. 105º, anot. nº 6, 471. Dubitativo, L. Menezes Leitão, *Direito da insolvência* (cit. na n. 11), 193-194.

[45] Solução idêntica é defendida por Katharina Blaum, *Zurückbehaltungsrechte* (cit. na n. 42), 168-169, em face da lei alemã, com citação de doutrina concordante.

para satisfazer o direito da parte *in bonis* (sem existirem perspetivas de melhoria), esta poderá invocar a «exceção de insegurança».

22. O princípio assim formulado ajusta-se apenas aos contratos sinalagmáticos que envolvam a troca de *prestações* ou, mais exatamente, em que a atribuição patrimonial da parte *in bonis* corresponda a uma prestação. Que regra vale nos casos em que na relação de troca esteja uma atribuição patrimonial da parte *in bonis* que não constitua uma prestação? Tudo depende de as partes terem estabelecido por acordo um mecanismo que faça depender a atribuição da parte *in bonis* do cumprimento pelo insolvente. Existindo esse acordo, ele tem de ser respeitado em sede de insolvência.

O art. 104º, nº 4 do CIRE, ao consagrar a oponibilidade de uma cláusula de reserva de propriedade à massa, revela com particular clareza que o legislador respeitou a precaução da parte *in bonis* tomada antes da declaração da insolvência e consistente em não fazer a sua atribuição patrimonial sem a garantia de obter do devedor (posteriormente insolvente) a contraprestação devida. E essa precaução não importa apenas para os casos em que o administrador da insolvência se decida pela não execução da compra e venda, como ainda releva para as situações em que opte pelo cumprimento. O vendedor que fez depender a transmissão da propriedade do pagamento do preço não quis justamente «cumprir» integralmente antes de ter a certeza de que a outra parte cumpre[46] e, em caso de insolvência do comprador, essa sua cautela é plenamente assegurada, não sendo possível ao administrador impor a transmissão da propriedade sem que a obrigação de pagar o preço (porventura, o preço remanescente) seja satisfeita pela massa insolvente.[47]

[46] A cláusula de reserva de propriedade prossegue assim uma função idêntica à da exceção do não cumprimento num contexto em que esta não é aplicável por não estar em causa uma prestação – cuja execução seja possível recusar –, mas antes a transmissão de um direito: cf. Lurdes Pereira/Pedro Múrias, «Sobre o conceito» (cit. na n. 6), 384-386.

[47] O aludido princípio não é desmentido pela regra da inoponibilidade da cláusula quando não escrita, pois trata-se de uma exigência destinada a prevenir um conluio simulatório entre vendedor e comprador insolvente, no sentido de prejudicar os credores deste. Cf. L. Menezes Leitão, *Direito da insolvência* (cit. na n. 11), 193. Os casos visados por esta restrição são, portanto, aqueles em que as partes *não convencionaram verdadeiramente qualquer cláusula de reserva de propriedade.*

23. A afirmação deste princípio é relevante mesmo fora dos estritos limites da insolvência. Pense-se, por exemplo, na hipótese de um contrato de empreitada em que o empreiteiro, antes de ser declarado insolvente, tenha cedido o seu direito ao preço. Neste tipo de casos tem sido intensamente discutido na doutrina e jurisprudência alemãs o direito de o administrador optar pelo cumprimento ou os efeitos dessa opção, para aqueles que a consideram admissível.[48] A discussão compreende-se, na medida em que a opção pelo cumprimento vincularia a massa a cumprir o contrato, mas sem retirar daí o correspondente benefício, dada a cessão de crédito ocorrida. Independentemente, porém, da solução desta questão, o certo é que o dono da obra *in bonis pode opor ao cessionário* a *exceptio*, recusando-se a pagar-lhe o preço enquanto a obra não for concluída.

[48] Na hipótese de, antes da declaração de insolvência, o devedor ter cedido o crédito de um contrato sinalagmático e de esse contrato, após a declaração, se encontrar ainda por cumprir (ao menos parcialmente) por ambas as partes, a doutrina e a jurisprudência alemãs têm acentuado a iniquidade que decorreria de, caso o administrador optasse pelo cumprimento, a prestação devida à parte *in bonis* ser feita com os meios da massa, mas a contraprestação da parte *in bonis* ser recebida pelo cessionário. Para evitar este resultado, tem-se oscilado entre considerar que o administrador não pode optar pelo cumprimento (é a tese de Marotzke, *Gegenseitige* (cit. na n. 14), 100-120) ou, diversamente, considerar que, optando o administrador pelo cumprimento, a contraprestação da parte *in bonis* pertence à massa e não ao cessionário, sendo esta última a tese dominante atualmente e a seguida na jurisprudência (cf. a síntese de Baldringer, *Das Wahlrecht des Insolvenzverwalters. Auswirkung der Suspensiv- und Qualitätsprungtheorie auf Vertragserfüllungs- und Mängelbürgschaften in der Insolvenz des Bauunternehmers*, Nomos, 2014, 182-218, com indicação ainda de outras soluções alternativas). A tese dominante sobreviveu, inclusive, à alteração da posição do BGH relativamente aos efeitos da declaração de insolvência sobre os contratos em curso (foi abandonada a tese de que a declaração extinguiria os (ou uma parte dos) créditos provenientes desses contratos e substituída pela tese de que a declaração se limitaria a afetar a suscetibilidade execução pela força desses créditos): cf. MünchKomm/Kreft, § 103 InsO, n. m. 4a, e 42 (Münchener Kommentar zur Insolvenzordnung, T. II, Beck, 3ª ed., 2013). No direito português, Pestana de Vasconcelos, repudia ambas as soluções, considerando que a cessão operada pelo devedor antes da declaração de insolvência tem de permanecer eficaz mesmo perante a opção do administrador pelo cumprimento do contrato de onde provém o crédito cedido, acentuando o autor, porém, que a opção é improvável (cf. Pestana de Vasconcelos, *A cessão de créditos em garantia e a insolvência. Em particular a posição do cessionário na insolvência do cedente*, Coimbra Editora, 2007, 963-969, n. 1758). Menezes Leitão, *Cessão de créditos*, Almedina, 2005, 400-401, embora faça referência ao tema, acaba por não tomar posição, pois afirma que o administrador não pode recusar o cumprimento do contrato de cessão, mas não esclarece qual o regime do contrato sinalagmático de onde promana o crédito cedido, no caso de este se encontrar ainda por cumprir pelo insolvente e pela parte *in bonis*.

Poderia pretender-se que esta solução decorre, em primeira linha, do art. 585º do CC, sendo irrelevante a afirmação da sobrevivência da *exceptio* à insolvência. Mas não é assim. Se se demonstrasse que, sem a cessão, o dono da obra teria perdido a *exceptio* contra o empreiteiro, por causa da insolvência, ela não poderia ser exercida perante quem o veio a substituir, *i. e.*, perante o cessionário, pois o propósito do art. 585º do CC é tornar a cessão de créditos neutral para o devedor e, em tais circunstâncias, o efeito da sua aplicação daria ao cedido um direito de que ele (já) não dispunha contra o cedente. Por isso, também para este exercício exterior à insolvência é decisivo o reconhecimento da eficácia da exceção do não cumprimento na insolvência.

24. Mas a qualificação do direito da parte *in bonis* ao cumprimento do contrato como crédito sobre a massa é limitada. O crédito da parte *in bonis* à prestação do devedor insolvente só é considerado crédito sobre a massa *na parte correspondente ao que ela não cumpriu antes* da insolvência. É o que resulta das alíneas e) e f) do art. 51º do CIRE, bem como do art. 103º, nº 3 do mesmo diploma. Relativamente àquilo que a parte *in bonis* já tenha cumprido antes da insolvência, o direito à *fração da contraprestação correspondente* não será um crédito sobre a massa, no caso de o administrador optar pelo cumprimento. Será antes crédito sobre a insolvência. A regra é aplicável às situações em que, antes da declaração de insolvência, a parte *in bonis* tenha cumprido o contrato *em maior medida* do que o insolvente.

Ainda assim, a solução de «cindir» o crédito da parte *in bonis* nos casos em que o administrador opte pelo cumprimento não vale de forma indiscriminada. Uma restrição inequívoca a esta solução encontra-se na hipótese de o contrato em curso atribuir à parte *in bonis* o direito a uma prestação indivisível, como sucede, por exemplo, se a prestação consiste na entrega de várias coisas, não facilmente substituíveis, entre as quais interceda uma conexão funcional. Neste caso, a opção do administrador pelo cumprimento do contrato «garante» integralmente a contraprestação à parte *in bonis*, independentemente de esta já ter pago ou não ao devedor, antes da declaração de insolvência, o preço por coisas que não chegou a receber: as coisas devidas à parte *in bonis* são-lhe entregues *integralmente* com meios da massa (cf. o art. 103º, nº 5 do CIRE).

25. A divisão do crédito da parte *in bonis* ao cumprimento do contrato num crédito sobre a massa, por um lado, e num crédito sobre a insolvência, por outro, constitui uma inovação do atual Código da Insolvência. A solução foi importada da *Insolvenzordnung* alemã de 1999 e, também aí, foi inovatória. Para entender o alcance e o sentido desta solução importa olhar, ainda que brevemente, para a sua história.

Na verdade, praticamente até ao final do século XX, dominou na doutrina e jurisprudência alemãs o entendimento nos termos do qual, caso o administrador de insolvência optasse pelo cumprimento, o direito da parte *in bonis* à prestação devida pelo insolvente seria integralmente uma dívida da massa, dado que o administrador de insolvência só poderia recusar ou optar pelo cumprimento do contrato *como um todo*.[49] Contudo, já no final na vigência da *Konkursordnung* de 1877, esta tese veio a ser abandonada em duas decisões do supremo tribunal alemão, tendo-se aí considerado que a própria declaração de insolvência conduz a uma cisão ou divisão dos contratos sinalagmáticos em curso que já se encontrem parcialmente cumpridos por uma das partes. Segundo a tese acolhida pelo BGH, o contrato seria cindido em duas parcelas distintas e cada uma delas estaria sujeita a um regime distinto. A parte do contrato referente à prestação ou prestações já feitas pelas partes não seria afetada pela decisão do administrador de o cumprir, a qual só atingiria a parte ainda por cumprir por ambas as partes.[50] A consequência prática destas decisões foi a de impedir a parte *in bonis*, a quem havia sido exigido o cumprimento do contrato, de recusá-lo com o pretexto de não ter recebido do insolvente a contraprestação por aquilo que esta já havia executado antes do processo de insolvência.

Poucos anos depois, a *Insolvenzordnung* veio a consagrar a solução da jurisprudência. O atual § 105 dessa lei, aplicável aos contratos que envolvam prestações divisíveis, estabelece que se a contraparte do insolvente tiver cumprido parcialmente o contrato antes da declaração de insolvência permanece credora da insolvência relativamente à parte proporcional

[49] Cf. MünchKomm/Kreft, § 103 InsO (cit. na n. 48), n. m. 9, e Katharina Blaum, *Zurückbehaltungsrechte* (cit. na n. 42), 194-196.

[50] As decisões são de 1995 e 1997, sendo a última decisão referente a uma sociedade que comercializava produtos lácteos (a *Sachsenmilch AG*) e que não havia pago aos produtores de leite os fornecimentos por estes feitos antes da declaração de insolvência. Cf. MünchKomm/Kreft, § 103 InsO (cit. na n. 48), n. m. 4 e 47-48, e Katharina Blaum, *Zurückbehaltungsrechte* (cit. na n. 42), 197-199.

da contraprestação, mesmo que o administrador da insolvência opte pelo cumprimento do contrato e lhe exija a execução da prestação ainda em falta.

A solução da lei visou sobretudo intervir sobre os contratos de fornecimento de energia celebrados entre o insolvente e empresas monopolistas e que se encontrassem em curso à data da declaração de insolvência. Por causa da posição de monopólio dessas empresas, o administrador da insolvência raramente recusaria o cumprimento do contrato, o que, de acordo com o regime vigente até à data, significava que estas acabavam por ver os seus créditos por fornecimentos anteriores serem pagos com preferência sobre os dos demais credores.[51] Foi justamente esta a vantagem que a mudança da lei visou eliminar.

No entanto, a interpretação da regra do § 105 da *Insolvenzordnung* é ainda hoje muito controvertida na doutrina alemã. Marotzke sublinha que a solução não é compatível com o reconhecimento de eficácia, na lei da insolvência, à reserva de propriedade e a outras garantias. O autor sustenta que a lei, na sua redação atual, se refere apenas à qualificação do crédito da parte *in bonis* como crédito sobre a insolvência e que não impede o exercício da *exceptio* pela parte *in bonis* relativamente à *totalidade* da contraprestação. Uma interpretação contrária seria, para Marotzke, inconstitucional.[52]

[51] Cf. Katharina Blaum, *Zurückbehaltungsrechte* (cit. na n. 42), 195-196. Segundo MünchKomm/Kreft, § 103 InsO, n.m. 8-10, a solução de considerar os créditos anteriores como dívidas da massa tinha consequências «catastróficas» para a massa e envolvia um tratamento discriminatório dos credores fundado em circunstâncias totalmente aleatórias. Kreft defende, com entusiasmo, a atual solução da lei.

[52] Cf. Marotzke, *Gegenseitige* (cit. na n. 14), 163-173. Crítica idêntica é a de que Henkel faz ao § 105 da *Insolvensordnung*, propondo uma interpretação restritiva (cf. Henkel, «Konstruktion, Funktion, Interessen-zur modifizierten Erlöschenstheorie durch den Bundesgerihtshof in Insolvenzrecht um Wandelder Zeit», in *Festrschrift für Hans-Peter Kirchhof*, ZAP, 2003, 191 e ss., *apud* Katharina Blaum, *Zurückbehaltungsrechte* (cit. na n. 42), 201-202). Contestando igualmente a solução legal, mas entendendo que a exclusão da *exceptio* constitui uma opção legal que não pode ser contornada no plano interpretativo, cf. Von Wilmowsky, «Insolvenzrecht II: Vertiefung. Allgemeines Insolvenzvertragsrecht: Teilleistungen vor dem Insolvenzverfahren», disponível em https://www.jura.uni-frankfurt.de/46376673 /IR_II_P1_I_4_Teilleistungen_AVP_Uebersicht.pdf. Aderindo à solução legal, e sustentando a sua adequação, veja-se Katharina Blaum, *Zurückbehaltungsrechte* (cit. na n. 42), 202-203, MünchKomm/Kreft, § 103 InsO (cit. na n.48), n. m. 4 e 47-48, Scheffler, «Teilleistungen und gegenseitige nicht vollständig erfüllte Verträge in der Insolvenz», Zeitschrift für Wirtschaftsrecht 28 (2001), 1182-1189 (1185), M. Huber, «Gegenseitige Verträge und Teilbarkeit von Leistungen in der Insolvenz»,

26. Que dizer do acolhimento, pela lei portuguesa, da solução vigente na lei alemã? Poder-se-á afirmar que o código da insolvência vigente *despoja parcialmente o contraente in bonis da exceção do não cumprimento que lhe assistiria fora do contexto da insolvência?* Será de concluir que a solução legal, ainda que restrita aos casos em que a prestação devida pelo insolvente seja divisível, implica um encurtamento tão relevante nos meios de defesa que os contratos sinalagmáticos oferecem àqueles que os celebram?

Tudo levaria a crer ser correta a resposta afirmativa e que a parte *in bonis* só poderia exercer a *exceptio* em relação a uma parte da contraprestação do insolvente, não podendo, pelo contrário, recusar-se a cumprir invocando que não chegou a obter contraprestação por aquilo que executou antes da declaração de insolvência. A manutenção da qualificação de *uma parte* do crédito da parte *in bonis* como crédito sobre a insolvência sugeriria que ela fica também privada da exceção do não cumprimento, ainda que nessa exata medida. Confrontada com um pedido de cumprimento do administrador, *a parte in bonis não poderia recusar-se a cumprir alegando não ter recebido – e provavelmente não vir a receber, ao menos integralmente – a contrapartida ou preço pela parte do contrato que executou antes da declaração de insolvência*. Por outras palavras, a decisão legislativa de manter uma parte do crédito da parte *in bonis* como crédito da insolvência no caso de exigência de cumprimento levaria necessariamente à supressão da *exeptio* naqueles precisos termos.

No entanto, a exclusão da *exceptio* em todos os casos em que, antes da declaração de insolvência, a parte *in bonis* tenha prestado mais do que o insolvente não decorre necessariamente da lei, a qual deve ser *interpretada restritivamente*, por forma a permitir uma *defesa plena do sinalagma* no âmbito insolvencial. Na medida em que qualifica uma parcela do crédito do contraente *in bonis* à contraprestação como crédito sobre a insolvência (cf. o art. 51º, nº 1, als. e) e f) *in fine* do CIRE), a lei aplica-se apenas a um grupo restrito de casos em que tal qualificação é compatível com a proteção absoluta e integral do sinalagma contratual no contexto da insolvência.

Na aplicação daqueles preceitos deve, com efeito, distinguir-se os contratos de execução fracionada de uma só prestação, por um lado, dos contratos de execução duradoura, sejam estes de prestação contínua ou

Neue Zeitschrift für Insolvenz und Sanierungsrecht 2002, 467-471 (470), e Scherer, «Teilweise Vorleistungen in der Insolvenz», Neue Zeitschrift für Insolvenz und Sanierungsrecht 2004, 113-117 (116).

periódica, por outro. Nos contratos em que tenha sido convencionada a execução fracionada da prestação a cargo da parte *in bonis*, a decisão do administrador de exigir o cumprimento do contrato que não assegurasse o direito desta parte à *totalidade da contraprestação*, mesmo por frações que já tivesse executado antes da declaração de insolvência, implicaria uma *quebra do sinalagma*. Apesar de se ter obrigado a prestar *para* receber – de ter declarado, em suma, «dou para que dês» (*do ut des*) –, a parte *in bonis* ver-se-ia constrangida a cumprir integralmente tendo, em contrapartida, direito a apenas *uma parte* que lhe havia sido prometido.

Nos contratos de execução duradoura, a situação é diferente. A exigência do seu cumprimento pelo administrador (ou pela lei), ou, por outras palavras, a sua manutenção depois da declaração de insolvência sem que se assegure a satisfação dos créditos da parte *in bonis* à contraprestação referente a períodos anteriores *não implica qualquer quebra do sinalagma*. Como *falta qualquer nexo sinalagmático entre as remunerações relativas a períodos anteriores à declaração de insolvência e as prestações a executar pela parte in bonis depois dessa declaração*, exigir-se a segundas sem estarem saldadas as primeiras não desagrega a relação de troca. Por isso, nestes casos, a defesa do sinalagma basta-se com a «garantia» de que a parte *in bonis* receba a contraprestação devida por fornecimentos que seja constrangida a fazer após a declaração de insolvência, o que é assegurado através da qualificação dos correspondentes créditos como créditos sobre a massa. O respeito pelo sinalagma, nestas hipóteses, não requer qualquer intervenção nos créditos referentes a cumprimentos anteriores da parte *in bonis*. Ele não exige aqui a proteção da parte *in bonis* relativamente a prestações anteriores à declaração de insolvência, na medida em que, quanto a elas, a decisão de manutenção do contrato não a força a fazer uma prestação sem receber a contraprestação correspondente.

27. Procurando ilustrar o que se acaba de dizer, suponha-se que existe entre um produtor e o insolvente um contrato de compra e venda que obriga o primeiro a entregar ao segundo 5000 kg de determinada mercadoria pelo peço de € 5.000,00. Se antes da declaração de insolvência, o produtor já tiver entregue 2500 kg sem que o insolvente lhe tenha pago preço algum, o administrador pode exigir ao produtor *in bonis* a entrega das mercadorias em falta contra o pagamento de 2.500,00? Ou será lícito a este opor-lhe a que ainda não recebeu a parte restante do preço, recusando-se,

por isso, a cumprir? Repare-se que, fora do contexto da insolvência, a possibilidade de exercício da *exceptio* seria indiscutível.[53] O fornecedor poderia recusar-se a entregar os 2500 kg restantes enquanto não recebesse a totalidade do preço, *i. e.*, € 5.000,00. Será essa possibilidade é-lhe retirada na insolvência? Penso que não e que as alíneas e) e f) do art. 51º do CIRE, na parte em que «desqualificam» o crédito da parte *in bonis* que se reporte a um cumprimento que esta já fez antes da declaração de insolvência não podem ser aplicados a este tipo de hipóteses.[54]

De forma idêntica deve ainda ser decidido o caso inverso de entre a parte *in bonis* e o insolvente existir um contrato que obriga o insolvente a fornecer à primeira 5000 kg de determinada mercadoria pelo peço de € 5.000,00. Se, antes da declaração de insolvência, este já tiver recebido €2.500,00 sem nada ter entregue em contrapartida, o administrador não pode decidir exigir ao comprador *in bonis* o pagamento da parte restante do preço contra a entrega *apenas* de 2500 kg de mercadorias, sendo lícito a este opor que não recebeu os 2500 kg de mercadorias ainda em falta.

Regra diversa vale para contratos de execução duradoura, seja esta continuada ou periódica. Pense-se, por exemplo, num contrato de fornecimento continuado de energia a uma instalação fabril ou de entrega periódica de determinada matéria prima ao fabricante que a transforma. Sendo o fabricante, credor do fornecimento, declarado insolvente, será frequente que, à data dessa declaração, já se encontre em falta o pagamento do preço pelos fornecimentos pretéritos. Aí, porém, a opção do administrador (ou da lei) pela manutenção contrato não deve dar à parte *in bonis* a possibilidade de recusar o seu cumprimento invocando que ainda não recebeu

[53] Note-se que as situações que levantam dúvidas quanto ao exercício da *exceptio* em casos de incumprimento parcial são aquelas em que o excipiente recusa o cumprimento de uma parte da prestação *proporcionalmente superior* àquela que não recebeu da contraparte. No caso ilustrado no texto, pelo contrário, a parte *in bonis* (excipiente) recusaria o cumprimento de uma parte da prestação *exatamente proporcional* àquela que não foi satisfeita pelo insolvente e que o administrador não se propõe satisfazer. Por isso, a possibilidade de invocar a *exceptio* fora do contexto da insolvência em casos como o descrito não levanta obstáculos, salvo, evidentemente, um limite imposto pela boa fé.

[54] Diversamente, segundo MünchKomm/Kreft, § 103 InsO (cit. na n. 48), n. m. 48, o direito alemão priva a parte *in bonis* da totalidade da contraprestação: esta é obrigada, por decisão do administrador, a completar a parte da sua prestação que ainda esteja em falta, apesar de não receber a remuneração pelas frações da mesma que executou antes da declaração de insolvência.

a contrapartida por fornecimentos anteriores. Para a tutela desse contraente é suficiente que lhe seja assegurado que receberá a contraprestação relativa aos períodos posteriores à declaração de insolvência, o que é proporcionado pela qualificação desses créditos como créditos sobre a massa.

28. Importa que fique claro que, segundo a interpretação aqui proposta do art. 51º, nº 1, als. e) e f) *in fine* do CIRE, a parte *in bonis* que deva uma prestação de execução fracionada e que já a tenha executado, em parte, antes da declaração de insolvência *não perde, em medida alguma, a exceção do contrato não cumprido*. Diversamente, a parte *in bonis* de um contrato de execução duradoura que não tenha sido remunerada por períodos anteriores à data da declaração de insolvência *perde a exceptio* que noutras condições poderia exercer, *i. e.*, perde o direito de recusar novos fornecimentos (*lato sensu*) com fundamento na falta de pagamento dos fornecimentos anteriores. Simplesmente, a extinção deste direito é inteiramente conforme com a tutela do sinalagma e não representa uma exceção a esse princípio. O que a parte *in bonis* desses contratos detinha antes da insolvência não era uma exceção que a defendesse de incumprimentos pretéritos – por falta de relação sinalagmática entre o *preço* relativo aos fornecimentos *anteriores* e os fornecimentos *posteriores* –, mas antes uma exceção que a defendia de incumprimentos futuros. Concretamente, assistia à parte *in bonis* a exceção de insegurança do art. 429º do CC, uma vez que a falta de pagamento preço relativo aos fornecimentos *anteriores* revela de forma impressiva o risco de não virem a ser pagos fornecimentos *posteriores*.[55] Estando a manutenção do contrato após a insolvência associada à atribuição à parte *in bonis* de créditos sobre a massa relativos a períodos contratuais posteriores, o risco ou insegurança de incumprimento futuro pelo insolvente são afastados pela «garantia» que decorre dessa requalificação, pelo que a supressão da *exceptio* já resultaria do regime geral do direito civil e não representa, por isso, uma quebra do sinalagma assente em (supostas) valorações próprias do direito da insolvência.

[55] No sentido de que o direito de recusar fornecimentos posteriores invocando a falta de pagamento do preço de anteriores se funda no art. 429º do CC, cf. M. Lurdes Pereira/Pedro Múrias, «Os direitos de retenção» (cit. na n. 42), 203, equiparando-se a insegurança gerada pelo incumprimento precedente às situações que importam a perda de benefício do prazo.

29. Interessa ainda assinalar que regime presentemente consagrado no CIRE relativamente a contratos de execução duradoura é diverso do que valia na legislação precedente para uma modalidade destes contratos, concretamente, para as vendas com entregas periódicas e contratos de fornecimento que se encontrassem em execução à data da declaração de insolvência. À luz do código anterior, se o administrador optasse pelo cumprimento destes contratos em caso de insolvência do comprador, *mantinham-se «todas as obrigações»* do comprador, independentemente de essas obrigações se referirem a entregas ou fornecimentos que o vendedor ou fornecedor tivessem feito antes da declaração de insolvência (cf. os artigos 161º, nº 2 e 162º do CPEREF).[56] Atualmente, como se viu, não é assim. No caso de se tratar de um contrato de fornecimento duradouro (e não de uma prestação de execução fracionada), só a remuneração dos fornecimentos posteriores está salvaguardada.

Um outro reflexo no código atual da posição da parte *in bonis* de um contrato de execução duradoura relativamente a prestações que tenha feito anteriormente à declaração de insolvência pode encontrar-se ainda no art. 108º, nº 4, al. a) do CIRE. Estabelece-se neste artigo que, mantendo-se o contrato de locação após a declaração de insolvência do locatário, o locador não pode resolver do contrato com fundamento na falta de pagamento das rendas ou alugueres respeitantes ao período anterior à data da declaração de insolvência. *O direito de resolução do locador que se havia constituído antes da declaração de insolvência não sobrevive a esta.* Ora, esta solução só se compreende se se vir nela uma concretização da decisão de manter os créditos relativos às rendas ou alugueres vencidos antes declaração de insolvência (e referentes a períodos anteriores a esta) como créditos sobre a insolvência, mesmo quando se imponha a continuação da locação. Tendo presente este pressuposto, quis-se retirar ao locador *in bonis* a possibilidade de neutralizar a qualificação dos seus créditos anteriores expropriando-o do direito de resolução. Conservando-se a possibilidade de resolução, a ameaça do seu exercício pelo locador *in bonis* forçaria o administrador que quisesse manter o contrato na pendência do processo a liquidar ao locador todas as rendas ou alugueres em atraso e relativos a períodos anteriores à declaração de insolvência com preferência sobre os demais credores do

[56] Assim, Pestana de Vasconcelos, «O novo regime» (cit. na n. 30), 546 (embora refira uma opinião discordante).

insolvente e foi esse o resultado que a lei quis impedir despojando o locador do seu direito.[57] A opção legal é acertada e é coerente com o que se viu resultar do art. 51º, nº 1, als. e) e f) do CIRE. Ao «forçar-se» o locador a manter o contrato de locação, essa decisão não cria qualquer desequilíbrio no sinalagma contratual, já que relativamente ao período posterior à declaração, as rendas ou alugueres deverão ser pagos pela massa. O sinalagma referente ao período anterior encontra-se evidentemente afetado (porque falta o pagamento das rendas ou alugueres já vencidos), mas esse desequilíbrio não foi criado pela decisão do administrador de manter o contrato e, consequentemente, não deve ser objeto de tutela na lei de insolvência. A possibilidade de resolução pelo locador *in bonis* com fundamento em incumprimentos anteriores poderia, no entanto, ainda que por via indireta, pôr em crise esta decisão de separar o antes do depois e, por isso, foi suprimida.

Esta clarificação relativa ao fundamento valorativo da perda do direito do locador à resolução do contrato fundada em falta de pagamento de rendas ou alugueres anteriores à declaração de insolvência é importante, na medida em que *impede uma generalização desta restrição* a outros direitos de resolução que subsistam à data da declaração de insolvência e relativos a contratos em curso. O direito de resolução do dono da obra *in bonis* com fundamento numa execução defeituosa da obra anterior à insolvência do empreiteiro sobrevive, em princípio, a ela, não lhe podendo ser aplicada a regra do art. 108º, nº 4, al. a) do CIRE, por inexistência de analogia,

30. Em suma, na interpretação da lei deve distinguir-se entre os contratos de execução fracionada, por um lado, e os contratos de execução duradoura (continuada ou periódica): se nos contratos em que exista uma só prestação, cuja execução é fracionada, a decisão do administrador de impor o cumprimento do contrato não pode retirar à parte *in bonis* a possibilidade de recusar o cumprimento enquanto não receber a *totalidade* da contraprestação, mesmo quando tenha executado anteriormente uma ou mais frações da prestação que lhe cabe, já nos contratos de execução duradoura, a parte *in bonis* não poderá invocar a falta de pagamento pelo insol-

[57] Crítico, no entanto, em relação à solução de privação do locador de um direito à resolução do contrato já constituído antes da declaração de insolvência, veja-se L. Menezes Leitão, *Direito da insolvência* (cit. na n. 11), 201.

vente de fornecimentos ou prestações pretéritos para recusar a realização de novos fornecimentos ou prestações. Vistas as coisas na perspetiva da qualificação do crédito da parte *in bonis*, no primeiro caso, o seu crédito é na *totalidade* um crédito sobre a massa ainda que constitua a contrapartida de uma fração da prestação efetuada anteriormente pela parte *in bonis*. No segundo caso, o seu crédito só é crédito sobre a massa relativamente às novas prestações ou novos fornecimentos que vier a fazer depois da decisão do administrador (ou da lei) de manter o contrato: o preço ou contrapartida por prestações ou fornecimentos anteriormente feitos pela parte *in bonis* constitui, pelo contrário, um crédito sobre a insolvência mesmo que o contrato de mantenha para além da respetiva declaração. Sendo o contrato de execução duradoura, tem, pois, plena aplicação o disposto no art. 51º, nº 1, als. e) e f) *in fine* do CIRE: os créditos referentes a prestações anteriores da parte *in bonis* são meros créditos sobre a insolvência e esta não pode recusar fazer novas prestações invocando a falta de remuneração das anteriores.

31. A solução de *conservar* a *exceptio* da parte *in bonis* mesmo que esta tenha executado uma ou mais frações da sua prestação antes da declaração de insolvência é de indubitável acerto. A observação que logo salta à vista é a de que a parte *in bonis* pode ter «retido» uma parte da sua prestação precisamente com o objetivo de evitar cumprir na íntegra sem assegurar que também recebia integralmente. Não é legítimo que a insolvência ou, mais exatamente, a decisão do administrador pelo cumprimento do contrato, destrua, ainda que parcialmente, esta sua precaução.

Contra esta regra não vale o argumento de que o administrador da insolvência sempre poderá, através do exercício dos seus poderes «contornar» ou «superar» a *exceptio* que lhe seja oposta. Sem dúvida, o administrador da insolvência pode recusar o cumprimento do contrato em curso e de seguida celebrar um contrato idêntico com a mesma parte *in bonis*, de tal forma que o crédito proveniente do contrato recusado permanece um simples crédito sobre a insolvência, sendo apenas o crédito proveniente de um novo contrato um crédito sobre a massa. Simplesmente, esta via depende sempre do acordo da parte *in bonis*, que pode não assentir num novo contrato ou pode condicioná-lo à obtenção de melhores condições. A opção legal não, por isso, é inócua: ela permite à parte *in bonis* recusar executar o contrato existente *nas mesmas condições, maxime, pelo preço anteriormente acordado*, sem receber na totalidade contraprestação. É, aliás, de esperar que o administrador opte pelo cumprimento (em vez de celebrar um novo contrato) precisamente para manter essas condições, sobretudo o preço, quando este seja inferior ao oferecido no mercado. Mas é precisamente aí que a garantia do direito da parte *in bonis* à totalidade da contraprestação é mais convincente, já que o desconto no preço terá sido frequentemente uma contrapartida da quantidade e é justamente este equilíbrio que vem a ser rompido.

Contra a oponibilidade da *exceptio* também não se pode dizer que ela implica que a parte *in bonis* seja tratada com vantagem sobre demais credores, que seja preterida, por outras palavras, a *par conditio creditorum*.[58] Na verdade, um tal direito de *recusa de cumprimento* da parte *in bonis apenas respeita à sua condição de devedora e não de credora*: nesse sentido não traduz qualquer privilégio ou avantajamento no confronto com os demais credores do insolvente.[59] É certo que no caso de o administrador (ou a lei) optar pelo cumprimento do contrato, a eficácia dessa decisão exige que se supere a *exceptio*, sendo necessário, para o efeito, assegurar a totalidade da contraprestação da parte *in bonis*, reconhecendo-lhe o estatuto de credora da massa. Mas a eficácia e a oponibilidade da *exceptio só por si* não obriga a esta solução. Se o administrador recusar o cumprimento, a parte *in bonis*, apesar de beneficiar da possibilidade de recusar o cumprimento, não deixa de ser, relativamente à prestação devida pelo insolvente, uma simples credora da insolvência.

Por idêntica razão, a eficácia da *exceptio* também não implica qualquer discriminação inadmissível entre a parte *in bonis* que tenha cumprido integralmente o contrato antes da declaração de insolvência, por um lado, e a parte *in bonis* que apenas o tenha cumpra parcialmente, por outro.[60] A primeira despojou-se da *exceptio* e resta-lhe agora exercer, em igual-

[58] Assim, no entanto, Scheffler, «Teilleistungen» (cit. na n. 52), 1185, e MünchKomm/Kreft, § 103 InsO (cit. na n. 48), n. m. 47.

[59] Esta ligação da *exceptio* exclusivamente à defensa do excipiente *na sua condição de devedor* e não na sua condição de credor contribui para esclarecer vários aspetos do regime da figura, sobretudo em confronto com o seu «congénere» direito obrigacional de retenção (cf. M. Lurdes Pereira/Pedro Múrias, «Os direitos de retenção» (cit. na n. 42), 189 e *passim*).

[60] É, porém, o argumento de Scherer, «Teilweise» (cit. na n. 52), 116, Katharina Blaum, *Zurückbehaltungsrechte* (cit. na n. 42), 202-203, e MünchKomm/Kreft, § 103 InsO (cit. na n. 48), n. m. 47.

dade com os demais credores do insolvente, o direito à contraprestação do insolvente. A segunda não se despojou da *exceptio*, mas também ficará limitada a exercer, em igualdade com os demais credores do insolvente, o direito a uma parte da contraprestação do insolvente (nos termos do art. 102º, nº 3, al. c) do CIRE). Só não será assim se o administrador optar pelo cumprimento. Mas aí a «discriminação» ocorre não por força do reconhecimento da *exceptio*, mas em consequência da decisão do administrador, a qual presumivelmente só será tomada quando favorável à massa: logo, favorável também àquele que cumpriu integralmente o contrato antes da declaração de insolvência.

Também não se pode acusar, por fim, a solução de conservar a *exceptio* de levar a que o poder do administrador seja exercido contra os interesses da massa. Há neste argumento um patente equívoco. Todas as decisões do administrador, mesmo as de recusa de cumprimento, podem ser prejudiciais à massa. A solução não está, nem pode estar, em criar mecanismos legais para que os atos do administrador sejam sempre favoráveis à custa da parte *in bonis*. Mesmo que, em caso de exigência do cumprimento do contrato, tenha de pagar a *totalidade* da contraprestação à parte *in bonis*, o administrador permanece livre de renunciar a isso se e na medida em que essa opção seja economicamente desaconselhável na perspetiva do interesse de todos os credores. Não se vê, por isso, em que medida esse regime seja incompatível com a finalidade dos seus poderes em matéria de contratos em curso.

Por fim, a solução de conservação da *exceptio* encontra um apoio seguro noutros preceitos da própria lei da insolvência. Pense-se na proteção dispensada ao vendedor sob reserva de propriedade que tenha entregue a coisa ao comprador insolvente (antes de este ser como tal declarado), ou na posição do vendedor que transmita a propriedade, mas não tenha entregue a coisa ao comprador insolvente. Em ambos os casos, uma decisão de cumprimento do administrador dá ao vendedor o direito à *totalidade* do preço: a circunstância de o vendedor *in bonis* ter «adiantado» ao comprador uma *parte* da atribuição patrimonial antes da declaração de insolvência não o priva de recusar a integral execução do contrato de compra e venda enquanto não receber o preço.[61]

[61] Na própria jurisprudência e doutrina alemãs, a aplicabilidade do § 105 da *Insolvenzordnung* a casos difíceis como o da insolvência do empreiteiro que tenha executado parcialmente a

III. Conclusão

32. Os dois princípios que identifiquei no presente estudo revelam a *extensão e os limites da tutela do sinalagma no contexto da insolvência*. Numa breve síntese, pode dizer-se que, na insolvência, o sinalagma é plenamente tutelado apenas quando a parte *in bonis* ainda não tenha executado integralmente a prestação que lhe cabe e somente na medida em que lhe é permitido *recusar* a totalidade ou a parte da prestação ainda em falta enquanto não receber a totalidade da contraprestação que lhe é devida.

Porque o sinalagma é, na sua essência, um acordo das partes, ainda que esse acordo seja depois «desenvolvido» pela lei,[62] a justeza da sua tutela em sede de insolvência representa não mais do que uma concretização do respeito pela autonomia privada mesmo numa situação em que os direitos dos credores sofrem uma compressão inequívoca. Além disso, a sobrevivência da exceção do não cumprimento à declaração de insolvência não constitui uma quebra do *par conditio creditorum*. A *exceptio* tutela a parte *in bonis* na sua condição de devedora da insolvência e não de credora.[63]

Com a proteção que a lei portuguesa dispensa ao sinalagma não se confunde um suposto princípio segundo o qual a massa insolvente não deveria adquirir mais do que aquilo que o devedor tinha, estando, por isso, os créditos pertencentes à massa sujeitos a *todos os «meios de defesa»*, exceções ou limitações que atingissem, já antes da declaração de insolvência, os direitos do insolvente.[64] Um princípio de tal latitude não justificaria ape-

empreitada e recebido o correspondente preço, vindo a constatar-se que a obra padece de defeitos, tem suscitado soluções desencontradas, o que revela inadequação da solução quando aplicada aos contratos em que uma só prestação tenha sido executada de forma fracionada. Cf. sobre o tema, além das obras citadas na n. 54, ver ainda M. Huber, «Vertragsspaltung in der Insolvenz des Auftragnehmers auch für mangelhafte Teilleistung vor Vertragseröfnung?», Zeitschrift für das Gesamte Insolvenzrecht 9(2005), 449-454, e Kesseler, «§105 InsO und die teilbaren unteilbaren Leistungen », Zeitschrift für Wirtschaftsrecht 46 (2005) 2046-2051, com posições antagónicas.

[62] Cf. Lurdes Pereira/Pedro Múrias, «Sobre o conceito» (cit. na n. 6), 408 e ss.

[63] Cf. *supra*, texto e n. 59.

[64] Diversamente, Marotzke, *Gegenseitige* (cit. na n. 14), 11 e ss., na medida em que este autor defende que a oponibilidade da *exceptio* em sede de insolvência remonta a um princípio mais geral que se aplica também a outros direitos de recusa de cumprimento não restritos aos contratos sinalagmáticos (o «direito geral de retenção» ou *allgemeine Zürückbehaltungrecht*). Mas Marotzke também não aceita em toda a latitude este princípio, distinguindo antes consoante o «direito de retenção» lato sensu que exercido pelo devedor da insolvência respeita a uma coisa que lhe pertença (caso em que oponível à insolvência) ou a uma coisa que pertença ao insol-

nas a sobrevivência da exceção do contrato não cumprido, mas legitimaria ainda a oponibilidade, em sede de insolvência, do direito obrigacional de retenção, quando exista antes da insolvência. À luz dele, poderia devedor do insolvente recusar-se a cumprir a sua obrigação invocando deter um crédito *conexo* contra o insolvente ainda por liquidar, sem que entre as duas situações jurídicas tivesse de existir sinalagma algum.[65] Por muito plausível que seja aparentemente o princípio, ele não pode ser deduzido das referidas disposições do CIRE, comprometidas, como estão, com o sinalagma.[66]

vente (caso em que a retenção não é oponível): cf. *idem*, 39. Cf. a crítica em Katharina Blaum, *Zurückbehaltungsrechte* (cit. na n. 42), 114-119. Baldringer, *Das Wahlrecht* (cit. na n. 48), 137-143, também defende a inoponibilidade do direito geral de retenção em sede de insolvência.

[65] Sobre os casos em que deve reconhecer-se um direito obrigacional de retenção cf. M. Lurdes Pereira/Pedro Múrias, «Os direitos de retenção» (cit. na n. 42), 191-198, e A. Taveira da Fonseca, *Da recusa* (cit. na n. 22), 546-550 (embora sem acolher a designação «direito obrigacional de retenção).

[66] Além disso há boas razões para a inoponibilidade, como regra geral, do direito obrigacional de retenção na insolvência: cf. M. Lurdes Pereira/Pedro Múrias, «Os direitos de retenção» (cit. na n. 42), 214-220, e A. Taveira da Fonseca, *Da recusa* (cit. na n. 22), 555-556.

Insolvência, pessoas especialmente relacionadas, resolução em benefício da massa insolvente e subordinação de créditos

MARIA DE FÁTIMA RIBEIRO
Professora Associada da Faculdade de Direito da Universidade Católica Portuguesa (Porto)

Os negócios celebrados entre um devedor e pessoas especialmente relacionadas com ele comportam, no quadro da insolvência do primeiro, alguns riscos, de entre os quais se destacam a subordinação dos créditos que deles resultam para as pessoas especialmente relacionadas e a possibilidade de resolução dos próprios negócios em benefício da massa insolvente. No artigo 49º do CIRE, enumeram-se as pessoas consideradas especialmente relacionadas para efeitos da subordinação de créditos. Neste texto, analisam-se algumas das soluções encontradas pela jurisprudência para correcção dos efeitos da aparente "taxatividade" dessa enumeração (nomeadamente, pela interpretação extensiva ou restritiva das normas implicadas). Responde-se também à questão de saber se à enumeração do artigo 49º do CIRE, para a subordinação de créditos, deve recorrer-se, com o exacto alcance que lhe tem sido dado pela doutrina e pela jurisprudência, no âmbito da resolução em benefício da massa insolvente. Finalmente, atende-se ainda aos problemas que, nesta sede, podem advir da eventual qualificação de um credor financiador como administrador de facto.

PESSOAS ESPECIALMENTE RELACIONADAS

1. A subordinação de créditos de pessoa especialmente relacionada com o devedor e as suas consequências. 1.1. As pessoas que são havidas como especialmente relacionadas com o devedor para efeitos da subordinação de créditos. 1.2. A interpretação do disposto no artigo 49º do CIRE. 1.2.1. A interpretação extensiva da alínea b) do nº 2 do artigo 49º. 1.2.2. A interpretação restritiva da primeira parte da alíena a) do artigo 48º. 2. A resolução em benefício da massa insolvente. 2.1. A relevância da noção de pessoas especialmente relacionadas no âmbito da resolução em benefício da massa insolvente e a sua determinação para efeitos da aplicação do nº 4 do artigo

120º do CIRE. 3. A questão da qualificação do credor financiador como administrador de facto e, em consequência, pessoa especialmente relacionada com o devedor.

Os negócios celebrados entre um devedor e pessoas especialmente relacionadas com ele comportam, no quadro da insolvência, vários riscos[1]. Neste trabalho, serão especificamente analisados aqueles que se relacionam com a subordinação dos créditos e a resolução em benefício da massa insolvente, não se ignorando que existem outros tipos de riscos, como os que podem decorrer da eventual qualificação da insolvência como culposa[2].

Para o efeito, considerar-se-á o regime de ambos os mecanismos de tutela dos interesses da generalidade dos credores do insolvente[3], bem como a respectiva *ratio*, antes de se responder à questão de saber quais as pessoas que poderão e deverão ser consideradas especialmente relacionadas com o devedor, em qualquer dos dois casos (sobretudo, para o efeito de saber se os critérios que presidem a esta determinação devem ser os mesmos).

[1] Este é um tema que já tivemos a oportunidade de abordar, em parte, em conferência proferida no âmbito do IV Congresso Direito das Sociedades em Revista, e em texto publicado in "Riscos dos negócios das sociedades com pessoas especialmente relacionadas com elas, no quadro da insolvência (da resolução em benefício da massa insolvente e da subordinação de créditos)", in *IV Congresso Direito das Sociedades em Revista*, Almedina, Coimbra, 2016, 292-320.

[2] Nos termos do disposto no artigo 186º, nº s 1 e 2, alínea b), do CIRE, a insolvência é culposa quando a situação tiver sido criada ou agravada em consequência da actuação, dolosa ou com culpa grave, do devedor, ou dos seus administradores, de direito ou de facto, nos três anos anteriores ao início do processo de insolvência; considera-se sempre culposa a insolvência do devedor que não seja uma pessoa singular quando os seus administradores, de direito ou de facto, tenham criado ou agravado artificialmente passivos ou prejuízos, ou reduzido lucros, causando, nomeadamente, a celebração pelo devedor de negócios ruinosos em seu proveito ou no de pessoas com eles especialmente relacionadas. Se a insolvência for qualificada como culposa, o juiz deverá identificar as pessoas afectadas por essa qualificação e sujeitá-las às consequências estabelecidas nas diversas alíneas do nº 2 do artigo 189º, de entre as quais se destaca a condenação das pessoas afectadas "a indemnizarem os credores do devedor declarado insolvente no montante dos créditos não satisfeitos, até às forças dos respetivos patrimónios, sendo solidária tal responsabilidade entre todos os afetados". Para mais desenvolvimentos, cfr. MARIA DE FÁTIMA RIBEIRO, "Responsabilidade dos administradores pela insolvência: evolução dos direitos português e espanhol", in *Direito das Sociedades em Revista*, ano 7, volume 14, 2015, 70-111, *passim*.

[3] Note-se que não é nem pode ser desígnio legislativo tutelar os credores relativamente ao mero risco de o seu devedor se tornar insolvente: trata-se tão-só de os proteger de comportamentos do insolvente que potenciem a insolvência e/ou agravem os seus efeitos. Cfr. CHRISTOPH THOLE, *Gläubigerschutz durch Insolvenzrecht. Anfechtung und verwandte Regelungsinstrumente in der Unternehmensinsolvenz*, Mohr Siebeck, Tübingen, 2010, pp. 12 ss..

No CIRE, o artigo 49º enumera as pessoas que são havidas como especialmente relacionadas com o devedor. O regime aplicável aos negócios celebrados entre um devedor e uma pessoa com ele especialmente relacionada assenta na probabilidade de estes negócios porem em causa o interesse da generalidade dos credores, na insolvência do devedor: por um lado, eles podem levar a uma injustificada subtracção ao património do devedor de bens que, de outro modo, viriam a integrar a massa insolvente; por outro lado, podem corresponder a transmissões pelas quais o devedor, numa situação próxima da insolvência, tratou com preferência determinados credores, em detrimento da satisfação proporcional a que eles estariam sujeitos no âmbito de um processo de insolvência[4].

Tais negócios encontram-se sujeitos ao regime da subordinação de créditos e da resolução em benefício da massa insolvente, mecanismos que só têm aplicação no âmbito de um processo de insolvência. Ora, para lá dos problemas que nesta sede se levantam, tem sido questionada a necessidade de reforçar o recurso a vias alternativas de tutela dos credores relativamente a estes negócios, sem a necessidade de abertura de um processo de insolvência uma vez que este facto, por si só, é potencialmente causador de uma diminuição de valor e, portanto, de uma menor satisfação dos credores[5]. A impugnação pauliana (especificamente, a "*actio pauliana* outside banktuptcy") tem sido vista como uma alternativa eficiente, embora negligenciada neste contexto[6], o que parece explicar o facto de ainda não terem sido, a nível internacional, concretizadas medidas relativas à sua aplicação transfronteiras[7].

[4] Cfr. Adrian Walters, "Preferences", in *Vulnerable Transactions in Corporate Insolvency* (coord. John Armour/Howard Bennett), Oxford and Portland, Oregon, 2003, 123-181, pp. 167 ss..

[5] E atenunado a eventual função preventiva que se pode reconhecer a este mecanismo. Cfr. a análise de Christoph Thole, *Gläubigerschutz durch Insolvenzrecht. Anfechtung und verwandte Regelungsinstrumente in der Unternehmensinsolvenz*, cit, pp. 47 ss..

[6] Cfr. a análise de Kristin Van Zwieten, "Related Party Transactions in Insolvency", ECGI *Working Paper Series in Law*, nº 401/2018, May 2018, 1-21, pp. 10 ss..

[7] Ao contrário do que acontece com a resolução em benefício da massa insolvente: no artigo 32º do Regulamento 2015/848, determina-se o reconhecimento e execução das decisões relativas à tramitação e ao encerramento de um processo de insolvência aberto nos termos do Regulamento em qualquer Estado-Membro (excepto a Dinamarca), bem como das decisões directamente decorrentes do processo de insolvência e com ele estreitamente relacionadas, mesmo que proferidas por outro órgão jurisdicional; esta norma permite, nomeadamente, a execução de decisões de resolução em benefício da massa insolvente. A este propósito, note-se que é a lei do Estado de abertura do processo que determina as regras aplicáveis à impugnação

Por outro lado, cabe salientar previamente ainda que, na reacção a estes negócios com pessoas especialmente relacionadas, o legislador deve procurar, não apenas tutelar os interesses dos credores do insolvente (quer através da reintegração na massa insolvente de bens que lhe foram indevidamente subtraídos, quer assegurando o respeito pelo princípio da igualdade de tratamento de credores, ou seja, a regra *pari passu*, ou *par condicio creditorum*), mas também acautelar a tutela da confiança dos terceiros que contrataram com o devedor (embora neste caso apenas devam, naturalmente, ser tuteladas expectativas legítimas).

Nessa ponderação surgem também, recentemente, preocupações ligadas ao facto de não ser desejável que, na tutela dos interesses da generalidade dos credores, se deixe desacautelado o interesse do devedor no acesso a financiamento na proximidade da insolvência, o que fica posto em causa se não se ponderar adequadamente a protecção daqueles credores que efectivamente estão dispostos a contribuir com o seu crédito para a recuperação do devedor, embora pretendam assegurar, pelos mais variados meios ao seu alcance, a respectiva satisfação[8].

1. A subordinação de créditos de pessoa especialmente relacionada com o devedor e as suas consequências.

Os créditos subordinados, diz-nos o nº 1 do artigo 177º, são créditos cujo pagamento só tem lugar depois do pagamento de todos os créditos garantidos, privilegiados e comuns, pela ordem segundo a qual estão indicados no artigo 48º, na proporção dos respectivos montantes, quanto aos que constem da mesma alínea, se a massa for insuficiente para o seu pagamento integral[9] – por esta via afasta-se, pelo menos aparentemente[10], o estrito respeito pelo princípio *par condicio creditorum*[11].

dos actos prejudiciais ao interesse colectivo dos credores (artigo 7º, nº 2, alínea m)), a menos que quem tiver beneficiado de um acto prejudicial a todos os credores faça prova de que esse acto é regido pela lei de um Estado-Membro diferente do Estado de abertura do processo e que a lei desse Estado-Membro não permite a impugnação do acto por nenhum meio (artigo 16º).

[8] Cfr. *Report on Transactions Avoidence Laws* (CERIL report 2017/1), Reporter Reinhard Bork, 26 September 2017, 1-19, pp. 5 ss..

[9] Porém, a subordinação dos créditos tem ainda outras consequências. Cf. a análise de Maria de Fátima Ribeiro, "Riscos dos negócios das sociedades com pessoas especialmente relacionadas com elas, no quadro da insolvência (da resolução em benefício da massa insolvente e da subordinação de créditos)", cit., pp. 294 ss..

[10] E talvez só aparentemente. Cfr. Maria José Costeira, *Classificação, verificação e graduação de créditos no Código da Insolvência e da Recuperação de Empresas*, Coimbra Editora, Coimbra, 2004, pp. 242 ss..

Os créditos subordinados, graduados então depois de todos os restantes créditos sobre a insolvência e depois de todos os créditos sobre a massa, estão identificados nas sete alíneas do artigo 48º (a menos que se trate de créditos que beneficiem de privilégios creditórios gerais ou especiais ou de hipotecas legais, desde que essas garantias não se tenham extinguido como efeito da declaração de insolvência[12], como resulta expressamente do disposto no artigo 47º, nº 4, alínea b))[13]; e na alínea a) consideram-se especificamente subordinados "os créditos detidos por pessoas especialmente relacionadas com o devedor, desde que a relação especial existisse já aquando da respectiva aquisição, e por aqueles a quem eles tenham sido transmitidos nos dois anos anteriores ao início do processo de insolvência"[14].

As razões que levam à qualificação de determinados créditos como subordinados são diversas. No caso dos créditos detidos por pessoas especialmente relacionadas com o devedor, visa-se reagir a situações de proxi-

[11] Pelo qual todos os credores têm o direito de ser pagos proporcionalmente pelo preço dos bens do devedor, quando ele não chegue para integral satisfação dos débitos – a menos que existam causas legítimas de preferência. A mais expressiva manifestação deste princípio pode ser encontrada no nº 1 do artigo 604º do Código Civil. Cfr MARIA DE FÁTIMA RIBEIRO, "Anotação ao artigo 604º, Concurso de credores", in *Comentário ao Código Civil. Direito das Obrigações. Das Obrigações em Geral*, Universidade Católica Portuguesa Editora, Lisboa, 2019, 667-672, pp. 669 ss..

[12] Cfr. o disposto na alínea e) do nº 1 do artigo 97º.

[13] Um crédito que, pela sua natureza objectiva, beneficie de privilégio não pode ser, por outra via, classificado como subordinado, porque o privilégio já define uma relação credor/devedor que afasta, ou, pelo menos, desconsidera um eventual "relacionamento especial", como foi decidido no acórdão do TRP, de 29 de Abril de 2013 (José Eusébio Almeida), no acórdão do TRE, de 28 de Abril de 2010 (Mata Ribeiro) e no acórdão do TRG, de 9 de Julho de 2015 (Fernando Fernandes Dreitas). Todavia, em sentido contrário, cfr. o acórdão do TRG, de 3 de Dezembro de 2009 (António Sobrinho).

[14] Note-se que o elenco de situações nas quais ocorre a subordinação legal é relativamente extenso, tendo em conta o exemplo de outros ordenamentos jurídicos. Assim, em Itália esta forma de subordinação terá lugar apenas nas situações em que existem créditos que resultam de financiamentos dos sócios à sociedade por quotas (artigo 2467 do *codice civile*) ou de financiamentos dentro de um grupo de sociedades (artigo 2497 *quinquies* do *codice civile*). Mas no ordenamento jurídico espanhol o artigo 92 da *Ley Concursal* tem um alcance muito próximo daquele que resulta do artigo 49º do CIRE, incluindo ainda no elenco dos créditos subordinados aqueles que, não tendo sido comunicados, ou tendo-o sido tardiamente, venham a ser incluídos mais tarde na lista de credores reconhecidos.

midade entre este e determinados credores[15], situações que representam um elevado risco de actuação em prejuízo do conjunto dos credores. Em consequência, satisfazem-se estes últimos com precedência sobre aqueles[16]. A doutrina salienta que não se trata de uma sanção (punitiva)[17] para uma eventual conduta dolosa ou culposa de determinados credores, mas de atribuir efeitos jurídicos (que constituem uma "grave excepção ao princípio *par condicio creditorum*") a um risco objectivamente verificado[18] – então,

[15] Pode ler-se no preâmbulo do diploma que aprova o CIRE: "Não se afigura desproporcionada, situando-nos na perspectiva de tais pessoas, a sujeição dos seus créditos ao regime de subordinação, face à situação de superioridade informativa sobre a situação do devedor, relativamente aos demais credores".

[16] Cfr. Luís A. Carvalho Fernandes/João Labareda, *Código da Insolvência e da Recuperação de Empresas Anotado – Volume I (Artigos 1º a 184º)*, 2ª ed., Quid Iuris, 2013, pp. 310 ss.; Rui Pinto Duarte, "Classificação dos créditos sobre a massa insolvente no projecto de Código da Insolvência e Recuperação de Empresas", pág. 6.

[17] Contudo, cfr. o acórdão do TRP, de 19 de Novembro de 2013 (Vieira e Cunha): "essas pessoas deveriam, por isso, ter financiado o devedor mais criteriosamente ou, noutras hipóteses, ter exercido sobre ele efectiva influência, pelo que, em forma de sanção, é estabelecida a subordinação dos seus créditos". Também na doutrina espanhola se fala, a este propósito, da aplicação de uma "pena privada", com grave restrição dos direitos concursais daquele a quem é imposta, assente na presunção de que estes créditos foram constituídos com a intenção de defraudar a globalidade dos credores, pelo que a enumeração das pessoas especialmente relacionadas com o devedor não deve ser ponto de partida para interpretações extensivas ou analógicas. Cfr. Fernando Peña López, "El crédito de las personas especialmente relacionadas con el deudor en la Ley Concursal", in *Revista del Poder Judicial*, 79, 2005, 163-194, pp. 171 ss.; Blanca Villanueva García-Pomareda, "Alternativa a la automática subordinación de los titulares de participaciones significativas en el concurso", in http://eprints.sim.ucm.es/14702/1/Comunicación_Harvard.pdf, *Documentos de Trabajo del Departamento de Derecho Mercantil*, Universidad Complutense de Madrid, , 2012, 1-22 (para a autora, a pp. 9, a lei parece que conduz a considerar as pessoas especialmente relacionadas com as pessoas colectivas responsáveis pela situação de insolvência e, a título de sanção, estabelece a subordinação dos seus créditos).

[18] Cfr. Ana Perestrelo de Oliveira, "Insolvência nos grupos de sociedades: notas sobre a consolidação patrimonial e a subordinação de créditos intragrupo", in *Revista de Direito das Sociedades*, ano I, 2009, nº 4, 995-1028, pp. 1022 ss.. Por isso a Autora entende que deve ser permitido aos credores afectados pela qualificação ilidirem a presunção, provando que apesar serem pessoas especialmente relacionadas com o insolvente "as operações com este praticadas não são susceptíveis de lesar os outros credores". Este tem sido, nomeadamente, o entendimento adoptado na aplicação da *section* 239(6) do *Insolvency Act 1986*: "A company which has given a preference to a person connected with the company (otherwise than by reason only of being its employee) at the time the preference was given is presumed, *unless the contrary is shown*, to have been influenced in deciding to give it by such a desire as is

a subordinação dos créditos, que vai levar ao sacrifício do princípio da igualdade, só deve ser admitida na medida em que seja adequada e necessária para a realização do interesse de tutela da globalidade dos credores, sempre que a igualdade entre eles tenha sido previamente posta em causa devido à especial relação de proximidade entre alguns deles e o devedor.

Esta análise releva para a ponderação da resposta a dar à questão de saber se a enumeração do artigo 48º é taxativa. Na doutrina e na jurisprudência tem-se entendido que sim[19], desde logo devido ao rigoroso regime que resulta da qualificação dos créditos como subordinados[20], mas também porque isso parece ser o que resulta da letra da lei: na alínea b) do nº 4 do artigo 47º determina-se que são considerados créditos subordinados "os enumerados no artigo seguinte". Porém, não se afasta, em princípio, a possibilidade de interpretação extensiva da norma[21].

mentioned in subsection" (itálico nosso). Cfr. a análise de ADRIAN WALTERS, "Preferences", cit., pp. 168 ss..

[19] Cfr. LUÍS A. CARVALHO FERNANDES/JOÃO LABAREDA, *Código da Insolvência e da Recuperação de Empresas Anotado – Volume I (Artigos 1º a 184º)*, cit., pág. 309; ISABEL MENÉRES CAMPOS, "Classes de créditos no processo de insolvência", in *Falência, Insolvência e Recuperação de Empresas: Estudos Luso-Brasileiros* (coord. Newton Lucca/Miguel Pestana de Vasconcelos), Quartier Latin, São Paulo, 2015, 367-389, p. 383; ALEXANDRE SOVERAL MARTINS, *Um Curso de Direito da Insolvência*, 2ª ed., Almedina, Coimbra, 2016, pág.283.

[20] Cfr. o acórdão do TRC, de 2 de Fevereiro de 2010 (Carlos Moreira).

[21] Pois nada parece impedir a interpretação extensiva das enumerações taxativas, desde que respeitados os limites impostos pelos elementos da interpretação enunciados no artigo 9º do Código Civil (embora não possam ignorar-se as dificuldades de delimitação entre a interpretação extensiva e a integração ou interpretação analógica). Cfr. MIGUEL TEIXEIRA DE SOUSA, "Resolução em benefício da massa insolvente por contrato celebrado com pessoa especialmente relacionada com o devedor – Ac. de Uniformização de Jurisprudência nº 15/2014, de 13.11.2014, Proc. 1936/10", in *Cadernos de Direito Privado*, nº 50, 2015, 46-62, pág. 61. Atente-se, por exemplo, na questão do tratamento jurídico a dar a empréstimos de terceiros garantidos por sócios, situação que não encontra regulação expressa na nossa ordem jurídica (sobre o tema, cfr. ALEXANDRE MOTA PINTO, *Do Contrato de Suprimento. O Financiamento da Sociedade entre Capital Próprio e Capital Alheio*, Almedina, Coimbra, 2002, pp. 223 e ss., e 345 e ss.), ao contrário do que acontece na Alemanha, onde os § 39 Abs. 1 Nr. 5, § 44a, § 135,e § 143 da *InsO* estabelecem que, perante a insolvência da sociedade, se um terceiro tinha concedido à sociedade um empréstimo, numa situação em que o sócio, actuando como um comerciante diligente, teria entrado com capital próprio, e se esse sócio tinha garantido o empréstimo, então o terceiro em causa só poderá vir a pedir no processo de insolvência da sociedade o pagamento da quantia que, eventualmente, não tenha recuperado por força do funcionamento da garantia prestada pelo sócio. Se o terceiro, nas condições que ficaram expostas, conseguiu da sociedade o reembolso do empréstimo efectuado no ano anterior ao pedido de abertura

No que respeita ao âmbito do nosso estudo, que se restringe aos riscos dos negócios celebrados com pessoas especialmente relacionadas com o devedor, cabe então especificar que são créditos subordinados: aqueles que forem detidos por pessoa especialmente relacionada com o devedor quando a relação especial existia no momento da aquisição do crédito (alínea a) do artigo 48º); e também aqueles que tenham sido transmitidos a outrem, nos dois anos anteriores ao início do processo de insolvência, por pessoas especialmente relacionadas com o devedor (alínea a) do artigo 48º); mas ainda são créditos subordinados aqueles créditos sobre a insolvência que resultem da resolução em benefício da massa insolvente para o terceiro de má fé (alínea e) do artigo 48º).

Estes enunciados normativos merecem, desde logo, alguns esclarecimentos. Em primeiro lugar, o emprego da palavra "detidos" gera dúvidas interpretativas, porque não esclarece "se são abrangidos apenas créditos que *nasçam* na titularidade de tais pessoas ou também créditos que essas pessoas adquiram de terceiros" [22].

do processo de insolvência ou depois dessa data, então o sócio que tinha prestado a garantia deve restituir à sociedade o montante do reembolso, até ao limite do valor da garantia em causa. E estende-se esta disciplina a todo o acto jurídico, de sócio ou de terceiro, que deva ser considerado economicamente equivalente à concessão de um empréstimo. Também na ordem jurídica italiana os empréstimos ou as garantias prestados pelos sócios estão sujeitos a um regime específico, que tem em conta as circunstâncias de capitalização da sociedade em causa. Com efeito, como já se expôs *supra*, o artigo 2467 do *codice civile* dispõe que os financiamentos (em sentido lato) dos sócios à sociedade só são reembolsáveis (ou o direito de regresso resultante da garantia só pode ser exercido) depois da satisfação integral dos outros credores da sociedade (se esta falir, o reembolso ou o regresso que tenha tido lugar no ano anterior à falência deve ser restituído, presumindo-se que os sócios conheciam a situação da sociedade – artigo 67, comma 2, da *legge fallimentare*), se tiverem sido prestados numa situação de "desequilíbrio excessivo" entre o endividamento e o património líquido da sociedade, ou se a sociedade se encontrasse numa situação financeira em que teria sido razoável um aumento de capital. Esta e outras situações também podem ser consideradas no plano da fraude à norma que determina a subordinação pela interposição de terceiros – é o caso expressamente previsto no artigo 87.6 da *Ley Concursal*, do qual parece resultar que se o crédito de um credor ordinário está afiançado por uma pessoa especialmente relacionada o seu crédito deverá ser qualificado como crédito subordinado, no caso de pagamento pelo fiador. Cfr. Cfr. Rafael Sebastián, "La subordinación de los créditos de las personas jurídicas", in *Anuario de Derecho Concursal*, nº 15, 2008, 69-122, 94 ss..

[22] Rui Pinto Duarte, "Classificação dos créditos sobre a massa insolvente no projecto de Código da Insolvência e Recuperação de Empresas", pág. 8, que acrescenta que a expressão é ainda merecedora de uma crítica terminológica (por detenção ser sinónimo de mera posse

Depois, os requisitos da segunda parte da alínea a) são cumulativos: para ser subordinado, o crédito deve ser detido por pessoa especialmente relacionada com o devedor, no contexto dessa vinculação especial, nos dois anos anteriores ao da proposição da acção de insolvência. E o momento que releva para qualificação como subordinado do crédito é o da sua constituição e não o momento da sua cessão, dado que o novo credor adquire o crédito com as exactas qualidades que ele patenteava no momento da transmissão[23].

Finalmente, e quanto ao terceiro grupo de situações referido, quando o crédito resulte da resolução em benefício da massa, cumpre salientar que, apesar de nem sempre a resolução em benefício da massa insolvente pressupor a má fé do terceiro, pode justificar-se a alegação e prova da má fé para que os eventuais créditos que sejam consequência da resolução em benefício da massa sejam considerados subordinados[24].

1.1. As pessoas que são havidas como especialmente relacionadas com o devedor para efeitos da subordinação de créditos.

A lei enumera, no artigo 49º, as pessoas que, para este efeito, devem considerar-se especialmente relacionadas com o devedor [25]; o elenco obedece

– e entende-se maioritariamente que os créditos não são passíveis de posse –, sendo certo que "o que se pretenderá designar é a própria titularidade dos créditos e não qualquer outra coisa").

[23] Cfr. o acórdão do TRC, de 21 de Abril de 2015 (Henrique Antunes). Rui Pinto Duarte, "Classificação dos créditos sobre a massa insolvente no projecto de Código da Insolvência e Recuperação de Empresas", in http://www.dgpj.mj.pt/sections/informacao-e-eventos/anexos/prof-doutor-rui-pinto/downloadFile/file/RPD.pdf?nocache=1210675423.37, pág. 9, critica a falta de distinção entre os casos em que existe a falta de consciência de estar a adquirir crédito que pode vir a ser considerado subordinado e aqueles em que essa consciência existe. Mas alerta ainda para o perigo de poder acontecer, se o alienante for uma sociedade e o momento relevante para a determinação da relação especial não coincidir com o momento da aquisiçãoo do crédito, "o efeito perverso de entrarem na previsão casos em que o terceiro não só não sabia como não podia adivinhar que o crédito viria a ser 'suspeito'".

[24] Cfr. Alexandre Soveral Martins, *Um Curso de Direito da Insolvência*, cit., pág. 282; Luís Manuel Teles de Menezes Leitão, *Direito da Insolvência*, cit., pág. 101. A este propósito, cabe notar que o artigo 120º, nº 4, estabelece uma presunção de má fé do terceiro.

[25] Também no direito espanhol o artigo 93 da *Ley Concursal* enumera as pessoas que se consideram especialmente relacionadas com o devedor para o efeito de subordinar automaticamente os respectivos créditos sobre o insolvente, nos termos do nº 5 do artigo 92.

a critérios estabelecidos em função do facto de se tratar de devedor pessoa singular, pessoa colectiva ou património autónomo[26].

No termos do nº 1, consideram-se especialmente relacionados com o devedor pessoa singular:

a) O seu cônjuge e as pessoas de quem se tenha divorciado nos dois anos anteriores ao início do processo de insolvência;
b) Os ascendentes, descendentes ou irmãos do devedor ou de qualquer das pessoas referidas na alínea anterior;
c) Os cônjuges dos ascendentes, descendentes ou irmãos do devedor;
d) As pessoas que tenham vivido habitualmente com o devedor em economia comum em período situado dentro dos dois anos anteriores ao início do processo de insolvência.

No nº 2 desse artigo determina-se que são havidos como especialmente relacionados com o devedor pessoa colectiva:

a) Os sócios, associados ou membros que respondam legalmente pelas suas dívidas, e as pessoas que tenham tido esse estatuto nos dois anos anteriores ao início do processo de insolvência[27/28];
b) As pessoas que, se for o caso, tenham estado com a sociedade insolvente em relação de domínio ou de grupo, nos termos do artigo 21º

[26] Embora o nº 2, alínea d) e o nº 3 aproveitem o conteúdo do nº 1. Cfr. Luís A. Carvalho Fernandes/João Labareda, *Código da Insolvência e da Recuperação de Empresas Anotado – Volume I (Artigos 1º a 184º)*, cit., pág. 315.

[27] No acórdão do TRC, de 8 de Julho de 2015 (Maria Inês Moura), esclareceu-se que o artigo 49, nº 2, alínea a), do CIRE manda atender de forma expressa aos dois anos anteriores ao início do processo de insolvência e não ao encerramento da actividade da empresa, nem à data da sentença de declaração de insolvência – "[a] menção que é feita ao início do processo de insolvência deve ser entendida como referência à data em que a petição inicial dá entrada na secretaria do tribunal". Cfr., ainda, o teor do acórdão do TRG, de 9 de Julho de 2015 (Fernando Fernandes Dreitas).

[28] Note-se que no direito espanhol este elenco é consideravelmente mais vasto. Assim, nos termos do parágrafo 1º do nº 2 do artigo 93 da *Ley Concursal*, são também consideradas pessoas especialmente relacionadas com o insolvente pessoa colectiva os sócios que no momento da constituição do crédito fossem, directa ou indirectamente, titulares de pelo menos 5% do capital social, se a sociedade declarada insolvente tivesse valores admitidos a negociação em mercado secundário oficial, ou 10%, se não os tivesse. Quando os sócios sejam pessoas singulares, serão também pessoas especialmente relacionadas com a pessoa colectiva insolvente as pessoas que sejam especialmente relacionadas com esses sócios, nos termos estabelecidos no nº 1 desse artigo 93.

do Código dos Valores Mobiliários, em período situado dentro dos dois anos anteriores ao início do processo de insolvência[29/30];

c) Os administradores, de direito ou de facto, do devedor e aqueles que o tenham sido em algum momento nos dois anos anteriores ao início do processo de insolvência[31/32];

d) As pessoas relacionadas com alguma das mencionadas nas alíneas anteriores por qualquer das seguintes formas[33]: o seu cônjuge e as pessoas de quem se tenha divorciado nos dois anos anteriores ao início do processo de insolvência; os seus ascendentes, descendentes ou irmãos, ou de qualquer das pessoas referidas na alínea ante-

29 A análise desta hipótese será retomada *infra*.

30 Também aqui na *Ley Concursal* se vai mais longe, estendendo-se, pelo parágrafo 3º do nº 2 do artigo 93, a qualidade de pessoa especialmente relacionada aos sócios comuns às sociedades que façam parte do mesmo grupo, sempre que se reúnam as condições do parágrafo 1º deste nº 2. Todavia, a delimitação da noção de "sócios comuns", para efeitos da determinação das pessoas especialmente relacionadas com o devedor, no âmbito da subordinação de créditos, é considerada um dos temas "mais confusos e mais polémicos" na aplicação do artigo 93. da Ley Concursal. Cfr. a análise de Luis Ángel Sánchez Pachón, "Socios comunes, administrador de hecho y subordinación concursal (comentario a la sentencia de la Audiencia Provincial de Madrid núm. 299/2018, de 25 de mayo de 2018)", in *Revista de derecho concursal y paraconcursal: Anales de doctrina, praxis, jurisprudencia y legislación*, nº. 30, 2019, 257-270, pp. 258 ss..

31 Neste âmbito, atente-se ainda no caso em que um credor financeiro (banco) possa ser considerado administrador de facto do devedor insolvente, verificados determinados pressupostos, para o efeito de subordinar os respectivos créditos, como já têm decidido os tribunais espanhóis. O tema será retomado, *infra*, no ponto 3 deste texto.

32 Mais uma vez, o elenco é mais vasto no direito espanhol, pois no parágrafo 2º do nº 2 do artigo 93 da *Ley Concursal* (o nº 2 deste artigo foi introduzido pela *Ley 9/2015*) estabelece-se que também os procuradores com poderes gerais na empresa, bem como aqueles que o tenham sido nos dois anos anteriores à declaração de insolvência, são pessoas especialmente relacionadas com o insolvente pessoa colectiva. Porém, excluem-se aqueles credores que tenham assumido funções de administração do devedor pessoa colectiva quando estas tenham sido assumidas no âmbito da capitalização da empresa insolvente, em procedimento concursal ou pré-concursal. E ainda se esclarece que não podem ser qualificados como administradores de facto aqueles credores que tenham subscrito um qualquer tipo de acordo ou plano de viabilidade da empresa insolvente, devido às obrigações que o devedor assuma relativamente a esse acordo ou plano de viabilidade, a menos que se demonstre a existência de alguma circunstância que possa justificar essa qualificação.

33 Para uma análise muito crítica do nº 1 do artigo 49º, cfr. Jorge Duarte Pinheiro, "Efeitos pessoais da declaração de insolvência", in *Estudos em Memória do Professor Doutor José Dias Marques*, Almedina, Coimbra, 2007, 207-223, pág. 217.

rior; os cônjuges dos seus ascendentes, descendentes ou irmãos; as pessoas que com ela tenham vivido habitualmente em economia comum em período situado dentro dos dois anos anteriores ao início do processo de insolvência[34].

1.2. A interpretação do disposto no artigo 49º do CIRE

As razões que terão levado à consideração de que estas pessoas são, para este efeito, especialmente relacionadas com o devedor são pacificamente identificadas. Por um lado, trata-se de pessoas que estariam em condições de poder conhecer ("superioridade informativa"[35]) a situação em que se encontrava o devedor[36]. Por outro, estas pessoas, de algum modo, poderiam ter influenciado a actuação do devedor, tendo-o levado a adoptar, na condução dos seus negócios, condutas lesivas para os credores com quem ele não mantinha um vínculo daquela espécie[37]. Assim sendo, a consideração de que se trata de pessoas especialmente relacionadas com o devedor para o efeito de subordinar os respectivos créditos visa o "combate a uma fonte frequente de frustração das finalidades do processo de insolvência, qual seja a de aproveitamento, por parte do devedor, de relações orgânicas ou de grupo, de parentesco, especial proximidade, dependência ou outras, para praticar actos prejudicais aos credores"[38].

A doutrina identifica aqui uma espécie de presunção legal de que o credor pessoa especialmente relacionada não actuou com lisura ou com boa fé, tendo levado o devedor a adoptar uma conduta lesiva para os restantes credores, cabendo depois apurar se esta presunção pode ou não ser

[34] Note-se que no direito espanhol se presumem ainda pessoas especialmente relacionadas com o insolvente os cessionários ou adjudicatários de créditos pertencentes a qualquer das pessoas que se considerem especialmente relacionadas, sempre que a aquisição tenha tido lugar nos dois anos que precedem a declaração de insolvência – mas no nº 3 do artigo 93 da *Ley Concursal* esclarece-se que esta presunção admite prova em contrário.

[35] Cfr. ponto 25 do preâmbulo do Decreto-Lei nº 53/2004, de 16 de Março, que aprovou o CIRE.

[36] E este conhecimento e acesso à informação poderão "contaminar" o crédito em causa com um certo grau de culpabilidade (cfr. Pedro Prendes Carril, "Artículo 93", in *Tratado práctico concursal*, Tomo III, Aranzadi, Navarra, 2009, pág. 812).

[37] Cfr. acórdão do TRC, de 16 de Julho de 2014 (Henrique Antunes).

[38] Cfr. ponto 25 do preâmbulo do Decreto-Lei nº 53/2004, de 16 de Março, que aprovou o CIRE.

ilidida[39]. Neste ponto, a jurisprudência tem seguido a orientação de que o fim da norma (propósito de obstar a condutas desonestas, assentes no aproveitamento da relação especial, lesivas dos restantes credores) só pode ser prosseguido se for inelutavelmente imposto um regime, uma qualificação dos créditos como créditos subordinados. Argumenta-se que a presunção não cumprirá aqui uma mera função processual de inversão do ónus da prova, "antes possui um sentido material, tendente à delimitação do facto constitutivo a ela subjacente" – "é presunção absoluta"[40].

Como não pode deixar de ser, coloca-se especificamente a questão de saber se também a enumeração das pessoas especialmente relacionadas

[39] Cfr. Luís A. Carvalho Fernandes/João Labareda, *Código da Insolvência e da Recuperação de Empresas Anotado – Volume I (Artigos 1º a 184º)*, cit., pp. 310 ss.: "o que está aqui em causa é a presunção de os actos praticados pelo insolvente, para mais num período vizinho da abertura do processo de insolvência, com pessoas que, por uma razão ou outra, lhe são próximas, tenderem a beneficiá-las"; então, "a simples constatação do vínculo ou da situação de que é feita depender a qualificação como pessoa especialmente relacionada com o devedor basta para que ela opere e desencadeie os seus efeitos. Por assim ser, não pode, em circunstância alguma, o atingido afastá-los com a alegação e prova de que esse vínculo ou situação em nada determinou ou condicionou o relacionamento com o devedor ou mesmo com a demonstração que desse relacionamento resultaram – ou até resultaram só – benefícios para o devedor" e a presunção será absoluta (Luís A. Carvalho Fernandes/João Labareda, últ. ob. cit., p. 314). Também neste sentido, cfr. Luís Manuel Teles de Menezes Leitão, *Código da Insolvência e da Recuperação de Empresas Anotado*, cit., pág. 96; *idem*, *Direito da Insolvência*, 8ª ed., Almedina, Coimbra, 2018, pág. 110. Na jurisprudência, cfr. o acórdão do TRC, de 16 de Julho de 2014 (Henrique Antunes) e o acórdão do TRP, de 19 de Novembro de 2013 (Vieira e Cunha). No entanto, com o entendimento de que se trata de uma presunção que pode ser ilidida, cfr. A. Raposo Subtil/Matos Esteves/Maria José Esteves/Luís M. Martins, *Código da Insolvência e da Recuperação de Empresas Anotado*, 2ª ed., Vida Económica, Lisboa, 2006, pág. 138; Ana Perestrelo de Oliveira, "Insolvência nos grupos de sociedades: notas sobre a consolidação patrimonial e a subordinação de créditos intragrupo", cit., pp. 1022 ss. (cfr., *supra*, nota 18); Ana Prata/Jorge Morais Carvalho/Rui Simões, *Código da Insolvência e da Recuperação de Empresas Anotado*, Coimbra, Almedina, 2013, pág. 163; e o acórdão do TRG, de 9 de Julho de 2015 (Fernando Fernandes Dreitas).

[40] Na doutrina espanhola põe-se em causa solução idêntica consagrada nos artigos 92.5 e 93 da Ley Conscursal, particularmente pelo facto de existir "subordinação automática" e "sem possibilidade de impugnação" dos créditos concedidos por pessoas especialmente relacionadas. Cfr. Rafael Sebastián, "La subordinación de los créditos de las personas jurídicas", in *Anuario de Derecho Concursal*, nº 15, 2008, 69-122, pp. 93 ss.; Blanca Villanueva García-Pomareda, "Alternativa a la automática subordinación de los titulares de participaciones significativas en el concurso", cit., pp. 14 ss..

com o devedor, constante do artigo 49º, é taxativa. A resposta da doutrina e da jurisprudência tem sido afirmativa[41], não apenas com base nos mesmos argumentos que justificam a defesa da taxatividade da enumeração dos créditos que devem considerar-se subordinados, mas também devido ao rigoroso regime legalmente instituído para os créditos de tais pessoas.

Mas a verdade é que, por outro lado, se tem admitido a interpretação extensiva ou restritiva destas normas, se para esse resultado convergirem, no caso concreto, os elementos da interpretação. Analisam-se aqui dois casos que o ilustram.

[41] Na doutrina, os autores que consideram a enumeração do artigo 48º taxativa entendem que a mesma leitura deve, naturalmente, ser feita relativamente à enumeração do artigo 49º, com os mesmos fundamentos. É o caso de Luís A. Carvalho Fernandes/João Labareda, *Código da Insolvência e da Recuperação de Empresas Anotado – Volume I (Artigos 1º a 184º)*, cit., pág. 314. Mas para Luís Manuel Teles de Menezes Leitão, *Código da Insolvência e da Recuperação de Empresas Anotado*, cit., pág. 97, trata-se de uma enumeração meramente exemplificativa, porque "parece existir aqui uma mera concretização do conceito vago e indeterminado" referido na alínea a) do artigo 48º. É ainda possível encontrar na jurisprudência o entendimento de que o artigo 49º deve ser sujeito a uma interpretação restritiva, quando na verdade o que se pretende é advogar uma interpretação declarativa: trata-se sempre de defender que o elenco das situações enumeradas neste artigo não pode ser sujeito a interpretação extensiva ou analógica, nunca de considerar que a letra da lei diz mais do que deveria e, consequentemente, restringir essa letra para a adequar ao espírito da norma. Cfr., por exemplo, o acórdão do TRC, de 2 de Fevereiro de 2010 (Carlos Moreira), o acórdão do TRP, de 19 de Novembro de 2013 (Vieira e Cunha) e o acórdão do TRC, de 10 de Julho de 2013 (Falcão de Magalhães). Neste último, pode ler-se: "[n]a nossa parte, consideramos que a enumeração é taxativa, já que para tal aponta o elemento literal de interpretação, bem como a circunstância de a regra no processo de insolvência é a de que todos os credores estão em situação de igualdade perante o património do devedor, nisso consistindo o princípio da par conditio creditorum. Donde, constituindo os créditos subordinados uma excepção a tal princípio, as normas a ele atinentes devem ser objecto de interpretação restritiva" (mais uma vez, parece-nos que o resultado da interpretação a que se pretende chegar é a interpretação declarativa, e não a restritiva). A este propósito, note-se que na doutrina espanhola Fernando Peña López, "El crédito de las personas especialmente relacionadas con el deudor en la Ley Concursal", in *Revista del Poder Judicial*, 79, 2005, 163-194, pp. 171 ss., afirma textualmente que a enumeração do artigo 93 da *Ley Concursal* deve ser interpretado "de modo restritivo" (o que não é o mesmo que defender uma interpretação restritiva), invocando o argumento *odiosa sunt restringenda*.

1.2.1. A interpretação extensiva da alínea b) do nº 2 do artigo 49º

Atente-se, desde logo, na repetidamente afirmada necessidade de recurso à interpretação extensiva, de modo a abranger no leque das pessoas especialmente relacionadas determinadas pessoas que não se prevê expressamente estarem nele contidas, orientação maioritariamente acolhida pela jurisprudência[42].

A este propósito, reveste o maior interesse, porque dificilmente possa ser reconduzido a um resultado da interpretação da alínea b) do nº 2 do artigo 49º, o decidido no acórdão do TRL, de 29 de Maio de 2008 (Jorge Leal). *In casu*, o processo de insolvência iniciou-se em Julho de 2005. Os

[42] Considere-se o teor do acórdão do TRC, de 2 de Fevereiro de 2010 (Carlos Moreira): "[o] disposto no artº 49º do CIRE não deve ser interpretado com um excessivo rigor formal, mas antes plástica e razoavelmente, de sorte a concluir-se, ou não, se o caso concreto encerra o quid essencial que lhe subjaz, a saber: se o credor reclamante, directa ou indirectamente, tem na sua posse informação sobre a situação do devedor que o coloque numa situação de superioridade face aos demais credores no que toca à definição ou condicionamento de factualidade de que o seu crédito emirja" – em função deste entendimento, julgou-se subsumível na sua previsão, *rectius* nas alíneas b) e c), o caso em que a credora é uma sociedade por quotas cujos únicos sócios são marido e mulher, sendo este sócio maioritário e gerente, e tendo este já sido administrador da sociedade insolvente. Note-se que se afastou aqui liminarmente que esta solução pressuponha, de algum modo, o recurso à desconsideração da personalidade jurídica, o que, em nosso entender, não é evidente: a consideração de que deve ser imputada à sociedade credora a possibilidade de exercício de influência dominante, por parte de um dos seus sócios, na sociedade insolvente, pode ser reconduzida à desconsideração da personalidade jurídica invertida (não se trata de imputar ao sócio uma qualidade da sociedade, mas efectuar o movimento inverso: de imputar à sociedade uma qualidade do sócio) para efeitos de imputação (sobre o tema, cfr. MARIA DE FÁTIMA RIBEIRO, "Da pertinência do recurso à "desconsideração da personalidade jurídica" para tutela dos credores sociais – Ac. do TRL de 20.04.2008, Proc. 5499/04", in *Cadernos de Direito Privado*, nº 27, 2009, 35- 56, pp. 54 ss.). De qualquer modo, no acórdão em análise, e apesar de o tribunal entender que o artigo 49º deve ser objecto de uma interpretação "restritiva", revogou-se a decisão de primeira instância, pela qual se indeferiu a pretensão de qualificação do crédito como subordinado com base no entendimento de que a circunstância de o sócio-gerente da sociedade credora ter sido administrador da sociedade insolvente, por si só, não traduz uma situação susceptível de ser integrada em qualquer das alíneas do artigo 49º, relativas aos créditos subordinados, porque a credora da sociedade insolvente é a pessoa colectiva e não o seu sócio-gerente, sendo a pessoa colectiva um ente juridicamente distinto dos seus sócios: "[é] certo que a enumeração do artº 49º é taxativa. Mas tal não impede que cada situação nela prevista em qualquer das suas alíneas possa ser razoavelmente interpretada em função dos contornos de cada caso concreto. Até porque a maioria delas não se atém a uma singularidade ou simplicidade tais que não deixe margem para a interpretação que se revelar mais adequada e justa perante o seu espírito e a teleologia e escopo legais nesta matéria de reclamação e pagamento de créditos".

créditos tinham sido constituídos, ou pelo menos venceram-se, ao longo dos meses de Dezembro de 2003 a Agosto de 2004. A sociedade credora foi constituída em 2003, tendo como sócios fundadores pai e filho. Inicialmente, em 2003, o pai era o único gerente da sociedade credora. Depois, ainda em 2003, este deixou, formalmente, a gerência, mas continuou a exercer de facto essas funções. Ora, ele era também, assim como a mulher, sócio da sociedade insolvente, e foi, até à data da declaração de insolvência, juntamente com a mulher, gerente da mesma, embora "com posição de predomínio quanto à gerência", pois a sociedade obrigava-se mediante a sua necessária intervenção ou assinatura. Para o colectivo de juízes, daqui resultou que, dentro dos períodos de tempo legalmente referidos, a sociedade credora pôde exercer sobre a insolvente, através do sócio e gerente comuns, uma influência dominante. Pelo que se afirma mesmo, a propósito da relação de domínio prevista na alínea b) do artigo 49º, que "existe uma tal relação de domínio quando a sociedade credora e a insolvente têm um sócio comum, que em ambas as sociedades exerce a sua gerência efectiva".

Ainda particularmente relevante neste âmbito é o decidido pelo acórdão do TRL, de 20 de Junho de 2017 (Luís Filipe de Sousa): deve ser qualificado como subordinado o crédito de sociedade cujo único gerente era também gerente da (futura) insolvente, que obrigava só com a sua assinatura, tendo nesta última qualidade constituído hipoteca unilateral a favor da primeira sociedade "porquanto tal gerente exerceu uma influência dominante sobre a devedora". Considerou-se que cabe na noção do artigo 21º CVM o caso em que uma mesma pessoa singular é gerente de ambas as sociedades envolvidas no negócio, com o seguinte fundamento: "É manifesto que, ao atuar de tal forma, tal gerente comum detinha uma superioridade informativa sobre a situação da futura insolvente e, do mesmo passo, favoreceu um credor da insolvente do qual – não por acaso – também era gerente. Em suma, existe uma relação de domínio porquanto uma pessoa singular [...] podia exercer – e exerceu de facto – uma influência dominante sobre o devedor [...] (cf. Artigo 21º, nº 1, do CVM ex vi alínea b) do n. º2 do Artigo 49º do CIRE). As razões que presidiram à instituição da figura dos créditos subordinados estão verificadas neste contexto factual". Ora, o recurso a esta interpretação do número 1 do artigo 21º levaria apenas à qualificação deste gerente como pessoa especialmente relacionada com o devedor – e o resultado a que chegou o tribunal foi o de considerar que a sociedade credora, de que também era gerente a mesma pessoa especialmente relacionada com o devedor insolvente, era ela própria pessoa especialmente relacionada, para o efeito de considerar o seu crédito subordinado. Para que a situação coubesse no espírito desta norma pela qual se considera relação de domínio "a relação existente entre uma pessoa singular ou coletiva e uma sociedade quando, independentemente de o domicílio ou a sede se situar em Portugal ou no estrangeiro, aquela possa exercer sobre esta, direta ou indiretamente, uma influência dominante", teria de ter sido demonstrado que a sociedade credora poderia exercer indirectamente, através da pessoa do seu gerente, influência dominante sobre a sociedade devedora, o que não ficou claro. Decisivo terá sido, para o tribunal, que "[a]s razões que presidiram à instituição da figura dos créditos subordinados estão verificadas neste contexto factual".

Este problema é igualmente sentido em Espanha, devido ao facto de a técnica adoptada pelo legislador português nesta norma ser a mesma que se indentifica no artigo 93 da *Ley Concursal* (embora o teor das situações enumeradas seja distinto).

Pelo artigo 93.2 3º da *Ley Concursal*, consideram-se pessoas especialmente relacionadas com o devedor pessoa colectiva as sociedades que façam parte do mesmo grupo que a sociedade insolvente, bem como os seus sócios comuns, desde que preencham um dos seguintes requisitos: serem pessoal e ilimitadamente responsáveis pelas obrigações sociais, ou serem titulares, no momento da constituição do crédito, de pelo menos 5% ou 10% do capital social, conforme se trate ou não de sociedade emitente de valores admitidos à negociação em mercado regulamentado.

Simplesmente, continua por esclarecer na lei a situação em que um grupo é controlado por uma mesma pessoa singular. Ora, tem vindo a confirmar-se nos tribunais superiores a tendência para se subsumir ao conceito de grupo, para este efeito, o caso em que o domínio pode, relativamente às sociedades dominadas, ser exercido por uma pessoa singular. A fundamentação tem sido a seguinte: as razões que justificam o tratamento como pessoa especialmente relaciondada com o devedor de uma sociedade pertencente ao mesmo grupo, e que determinam a presunção de prejuízo nas transmissões onerosas realizadas no período suspeito anterior à declaração de insolvência ou a qualificação do crédito como subordinado, concorrem plenamente no caso em que o controlo seja exercido por uma pessoa singular ou uma fundação; a possibilidade de que a sociedade credora, ao ser uma sociedade sujeita ao mesmo controlo que a sociedade devedora, possa ter uma informação privilegiada sobre a situação do devedor, que tenha podido ter alguma influência na sua actividade, que o financiamento outorgado por essa sociedade do grupo tente compensar a subcapitalização da sociedade devedorea ou que a transmissão de bens se tenha realizado para que uma sociedade do grupo seja beneficiada relativamente aos restantes credores na insolvência da devedora, que são as principais razões para que os seus créditos sejam subordinados relativamente aos dos credores que não tenham a qualidade de pessoas especialmente relacionadas, são circunstâncias que concorrem plenamente nessa situação[43].

Este entendimento foi precedido por uma consistente evolução no modo de adaptar o conceito de relação de domínio, directo ou indirecto, de uma sociedade sobre outra (vertido no artigo 42 do *Código de Comercio*, para o qual remete a *Disposición Transitoria Sexta* da *Ley Concursal*, para o efeito de definir relação de grupo[44]) ao contexto falimentar. Deste modo,

[43] Cfr. a sentença do Tribunal Supremo de 11 de Julho de 2018 (RJ 2018, 2815), disponível in http://www.poderjudicial.es/search/contenidos.action?action=contentpdf&databasematch=TS&reference=8455412&statsQueryId=104685597&calledfrom=searchresults&links=%22persona%20especialmente%20relacionada%22%20y%20subordinado&optimize=20180720&publicinterface=true , na linha da sentença de 15 de marzo de 2017 (RJ 2017,1370), disponível in http://www.poderjudicial.es/search/contenidos.action?action=contentpdf&databasematch=TS&reference=7996082&statsQueryId=104685597&calledfrom=searchresults&links=%22persona%20especialmente%20relacionada%22%20y%20subordinado&optimize=20170424&publicinterface=true .

[44] É o seguinte o teor do Artículo 42.1. "Toda sociedad dominante de un grupo de sociedades estará obligada a formular las cuentas anuales y el informe de gestión consolidados en la forma prevista en esta sección.
Existe un grupo cuando una sociedad ostente o pueda ostentar, directa o indirectamente, el control de otra u otras. En particular, se presumirá que existe control cuando una sociedad, que se calificará como dominante, se encuentre en relación con otra sociedad, que se calificará como dependiente, en alguna de las siguientes situaciones:
a) Posea la mayoría de los derechos de voto.
b) Tenga la facultad de nombrar o destituir a la mayoría de los miembros del órgano de administración.
c) Pueda disponer, en virtud de acuerdos celebrados con terceros, de la mayoría de los derechos de voto.
d) Haya designado con sus votos a la mayoría de los miembros del órgano de administración, que desempeñen su cargo en el momento en que deban formularse las cuentas consolidadas y durante los dos ejercicios inmediatamente anteriores. En particular, se presumirá esta circunstancia cuando la mayoría de los miembros del órgano de administración de la sociedad dominada sean miembros del órgano de administración o altos directivos de la sociedad dominante o de otra dominada por ésta. Este supuesto no dará lugar a la consolidación si la

admite-se o alargamento da noção de grupo aos casos em que, não havendo domínio orgânico, possa existir domínio indirecto (v.g., mediante a aquisição de direitos ou a concertação de contratos que confiram a uma parte a possibilidade de domínio sobre as políticas financeira e comercial, ou o poder de decisão, no grupo). Ficam excluídos do conceito de "grupo", para efeitos concursais, os grupos "paritários, horizontais ou por coordenação", uma vez que a remissão assenta no critério determinante da existência de domínio, actual ou potencial, directo ou indirecto. Simplesmente, o facto de não existir entre duas ou mais sociedades "uma relação de hierarquia", pelo facto de todas serem dominadas pela mesma entidade, não implica a existência de um grupo paritário – para efeitos concursais, existe "grupo" caracterizado pelo domínio, independentemente de quem o exerce (sociedade comercial, outra pessoa colectiva, ou pessoa singular).

Este entendimento reflecte-se, por exemplo, na STS de 11 de Julho de 2018[45]: considerou-se que os negócios de transmissão de veículos por sociedade insolvente a outra sociedade considerada do grupo, no ano anterior à declaração de insolvência, causou prejuízo à massa insolvente e, em consequência, existia fundamento para a resolução desses actos.

1.2.2. A interpretação restritiva da primeira parte da alíena a) do artigo 48º

Porém, também se tem interpretado restritivamente o disposto na alínea a) do artigo 48º, nomeadamente, estabelecendo-se um limite temporal para o momento da aquisição dos créditos aí referidos. Atente-se, por exemplo, na situação que originou o acórdão do STJ, de 6 de Dezembro de 2016 (José Raínho): estava em causa um crédito detido pelos ascendentes de um devedor insolvente, constituído 11 anos antes da declaração de insolvência.

Reconhece o tribunal que a alínea a) do art. 48º estabelece uma presunção inilidível, mas que diversa da natureza dessa presunção é a da definição da abrangência ou dos limites de aplicação da norma – devendo aqui

sociedad cuyos administradores han sido nombrados, está vinculada a otra en alguno de los casos previstos en las dos primeras letras de este apartado.
A los efectos de este apartado, a los derechos de voto de la entidad dominante se añadirán los que posea a través de otras sociedades dependientes o a través de personas que actúen en su propio nombre pero por cuenta de la entidad dominante o de otras dependientes o aquellos de los que disponga concertadamente con cualquier otra persona.

[45] Identificada na nota 43.

admitir-se uma interpretação restritiva, sempre que a letra da lei ultrapasse aquele que deve ser o seu alcance.

Uma vez que a *ratio* destas normas, conjugadas com o artigo 49º, é subalternizar os créditos daqueles que "admite que possam ter agido de má-fé ou com ligeireza (estariam em condições de conhecer a situação em que se encontrava o devedor, logo é justo que vejam os seus créditos receberem um tratamento menos favorável) com reporte a uma atual ou futura situação económica deficitária do devedor", entende-se no acórdão que "isto só se concebe, com um mínimo de razoabilidade, quando, precisamente, exista alguma proximidade entre uma coisa e outra". E, partindo do caso previsto na última parte da alínea a) do art. 48º, no qual o legislador se mostra sensível à necessidade de haver limites temporais (dois anos anteriores ao início do processo de insolvência), advoga-se no acórdão o uso desta opção de recurso a algum tipo de limite temporal para outras hipóteses.

Assim, conclui-se que o conjunto normativo formado pelos artigos 48º, alínea a), 1ª parte, e 49º, nº 1, alínea b) do CIRE deve ser interpretado restritivamente, "de modo a abranger na sua previsão apenas os casos em que se possa estabelecer lógica e razoavelmente um nexo temporal que coenvolva ou comprometa a razão de ser da norma (a pressuposta superioridade informativa do credor sobre a situação do devedor) com a condição insolvencial do devedor", pelo que "só fará sentido considerar para o efeito um 'período vizinho da abertura do processo de insolvência'".

Com este fundamento, não se aplicou aquelas normas e não se considerou subordinado um crédito cuja constituição "está tão afastada no tempo do início do processo de insolvência que, dentro da normalidade das coisas, se trata de dois acontecimentos totalmente independentes, isto é, sem qualquer correlação, afinidade ou implicação entre si"[46].

[46] Diferentemente, no ac. do TRP, de 6 de Março de 2018 (Vieira e Cunha), considerou-se que "[a] prática de actos prejudiciais aos credores não tem a ver com a previsibilidade da insolvência, no momento da constituição do crédito, nem com a possibilidade de efectiva existência do crédito, mas apenas [...] com a prática de actos prejudiciais aos credores (precisamente não afastando a própria noção potencial de insolvência e abstraindo da antecipação do crédito face à situação de insolvência), em conjunto com a situação de superioridade informativa das pessoas indicadas face à situação do devedor, relativamente aos demais credores, e mesmo o conhecimento mais provável que têm quanto à situação de insolvência do devedor. Entende-se que essas pessoas podiam ter contado com uma maior informação sobre a situação do devedor/insolvente e que, em consequência, deviam tê-lo financiado mais criteriosamente ou,

Já no acórdão do TRC, de 21 de Janeiro de 2014 (Jacinto Meca), além de se também se decidir no sentido de considerar que deve existir um limite temporal para a subsunção da situação à previsão da primeira parte da alínea a) do artigo 48º, levanta-se um outro problema: o de saber se resulta da norma que ela só se deve aplicar a determinados tipos de créditos, excluindo outros. Estava em causa o facto de o crédito não "emergir" da relação especial entre devedor e credor, mas ser antes o resultado de uma decião judicial pela qual se declarou nula uma sociedade irregular e, na sequência do processo de liquidação, se declarou que o familiar do devedor tinha/tem direito a tornas no montante que constitui esse crédito. Logo, "a especial relação entre credores e devedores era totalmente alheia à constituição do crédito reclamado", pelo que os credores não financiaram o devedor quando este se encontrava numa situação de insolvência ou pré-insolvência, o que o tribunal considerou decisivo para a não subsunção do crédito à hipótese da norma. Em síntese, coloca-se também a questão de saber se não deverá interpretar-se restritivamente a primeira parte da alínea a) do artigo 48º, quando estejam em causa créditos que, embora até possam ter nascido por causa da existência da relação especial, têm a sua origem em facto praticado contra a própria vontade do credor[47].

Todavia, e porque não se trata de uma orientação geralmente adoptada, foi muito recentemente, em acórdão do STJ, de 23 de Maio de 2019 (Graça Amaral)[48], precisamente o contrário: que a delimitação do conceito de crédito subordinado referente a pessoas singulares especialmente relacionadas com o devedor, que o legislador fixou taxativamente no nº 1 do artigo 49º do CIRE, tem subjacente a necessidade de prevenir que determinadas situações de créditos sobre o devedor insolvente sejam utilizadas por forma a prejudicar o ressarcimento dos direitos de crédito dos demais credores; que a constatação do vínculo ou situação pessoal constitui presunção *iuris et de iure* de uma relação especial com o devedor; consequentemente, que a existência de qualquer uma das situações aludidas nas alíneas do nº 1 do

noutras hipóteses, que exerceram efectiva influência sobre o devedor (o facto de os credores serem ascendentes pode favorecer situações de ulterior e indiscriminado endividamento)".

[47] Pense-se, por exemplo, na situação em que um irmão é violentamente agredido por outro no âmbito de uma discussão ligada a partilhas, tendo essa agressão originado um direito a indemnização por danos patrimoniais e não patrimoniais. A questão seria, aqui, a de saber se deve este crédito, na insolvência do irmão devedor, ser considerado subordinado.

[48] Portanto, já depois de proferida a conferência de que dá testemunho este texto.

artigo 49º, do CIRE, integra necessariamente a existência de uma especial relação com o devedor, que não pode ser afastada com a alegação e prova de que esse vínculo ou situação em nada determinou ou condicionou o relacionamento com o devedor, ou mesmo com a demonstração de que desse relacionamento resultaram benefícios para o devedor; logo, que a conceptualização da categoria dos créditos subordinados prevista nos artigos 48º, alínea a), 1ª parte e 49º, nº 1, alíneas a) a c), ambos do CIRE, se basta na relação especial definida pelo legislador, não se encontrando sujeita a qualquer período temporal limitativo; finalmente, que uma interpretação restritiva de pendor teleológico, como aquela que se adopta nos acórdãos *supra* indicados, "confinando a finalidade do comando legal à perspectiva da data da constituição do crédito, mostra-se para além do que é possível ser encontrado (objectivamente) no pensamento legislativo expresso no seu texto".

Estava em causa a qualificação de um crédito detido pelo filho do casal insolvente e sua mulher, crédito esse resultante de mútuos prestados por estes ao casal insolvente entre 1994 e 2006, garantidos por hipoteca constiuída em 2009, sendo que a apresentação à insolvência teve lugar em 2014. Pretendiam com o recurso estes credores, filho e nora dos insolventes, que "a relação especial entre credor e devedor não poderá relevar, dado o lapso de tempo decorrido desde a constituição do crédito e ulterior garantia do mesmo, até à verificação da situação de insolvência", pugnando pela exposta interpretação restritiva das normas envolvidas para afastar a qualificação do crédito como subordinado – resultado que, como se viu, não foi aqui alcançado.

2. A resolução em benefício da massa insolvente

A resolução em benefício da massa insolvente está regulada nos artigos 120º e seguintes do CIRE. A *ratio* do seu regime é servir os interesses da generalidade dos credores (dando cumprimento ao princípio *par condicio creditorum*), em detrimento dos interesses daqueles que contrataram e negociaram com o devedor insolvente (e até, eventualmente, também dos interesses daqueles que negociaram com estes últimos) durante um determinado período (que antecede a situação de insolvência) considerado "suspeito"[49] – pois a resolução existe para actos praticados dentro

[49] Como pode ler-se no preâmbulo do diploma que aprovou o CIRE, "[o] combate a uma fonte frequente de frustração das finalidades do processo de insolvência, qual seja a de aproveita-

dos 2 anos anteriores à data do início do processo de insolvência, ou praticados entre o início do processo de insolvência e antes da declaração de insolvência (excepto quanto aos actos sujeitos a resolução incondicional, valendo aí os períodos de tempo especificamente previstos no artigo 121º)[50].

Trata-se, então, de um meio de conservação da garantia patrimonial da generalidade dos credores – visa-se assegurar que o património que vai satisfazer os seus créditos é aquele que existiria se não tivessem havido aqueles actos[51], que são ou se presumem prejudiciais à massa insolvente (ou

mento, por parte do devedor, de relações orgânicas ou de grupo, de parentesco, especial proximidade, dependência ou outras, para praticar actos prejudicais aos credores é prosseguido no âmbito da resolução de actos em benefício da massa insolvente, pois presume-se aí a má fé das pessoas especialmente relacionadas com o devedor que hajam participado ou tenham retirado proveito de actos deste, ainda que a relação especial não existisse à data do acto".

[50] Assim, o prazo indicado na lei será um "prazo máximo". Cfr. Luís A. Carvalho Fernandes/João Labareda, *Código da Insolvência e da Recuperação de Empresas Anotado – Volume I (Artigos 1º a 184º)*, cit., pp. 525 ss.; Alexandre Soveral Martins, *Um Curso de Direito da Insolvência*, cit., pág. 218. Para Miguel Teixeira de Sousa, "Resolução em benefício da massa insolvente por contrato celebrado com pessoa especialmente relacionada com o devedor...", cit., pág. 59, o direito da resolução nasce no momento da prática do acto, mas permanece sujeito a uma condição suspensiva até à declaração de insolvência do devedor (artigo 50º, nº 2, alínea a)).

[51] Mesmo actos processuais, como uma desistência ou uma cofissão do pedido. Cfr. Miguel Teixeira de Sousa, "Resolução em benefício da massa insolvente por contrato celebrado com pessoa especialmente relacionada com o devedor...", cit., pág. 59. Com as alterações introduzidas a esta norma pela Lei nº 16/2013 desapareceu a referência à resolubilidade de actos omitidos, cuja interpretação gerou alguma dificuldade. Luís A. Carvalho Fernandes/João Labareda, *Código da Insolvência e da Recuperação de Empresas Anotado – Volume I (Artigos 1º a 184º)*, Quid Iuris, Lisboa, 2008, pág. 433, distinguiam as situações em que o acto omitido tem valor declarativo, nos termos do artigo 218º CC, daquelas em que isso não sucede, restringindo a possibilidade de resolução em benefício da massa ao primeiro grupo; Fernando de Gravato Morais, *Resolução em Benefício da Massa Insolvente*, cit., pp. 58 ss., defendeu que a ideia que a norma transmitia era a da amplitude máxima da resolução em benefício da massa, não admitindo que nenhum acto em particular, qualquer que seja o seu género ou espécie, seja excluído do regime resolutivo. Esta discussão transita da própria controvérsia em torno da possibilidade de impugnação pauliana de actos omitidos (tradicionalmente, discute-se se uma simples omissão, como deixar completar uma prescrição, pode ser objecto de impugnação pauliana; Adriano Paes da Silva Vaz Serra, "Responsabilidade patrimonial", in *Boletim do Ministério da Justiça*, nº 85, Abril – 1958, 15-283, pp. 251 ss., e João Cura Mariano, *Impugnação Pauliana*, 2ª ed., Almedina, Coimbra, 2008, pp. 116 ss., evidenciam neste âmbito as diferentes funções da subrogação e da impugnação pauliana, enquanto meios de conservação da garantia patrimonial que não se excluem um ao outro, cabendo o recurso à impugnação pauliana, em regra, quando já não seja possível a subrogação).

seja, que afectam negativamente a satisfação dos credores da insolvência: a repartição do produto obtido pelos credores)[52]. Uma vez que a resolução é realizada no interesse de todos os credores do insolvente, a resolução em benefício da massa insolvente constitui efeito não automático da declaração de insolvência e é competência do administrador da insolvência (como resulta do artigo 123º)[53].

Nos termos da lei, a resolução pode ser condicional (artigo 120º) ou incondicional (artigo 121º)[54].

[52] Note-se que no ordenamento jurídico italiano a figura pela qual se chega ao mesmo resultado é precisamente a *azione revocatoria*, equivalente à impugnação pauliana. A *azione revocatoria ordinaria* está prevista no artigo 66 da *legge falimentare*, para os actos praticados pelo devedor em prejuízo dos credores. O artigo 67 especifica que estão sujeitos a este regime, a menos que a outra parte prove que não conhecia a insolvência do devedor: os actos onerosos praticados no ano anterior à declaração de insolvência, nos quais as prestações exigidas ou as obrigações assumidas pelo insolvente ultrapassem em mais de um quarto aquilo que lhe foi transmitido ou prometido; os actos de extinção de dívidas pecuniárias vencidas e exigíveis não realizados em dinheiro ou com outros meios normais de pagamento, se tiverem tido lugar no ano anterior à declaração de insolvência; a constituição de garantias reais no ano anterior à declaração de insolvência para garantir obrigações pré-existentes não vencidas; as garantias reais constituídas nos seis meses anteriores à declaração de insolvência para garantir obrigações vencidas; e, se o administrador da insolvência provar que a outra parte conhecia o estado de insolvência do devedor, os pagamentos de dívidas certas e exigíveis, os actos a título oneroso e aqueles constitutivos de um direito de preferência por dívidas, mesmo de terceiros, simultaneamente constituídas, se tiverem lugar nos seis meses anteriores à declaração de insolvência. Note-se que, em regra, os actos praticados a título gratuito não produzem efeitos relativamente aos credores, desde que tenham sido praticados pelo insolvente nos dois anos anteriores à declaração de insolvência, nos termos do disposto no artigo 64. E o mesmo vale, como se determina no artigo 65, para os pagamentos de créditos que se tenham vencido no dia da declaração de insolvência ou em data ulterior, desde que tenham sido efectuados nos dois anos anteriores à declaração de insolvência.

[53] Para Miguel Teixeira de Sousa, "Resolução em benefício da massa insolvente por contrato celebrado com pessoa especialmente relacionada com o devedor...", cit., pág. 60, subsiste a questão se saber se essa legitimidade do administrador da insolvência significa que ele mesmo é o titular do direito à resolução ou se este direito pertence aos credores do insolvente e à massa insolvente, caso em que o administrador actuará como substituto processual daqueles ou como representante da massa.

[54] Para mais desenvolvimentos relativamente ao regime da resolução em benefício da massa insolvente, cfr. Júlio Vieira Gomes, "Nótula sobre a resolução em benefício da massa", in *IV Congresso de Direito da Insolvência*, Almedina, Coimbra, 2017, 107-129, *passim*; Maria de Fátima Ribeiro, "Um confronto entre a resolução em benefício da massa insolvente e a impugnação pauliana", in *IV Congresso de Direito da Insolvência*, Almedina, Coimbra, 2017, 131-178, *passim*.

Na resolução condicional estão em causa actos, praticados naquele prazo máximo, que foram/são prejudiciais à massa (diminuem, frustram, dificultam, põem em perigo ou retardam a satisfação dos credores da insolvência), quando o terceiro está de má fé[55].

O nº 5 do artigo 125º define má fé como o conhecimento, à data do acto: de que o devedor se encontrava insolvente; ou do carácter prejudicial do acto e de que o devedor se encontrava, à data, em situação de insolvência iminente; ou do início do processo de insolvência. Logo (ao contrário do que se exige para que se afirme a má fé para efeitos de impugnação pauliana), não é necessária a consciência de que o acto põe em risco a satisfação dos credores. A aplicação deste regime pode envolver algumas complexidades, como por exemplo a questão de saber se pode ser considerada de má fé uma sociedade adquirente que seja dominada por sócio que não esteja de boa fé; ou seja, no fundo, saber se é possível imputar à sociedade a má fé do sócio, através da desconsideração invertida da personalidade jurídica, a exemplo do que se considera possível nos casos de impugnação pauliana[56]. Pelo nº 4 do artigo 120º, presume-se a má fé quanto a actos cuja prática ou omissão tenha ocorrido nos dois anos anteriores ao início do processo de insolvência e em que tenha participado ou de que tenha aproveitado pessoa especialmente relacionada com o devedor, ainda que a relação especial não existisse a essa data.

2.1. A relevância da noção de pessoas especialmente relacionadas no âmbito da resolução em benefício da massa insolvente e a sua determinação para efeitos da aplicação do nº 4 do artigo 120º do CIRE

A lei estabelece, no nº 4 do artigo 120º, uma presunção ilidível de má fé, enquanto requisito para a resolução em benefício da massa insolvente, quanto a actos cuja prática ou omissão tenha ocorrido dentro dos dois anos anteriores ao início do processo de insolvência e em que tenha participado ou de que tenha aproveitado pessoa especialmente relacionada com o insolvente[57], ainda que a relação especial não existisse a essa data[58].

[55] Note-se que, ao contrário do que acontece na resolução condicional, se presumem inilidivelmente prejudiciais à massa os actos dos tipos referidos no artigo 121º, mesmo que praticados fora dos prazos aí previstos.

[56] Cfr. MARIA DE FÁTIMA RIBEIRO, "Da pertinência do recurso à "desconsideração da personalidade jurídica" para tutela dos credores sociais – Ac. do TRL de 20.04.2008, Proc. 5499/04", cit., pp. 54 ss..

[57] No direito espanhol, a noção de pessoa especialmente relacionada também é relevante no âmbito de mecanismo análogo à resolução em benefício da massa insolvente, mas em

Uma das questões que aqui se coloca, necessariamente, é a de saber se também para efeitos de aplicação do nº 4 do artigo 120º se deve recorrer à enumeração constante do artigo 49º[59] e se, também aqui, ela deve ser considerada taxativa[60]. Na doutrina, tende a responder-se afirmativamente à

sede diferente: no parágrafo 1º do nº 3 do artigo 71 da *Ley Concursal*, prevê-se que o prejuízo patrimonial (cuja verificação é, nos termos do nº 1, necessária para que sejam resolúveis os actos realizados pelo devedor insolvente nos dois anos que precedem a declaração de insolvência, mesmo que não tenha existido "intenção fraudulenta") se presume quando se trate de actos de disposição a título oneroso realizados a favor de alguma das pessoas especialmente relacionadas com o insolvente – admitindo-se prova em contrário (no nº 2 do mesmo artigo presume-se o prejuízo patrimonial, sem se admitir prova em contrário, quando se trate de actos de disposição a título gratuito).

[58] A norma tem antecedentes no artigo 156º, nº 1, alínea c) e 158º, alínea a) (impugnação pauliana em favor da massa) do CPEREF. Mas aqui não se falava em pessoas especialmente relacionadas; este leque era mais restrito; e não se estendia o período suspeito.

[59] Note-se que, como já se adiantou *supra*, também no ordenamento jurídico espanhol a enumeração das pessoas especialmente relacionadas com o devedor consta de norma relativa à subordinação de créditos. Mas o mesmo não acontece, nomeadamente, nos ordenamentos alemão ou italiano. Naquele, o §138 II da *Insolvenzordnung* (*InsO*) enumera as pessoas consideradas especialmente relacionadas com o devedor pessoa colectiva especificamente para efeitos de *Insolvenzanfechtung*, incluindo nesse leque, além dos membros dos órgãos de administração e fiscalização da mesma, os sócios que sejam titulares de uma participação de mais de 25% do capital social; também são consideradas especialmente relacionadas as pessoas que, por força de uma ligação societária ou de prestação de serviços tenham a possibilidade de determinar as relações económicas do insolvente. Em Itália, no âmbito dos actos praticados com pessoas especialmente relacionadas com o insolvente, o artigo 69 da *legge falimentare* estabelece um regime especial apenas para os actos praticados entre cônjuges, invertendo o ónus da prova da má fé exigida pelo artigo 67 para que os actos nele previstos possam ser objecto da *azione revocatoria* – desde que se trate de actos praticados entre cônjuges enquanto o insolvente explorava uma empresa comercial; e o mesmo regime é aplicável aos actos a título gratuito praticados entre cônjuges nos dois anos anteriores à declaraçãoo de insolvência, enquanto o insolvente explorava uma empresa comercial. Em síntese, todos estes actos podem ser objecto da *azione revocatoria*, a mesmo que o cônjuge prove que ignorava o estado de insolvência do cônjuge insolvente.

[60] Luís A. Carvalho Fernandes/João Labareda, *Código da Insolvência e da Recuperação de Empresas Anotado – Volume I (Artigos 1º a 184º)*, cit., pág. 526, sustentam que "todas as situações previstas no artº 49º relevam para a fixação do requisito do nº 4 do artº 120º. Ora, esta afirmação tem sido interpretada pela doutrina como uma adesão à tese de que a enumeração do artigo 49º, a que se deve recorrer neste âmbito, também será taxativa para efeitos da resolução em benefício da massa insolvente. Aparentemente com este entendimento, cfr. Alexandre Soveral Martins, *Um Curso de Direito da Insolvência*, cit., pág. 219. Mas em sentido diferente, na jurisprudência, veja-se por exemplo o acórdão do TRC, de 25 de Janeiro de 2011 (Pedro Martins), em cujo sumário se afirma textualmente que "[a] cláusula geral 'relação especial'

primeira questão, deixando-se sem resposta expressa a segunda. Para Carvalho Fernandes e João Labareda[61], existe manifesta proximidade entre a referência, nesta norma, a "pessoa especialmente relacionada com o insolvente" e a que se identifica na qualificação de créditos subordinados; logo, defendem que todas as situações previstas no artigo 49º relevam para a fixação do requisito do nº 4 do artigo 120º; mas não excluem expressamente que o conceito indeterminado "pessoa especialmente relacionada com o insolvente" contido nesta última norma inclua situações que não estão contidas no artigo 49º. Gravato Morais[62] escreve que a relação especial tida em vista no nº 4 do artigo 120º "é justamente uma das definidas no artigo 49º", apenas o legislador "não remeteu directamente para esse preceito". E Miguel Teixeira de Sousa[63], a propósito da interpretação do nº 4 do artigo 120º, expõe que o artigo 49º enumera as pessoas que são havidas como especialmente relacionadas com o devedor, aparentando assumir uma espécie de remissão implícita daquela norma para esta. Na jurisprudência, o entendimento adoptado parece ser o de responder afirmativamente a ambas as questões. Então, não existe consenso quanto à possibilidade de se admitir que o recurso ao artigo 49º não implica que, para efeitos de resolução em benefício da massa, a enumeração aí contida seja taxativa.

Cabe nesta sede uma especial referência ao acórdão de uniformização de jurisprudência do STJ nº 15/2014, de 13 de Novembro de 2014, no qual se parte do princípio de que o elenco de pessoas especialmente relacionadas com o devedor do artigo 49º vale, nos mesmos termos, para o efeito de determinar a resolução em benefício da massa insolvente prevista no nº 4 do artigo 120º e para o efeito de determinar a subordinação do crédito que essa pessoa detenha sobre o insolvente, nos termos do disposto nos artigos 47º e 48º.

Nesse acórdão determinou-se que, para os efeitos dos artigos 120º, nº 4 e 49º, nºs 1 e 2, alíneas c) e d), do CIRE, se presume que age de má

pressuposta na presunção de má fé do art. 120º/4 do CIRE não tem de ser preenchida apenas pelos casos eventualmente taxativos do art. 49º do CIRE".

[61] Cfr. Luís A. Carvalho Fernandes/João Labareda, *Código da Insolvência e da Recuperação de Empresas Anotado – Volume I (Artigos 1º a 184º)*, cit., pág. 526.

[62] Cfr. Fernando de Gravato Morais, *Resolução em Benefício da Massa Insolvente*, cit., pp. 72 ss..

[63] Cfr. Miguel Teixeira de Sousa, "Resolução em benefício da massa insolvente por contrato celebrado com pessoa especialmente relacionada com o devedor...", cit., pág. 58.

fé a sociedade anónima que adquire bens a sociedade por quotas considerada insolvente, sendo de considerar o sócio-gerente desta e seu filho, interveniente no negócio de aquisição como representante daquela, pessoas especialmente relacionadas com a insolvente[64]. Estava especificamente em causa a resolução em benefício da massa insolvente – o âmbito de aplicação do acórdão não abrange a subordinação de créditos, apenas alarga a presunção de má fé para efeitos da determinação da previsão legal a que se aplica o regime da resolução da massa insolvente.

In casu, tratava-se de saber se, "para efeitos de preenchimento da presunção de má fé consignada no artigo 120º, nº 4[65], é havida como pessoa especialmente relacionada com a sociedade insolvente, nos termos do artigo 49º, nº 2, a pessoa colectiva cujo administrador é filho de um dos

[64] O acórdão considerou que a pessoa especialmente relacionada com o devedor insolvente não é a sociedade anónima que adquiriu os bens (fracções de um imóvel), mas apenas o próprio administrador daquela sociedade, dado que este é filho do sócio-gerente da sociedade insolvente. Cfr. Miguel Teixeira de Sousa, "Resolução em benefício da massa insolvente por contrato celebrado com pessoa especialmente relacionada com o devedor...", cit., pp. 61 e 62. Ora, para este autor, o acórdão acabou por desconsiderar a personalidade jurídica da sociedade adquirente dos bens em causa, "de molde a [...] poder considerar o seu único administrador como pessoa especialmente relacionada com este devedor". E acresenta: "[o] qe releva não é o que a personalidade jurídica da sociedade adquirente mostra, mas o que essa personalidade esconde". Acrescenta que também foi desconsiderada a personalidade jurídica da própria sociedade insolvente, pois apenas essa via possibilitaria que se concedesse relevância ao seu sócio-gerente: "[d]esconsiderada a personalidade de ambas as sociedades, surge com toda a nitidez a relação de paternidade entre o sócio-gerente da sociedade insolvente e o administrador da sociedade adquirente". Mas não nos parece que se possa, *in casu*, aderir a esta construção, uma vez que a desconsideração da personalidade jurídica de uma sociedade comercial, para efeitos de imputação, apenas poderá levar a que seja imputada aos seus sócios, que constituem o substrato pessoal da sociedade, a qualificação como pessoa especialmente relacionada que coubesse, sem o recurso a esse mecanismo, à própria sociedade – por efeito da desconsideração da personalidade jurídica nunca poderia ter essa qualificação um administrador desta sociedade, nessa qualidade. Além do mais, a qualificação do filho do gerente da sociedade insolvente como pessoa especialmente relacionada com esta sociedade decorre diretamente da lei. Melhor nos parece a outra solução proposta pelo mesmo autor, a do recurso à consideração da fraude à lei, para o efeito de considerar a qualificação de pessoa especialmente relacionada quando tenha sido construída uma situação de facto com o único propósito de evitar a aplicação do regime que lhe está associado. Cfr. Miguel Teixeira de Sousa, "Resolução em benefício da massa insolvente por contrato celebrado com pessoa especialmente relacionada com o devedor...", cit., pág. 62.

[65] Ou seja, para preenchimento da presunção de má fé de terceiro quanto a acto de compra e venda ocorrido dentro dos dois anos anteriores à data de início do processo de insolvência.

sócios da sociedade insolvente". No âmbito da resolução condicional, o nº 4 do artigo 120º exige a má fé do terceiro para efeitos de resolução dos actos prejudiciais à massa, mas presume-a quanto a actos "em que tenha participado ou de que tenha aproveitado pessoa especialmente relacionada com o devedor". O acórdão uniformizador de jurisprudência adopta a seguinte orientação: presume-se de má fé o terceiro, mesmo que ele próprio não seja pessoa especialmente relacionada com o insolvente, desde que no acto tenha participado ou tirado proveito pessoa especialmente relacionada com o insolvente – ou seja, rejeita-se o entendimento de que se presume de má fé apenas o terceiro que, tendo participado no acto ou dele se tendo aproveitado, seja ele próprio pessoa especialmente relacionada com o devedor insolvente[66]. Deste modo, o tribunal não respondeu afirmativamente à questão de saber se o elenco das pessoas especialmente relacionadas, para efeitos da resolução em benefício da massa insolvente é mais lato do que a interpretação declarativa do artigo 49º, enquanto enumeração taxativa, permite – e não considera a própria sociedade anónima pessoa especialmente relacionada com a sociedade por quotas insolvente, nem tal se mostra já, face a esta interpretação do nº 4 do artigo 120º, necessário. Aliás, bem pelo contrário: no acórdão afirma-se expressamente que a sociedade anónima que adquiriu os bens à sociedade por quotas insolvente não pode ser qualificada como pessoa especialmente relacionada com esta sociedade, pelo mero facto de o administrador daquela ser filho de gerente desta, "pois não se inscreve tal situação no elenco taxativo do referido preceito". Pelo exposto, adere-se aqui ao entendimento de que a a

[66] Fazendo, portanto, uma "interpretação analógica" do conteúdo da "participação" ou do "aproveitamento" no acto prejudicial por parte da pessoa especialmente relacionada com o insolvente. Pode ler-se no acórdão: "[s]ão plúrimas as situações da vida em que o terceiro obtém vantagens num negócio à custa do património do futuro insolvente, prejudicando-se os interesses da massa insolvente em consequência da privilegiada informação e conhecimento da situação económica e financeira que advém da intervenção no ato ou no seu aproveitamento por parte de pessoa especialmente relacionada com o insolvente. Justifica-se a presunção com base em tão impressivos indicadores. [...] Se o elenco das pessoas especialmente relacionadas com o devedor é taxativo e seguramente não admite interpretação analógica, já o mesmo não parece que se possa entender no que respeita à dimensão interpretativa do conteúdo da "participação" ou "aproveitamento" no ato prejudicial por parte da pessoa especialmente relacionada com o insolvente. [...] Trata-se aqui de viabilizar o poder potestativo de resolução em benefício da massa dos atos prejudiciais à massa praticados durante determinado período com base numa presunção de má fé do terceiro que auferiu vantagem em negócio pela intervenção, do seu lado, de pessoa especialmente relacionada com o insolvente".

remissão implícita para o artigo 49º, para o efeito de preencher o conceito indeterminado "pessoa especialmente relacionada" constante no artigo 120º, impõe que se considere, também no âmbito da resolução em benefício da massa insolvente, aquela enumeração taxativa.

Deste modo, presumiu-se no acórdão que a sociedade anónima está de má fé, não porque ela tenha sido considerada pessoa especialmente relacionada com a sociedade devedora, mas porque no acto participou ou dele se aproveitou pessoa especialmente relacionada com esta – e o filho do gerente da sociedade insolvente, que "participou" no acto (embora apenas enquanto representante da sociedade anónima), será pessoa especialmente relacionada com a sociedade insolvente, nos termos do disposto nas alíneas d) e c) do nº 2 do artigo 49º, que remetem para a alínea b) do nº 1 do mesmo artigo.

Cabe então ainda responder à questão de saber se a enumeração do artigo 49º, aparentemente taxativa para efeitos da subordinação de créditos (e das outras consequências que decorrem dessa subordinação), é necessariamente também taxativa quando se trate de preencher o conceito indeterminado de "pessoa especialmente relacionada com o devedor" para efeitos de aplicação do regime da resolução em benefício da massa insolvente – isto, dando por assente que para preencher o conceito indeterminado "pessoa especialmente relacionada" constante no nº 4 do artigo 120º se deve partir do princípio de que o legislador quis remeter, implicitamente, para o disposto no artigo 49º. A este propósito, cumpre referir que no acórdão uniformizador de jurisprudência é afirmado que o facto de a qualificação como pessoa especialmente relacionada com o devedor relevar também para a consideração como subordinado do crédito que essa pessoa detenha sobre o insolvente "será porventura a razão essencial que justifica a natureza taxativa do elenco que consta do mencionado artigo 49º".

Um diferente entendimento do que possam ser consideradas pessoas especialmente relacionadas para cada uma das situações em análise apenas pode assentar no facto de estarem em causa, na subordinação de créditos e na resolução em benefício da massa insolvente, distintos conflitos de interesses que justifiquem, por essa razão, a determinação de um âmbito de aplicação diferente para as estatuições das normas em causa, por força do distinto preenchimento do conceito indeterminado em análise[67].

[67] Note-se que a doutrina e a jurisprudência alemãs aceitam até a aplicação analógica do disposto no §129 II da InsO, norma que enumera as pessoas especialmente relacionadas para efeitos de *Anfechtung*, às situações nas quais existe uma relação familiar próxima entre

Ora, uma vez que a *ratio* de ambas as figuras é distinta, como resulta do que se expôs *supra*, não existem, a nosso ver, razões para que se afaste a possibilidade de, no âmbito da resolução em benefício da massa insolvente, afirmar que a possível remissão implícita para a enumeração do artigo 49º não exclui a possibilidade de se incluir nesse elenco qualquer outra pessoa, ou seja, não existem razões que imponham que se considerem apenas, taxativamente, as situações previstas na sua hipótese. Não se afasta, porém, a utilidade e, até, a necessidade de recurso ao disposto no artigo 49º para o preenchimento deste conceito indeterminado em sede de resolução em benefício da massa insolvente, desde logo justificada pelas exigências de unidade do sistema jurídico (e, a este propósito, também o recurso à noção de "partes relacionadas", constante na *IAS 24 – Related Party Disclosures*[68], por força da qual o Regulamento (UE) nº 632/2010 da Comissão de 19 de Julho de 2010 veio alterar o Regulamento (CE) nº 1126/2008, que adopta certas normas internacionais de contabilidade nos termos do Regulamento (CE) nº 1606/2002 do Parlamento Europeu e do Conselho; bem como, nomeadamente, nos artigos 66º-A e 508º-F do CSC) – mas não pode também ignorar-se que onde existam distintos conflitos de interesses essa "remissão" deverá sempre ser condicionada à aplicação das "necessárias adaptações" ao caso a decidir.

De resto, o próprio teor do artigo 120º permite esse entendimento, desde logo ao afirmar que, para efeitos de presunção de má fé de terceiro, se considera pessoa especialmente relacionada com o devedor alguém que não o era na data da celebração do negócio, mas que já o tivesse sido ou viesse a sê-lo ulteriormente[69].

os sócios ou os gerentes da sociedade insolvente e da sociedade adquirente. Cfr. RAINER RIGGERT, "§138", in BRAUN *Insolvenzordnung (InsO) Kommentar*, 6ª ed., C.H.Beck, München, 2014, §138, pág. 821.

[68] *International Accounting Standard 24*, cujo objetivo é assegurar que a informação contabilística e financeira das empresas contém toda a informação necessária para revelar a possibilidade de a sua situação financeira, bem como o seu lucro ou prejuízo, poderem ter sido afectados pela existência de transacções, ou outro tipo de relações com reflexo na contabilidade, com partes relacionadas.

[69] Cfr. FERNANDO DE GRAVATO MORAIS, *Resolução em Benefício da Massa Insolvente*, Almedina, Coimbra, 2008, pp. 74 ss.. Embora se admita que deve ser ponderada a fixação de limites temporais, a determinar em cada caso, à existência dessa relação. A este propósito, cfr. FERNANDO DE GRAVATO MORAIS, *Resolução em Benefício da Massa Insolvente*, cit., pág. 75.

3. A questão da qualificação do credor financiador como administrador de facto e, em consequência, pessoa especialmente relacionada com o devedor

Um problema que tem sido levantado em Espanha, e que pode vir a colocar-se entre nós, é o seguinte: a recente possibilidade de qualificação de um credor/financiador, em determinadas circunstâncias, como administrador de facto da sociedade[70] pode levar à não concessão de crédito a empresas em situação financeira difícil, pelo receio de que essa qualificação possa conduzir, entre outras consequências, à qualificação desse credor como pessoa especialmente relacionada e, logo, à subordinação dos seus créditos[71].

[70] É o seguinte o teor do artigo 236.3 da *Ley de Sociedades de Capital*: "tendrá la consideración de administrador de hecho tanto la persona que en la realidad del tráfico desempeñe sin título, con un título nulo o extinguido, o con otro título, las funciones propias de administrador, como, en su caso, aquella bajo cuyas instrucciones actúen los administradores de la sociedade". Para uma análise da jurisprudência que tem qualificado os credores financeiros como administradores de facto, cfr. Juan Sánchez-Calero Guillarte, "Acreedores financieros y administradores de hecho (financiación empresarial y operaciones de reestructuración)", in *Revista de Derecho Concursal y Paraconcursal: Anales de doctrina, praxis, jurisprudencia y legislación*, nº. 27, 2017, 29-41, pp. 34 ss..

[71] São disto exemplo as seguintes decisões: *Sentencia 203/11, Juzgado de lo Mercantil nº 1 de Malaga/1 Bis*, de 26 de Maio de 2011, e *Sentencia 160/2011, Juzgado de lo Mercantil nº 1 de Malaga/1 Bis*, de 7 de Abril de 2011, podendo o texto integral desta úlitma ser consultado in https://jurisprudencia.vlex.es/vid/-319375223. Nestas sentenças, qualificaram-se as instituições finaneiras como administradores de facto, com base no facto de se ter considerado que houvera ingerência relevante e continuada na gestão da sociedade insolvente, relativamente a funções próprias de um órgão de administração, tendo ficado provado que: modificavam e faziam cessar as relações contratuais do devedor com terceiros, ampliavam garantias, decidiam que obras se concluíam ou não, no seu próprio interesse, bem como quais as dívidas aos fornecedores que seriam pagas. Nestes casos, tem-se entendido que a qualificação do credor financiador como administrador de facto pressupõe a assunção da administração ordinária da actividade ou a direcção da empresa societária, sendo insuficiente a existência de cláusulas ou condições destinadas a assegurar a satisfação dos créditos e que se prendam com a prossecução de determinados objectivos necessários para que se consiga a viabilidade da empresa (como o facto de determinados actos de disposição acima de determinado valor carecerem de autorização do financiador). Sobre o problema, cfr. Juan Sánchez-Calero Guillarte, "Acreedores financieros y administradores de hecho (financiación empresarial y operaciones de reestructuración)", cit., pp. 30 ss.. E para uma análise muito ponderada dos requisitos e consequências da qualificação do credor financeiro como administrador de facto, cfr. Francisco Mercadal, "El acreedor financiero como administrador de hecho. Especial referencia a los *covenants*", *Anuario de derecho concursal*, 2015, 115-128, pp. 115 ss..

A qualificação do financiador como administrador de facto apresenta, então, o risco de constituir obstáculo ao financiamento numa fase em que a empresa em dificuldades o solicite, uma vez que o financiador pode temer vir a ser qualificado como administrador de facto e as consequências jurídicas dessa qualificação. No ordenamento espanhol, é hoje (por força das alterações ao artigo 92 da *Ley Concursal*, introduzidas em 2014 e 2015) expressamente conferida protecção ao financiador quando o financiamento é acordado no âmbito de determinados mecanismos concursais ou pré-concursais (uma vez que nesses casos o legislador afasta expressamente a qualificação do financiador como pessoa especialmente relacionada com o devedor, pelo artigo 93.2.2º da *Ley Concursal*)[72]. Esta "reacção legislativa" foi considerada plenamente justificada, tendo em conta a orientação que exprimiam muitas decisões judiciais: uma orientação favorável à reestruturação empresarial deve ter em conta "a posição dos credores a quem se pede que contribuam para esse objectivo, quer renovando o financiamento prestado, quer participando naquele de que depende a continuidade do devedor e eludir a liquidação concursal"[73]. Mas urge ponderar a necessidade ou conveniência de aplicar analogicamente a norma às situações em que tais financiamentos não se enquadrem formalmente em nenhuma das hipóteses referidas, mormente quando se trate de um acordo de financiamento pré-concursal singular, ou seja, vinculando apenas um credor.

Pois bem, embora não surja com frequência em Portugal a questão da qualificação do credor financiador como administrador de facto[74], certo é

[72] E também fica excluída, em princípio, a possibilidade de resolução em benefício da massa insolvente dos negócios em que se concretizem os financiamentos incluídos em acordo homologado judicialmente, como resulta do artigo 13 da *Disposicion adicional quarta. Homologación de los acuerdos de refinanciación*.

[73] Cfr. Juan Sánchez-Calero Guillarte, "Acreedores financieros y administradores de hecho (financiación empresarial y operaciones de reestructuración)", cit, pp. 40 ss..

[74] O tema tem, todavia, merecido a atenção da doutrina pátria. Cfr. os estudos de Ana Perestrelo de Oliveira, "Os credores e o governo societário: deveres de lealdade para com os credores controladores?", in *Revista de Direito das Sociedades*, 2009, 95-133, pp. 119 ss.; Gabriela Figueiredo Dias, "Financiamento e Governo de Sociedades (*Debt Governance*): o terceiro poder", in *III Congresso Direito das Sociedades em Revista*, Almedina, Coimbra, 2014, 360-383, pp. 363 ss..; Francsico Pinto da Silva, "A influência dos credores bancários na administração das sociedades comerciais e a sua responsabilidade" in *Direito das Sociedades em Revista*, ano 6, volume 12, 2014, 231-265, p. 251; Inês Serrano de Matos, "Debt governance – o papel do credor ativista", in *Direito das Sociedades em Revista*, ano 7, volume 14, 2015, 161-198, sobretudo p. 96; Mafalda de Sá, "Cláusulas de salvaguarda em contratos de

que a protecção daqueles que financiam a empresa em dificuldades, antes ou no decurso do processo de insolvência, apenas encontra consagração no tratamento legislativo que é dado à resolução em benefício da massa insolvente (uma vez que o nº 6 do artigo 120º expressamente excepciona do âmbito de aplicação do instituto[75] todos os negócios jurídicos "cuja finalidade seja prover o devedor com meios de financiamento suficientes para viabilizar a sua recuperação", quer no contexto dos processos e procedimentos aí enumerados, quer no de outros procedimentos equivalentes previstos em legislação especial; e o nº 1 do artigo 17º-H afasta a aplicação do regime da resolução, condicional ou incondicional, em benefício da massa às garantias convencionadas entre o devedor e os seus credores durante o PER, com a finalidade de proporcionar àquele os necessários meios financeiros para o desenvolvimento da sua actividade[76]). Também o artigo 28º do RERE afasta a possibilidade de resolução em benefício da massa insol-

financiamento: ingerência irrestrita do banco-credor na gestão da sociedade-devedora?" in *Direito das Sociedades em Revista*, ano 9, volume 17, 2017, 177-204, pp. 199 ss.. Também no Brasil, para a análise da possibilidade de qualificação do credor financiador como administrador de facto, cfr. Erasmo Valladão França, "Recuperação judicial. Sociedade estrangeira que presta garantias a favor de sociedade brasileira cujo grupo pretendia controlar. Inexistência de caracterização de sociedade em comum, da figura do sócio oculto ou do administrador de facto. Ilegalidade da proibição de voto da consulente na assembleia de credores havida na recuperação judicial das empresas do grupo", in *Temas de Direito Societário, Falimentar e Teoria da Empresa*, Malheiros, São Paulo, 2009, 446-482, pp. 468 ss..

[75] Tem sido entendido (e bem) que a norma apenas impede a resolução incondicional, e a resolução condicional quando os negócios não tenham sido praticados com o intuito de prejudicar os restantes credores (cfr. Madalena Perestrelo de Oliveira, "Suprimentos para revitalização societária: entre a subordinação e o privilégio creditório geral", in *Revista de Direito das Sociedades*, ano IX, nº 2, 2017, 371-393, p. 380).

[76] E no nº 2 do mesmo artigo concede-se um privilégio mobiliário geral, graduado antes do privilégio concedido aos trabalhadores, aos credores que, no decurso do processo, financiem a atividade do devedor, disponibilizando-lhe capital para a sua revitalização. Considera-se abrangido pela letra do artigo o chamado financiamento ponte ou intermédio, que consiste nos meios de financiamento disponibilizados ao devedor ainda antes da aprovação e homologação do plano de recuperação, para que este se mantenha entretanto em atividade, mas apenas desde que exista autorização e declaração do administrador judicial provisório. Cf. Madalena Perestrelo de Oliveira, "Suprimentos para revitalização societária: entre a subordinação e o privilégio creditório geral", cit., pp. 384 ss.. E ainda se entende que também deve beneficiar deste privilégio o financiamento para revitalização concedido no plano de recuperação. Cf. Madalena Perestrelo de Oliveira, "Suprimentos para revitalização societária: entre a subordinação e o privilégio creditório geral", cit., p. 389. Sobre estes regimes de protecção, cfr. Jorge Morais Carvalho/Maria Jerónimo,

vente, caso o devedor venha a ser ulteriormente declarado insolvente, dos negócios jurídicos que hajam compreendido a efectiva disponibilização ao devedor de novos créditos pecuniários, incluindo sob a forma de deferimento de pagamento, e a constituição, por este, de garantias respeitantes a tais créditos pecuniários, desde que os negócios jurídicos hajam sido expressamente previstos no acordo de reestruturação, ou no protocolo de negociação que o preceder, e que o acordo de reestruturação contenha a declaração prevista no nº 3 do artigo anterior. Mas determina-se, pelo nº 2, que cessa essa insuscetibilidade de resolução em benefício da massa insolvente se o novo financiamento tiver sido utilizado pelo devedor em benefício da respectiva entidade financiadora ou de entidade que com esta esteja especialmente relacionada, nos termos referidos no artigo 49º do CIRE.

De fora ficam, portanto, todos os negócios celebrados com o mesmo fim em fase pré-concursal e que não se enquadrem em procedimento especialmente regulado[77]. E, sobretudo, nada impede a qualificação de todos os créditos emergentes destes negócios como créditos subordinados, uma vez que não se afasta a qualificação do credor/financiador que venha a ser considerado administrador de facto como pessoa especialmente relacionada, nem se excluem estes créditos do âmbito de aplicação do regime da subordinação (a menos que caibam na previsão do artigo 17º-H, ou seja, tenham tido lugar no âmbito de um PER, por aí lhes ser conferido um privilégio creditório mobiliário geral, graduado antes do privilégio concedido aos trabalhadores)[78].

Na Directiva (UE) 2019/1023 do Parlamento Europeu e do Conselho de 20 de junho de 2019, *sobre os regimes de reestruturação preventiva, o perdão de dívidas e as inibições, e sobre as medidas destinadas a aumentar a eficiência dos processos relativos à reestruturação, à insolvência e ao perdão de dívidas, e que altera a Diretiva (UE) 2017/1132 (Diretiva sobre reestruturação e insolvência)*, é visível

"As garantias dos novos financiamentos", in *IV Congresso de Direito da Insolvência*, Almedina, Coimbra, 2017, 269-291, pp. 269 ss..

[77] O que significa que estão excluídos desta protecção os investimentos em instrumentos de capital de risco na reestruturação de empresas, mesmo quando se trate de instrumentos de capital alheio, como expõe Catarina Serra, "Investimentos de capital de risco na reestruturação de empresas", in *IV Congresso Direito das Sociedades em Revista*, Almedina, Coimbra, 2016, 321-359, pp. 341 ss., especialmente, pp. 344 ss..

[78] Cfr. Madalena Perestrelo de Oliveira, "Suprimentos para revitalização societária: entre a subordinação e o privilégio creditório geral", cit., pp. 377 ss..

a preocupação com a segurança do financiamento intercalar e do novo financiamento. Desde logo, da leitura do Considerando (67) resulta que se pretende que "[a]s legislações nacionais em matéria de insolvência que prevejam ações de impugnação pauliana do financiamento intercalar e do novo financiamento, ou que estabeleçam que os novos prestadores podem incorrer em sanções civis, administrativas ou penais, por concederem crédito a devedores com dificuldades financeiras, poderão comprometer a disponibilização do financiamento necessário para o êxito da negociação e execução de um plano de reestruturação". Todavia, salvaguarda-se a possibilidade de susbsistência de "outros fundamentos" para reagir a esses financiamentos, fundamentos esses que poderão incluir, especificamente, "um determinado tipo de relação entre as partes que possa ser associado a um conflito de interesses, como no caso de transações entre partes relacionadas ou entre os acionistas e a sociedade".

Assim, pelo artigo 17º, com a epígrafe "Proteção do novo financiamento e do financiamento intercalar", estabelece-se que os Estados-membros devem assegurar que o novo financiamento e o financiamento intercalar sejam devidamente protegidos, não se podendo pôr em causa a validade e eficácia dos actos em causa, nem prever que possam incorrer em qualquer tipo de responsabilidade os seus prestadores, com o fundamento de que tais financiamentos são prejudiciais para o conjunto dos credores, a menos que existam no direito nacional outros fundamentos para tal. Porém, é conferida a possibilidade de esta protecção apenas ser aplicada nos casos em que o plano de reestruturação tenha sido confirmado por uma autoridade judicial ou administrativa, e ao financiamento intercalar nos casos em que este tenha sido submetido a um controlo *ex ante*, permitindo-se a sua exclusão se o financiamento intercalar foi concedido depois de o devedor ter deixado de ser capaz de pagar as suas dívidas na data de vencimento[79].

Em síntese: tanto quanto é possível retirar do texto da Directiva, a questão que se discute neste ponto pode manter-se, nos mesmos termos, uma vez que a legislação portuguesa já confere a protecção mínima ali exigida. E, assim, um financiamento isolado concedido na proximidade da

[79] Ainda se prevê, no nº 4 deste artigo, que os Estados-Membros podem estabelecer que os prestadores do novo financiamento ou do financiamento intercalar tenham direito a prioridade no pagamento, no âmbito de processos de insolvência ulteriores, em relação a outros credores que, de outro modo, teriam créditos igual ou superiormente graduados.

insolvência, se o financiador vier a ser qualificado como administrador de facto, será negócio celebrado com pessoa especialmente relacionada, com as consequências que se expõem *supra* quanto à resolução em benefício da massa e à subordinação de créditos.

Impugnação Pauliana, sob a sombra da resolução em benefício da massa

FRANCISCO MENDES CORREIA
Professor Auxiliar da Faculdade de Direito da Universidade de Lisboa

1. Introdução

A impugnação pauliana (artigos 610º e seguintes do Código Civil) e a resolução em benefício da massa (artigos 120º e seguintes do Código da Insolvência e da Recuperação de Empresas[1]) figuram entre os principais meios de conservação da garantia patrimonial ao dispor dos credores, perante atos da iniciativa do devedor, que impliquem a dissipação do respetivo património.

As diferenças entre os dois institutos têm sido amplamente tratadas entre nós[2], destacando-se nesta sede a natureza individual da impugnação pauliana – que aproveita apenas ao credor requerente (artigo 616º, nº 4 do Código Civil) – e a natureza coletiva da resolução em benefício da massa, que é desencadeada pelo administrador da insolvência, para favorecer a generalidade dos credores.

Assim, e em síntese, a afinidade entre os institutos reside nos fundamentos e no fim pretendido: a reversão dos efeitos de atos praticados pelo devedor, que impliquem diminuição da garantia patrimonial. A principal diferença, como se disse, descobre-se no escopo subjetivo deste meio de reação: enquanto a pauliana aproveita apenas ao impugnante, a resolução beneficia a generalidade dos credores da insolvência.

Sendo equacionáveis outras formas de articulação entre os dois institutos, o legislador do CIRE optou por um sistema em que a declaração de insolvência não preclude totalmente o recurso à impugnação pauliana, embora a resolução em benefício da massa seja o meio de reação favore-

[1] De agora em diante, abreviadamente, CIRE.

[2] Por todos, sobre esta matéria, MARIA DE FÁTIMA RIBEIRO, *Um Confronto entre a Resolução em Benefício da Massa Insolvente e a Impugnação Pauliana*, em CATARINA SERRA (Coord.), *IV Congresso de Direito da Insolvência*, 2017, Almedina, Coimbra, 131 e ss..

cido, por representar uma forma de tutela coletiva, que melhor se adequa ao concurso de credores.

A esta luz, as seguintes linhas visam analisar de forma sintética a articulação entre os dois meios de conservação patrimonial, num contexto insolvencial, para determinar qual a *margem de manobra* da impugnação pauliana, quando a declaração de insolvência faça sobre ela incidir a *sombra da resolução em benefício da massa.*

2. Efeitos da insolvência na impugnação pauliana

O artigo 127º do CIRE estabelece normas expressas para quatro aspetos da relação entre insolvência e impugnação pauliana: (a) os efeitos da insolvência na possibilidade de instaurar novas ações de impugnação pauliana; (b) os efeitos da insolvência nas ações de impugnação pauliana pendentes; (c) os efeitos da resolução em benefício da massa nas impugnações pendentes; (d) o critério de aferição do interesse do credor, caso venha a ser julgada procedente uma ação de impugnação, que tenha corrido em paralelo ao processo de insolvência.

Analisam-se em seguida, de forma sintética, as três primeiras dimensões desta convivência entre pauliana e resolução em benefício da massa, para depois tratar, mais detidamente, a problemática da aferição do interesse do(s) credor(es), quando seja procedente uma impugnação pauliana em contexto insolvencial.

a. Efeitos da insolvência na possibilidade de instaurar novas ações de impugnação pauliana

O nº 1 do artigo 127º do CIRE estabelece que "[é] vedada aos credores da insolvência a instauração de novas ações de impugnação pauliana de atos praticados pelo devedor cuja resolução haja sido declarada pelo administrador da insolvência". Nos seus termos literais, a norma não associa a impossibilidade de instauração de novas ações de impugnação à declaração de insolvência, mas antes à declaração de resolução em benefício da massa do ato, pelo administrador da insolvência. Por outro lado, decorre da letra do preceito um outro enunciado – que é confirmado pelo nº 2 do mesmo artigo – segundo o qual os credores *podem* instaurar novas ações de impugnação em relação aos atos que não tenham sido resolvidos pelo administrador da insolvência.

A primeira questão interpretativa é então a de saber se os credores podem instaurar novas ações de impugnação pauliana após a declaração de insolvência, que serão depois suspensas nos termos do nº 2 caso o administrador venha a declarar a resolução do ato em apreço, ou se deve antes entender-se que o nº 1 do artigo 127º do CIRE estabelece um período em que estaria suspenso o direito de instaurar ações de impugnação pauliana, entre a data de declaração de insolvência e o decurso do prazo de resolução (previsto no nº 1 do artigo 123º do CIRE).

A generalidade da doutrina assume, sem discutir, que a norma do nº 1 apenas tem efeito sobre a possibilidade de instauração de novas impugnações *a partir* da resolução em benefício da massa pelo administrador da insolvência. Até lá, os credores podem recorrer à pauliana ficando, porém, sujeitos ao efeito suspensivo do nº 2 do artigo 127º do CIRE se, entretanto, o administrador da insolvência decidir resolver[3].

A abertura da letra da lei comportaria uma interpretação diferente, segundo a qual a declaração de insolvência teria um efeito suspensivo imediato, que se estenderia com a resolução em benefício da massa, e enquanto durasse a incerteza quanto ao respetivo desfecho, ou até ao decurso do prazo de resolução, caso em que os credores recuperariam a faculdade de impugnar. A favor desta interpretação deporiam argumentos de economia processual, evitando a interposição de ações de impugnação pauliana que poderiam vir depois a revelar-se inúteis com a resolução do mesmo ato em benefício da massa.

No entanto, não existem argumentos assentes em princípios insolvenciais a favor desta interpretação, até porque a prevalência reconhecida nos termos do nº 2 do artigo 127º do CIRE à iniciativa coletiva protagonizada pelo administrador da insolvência parece ser proteção suficiente para os interesses da generalidade dos credores. Por outro lado, quando o referido nº 2 estabelece que as ações de impugnação "só prosseguirão os seus ter-

[3] Carvalho Fernandes/João Labareda, *Código da Insolvência e da Recuperação de Empresas Anotado*, 3ª ed., 2015, Quid Juris, Lisboa, 517; Fernando Gravato de Morais, *Resolução em Benefício da Massa Insolvente*, 2008, Almedina, Coimbra, 205; Maria do Rosário Epifânio, *Manual de Direito da Insolvência*, 7ª ed., 2019, Almedina, Coimbra; Luís Menezes Leitão, *Direito da Insolvência*, 8ª ed., 2018, Almedina, Coimbra, 233-234; Alexandre de Soveral Martins, *Um Curso de Direito da Insolvência*, 2ª ed., 2016, Almedina, Coimbra, 224; Ana Prata/Jorge Morais Carvalho/Rui Simões, *Código da Insolvência e da Recuperação de Empresas Anotado*, 2013, Almedina, Coimbra, 377.

mos se tal resolução vier a ser declarada ineficaz por decisão definitiva", não faz distinção em relação às duas situações descritas na previsão da norma (ações pendentes/ações propostas ulteriormente). Pode por isso aceitar-se a leitura dominante entre nós, segundo a qual o efeito suspensivo previsto no nº 2 só se aplica após a declaração de resolução do ato pelo administrador da insolvência e não imediatamente com a declaração de insolvência.

Outra questão interpretativa que se coloca é a de saber se estão também abrangidos pela proibição estabelecida no nº 1 do artigo 127º do CIRE os credores da massa insolvente. Na esteira de Carvalho Fernandes e João Labareda[4], os credores da massa devem ser incluídos no universo subjetivo abrangido pela proibição: não há razão determinante para lhes conceder um tratamento privilegiado, sendo certo que beneficiam em medida igual ou superior dos efeitos das resoluções em benefício da massa, promovidas pelo administrador da insolvência. Acresce um argumento especial, por maioria de razão, também avançado pelos Autores citados: os créditos sobre a massa apenas se constituem, em regra, *após* a declaração da insolvência (ou pelo menos é esse o momento a partir do qual adquirem a qualidade especial em apreço). Quando assim for, seria dificilmente justificável proibir a impugnação aos credores da insolvência, permitindo-a aos credores da massa, cujos créditos se constituíram *após* a prática do ato impugnável, numa altura em que a decisão de contratar não poderia já ser influenciada por uma expectativa de integridade patrimonial, posta em causa pelo ato praticado[5].

Coloca-se ainda a este respeito uma última questão: a de saber se uma impugnação pauliana pendente ou interposta após a declaração da insolvência faz necessariamente desencadear o prazo dos seis meses previsto no artigo 123º, nº 1 do CIRE, presumindo-se o conhecimento do ato resolúvel pelo administrador da insolvência. A resposta deve ser negativa, já que não é líquido que o credor impugnante fundamente a sua pretensão em todos os factos relevantes para a resolução (que pode até desconhecer). É assim possível que existam factos relevantes para a resolução cujo conhecimento

[4] Carvalho Fernandes/João Labareda, *Código da Insolvência e da Recuperação de Empresas Anotado*, cit., 517.

[5] Carvalho Fernandes/João Labareda, *Código da Insolvência e da Recuperação de Empresas Anotado*, cit., 517.

pelo administrador da insolvência não advenha da impugnação pauliana, mas apenas de circunstâncias posteriores, devendo ser esse o termo inicial do prazo previsto no nº 3 do artigo 123º do CIRE.

b. Efeitos da insolvência nas ações de impugnação pauliana pendentes ou instauradas posteriormente

O nº 2 do artigo 127º do CIRE afasta a apensação (ao processo de insolvência) das ações de impugnação pauliana pendentes à data da declaração da insolvência, bem como das propostas (de forma lícita) ulteriormente. Assim, as ações já pendentes e as novas impugnações correm os seus termos autonomamente.

c. Efeitos da resolução nas ações de impugnação pauliana pendentes ou instauradas posteriormente

Caso, porém, o administrador da insolvência decida resolver o ato praticado pelo devedor, suspendem-se as impugnações paulianas pendentes relativas ao mesmo ato (independentemente de terem sido interpostas antes ou depois da declaração de insolvência). Este efeito suspensivo apenas cessa quando seja decidida, definitivamente, a impugnação da resolução proposta nos termos do artigo 125º do CIRE.

A decisão final que julgue procedente a impugnação de uma resolução em benefício da massa tem dois tipos de efeitos nas paulianas pendentes: por um lado, faz cessar o efeito suspensivo acima referido, voltando as ações a correr os seus termos; mas além disso, a decisão que determine a invalidade da resolução tem força vinculativa nas paulianas que prosseguem, quanto às questões apreciadas, sem prejuízo de caso julgado de formação anterior (artigo 127º, nº 2 do CIRE).

Caso a impugnação da resolução seja julgada improcedente, e a resolução promovida pelo administrador se consolide, o ato será resolvido com eficácia retroativa (artigo 126º, nº 1 do CIRE), pelo que as paulianas pendentes deverão ser extintas, por inutilidade superveniente da lide.

3. Articulação entre os efeitos da procedência de uma ação de impugnação e o processo de insolvência

Como decorre do que acima ficou dito, não é possível que o mesmo ato seja impugnado judicialmente ao abrigo dos artigos 610º e seguintes do Código Civil e resolvido em benefício da massa, nos termos dos artigos 120º e seguintes do CIRE. Os dois primeiros números do artigo 127º do CIRE visam precisamente evitar esta sobreposição e garantir prevalência à intervenção coletiva, num cenário de insolvência. No entanto, e como também se verificou, o efeito preclusivo da resolução em benefício da massa não é absoluto, e os credores podem prosseguir com os seus esforços individuais em caso de inércia ou insucesso da resolução.

Pode então dar-se o caso de ser julgada procedente uma ação de impugnação pauliana *apesar de o devedor ter sido declarado insolvente.*

Nestes casos, o nº 3 do artigo 127º do CIRE dispõe que o interesse do credor que tenha instaurado a pauliana "é aferido, para efeitos do artigo 616º do Código Civil, com abstração das modificações introduzidas ao seu crédito por um eventual plano de insolvência ou de pagamentos".

A remissão direta desta norma tem por objeto, assim, o nº 1 do artigo 616º do Código Civil, quando estabelece que nos casos de procedência da impugnação pauliana "o credor tem direito à restituição dos bens na medida do seu interesse".

Da articulação das duas normas resulta então que o credor tem direito à restituição dos bens na medida do que seja necessário para a satisfação do seu interesse particular, i.e., para a satisfação do seu crédito[6], sem que relevem eventuais modificações que tenham este último por objeto, decorrentes de vicissitudes insolvenciais, como o plano de insolvência ou de pagamentos.

Numa primeira leitura desta norma, parece assim resultar do nº 3 do artigo 127º do CIRE que os efeitos da impugnação pauliana nestes casos aproveitam apenas ao credor que a tenha requerido (artigo 616º, nº 4 do Código Civil) e não os demais credores da insolvência, contrariando assim o que seria de esperar num processo concursal.

A reação da jurisprudência

A jurisprudência não tem tratado esta questão de maneira uniforme. Uma linha jurisprudencial tem entendido que caso a impugnação pau-

[6] António Menezes Cordeiro, *Tratado de Direito Civil*, X, 2015, Almedina, Coimbra, 388.

liana seja julgada procedente após a declaração de insolvência do devedor impugnado, apenas pode ser reconhecida ao impugnante a opção estabelecida na primeira parte do nº 1 do artigo 616º do Código Civil: a restituição dos bens ao património do devedor insolvente, onde beneficiarão (também) os demais credores. Nestas decisões tem sido invocada como fundamento a injustiça da solução alternativa, em que o credor impugnante beneficiaria de uma posição de vantagem, incompatível com a lógica coletiva do processo insolvencial[7].

Outra linha jurisprudencial, porém, tem sustentado uma interpretação mais próxima da letra da lei em apreço, defendendo que após a aprovação do CIRE foi estabelecida uma dualidade de meios: um meio coletivo, o da resolução em benefício da massa, que prevalece sobre um segundo, de cariz individual, o da impugnação pauliana. Nos casos excecionais em que a impugnação pauliana possa avançar em contexto insolvencial, aproveitará apenas ao credor impugnante[8].

A reação da doutrina

Perante os problemas suscitados pelo artigo 127º, nº 3 do CIRE – e as divergentes soluções jurisprudenciais – a reação da doutrina não se fez esperar.

Alguns Autores – como Carvalho Fernandes/João Labareda[9], Cura Mariano[10] ou Maria do Rosário Epifânio[11] – assinalam a diferença ao nível dos efeitos da resolução e da impugnação, mas aceitam

[7] Ac. STJ, de 11-jul.-2013 (Fonseca Ramos): nesta decisão adere-se à tese de que em situações de normalidade, o credor impugnante tem o direito de executar o património do terceiro, mas que numa situação de insolvência, a única pretensão lícita passa a ser a da restituição dos bens ao património do devedor.

[8] Numa série de acórdãos que decidiram pela ilegitimidade do administrador da insolvência para recorrer à impugnação pauliana, com fundamento na dualidade de meios de reação e na exclusividade da resolução em benefício da massa como meio coletivo: Ac. RCO, de 11-mar.-2014 (Luís Cravo); Ac. RCO, de 10-jul.-2014 (Arlindo Oliveira); Ac. VER, de 25-jun.-2015 (Francisco Xavier); Ac. RCO, de 22-set.-2015 (Carlos Moreira); Ac. REV., de 3-dez.-2015 (Mata Ribeiro); Ac. RCO, de 1-mar.-2016 (Emídio Francisco Santos).

[9] Carvalho Fernandes/João Labareda, *Código da Insolvência e da Recuperação de Empresas Anotado,* cit., 518. No mesmo sentido parece ir Alexandre de Soveral Martins, *Um Curso de Direito da Insolvência,* 2ª ed., 2016, Almedina, Coimbra, 224.

[10] João Cura Mariano, *Impugnação Pauliana,* 2ª ed., Almedina, Coimbra, 91.

[11] Maria do Rosário Epifânio, *Manual de Direito da Insolvência,* 7ª ed., cit., 263.

a interpretação mais próxima da letra dos artigos 127º, nº 3 do CIRE e do artigo 616º, nº 4 do Código Civil, não a criticando.

Mas o texto do nº 3 do artigo 127º do CIRE foi também recebido com perplexidade e com críticas. Maria José Costeira, e na sua esteira Gravato de Morais[12], mostraram surpresa perante a letra da lei, cujo fundamento dificilmente se divisaria. Confirmando-se o sentido recolhido numa primeira leitura – o de que a impugnação pauliana considerada procedente durante a insolvência do devedor apenas aproveitaria ao credor impugnante –, a norma redundaria num resultado "absurdo", já que "depois de decretada a insolvência a eventual procedência da ação de impugnação pauliana vá aproveitar apenas a um credor do insolvente"[13]. Menezes Leitão critica também a solução, por violar o princípio da igualdade de credores em sede insolvencial[14]. No entanto, *de jure condito*, os Autores mencionados parecem aceitar o sentido da norma mais próximo da letra. Na mesma linha, Catarina Serra assinala a impossível conciliação entre efeitos individuais da pauliana e a *par conditio creditorum*, aplaudindo a decisão do STJ de 11 de julho de 2013 – que determinou a reversão dos bens em benefício de todos os credores -, qualificando-a como "a única solução compatível com o princípio da *par conditio creditorum* que deve imperar no processo de insolvência"[15]. No entanto, o aplauso dirigido a esta decisão atende ao carácter excecional dos factos em apreço, e *de jure condito*, Catarina Serra aceita a dualidade de meios/efeitos.

Cumpre assinalar, porém, a existência de vozes críticas, entre nós, que propõem uma superação das insuficiências assinaladas por via interpreta-

[12] Gravato de Morais, *Resolução em Benefício da Massa Insolvente*, cit., 207. Porém, na mesma obra o Autor parece aplaudir o abandono pelo CIRE da "visão mais burocratizada da impugnação pauliana coletiva (tal como era perspectivada no art. 158º CPEREF)", afirmando que a possibilidade de recurso individual à impugnação pauliana "não reveste, de *per si*, contornos peculiares" (cit., 43

[13] Maria José Costeira, *Novo Direito da Insolvência*, cit., 38.

[14] Luís Menezes Leitão, *Direito da Insolvência*, cit., 234: além disso, "[a] omissão do administrador da insolvência em promover a resolução em benefício da massa insolvente tenderá a estimular as ações de impugnação paulianas individuais até porque o prazo para as mesmas (art. 618º CC) é consideravelmente superior àquele que se prevê para a resolução". No mesmo sentido, assinalando a inobservância do princípio do tratamento igualitário dos credores, no processo de insolvência: Ana Prata/Jorge Morais Carvalho/Rui Simões, *Código da Insolvência e da Recuperação de Empresas Anotado*, cit., 378.

[15] Catarina Serra, *Lições de Direito da Insolvência*, 2018, Almedina, Coimbra, 253.

tiva. MARIA DE FÁTIMA RIBEIRO, assinalando a incompatibilidade entre a natureza pessoal dos efeitos da impugnação pauliana e a natureza universal do processo de insolvência, invoca os artigos 88º e 128º do CIRE, como manifestações da universalidade da dimensão executiva da insolvência, que seriam irreconciliáveis com a individualidade dos efeitos da pauliana[16]. Na mesma linha, MARISA VAZ CUNHA sustenta – entre outros argumentos – que a remissão do artigo 127º, nº 3 do CIRE não é dirigida, pelo menos inequivocamente, ao artigo 616º, nº 4 do Código Civil, sendo certo que a referência a *interesse* apenas consta do nº 1 do artigo 616º do mesmo diploma legal (que não faz referência aos efeitos patrimoniais da impugnação)[17]. A Autora invoca ainda a doutrina anterior ao CIRE[18], que usava a insolvência como um dos exemplos em que a pretensão de "restituição dos bens" prevista no artigo 616º, nº 1 do Código Civil faria sentido (ainda que reconheça que o quadro jurídico mudou desde então). Sendo esta restituição uma pretensão possível no quadro da pauliana, a insolvência representaria um contexto em que se tornaria *obrigatória*[19].

Chegados a este ponto, interessa dissecar os argumentos a favor de uma e outra solução interpretativa.

Elemento histórico

Se tentarmos perscrutar a intenção do legislador, o elemento histórico parece indicar no sentido da dualidade plena. Como é sabido, e em resumo, no quadro jurídico anterior ao CIRE, era admitida a impugnação pauliana de atos prejudiciais "nos termos da lei civil" (artigo 157º do CPEREF), tendo legitimidade para o efeito o liquidatário judicial ou "qualquer

[16] MARIA DE FÁTIMA RIBEIRO, *Um Confronto entre a Resolução em Benefício da Massa Insolvente e a Impugnação Pauliana*, em CATARINA SERRA (Coord.), *IV Congresso de Direito da Insolvência*, 2017, Almedina, Coimbra, 166 e ss.

[17] Marisa Vaz Cunha, *Garantia Patrimonial e Prejudicialidade – Um Estudo sobre a Resolução em Benefício da Massa*, 2017, Almedina, Coimbra, 302.

[18] Por todos, Paula Costa e Silva, *Impugnação Pauliana e Execução*, CDP, nº 7, 2004, 46-63 (56).

[19] Marisa Vaz Cunha, *Garantia Patrimonial e Prejudicialidade*, cit., 302-305. Mais adiante, a Autora acrescenta como argumento a possibilidade de conluio entre o credor impugnante e um administrador propositadamente omisso na resolução do mesmo ato (ob. cit., 309) e invoca o artigo 88º do CIRE, referindo que "[o] credor que individualmente tivesse exercido a impugnação pauliana (acção de natureza declarativa) não conseguiria efectivar o seu direito pela via da acção executiva" (ob. cit., 309).

credor cujo crédito se encontre já reconhecido" (artigo 160º do CPEREF) e redundando os efeitos patrimoniais positivos daí decorrentes em benefício da massa (artigo 159, nº 1 do CPEREF). Não havia dúvidas, portanto, que a impugnação instaurada em contexto insolvencial aproveitava todos os credores.

No preâmbulo do Decreto-Lei nº 53/2004, de 18 de março parece possível recolher indícios de uma intenção legislativa de ruptura com o quadro vigente:

> "[a] possibilidade de perseguir estes actos [i.e., actos de dissipação da garantia comum dos credores] e obter a reintegração dos bens e valores em causa na massa insolvente é significativamente reforçada no presente diploma. No actual sistema, prevê-se a possibilidade de resolução de um conjunto restrito de actos, e a perseguição dos demais nos termos apenas da impugnação pauliana, tão frequentemente ineficaz, ainda que se presuma a má fé do terceiro quanto a alguns deles. No novo Código, o recurso dos credores à impugnação pauliana é impedido, sempre que o administrador entenda resolver o acto em benefício da massa. Prevê-se a reconstituição do património do devedor (a massa insolvente) por meio de um instituto específico – a «resolução em benefício da massa insolvente» -, que permite, de forma expedita e eficaz, a destruição de actos prejudiciais a esse património".

Deste trecho parece resultar que o legislador do CIRE terá optado por reforçar o mecanismo da resolução em benefício da massa, elegendo-o como "instituto específico" para reconstituição do património do devedor. Embora não seja afirmado expressamente, ao seu lado coexistiria a impugnação pauliana, bloqueada sempre que o administrador deitasse mão com sucesso ao "instituto específico".

É certo que se pode contestar este argumento, sugerindo que o preâmbulo não permite concluir que o legislador quis alterar o *status quo*, em que a impugnação insolvencial beneficiaria todos os credores, mas apenas reforçar o mecanismo da resolução. Segundo esse raciocínio, quando estabeleceu o nº 3 do artigo 127º do CIRE, o legislador teria ainda como pano de fundo o nº 1 do artigo 159º do CPEREF, nos termos do qual os bens ou valores decorrentes da procedência da impugnação reverteriam para a massa insolvente. Ainda que seja possível sustentá-lo, não parece depor a seu favor a intenção revelada de estabelecimento de um instituto *específico* para a reconstituição da massa. Além disso, segundo esta interpretação alternativa, o nº 3 do artigo 127º do CIRE consistiria num privilégio concedido ao credor impugnante, que não existia no quadro jurídico anterior, sendo estranha a ausência de uma referência a tal privilégio no já citado preâmbulo.

Elemento sistemático

Nos termos do nº 2 do artigo 127º do CIRE, as ações de impugnação pauliana não são apensas ao processo de insolvência. Esta regra de não apensação abrange as ações pendentes na data da declaração de insolvência, assim como as propostas ulteriormente. Caso se pretendesse que os efeitos da ação de impugnação revertessem a favor da massa, a apensação faria todo o sentido, como aliás estava previsto no regime anterior (artigo 160º, nº 1 do CPEREF). A autonomia processual das impugnações paulianas em relação ao processo de insolvência depõe assim no sentido da autonomia dos desfechos, em matéria patrimonial[20].

Por outro lado, se as ações de impugnação pauliana beneficiassem todos os credores, não se entenderia o abandono da solução pretérita, em que o liquidatário judicial tinha legitimidade para resolver *e* para impugnar (artigo 160º, nº 1 do CPEREF)[21]. Porém, a letra do nº 1 do artigo 127º do CIRE (onde apenas se fala em *credores*) e a falta de apensação das impugnações pendentes ou ulteriores (nº 2 do artigo 127º do CIRE) indicam no sentido de que o administrador da insolvência não tem direito a impugnar.

Saliente-se ainda que o artigo 127º, nº 3 do CIRE, ao remeter para o artigo 616º do Código Civil, delimita o poder de agressão do património do obrigado à restituição: é o interesse do credor que vai determinar a *extensão* da ingerência na esfera de terceiro. Este argumento parece ser determinante para a afirmação da lógica *individual* da pauliana, mesmo na insolvência: faria pouco sentido que os efeitos da impugnação fossem coletivos, mas a *extensão com que o património de terceiro é afetado* fosse delimitada em função de um crédito individual.

Cumpre ainda sublinhar que a legitimidade para a ação pauliana, no quadro atual, não tem qualquer *correção insolvencial*. Nas ações pendentes e nas ulteriores, não há restrição da legitimidade ao credor que tenha

[20] Neste sentido, Ac. RCO, 1-mar.-2016 (Emídio Francisco Santos).

[21] Neste sentido, Ac. RCO, de 22-set.-2015 (Carlos Moreira).

visto o seu crédito reconhecido na insolvência. Esta é mais uma indicação da autonomia dos meios: não se perceberia como é que o credor impugnante poderia partilhar dos benefícios da ação de impugnação pauliana que revertesse em benefício da massa, quando ele poderia até nem ter sido reconhecido como credor no processo de insolvência.

Elemento teleológico

Se atendermos à *ratio* das normas em apreço, os argumentos acima enunciados e apresentados pela doutrina e por parte da jurisprudência ganham uma intensidade acrescida. É com efeito difícil conciliar um meio de conservação de eficácia individual com a natureza concursal do processo de insolvência, onde a *par conditio creditorum* é o princípio dominante. Perante este cenário, é criticável, do ponto de vista valorativo, conceder aqui um privilégio a um credor determinado, quando se tenta assegurar o tratamento paritário de credores ao longo do restante texto do CIRE.

Pode, no entanto, contrapor-se que esta prevalência de uma lógica concursal, em detrimento da lógica individual da pauliana já está espelhada na prioridade da resolução, sobre a impugnação. Apenas em casos muito excecionais é que uma impugnação pauliana será julgada procedente, *apesar* da declaração de insolvência e da mobilização dos credores e do administrador da insolvência na tentativa de mitigar eventuais atos de dissipação patrimonial, protagonizados pelo devedor.

Breve conclusão

O legislador do CIRE terá feito um juízo bastante pessimista das potencialidades de recuperação com recurso ao instituto da impugnação pauliana, quando desencadeado em contexto insolvencial. A essa luz, terá apostando no reforço da resolução em benefício da massa, como meio primacial de conservação patrimonial. Não querendo retirar aos credores o recurso à pauliana, em situações excecionais, ter-se-á conformado com a limitação do escopo dos respetivos efeitos, aceitando a dualidade de meios: a resolução como meio coletivo, e a impugnação pauliana como meio individual.

Se a solução não é isenta de críticas, mais difícil parece superar as suas insuficiências por via interpretativa, perante a abundância de elementos literais, históricos e sistemáticos que apontam para a eficácia meramente individual da impugnação pauliana exercida em ambiente insolvencial.

De entre outros, podem, no entanto, ser trilhados (mas noutra ocasião) alguns caminhos para mitigar as insuficiências assinaladas, respeitando a solução *de jure condito:* o aprofundamento dos deveres de lealdade de credores[22] (que incidirão em especial sobre os detentores de informações determinantes para a resolução), e o desenvolvimento dos meios de reação à passividade dos administradores de insolvência, quando prescindam de recorrer à resolução em benefício da massa.

[22] Madalena Perestrelo de Oliveira, *Limites da Autonomia dos Credores na Recuperação da Empresa Insolvente,* 2013, Almedina, Coimbra, 81 e ss..

Natureza e funções da responsabilidade civil por insolvência culposa

HENRIQUE SOUSA ANTUNES
Professor Associado da Faculdade de Direito da Universidade Católica Portuguesa (Lisboa)

1. Enquadramento

A qualificação da insolvência como culposa vincula o juiz a, entre outros efeitos, «condenar as pessoas afetadas a indemnizarem os credores do devedor declarado insolvente no montante dos créditos não satisfeitos, até às forças dos respetivos patrimónios, sendo solidária tal responsabilidade entre todos os afetados» [artigo 189º, nº 2, alínea e), do Código da Insolvência e da Recuperação de Empresas – CIRE].

Com a referência aos créditos não satisfeitos, o preceito afasta a indemnização dos danos efetivamente causados. Em sentido contrastante, porém, lê-se no nº 4 do artigo 189º do CIRE: «Ao aplicar o disposto na alínea e) do nº 2, o juiz deve fixar o valor das indemnizações devidas ou, caso tal não seja possível em virtude de o tribunal não dispor dos elementos necessários para calcular o montante dos prejuízos sofridos, os critérios a utilizar para a sua quantificação, a efetuar em liquidação de sentença».

Sabendo que, para a responsabilidade em geral, o legislador português estabeleceu limitações ao ressarcimento dos prejuízos em hipóteses de imputação objetiva da lesão ou de ilícito praticado com culpa leve, a determinação da natureza e funções da responsabilidade civil por insolvência culposa parece justificar uma análise sobre os fundamentos da condenação. Revela-se, enfim, uma condição de validade do regime e, assim, critério de interpretação das normas referidas a congruência entre as condições de imputação do facto e as consequências do juízo correspondente.

2. Os pressupostos da responsabilidade na insolvência culposa

Verifica-se uma insolvência culposa «quando a situação tiver sido criada ou agravada em consequência da atuação, dolosa ou com culpa grave, do devedor, ou dos seus administradores, de direito ou de facto, nos três anos anteriores ao início do processo de insolvência» (artigo 186º, nº 1, do CIRE). A responsabilidade nascida da qualificação da insolvência é, deste modo, indissociável de um comportamento especialmente censurável. Se nos termos gerais da formulação de um juízo de responsabilidade a culpa leve é bastante (artigo 483º, nº 1, do Código Civil – CC), apura-se insuficiente para a condenação associada à insolvência culposa. Neste contexto, o agente tão-só responderá se a lesão for imputável a dolo ou a culpa grave do lesante.

Essa condição subjetiva apresenta-se, em abstrato, adequada à determinação de especificidades sobre o sentido da responsabilidade que é, agora, objeto da nossa apreciação. O apuramento do dever de indemnizar é, como sabemos, sensível ao grau de culpa do agente. A indagação tem de ser, porém, aprofundada. O CIRE estabeleceu diversas presunções.

A letra do artigo 186º acolhe, no nº 2, uma presunção *iuris et de iure* de insolvência culposa e, no nº 3, uma presunção *iuris tantum* de culpa grave. Em qualquer dos casos, compete ao lesado provar o dano[1]. Orientação diversa, como veremos, perscruta-se no apuramento do nexo de causalidade. Revisitando os pressupostos da responsabilidade civil por factos ilícitos, a doutrina e a jurisprudência pronunciam-se sobre as implicações das presunções referidas na imputação prevista no artigo 189º, nº 2, alínea e), do CIRE.

Indisputável é que as presunções do artigo 186º do CIRE abrangem, em qualquer dos casos, a culpa. A opção do legislador divergiu, no entanto, da receção do alcance natural das presunções de culpa previstas na lei civil. Estas correspondem a presunções de negligência ligeira e, nessa medida, a responsabilidade consequente beneficia dos efeitos da imputação fundada em semelhante censurabilidade.

Na responsabilidade extracontratual (artigos 491º, 492º, 493º ou 503º, nº 3, do CC) ou na responsabilidade contratual (artigo 799º, nº 1, do CC), o âmbito das presunções está alinhado com as condições de imputação do dano nos termos em que o artigo 483º, nº 1, as estabelece, acolhendo, designadamente, a culpa leve. A lógica do CIRE é a mesma, mas as consequências são diversas. Se a culpa grave é condição mínima da qualificação

[1] O tempo relevante determinado pelo nº 1 do artigo 186º do CIRE constitui um pressuposto das presunções. Neste sentido, veja-se o Acórdão do Supremo Tribunal de Justiça de 18-01-2018 (Processo nº 955/13.5TBVFR.P1.S2. Relator: Ana Paula Boularot). À semelhança do dano, o pressuposto dos três anos deve ser provado pelo lesado.

da insolvência culposa, configura aquela o grau elementar da imputação subjetiva do dano segundo o artigo 189º, nº 2, alínea e), do CIRE.

2.1. A presunção do artigo 186º, nº 2, do CIRE

O acolhimento de uma presunção de causalidade no nº 2 do artigo 186º do CIRE configura uma posição dominante na doutrina e na jurisprudência[2]. Questionada é, porém, a legitimidade das presunções de causalidade relativamente ao incumprimento do dever de contabilidade organizada ou de deveres de colaboração com o administrador da insolvência [alíneas h) e i)]. Nesses casos, falhará a evidência acerca da contribuição, em abstrato, de tais factos para a criação ou o agravamento da situação de insolvência. Nas palavras de Catarina Serra: «Só muito remotamente algum dos (f) atos pode ser considerado causa da insolvência ou mesmo do seu agravamento. (...) É legítimo supor que houve culpa qualificada do sujeito – mas culpa qualificada no ato praticado ou omitido e não na insolvência, como é exigido pela norma geral do nº 1»[3].

Deve, ainda, equacionar-se se o nº 2 do artigo 186º do CIRE configura uma presunção inilidível de insolvência culposa, nomeadamente para os efeitos agora tratados. Há uma aceitação generalizada de tal solução[4].

[2] Veja-se, por todos, Alexandre de Soveral Martins, *Um Curso de Direito da Insolvência*, 2ª edição, 2017, Coimbra, pág. 419.

[3] "Decoctor ergo fraudator"? – *A insolvência culposa (esclarecimentos sobre um conceito a propósito de umas presunções)*, in «Cadernos de Direito Privado», nº 21 (janeiro/março de 2008), pág. 68. Em sentido diverso, Manuel Carneiro da Frada, relacionando as normas controvertidas com a tutela prosseguida no nº 1 pela configuração de delitos de perigo abstrato [*A responsabilidade dos administradores na insolvência*, in «Revista da Ordem dos Advogados», ano 66 (setembro de 2006), págs. 693 e seguinte].

[4] Assim, Nuno Manuel Pinto Oliveira, *Responsabilidade Civil dos Administradores. Entre Direito Civil, Direito das Sociedades e Direito da Insolvência*, Coimbra, 2015, pág. 208, Manuel Carneiro da Frada, *A responsabilidade dos administradores na insolvência*, cit., pág 692, e Luís Manuel Teles de Menezes Leitão, *Direito da Insolvência*, 8ª edição, Coimbra, 2018, pág. 284. A existência de uma presunção *iuris et de iure* de causalidade fundamentante da responsabilidade (*haftungsbegründend*) acolhe, segundo Manuel Carneiro da Frada, às reflexões seguintes: «(...) a inadmissibilidade dessa prova não é todavia (em geral) excessiva, enquanto puder justificar-se como forma enérgica de dissuadir ou prevenir condutas indesejáveis que, segundo a experiência, são suscetíveis de ocasionar insolvências e estão com elas intimamente ligadas. É isso que justifica a declaração da insolvência como culposa sem necessidade de mostrar a ligação entre a conduta censurada e a concreta insolvência ocorrida (vedando a prova em contrário ou aceitando que a superveniência de elementos fortuitos que codeterminaram a insolvência não exclui essa insolvência culposa)» (*A responsabilidade dos administradores na*

A abordagem não recolhe, porém, um juízo unânime a respeito das alíneas h) e i)[5/6].

Na nossa opinião, a natureza inilidível da presunção referida não pode abranger o efeito da responsabilidade, previsto no artigo 189º, nº 2, alínea

insolvência, cit., pág. 697). Na jurisprudência, vejam-se, neste sentido, os Acórdãos do Supremo Tribunal de Justiça de 06-10-2011 (Processo nº 46/07.8TBSVC-0.L1.S1. Relator: Serra Batista) e de 15-02-2018 (Processo nº 7353/15.4T8VNG-A.P1.S1. Relator: José Rainho), da Relação de Coimbra de 16-12-2015 (Processo nº 1430/13.3TBFIG-C.C1. Relatora: Maria Domingas Simões), da Relação de Évora de 14-03-2019 (Processo nº 612/06.9TBVRS-E.E1. Relatora: Cristina Dá Mesquita) e de 14-03-2019 (Processo nº 494/14.7TBLLE-E.E1. Relator: Tomé de Carvalho), da Relação de Guimarães de 01-02-2018 (Processo nº 5091/16.0T8VNF-B.G1. Relatora: Maria João Matos), de 10-07-2018 (Processo nº 603/15.9T8VNF-B.G1. Relatora: Helena Melo), 13-09-2018 (Processo nº 1518/16.9T8BGC-C.G1. Relatora: Alexandra Rolim Mendes), 11-10-2018 (Processo nº 616/16.3T8VNF-D.G1. Relatora: Ana Cristina Duarte), de 18-10-2018 (Processo nº 880/15.5T8GMR-A.G1. Relatora: Maria Luísa Ramos), e de 25-10-2018 (Processo nº 7005/16.8T8VNF-A.G1. Relatora: Alexandra Rolim Mendes), da Relação de Lisboa de 13-11-2018 (Processo nº 14827/17.0T8SNT-B.L1-7. Relatora: Higina Castelo) e de 05-02-2019 (Processo nº 664/10.7TYLSB-C.L1-1. Relatora: Maria Adelaide Domingos) e da Relação do Porto de 07-07-2016 (Processo nº 353/09.5TYVNG-E.P1. Relator: Carlos Querido).

[5] Neste sentido, Catarina Serra: «Se, no que toca ao grupo principal de hipóteses do nº 2 do art. 186º do CIRE, as dúvidas sobre a conformidade às normas constitucionais logo se esbatem (quando se pensa que há sempre a possibilidade de os interessados provarem que o facto-base não se verifica), mantêm-se algumas reservas no que respeita às duas últimas, porquanto não existe o nexo lógico ou a conexão substancial entre o facto-base e o facto presumido que existe nas primeiras» ["Decoctor ergo fraudator"? – *A insolvência culposa (esclarecimentos sobre um conceito a propósito de umas presunções)*, cit., pág. 70]. Assim, defende uma retificação do regime, consagrando uma presunção *iuris tantum* para as alíneas h) e i) (pág. 71).

[6] Aceitando o esbatimento da causalidade na alínea h) do nº 2 do artigo 186º do CIRE, lê-se num Acórdão da Relação de Évora de 14-03-2019: «Parece-nos mais curial a interpretação de que o incumprimento em termos substanciais da obrigação de manter a contabilidade organizada constitui uma presunção inilidível de insolvência culposa. Porém, para que tal incumprimento ocorra é essencial que as irregularidades verificadas tenham influência na perceção que se possa ter da situação patrimonial e financeira do insolvente, delas resultando o propósito de, designadamente, mediante ocultação de documentos e desrespeito pelas boas práticas contabilísticas, esconder aquela situação patrimonial e financeira. Isto é, os princípios constitucionais da proporcionalidade e da tutela jurisdicional efetiva depositados nos artigos 18º e 20º da Constituição da República Portuguesa não se bastam com qualquer incumprimento de regras contabilísticas e o comportamento previsto por lei encontra-se exatamente corporizado na exigência de uma infringência substancial. E é a partir da integração factual nesta categoria conceptual que se retira o preenchimento da *facti species* e a existência do nexo causal legalmente ficcionado. Caso contrário, poderiam originar-se situações manifestamente desproporcionais e gravosas» (Processo nº 494/14.7TBLLE-E.E1. Relator: Tomé de Carvalho).

e), do CIRE[7/8]. As sanções estatuídas nas alíneas b) a d) do nº 2 do artigo 189º do CIRE beneficiam da certeza que a prova da prática dos factos descritos nas diversas alíneas dos números 2 e 3 do artigo 186º do CIRE justifica. Considerando que as presunções estabelecidas pelo legislador dependem da demonstração do incumprimento grave de deveres funcionais ou de tráfego, na aplicação das medidas preventivas e repressivas do artigo 189º, nº 2, alíneas b) a d), do CIRE o perigo abstrato ou concreto da insolvência esbate a necessidade de verificação do resultado[9/10].

[7] Defender tese diferente com base na autonomização da responsabilidade prevista no artigo 189º, nº 2, alínea e), do CIRE parece-nos carecer de fundamento. Refere-se Adelaide Menezes Leitão a uma «responsabilidade patrimonial, que não pressupõe a existência de prejuízos, mas de dívidas pelas quais responde o património do devedor» [*Insolvência culposa e responsabilidade dos administradores na Lei nº 16/2012, de 20 de abril*, in «I Congresso de Direito da Insolvência» (Catarina Serra – coord.), Coimbra, 2013, pág. 270]. O regime não prescinde, porém, de uma fundamentação ético-jurídica para a indemnização, embora presumindo-a. Rejeitando a qualificação alternativa, veja-se Rui Pinto Duarte, *Responsabilidade dos administradores: coordenação dos regimes do CSC e do CIRE*, in «Escritos Jurídicos Vários 2000-2015», Coimbra, 2015, pág. 743.

[8] Sobre as funções diferenciadas das medidas aplicáveis à insolvência culposa, veja-se José Manuel Branco, *Responsabilidade patrimonial e insolvência culposa*, Coimbra, 2015, págs. 37 e seguintes.

[9] É nessa medida que se aceita a argumentação desenvolvida pelo Tribunal Constitucional no seu Acórdão 570/2008, de 26 de novembro (Relator: Vítor Gomes), havendo este, aliás, sublinhado a ressalva legal sobre a responsabilidade: «(...) a prática de atos que determinem a perda ou subtração de parte considerável dos bens que constituíam o património do comerciante em quebra, caracterizando-se a situação de insolvência por uma incapacidade do devedor de cumprimento das suas obrigações vencidas (artigo 3º do C.I.R.E.), é determinante dessa insolvabilidade, num juízo de adequação social-normativo (Carneiro da Frada, ob. cit., pág. 966). Perante tais factos, credencia-se como razoável e adequado que, sem mais, o legislador considere a situação de insolvência culposa, para os referidos efeitos (repare-se que a qualificação atribuída não é vinculativa para efeitos da decisão de causas penais ou de responsabilidade civil – cfr. artigo 185º do C.I.R.E.)».

[10] Desse modo, a atuação sobrepõe-se ao resultado. A respeito da aplicação das inibições previstas nas alíneas b) e c) do artigo 189º, nº 2, do CIRE, perante uma doação simulada seguida de um distrate, lê-se no Acórdão do Supremo Tribunal de Justiça de 05-09-2017: «Na ponderação de que o Direito não acolhe comportamentos antiéticos e lesivos da boa fé, tendo em conta os interesses que se jogam no contexto da insolvência, mormente quando se trata de apreciar, em termos não penais, a conduta dos devedores, o que interessa é olhar a sua atuação à luz das normas infringidas e dos valores que tutelam, sob pena de, casos como o que versamos, ficarem colocados no mesmo patamar de avaliação: o devedor que não alienou património, não fez doações a próximos e, honradamente, assumiu que deveria expor o seu património em benefício dos seus credores, e aquele que, fazendo ao invés, acabou por distratar ou revogar os negócios lesivos, seriam considerados da mesma maneira. Na convicção

Coisa diversa sucede, como sabemos, na responsabilidade civil. Neste juízo, a ameaça da lesão só é relevante com a sua materialização, exigindo-se, pois, um dano e uma relação de causalidade entre o comportamento do agente e a ofensa da esfera jurídica alheia. Acentuando a importância do prejuízo, escreve Gomes da Silva: «(...) elementos fundamentais da responsabilidade são o dano e a relação em que ele se encontra com o responsável. A violação do direito, o facto danoso e o nexo de causalidade são meras condições de facto e de direito para que o dano seja juridicamente atribuído ao obrigado à indemnização»[11].

Afigura-se pertinente uma nota histórica. Segundo o preâmbulo do Decreto-Lei nº 53/2004, de 18 de março, que aprovou o CIRE, a criação do incidente de qualificação da insolvência teve como finalidade a obtenção «de uma maior e mais eficaz responsabilização dos titulares de empresa e dos administradores de pessoas coletivas» (ponto 40), à margem, porém, da instrumentalização da responsabilidade civil para o efeito[12]. O legislador eliminou o regime previsto nos artigos 126º-A e 126º-B do Código dos Processos Especiais de Recuperação da Empresa e de Falência (CPEREF), afirmando que a «responsabilização solidária dos administradores (com pressupostos fluidos e incorretamente explicitados)» não se afigura constituir um meio tecnicamente correto e idóneo para o fim assinalado (ponto 40). Sublinha-se, então, que o incidente não produz efeitos quanto ao processo penal ou à apreciação da responsabilidade civil (ponto 40). As presunções inilidíveis surgiam, desse modo, dissociadas do ressarcimento dos danos. A introdução da responsabilidade civil como uma con-

de que a qualificação da insolvência visa punir ou não punir, civilmente, a atuação de quem no mundo dos negócios, ou da sua vida económica, se pauta por atuações que devem merecer a reprovação do direito, não se pode considerar que os recorridos atuaram de modo a não deverem sofrer a reprovação dos seus atos: as "sanções" previstas no art. 189º do CIRE, inerentes à insolvência culposa em que, dolosamente, incorreram» (Processo nº 733/14.4TJPRT-C.P1.S1. Relator: Fonseca Ramos).

[11] *O Dever de Prestar e o Dever de Indemnizar*, vol. I, Lisboa, 1944, pág. 245.

[12] Em análise sobre o regime então aprovado, vejam-se, entre outros, Maria Elisabete Ramos, *Insolvência da sociedade e efetivação da responsabilidade civil dos administradores*, in «Boletim da Faculdade de Direito», vol. LXXXIII, Coimbra, 2007, págs. 449 e segs., Maria de Fátima Ribeiro, *A responsabilidade de gerentes e administradores pela atuação na proximidade da insolvência da sociedade comercial*, in «O Direito», ano 142º (2010), I, págs. 81 e segs, e Maria do Rosário Epifânio, *O incidente de qualificação da insolvência*, in «Estudos em Memória do Prof. Doutor J. L. Saldanha Sanches», vol. II, Coimbra, 2011, págs. 579 e seguintes.

sequência da qualificação da insolvência, emerge da revisão operada pela Lei nº 16/2012, de 20 de abril, e enxerta um regime que rompe, indevidamente, com a lógica intencionalmente assumida pelo legislador de 2004. Assumia o legislador que a presunção inilidível descobria o seu fundamento na «prática de certos atos necessariamente desvantajosos para a empresa». Ou seja, a presunção associa-se ao risco de dano, não ao dano. Foi isto que o legislador de 2012 esqueceu, pressionado pelo Memorando da Troika (aliás, especialmente vocacionado para a situação concreta do incumprimento atempado do dever de apresentação à insolvência, como resultava já de procedimentos legislativos de direito europeu[13]).

Note-se, entretanto, que, no regime do CPEREF, a responsabilidade prevista no artigo 126º-A emergia de factos agora replicados no artigo 186º, nº 2, do CIRE e a que a lei parecia associar, apenas, uma presunção ilidível de contribuição significativa para a situação de insolvência. Assim resultaria do regime geral previsto no artigo 350º, nº 2, do CC[14].

Dada a exigência constitucional de proporcionalidade (artigo 18º, nº 2, da Constituição da República Portuguesa – CRP), não é admissível aceitar uma presunção inilidível de causalidade no juízo de responsabilidade pela insolvência culposa. No nosso sistema jurídico, mesmo quando a relevância do risco sugere a previsão de uma responsabilidade civil objetiva, ao agente é sempre permitido demonstrar que o dano é alheio ao seu comportamento. A ausência de contribuição para o dano descaracteriza a responsabilidade civil e priva de legitimidade o dever de indemnizar.

Invoca-se, a este respeito, que nas disposições legais de proteção, como o artigo 186º, nº 2, do CIRE, a conduta sancionada é permeável a eventos fortuitos[15/16]. Nesses termos, entender-se-ia aceitável uma presunção ini-

[13] Veja-se Catarina Serra, *Emendas à (lei da insolvência) portuguesa – primeiras impressões*, in «Direito das Sociedades em Revista», ano 4, vol. 7 (março de 2012), págs. 103 e seguinte.

[14] Neste sentido, Luís A. Carvalho Fernandes/João Labareda, *Código dos Processos Especiais de Recuperação da Empresa e de Falência Anotado*, 3ª edição, Lisboa, 2000, pág. 348.

[15] Sobre a qualificação do artigo 186º, nº 2, do CIRE como uma disposição de proteção, veja-se Manuel Carneiro da Frada, *A responsabilidade dos administradores na insolvência*, cit., págs. 681 e seguintes.

[16] É bastante elucidativa a seguinte passagem de Antunes Varela: «A circunstância de a ilicitude (...) compreender já a violação das regras preventivas estabelecidas na lei penal, administrativa, fiscal, etc., reveste uma importância especial na hipótese de o dano vir a ser provocado diretamente por um facto posterior de terceiro (que seja inimputável ou que, sendo imputável, tenha agido sem culpa), por qualquer evento natural ou fortuito (faísca ou calor

lidível de causalidade. É a posição de Carneiro da Frada: «(...) a causalidade fundamentante (*haftungsbregündend*) da responsabilidade *ex vi* do art. 186º, nº 2, não exclui a presença de elementos fortuitos. Podem concorrer a culpa e o acaso. Visando uma disposição de proteção prevenir abstratamente um perigo, tal resulta facilmente compreensível. Aliás, a doutrina dos deveres no tráfico também o conhece: a produção ilícita e culposa de um risco (de dano) impede em princípio o seu autor de invocar as circunstâncias fortuitas que possam ter sobrevindo e concorrido para a produção do resultado danoso (na medida em que o dever visava evitar a produção, pela conjugação do risco proibido com essas circunstâncias, da lesão)»[17]. Estas observações assentam, contudo, num pressuposto a que as hipóteses de exclusão da responsabilidade tão-só, em parte, se referem. Trata-se das situações de concurso de causas. Também nos casos de responsabilidade objetiva, o concurso de causas se revela, em geral, insuficiente para exonerar do dever de indemnizar o agente que contribuiu para a produção do risco ou beneficiou da atividade.

O que nos convoca é, porém, uma realidade diversa. Afigura-se carecer de justificação o juízo de responsabilidade se o facto é indiferente à produção do dano. Eis o que sucede se a ilicitude do comportamento do agente não facilitou, e muito menos determinou, a verificação da lesão. Perante a inexistência de uma conexão entre a ilicitude da conduta e o evento lesivo falha a razão de um juízo de *responsabilidade* aferido, de forma inelutável, pela materialização do dano. Sabendo que as disposições de proteção balizam a extensão de um nexo de ilicitude pela existência de um concurso de causas, a presunção inilidível de causalidade àquelas referida perde o seu fundamento ao impedir a exclusão da responsabilidade pela demons-

excessivo que cause a explosão de matérias inflamáveis armazenadas contra as disposições regulamentares) ou até por facto do lesado (veículo que vai colidir com outro, estacionado fora de mão, ou parado em zona de trânsito livre, sem o triângulo indicativo de paragem na via pública). Se a ilicitude, em semelhantes situações, consistisse apenas na lesão das pessoas ou bens atingidos (na violação do direito à vida ou à integridade física dos indivíduos ou na destruição ou deterioração das coisas), o caráter lícito ou ilícito da conduta do agente ficaria, em numerosos casos, dependente da sorte, do acaso ou da evolução fortuita dos acontecimentos, quando é mais conforme ao sentido da lei, e mais educativo do ponto de vista pedagógico-social, reconhecer que há comportamento ilícito do agente, logo que este viola as regras preventivas destinadas a tutelar os interesses que vieram mais tarde a ser lesados» (*Das Obrigações em Geral*, vol. I, 10ª. ed., Coimbra, 2000, pág. 539, nota 2).

[17] *A responsabilidade dos administradores na insolvência*, cit., págs. 697 e seguinte.

tração de um comportamento alternativo lícito. Acompanhamos, pois, as reflexões de Mascarenhas Ataíde: «Do ponto de vista ético-jurídico, a procedência do comportamento lícito alternativo alicerça-se na inutilidade do cumprimento do dever, sempre que demonstrado que o respeito pela regra de cuidado violada não impediria a ocorrência do resultado proscrito, não por se tratar de um "falhanço" da norma no sentido de se não justificar a previsão por ser infundada mas tão-só de uma conduta abstratamente pensada como capaz de criar ou incrementar o risco de um determinado resultado se ter revelado, em concreto, indiferente à sua realização, por terem intervindo no efetivo processo causal elementos inusitados e decisivos que não podiam nem tinham que ser ponderados pela disposição infringida, retirando, consequentemente, fundamento ético à responsabilização»[18].

O tema que vimos desenvolvendo legitima, aliás, uma reflexão à luz do direito constitucional ao acesso ao direito e à tutela jurisdicional efetiva (artigo 20º da CRP)[19]. A eventualidade de ao juízo de imputação se associarem graves implicações económicas na esfera da pessoa afetada requer que o agente tenha a possibilidade de se defender, pois constitui uma exigência natural da responsabilidade civil a conexão, embora presumida, entre a ablação patrimonial e a perda correspondente à materialização da lesão. A proibição da prova de causas de exclusão significa substituir uma conexão por uma ficção, afetando, desse modo, a legitimidade do processo, à luz das regras substantivas que visa prosseguir. É um processo desleal. A este respeito, são pertinentes as palavras esclarecidas de Sinde Monteiro: «Uma sanção civil (obrigação de indemnização) não pode obedecer a uma finalidade puramente penal. Concretamente, não nos parece compatível com o nosso direito positivo colocar no lugar da violação do bem jurídico a concreta elevação do perigo, na medida em que esta (e já não aquela violação) apareça então como elemento constitutivo da responsabilidade»[20].

Sempre se diria que, neste caso, tratamos de uma responsabilidade fundada em dolo ou em culpa grave. Sabendo, no entanto, que é a presunção que sustenta tal juízo de imputação subjetiva, será legítimo construir uma presunção inilidível de causalidade sobre uma presunção inilidível de

[18] *Responsabilidade Civil por Violação de Deveres no Tráfego*, Coimbra, 2015, pág. 940.

[19] Veja-se Catarina Serra, "Decoctor ergo fraudator"? – *A insolvência culposa (esclarecimentos sobre um conceito a propósito de umas presunções)*, cit., pág. 70, e Rui Estrela de Oliveira, *Uma Brevíssima Incursão pelos Incidentes de Qualificação da Insolvência*, in «Julgar», nº 11, 2010, págs. 238 e seguinte, e nota 76 da pág. 238.

[20] *Responsabilidade por Conselhos, Recomendações ou Informações*, Coimbra, 1989, pág. 295.

culpa? Sublinha-se que a responsabilidade objetiva conforta, em termos práticos, a solução de presunções inilidíveis de culpa, contudo naquela permanecem invocáveis as causas de exclusão da responsabilidade.

Finalmente, tendo presente que os ilícitos civis consagrados no artigo 186º do CIRE correspondem, em medida significativa, aos ilícitos criminais dos artigos 227º a 229º-A do Código Penal[21], serve, ainda, de argumento o que a lei dispõe sobre os efeitos da decisão penal absolutória. Esta constitui, em ações cíveis, uma presunção legal ilidível de inexistência dos factos em juízo, prevalecendo sobre qualquer presunção de culpa estabelecida na lei civil (artigo 624º do Código de Processo Civil – CPC)[22]. Tome-se como exemplo o artigo 227º, sobre o crime de insolvência dolosa. Se o arguido for absolvido com fundamento na demonstração da falta de uma relação de condicionalidade entre os factos praticados e a verificação da insolvência, a decisão penal deverá ter o efeito indicado na qualificação da insolvência. A indagação sobre o preenchimento do nexo de causalidade constitui uma questão de facto que está, pois, abrangida pelo alcance da norma processual referida[23]. Acresce que a produção de prova realizada atesta a outra condição de aplicação do preceito, «uma resposta factual positiva e não negativa sobre o não ter praticado» o facto que lhe era imputado[24].

Assim, tomando de empréstimo as observações de Catarina Serra a respeito do nº 3 do artigo 186º do CIRE, replicáveis, a nosso ver, na aplicação do número anterior, devem as pessoas afetadas beneficiar da faculdade de provar «que não foi a sua conduta ilícita (e presumivelmente culposa) que deu causa à insolvência ou ao respetivo agravamento, mas sim uma outra razão, externa ou independente da sua vontade – por exemplo, a conjuntura económica ou as condições de mercado»[25].

[21] Assim, Nuno Manuel Pinto Oliveira, *Responsabilidade Civil dos Administradores. Entre Direito Civil, Direito das Sociedades e Direito da Insolvência*, cit., pág. 216.

[22] Reconhecemos que, na prática, a qualificação da insolvência antecederá a condenação penal (Rui Estrela de Oliveira, *Uma Brevíssima Incursão pelos Incidentes de Qualificação da Insolvência*, cit., pág. 208, nota 16). Considere-se, porém, que as reflexões em texto pretendem tão-só reforçar que a possibilidade teórica de uma precedência da condenação penal prejudica uma presunção inilidível de responsabilidade.

[23] Veja-se Rui Estrela de Oliveira, *Uma Brevíssima Incursão pelos Incidentes de Qualificação da Insolvência*, cit., pág. 209.

[24] Utilizam-se palavras de Rui Estrela de Oliveira, *Uma Brevíssima Incursão pelos Incidentes de Qualificação da Insolvência*, cit., pág. 210.

[25] "Decoctor ergo fraudator"? – *A insolvência culposa (esclarecimentos sobre um conceito a propósito de umas presunções)*, cit., pág. 69.

2.2. A presunção do artigo 186º, nº 3, do CIRE

Merece a adesão de diferentes autores e da jurisprudência a restrição da presunção recebida no nº 3 à culpa. Nestes termos, cabe ao credor provar que a atuação criou ou agravou a situação de insolvência[26].

A regra excluiria, pois, uma presunção de causalidade. Desde logo, porque faltaria o nexo de ilicitude entre a atuação do lesante e o dano[27]. Sem desconhecer que as condutas enunciadas no nº 3 do artigo 186º do CIRE são o desdobramento ou a concretização de disposições legais destinadas a proteger interesses alheios, salienta a doutrina a inexistência de causalidade entre a inobservância das normas e o resultado. Escreve Catarina Serra, reconhecendo, embora, que o legislador consagrou uma presunção de causalidade: «O incumprimento do dever de apresentação da insolvência até pode ser causa do agravamento da insolência, mas (...) nunca da sua criação. Quanto ao incumprimento do dever de depósito das contas, em quantos casos será possível provar que ele foi a causa da insolvência ou sequer do seu agravamento? E em quantos casos ele o é realmente?»[28/29].

[26] Neste sentido, Rui Pinto Duarte, *Responsabilidade dos administradores: coordenação dos regimes do CSC e do CIRE*, cit., pág. 740, nota 25, Alexandre de Soveral Martins, *Um Curso de Direito da Insolvência*, cit., págs. 422 e seg., J. M. Coutinho de Abreu, *Direito das sociedades e direito da insolvência: interações*, in «IV Congresso de Direito da Insolvência» (coord. Catarina Serra), Coimbra, 2017, pág. 190, e Luís Manuel Teles de Menezes Leitão, *Direito da Insolvência*, cit., pág. 285. Na jurisprudência, vejam-se, por exemplo, o Acórdão do Supremo Tribunal de Justiça de 06-10-2011 (Processo nº 46/07.8TBSVC-0.L1.S1. Relator: Serra Batista) e, mais recentemente, os Acórdãos da Relação de Coimbra de 12-07-2017 (Processo nº 370/14.3TJCBR A.C1. Relator: Falcão de Magalhães), da Relação de Évora de 14-03-2019 (Processo nº 612/06.9TBVRS-E.E1. Relatora: Cristina Dá Mesquita), de 14-03-2019 (Processo nº 2560/13.7TBPTM-E.E1. Relator: Paulo Amaral), da Relação de Guimarães de 01-02-2018 (Processo nº 5091/16.0T8VNF-B.G1. Relatora: Maria João Matos), de 11-10-2018 (Processo nº 616/16.3T8VNF-D.G1. Relatora: Ana Cristina Duarte), de 18-10-2018 (Processo nº 880/15.5T8GMR-A.G1. Relatora: Maria Luísa Ramos), de 25-10-2018 (Processo nº 7005/16.8T8VNF-A.G1. Relatora: Alexandra Rolim Mendes), e da Relação do Porto de 07-07-2016 (Processo nº 353/09.5TYVNG-E.P1. Relator: Carlos Querido). Encontram-se em Nuno Manuel Pinto Oliveira, *Responsabilidade civil dos administradores pela violação do dever de apresentação à insolvência*, in «Revista de Direito Comercial» (*online*), 2018, pág. 593, nota 102, vastas e importantes referências jurisprudenciais.

[27] Sobre o tema do ónus da prova da causalidade na hipótese de violação de uma norma de proteção, veja-se Jorge Ferreira Sinde Monteiro, *Responsabilidade por Conselhos, Recomendações ou Informações*, cit., págs. 281 e seguintes.

[28] "Decoctor ergo fraudator"? – *A insolvência culposa (esclarecimentos sobre um conceito a propósito de umas presunções)*, cit., pág. 69.

[29] Noutro sentido, Manuel Carneiro da Frada, utilizando a figura dos delitos de perigo abstrato (*A responsabilidade dos administradores na insolvência*, cit., págs. 693 e seguinte).

Observe-se que se apura verificado um nexo entre a violação do dever e o agravamento da insolvência na alínea a) do artigo 186º, nº 3, do CIRE. Julga-se, pois, adequado inferir desse regime que uma presunção de causalidade em abstrato antecede a aplicação do preceito. O artigo 186º, nº 3, alínea a), do CIRE extrai dos artigos 18º e 19º do diploma a conexão que a previsão dos deveres de conduta alcança.

O artigo 186º, nº 3, do CIRE presume, no entanto, a causalidade de modo autónomo: a presunção de culpa, inequívoca, inverte o ónus da prova sobre a relação de condicionalidade entre a violação dos deveres e a criação ou o agravamento da situação de insolvência. Lembra-se que constitui um entendimento corrente a tese de que as presunções de culpa envolvem presunções de causalidade[30]. Na verdade, presunções de responsabilidade[31]. A conclusão é reforçada pela circunstância de a presunção do artigo 186º, nº 3, do CIRE se referir a uma culpa grave no incumprimento de deveres profissionais[32].

Considerando que a presunção consagrada pelo legislador tem por objeto a criação ou o agravamento da situação de insolvência a que o tipo descrito no artigo 186º, nº 1, do CIRE se refere, na presunção de culpa está compreendido o nexo de causalidade. Como refere Catarina Serra, «as presunções não são simplesmente de culpa qualificada – no (f)ato praticado – são de culpa qualificada na insolvência»[33]. É uma orientação que, na doutrina e na jurisprudência, vem merecendo adesão crescente [34].

[30] Veja-se, por exemplo, o nosso *Responsabilidade Civil dos Obrigados à Vigilância de Pessoa Naturalmente Incapaz*, Lisboa, 2000, págs. 270 e seguinte.

[31] Neste sentido, Manuel Carneiro da Frada, *Contrato e Deveres de* Proteção, Coimbra, 1994, págs. 193 e seg., e Nuno Manuel Pinto Oliveira, *Responsabilidade Civil dos Administradores. Entre Direito Civil, Direito das Sociedades e Direito da Insolvência*, cit., págs. 206 e seguinte.

[32] Consulte-se Jorge Ferreira Sinde Monteiro, *Responsabilidade por Conselhos, Recomendações ou Informações*, cit., págs. 296 e seg., e Nuno Manuel Pinto Oliveira, *Responsabilidade Civil dos Administradores. Entre Direito Civil, Direito das Sociedades e Direito da Insolvência*, cit., pág. 207.

[33] "Decoctor ergo fraudator"? – *A insolvência culposa (esclarecimentos sobre um conceito a propósito de umas presunções)*, cit., pág. 69. Também, Catarina Serra, *Lições de Direito da Insolvência*, Coimbra, 2018, pág. 301.

[34] Nesse sentido, veja-se o Acórdão do Tribunal Constitucional nº 564/2007, de 13 de novembro (Relator: Joaquim de Sousa Ribeiro): «Que, do incumprimento dessas regras, a norma retire a ilação, através do mecanismo presuntivo, de que a situação de insolvência foi criada ou agravada em consequência da atuação com culpa grave do sujeito afetado – em sintonia com o critério de culpa consagrado no nº 1 do artigo 186º – não se afigura uma utilização arbitrária desse mecanismo». Na doutrina, refere-se Ana Prata/Jorge Morais

3. A natureza da responsabilidade evidenciada pelos pressupostos

Da apreciação dos pressupostos da responsabilidade civil por insolvência culposa é possível concluir que o legislador alicerçou o dever de indemnizar na prática de factos de elevada censurabilidade, descobrindo aí a legitimidade das presunções de culpa grave e a ampla inversão do ónus da prova[35]. A opção tomada denuncia, então, uma abordagem marcadamente punitiva do regime estabelecido. Nas escolhas do legislador sobre o modo de imputação subjetiva e objetiva da lesão foi determinante a repressão dos factos e, consequentemente, a prevenção dos mesmos.

Desde logo, a culpa grave ou o dolo reforçam a dimensão punitiva que, com a exigência da culpa, se atribui, geralmente, à responsabilidade civil. Nas palavras de Pessoa Jorge: «o simples facto de a obrigação de indemnizar se basear, em regra, na culpa do agente, não pode deixar de levar ao reconhecimento de que a responsabilidade meramente civil exerce, ainda que em plano secundário ou indireto, uma função punitiva e preventiva»[36].

Depois, aceitando que a prevalência da função reparadora da responsabilidade civil exige a prova dos seus pressupostos, as presunções, designadamente de causalidade, anunciam outros fins. Escreve Carneiro da Frada: «(...) as presunções de causalidade legislativamente fixadas representam também uma forma de adjudicar certos danos a determinadas esferas de risco. Assim se dá corpo à função preventiva da responsabilidade civil. Será em muitos casos curial sustentar que, ocorrida a violação de um dever e, derivando daí uma elevação do risco de um dano, caiba ao infrator o ónus da prova da demonstração de que a causa do prejuízo verificado foi, afinal, diferente»[37].

Carvalho/Rui Simões, *Código da Insolvência e da Recuperação de Empresas anotado*, Coimbra, 2013, pág. 512, e Nuno Manuel Pinto Oliveira, *Responsabilidade civil dos administradores pela violação do dever de apresentação à insolvência*, cit., págs. 596 e seguintes. Entre as decisões mais recentes dos tribunais judiciais, indicam-se, por exemplo, os Acórdãos do Supremo Tribunal de Justiça de 23-10-2018 (Processo nº 8074/16.6T8CBR-D.C1.S2. Relatora: Catarina Serra), da Relação de Coimbra de 22-11-2016 (Processo nº 2675/13.1TBLRA-E.C1. Relatora: Maria João Areias), de 12-07-2017 (Processo nº 60/16.2T8PNH-B.C1. Relatora: Maria João Areias), e de 27-02-2018 (Processo nº 8074/16.6T8CBR-D.C1. Relator: Emídio Francisco Santos), e da Relação do Porto de 23-04-2018 (Processo nº 523/15.7T8AMT-A.P1. Relator: Miguel Baldaia de Morais).

[35] Sobre a adequação dos factos ao dolo ou à culpa grave, veja-se Manuel Carneiro da Frada, *A responsabilidade dos administradores na insolvência*, cit., págs. 696 e seguinte.

[36] *Ensaio sobre os Pressupostos da Responsabilidade Civil*, Coimbra, 1995 (reimpressão), pág. 52.

[37] *Direito Civil. Responsabilidade Civil (O método do caso)*, Coimbra, 2006, págs. 102 e seguinte.

Enfim, a gravidade dos comportamentos que sustentam a qualificação da insolvência como culposa justifica a punição das pessoas afetadas com a facilitação da imputação dos danos. De novo, Carneiro da Frada: «Em geral, a distinção entre dolo e negligência influirá: o dolo encurta o juízo de responsabilidade e consente uma mais fácil imputação do dano (meramente probabilístico). Também por aqui se evidencia o acerto de uma conceção móvel dos pressupostos da responsabilidade civil»[38].

A qualificação da responsabilidade emergente da insolvência culposa como uma disciplina de finalidade punitiva é aceite por vários autores[39]. Serve de argumento principal a presunção de causalidade. Lê-se em Catarina Serra: «(As presunções de culpa qualificada na insolvência) existem para impedir que, devido à dificuldade de provar o nexo de causalidade, fiquem, na prática, impunes os sujeitos que violaram obrigações legais. (...) Trata-se de um intuito repressivo (punitivo) e simultaneamente preventivo ou pedagógico, na medida em que os deveres legais em questão saem reforçados»[40]. Escreve, também, Alexandre de Soveral Martins: : «(...) a lei não parece exigir que a concreta atuação de cada uma das pessoas afetadas seja causa da insuficiência do património do insolvente para satisfazer todos os créditos. E isso mostra que ainda se pode falar aqui de uma dimensão punitiva da responsabilidade»[41].

A tese da natureza punitiva afigurar-se-ia, ainda, reforçada pela possibilidade de a liquidação apurar créditos que não são satisfeitos por razões alheias ao fundamento da declaração de insolvência[42]. Esta discrepância entre a motivação da qualificação e o critério da indemnização é sublinhada por Alexandre de Soveral Martins[43]. Haveria, assim, um espaço de responsabilidade sem causalidade. Escreve o autor: «Se é necessário que

[38] *Direito Civil. Responsabilidade Civil (O método do caso)*, cit., págs. 104 e seguinte.

[39] Além dos autores citados em texto, veja-se, nomeadamente, Maria de Fátima Ribeiro, *Responsabilidade dos administradores pela insolvência: evolução dos direitos português e espanhol*, in «Direito das Sociedades em Revista», ano 7, vol. 14 (outubro de 2015), págs. 98 e seguinte.

[40] "Decoctor ergo fraudator"? – *A insolvência culposa (esclarecimentos sobre um conceito a propósito de umas presunções)*, cit., págs. 69 e seguinte. Acrescenta, porém: «E, no entanto, punir a desobediência ou a inobservância das obrigações legais não é – não deve ser – uma das funções da lei da insolvência...» (pág. 70).

[41] *Um Curso de Direito da Insolvência*, cit., págs. 434 e seguinte.

[42] Vejam-se os exemplos de Luís A. Carvalho Fernandes/João Labareda, *Código da Insolvência e da Recuperação de Empresas Anotado*, cit., pág. 698 (adiante por nós citados em nota).

[43] *Um Curso de Direito da Insolvência*, cit., pág. 437, nota 85.

exista (o) nexo de causalidade atuação/situação de insolvência ou agravamento da situação de insolvência para que tais sujeitos sejam afetados, pareceria adequado exigir igualmente tal nexo de causal entre o comportamento do afetado e a não satisfação dos créditos ou de uma parte deles. Mas a lei não o prevê e até estabelece a solidariedade entre todos os afetados. Não parece sequer que se possa dizer estarmos perante uma presunção de causalidade (entre o comportamento que levou a que o sujeito fosse afetado pela qualificação e o dano) ou que essa presunção admita prova em contrário»[44].

A este respeito, diversa é a nossa opinião, pensamento que retomaremos em nota. A concorrência de outros regimes de heteroresponsabilidade, na lei civil ou na lei das sociedades comerciais, ou a aplicação de instrumentos gerais de autoresponsabilidade, como a culpa do lesado ou o abuso do direito, excluem a possibilidade de imputação de créditos que descobrem o seu incumprimento em factos dissociados da situação que justificou a declaração de insolvência.

4. A natureza da responsabilidade evidenciada pelos efeitos

Retomando a orientação, atrás exposta, da congruência entre os pressupostos e os efeitos da responsabilidade civil, que leitura é, então, possível fazer da articulação entre o artigo 189º, nº 2, alínea e), e o artigo 189º, nº 4, ambos do CIRE? Este último preceito, lembra-se, permite ao juiz fixar os critérios para a quantificação da indemnização, a efetuar em liquidação de sentença, se não for possível fixar o valor das indemnizações devidas em virtude de o tribunal não dispor dos elementos necessários para calcular o montante dos prejuízos sofridos.

Há, essencialmente, duas abordagens a considerar nesta reflexão. Em certo entendimento, a conjugação das normas referidas deve respeitar a coloração punitiva que se descobre no desenho dos fundamentos da responsabilidade. Chamemos-lhe a *tese confirmatória*. Noutro juízo, o regime dos efeitos permite emendar os excessos ou os desequilíbrios que os termos da estruturação da responsabilidade evidenciem. Constitui, em nossas palavras, a *tese corretiva*. Debrucemo-nos sobre cada uma delas, fazendo uma síntese da doutrina que, em lados opostos, apresenta, ainda assim, matizes.

[44] *Um Curso de Direito da Insolvência*, cit., págs. 435 e seguinte (veja-se, ainda, a pág. 437).

4.1. A *tese corretiva*

Numa primeira abordagem da tese corretiva, sugerem Carvalho Fernandes e João Labareda que o nº 2, alínea a) do artigo 189º do CIRE é convocado pela competência do nº 4 desse artigo. Nos termos seguintes: «(...) na redação agora dada ao nº 2, al. a), deste artº 189º, a sentença de qualificação da insolvência, além de identificar as pessoas afetadas por ela, deve também, quando se justifique, fixar o grau de culpa. (...) Deverá excluir-se a possibilidade de inteferir (...) com a (...) medida da responsabilidade do culpado? Um exemplo ajudará a ilustrar a dúvida. Imagine-se, então, que, em determinado processo, a sentença considera um administrador da sociedade insolvente culpado apenas pela realização da venda ruinosa de um certo imóvel. Terá ele, ainda assim, de responder por todo o passivo a descoberto, mesmo quando este ultrapasse (largamente!) o prejuízo causado aos credores com o ato determinante da culpa? Está claro que uma eventual resposta negativa à questão não deixará de se projetar na aplicação do nº 4»[45].

Esta proposta corretiva permitiria restituir a responsabilidade pela insolvência a uma dimensão ressarcitória, recuperando a visão desenhada pelo artigo 126º-B, nº 1, do CPEREF[46]. De acordo com a norma, os responsáveis satisfariam «o passivo conhecido da sociedade ou pessoa coletiva, a descoberto, à data da declaração da falência, ou apenas o montante do dano por eles causado, se for considerado inferior».

Também segundo Rui Pinto Duarte, serve a alínea a) do nº 2 do artigo 189º do CIRE a abordagem corretiva: «O nº 4 do art. 189º não deve ser interpretado como afastando a (má) regra da alínea e) do nº 2 do mesmo artigo, mas como conferindo um poder-dever que tem de ser exercido com respeito por aquela regra; evitar uma interpretação de tal alínea como implicando a condenação de cada "pessoa afetada" a indemnizar a totalidade dos créditos não satisfeitos é algo que se consegue com recurso à parte da alínea a) que determina que o juiz deve fixar o "grau de culpa" das "pessoas afetadas" (...)»[47].

[45] *Código da Insolvência e da Recuperação de Empresas Anotado*, 3ª edição, Lisboa, 2015, pág. 698.

[46] *Código da Insolvência e da Recuperação de Empresas Anotado*, cit., pág. 698

[47] *Responsabilidade dos administradores: coordenação dos regimes do CSC e do CIRE*, cit., pág. 744. Neste sentido, escreve, ainda, J. M. Coutinho de Abreu: «É certo que a redação do nº 4 do art. 189º do CIRE suscita algumas dúvidas sobre o que acabou de ser dito (a utilização da medida dos créditos não satisfeitos permite uma indemnização superior aos danos causados,

Em sentido diverso, Nuno Pinto Oliveira desvaloriza a utilidade da alínea referida na obtenção de um efeito corretivo. Escreve: «Estando em causa uma insolvência culposa, no sentido do artigo 186º, nº 1, do Código da Insolvência e da Recuperação de Empresas, o fator grau de culpa da pessoa afetada não terá (pensamos que não deverá ter) grande importância para a limitação do dever de indemnizar. O princípio (de ordem pública) da não exclusão/da não limitação da responsabilidade por culpa qualificada (= por dolo ou culpa grave) faz com que o grau de culpa do administrador seja irrelevante ou quase-irrelevante»[48]. Ajuíza o autor que a limitação do dever de indemnizar pode constituir uma exigência do princípio da proporcionalidade, com relevância constitucional. Lê-se: «Em primeiro lugar, as normas sobre a responsabilidade civil são intervenções legislativas na liberdade geral de ação protegida pelo art. 26º (e, porventura, pelo art. 27º?) da Constituição da República. Em segundo lugar, como intervenções legislativas na liberdade geral de ação, as normas sobre a responsabilidade civil estão sujeitas a um controlo de proporcionalidade»[49]. Com esse propósito, são critérios de aferição a gravidade da ilicitude, a gravidade da culpa, a contribuição do comportamento das pessoas afetadas para os danos, a situação económica do lesado e a situação económica do lesante[50]. Sabendo que o legislador, na fundamentação da responsabilidade, recorreu a presunções relativas e absolutas e, mesmo, a ficções legais deve atribuir-se ao administrador a faculdade de alegar e de provar que não há uma

o que dá à responsabilidade uma característica punitiva). Mas não o infirma. Esse preceito quererá significar que o juiz deve fixar o valor da indemnização devida por cada um dos afetados (se há mais do que um) tendo em conta o montante total dos créditos não satisfeitos e, eventualmente, o grau de culpa de cada um deles (cfr. a al. a) do nº 2 do artigo) ou, se aquilo ainda não for possível naquela fase do processo (*v.g.*, estão pendentes ações de impugnação de resoluções efetuadas pelo administrador da insolvência, ou a liquidação do ativo não está completa), determinar que em liquidação de sentença as indemnizações serão calculadas tendo em conta o valor dos créditos não satisfeitos e, eventualmente, o grau de culpa de cada afetado pela qualificação da insolvência como culposa» (*Direito das sociedades e direito da insolvência: interações*, cit., pág. 192).

[48] *Responsabilidade Civil dos Administradores. Entre Direito Civil, Direito das Sociedades e Direito da Insolvência*, cit., pág. 222.

[49] *Responsabilidade Civil dos Administradores. Entre Direito Civil, Direito das Sociedades e Direito da Insolvência*, cit., págs. 221 e seguinte.

[50] *Responsabilidade Civil dos Administradores. Entre Direito Civil, Direito das Sociedades e Direito da Insolvência*, cit., pág. 222.

relação de condicionalidade entre o seu comportamento e o dano[51]. Essa é a função do nº 4 do artigo 189º do CIRE. O preceito permite, então, que o administrador seja «condenado a indemnizar os credores na proporção em que o seu comportamento contribuiu para a insolvência, e só na proporção em que o seu comportamento contribuiu para a insolvência»[52/53].

Descobre-se a função corretiva em alguma jurisprudência, também constitucional[54]. Lê-se no Acórdão do Tribunal Constitucional nº 280/2015,

[51] *Responsabilidade Civil dos Administradores. Entre Direito Civil, Direito das Sociedades e Direito da Insolvência*, cit., pág. 224.

[52] *Responsabilidade Civil dos Administradores. Entre Direito Civil, Direito das Sociedades e Direito da Insolvência*, cit., pág. 225.

[53] Acolhendo esta tese, escreve Catarina Serra: «A norma do nº 4 refletiria o facto de a presunção consagrada na al. e) do nº 2 ser, tão-só, uma presunção ilidível. As pessoas afetadas poderiam alegar e provar que o seu comportamento não causou nenhum dano, ou que o seu comportamento causou um dano inferior ao montante dos créditos não satisfeitos. Se não o alegassem, ou não conseguissem prová-lo, aplicar-se-ia a al. e) do nº 2. Se, porém, conseguissem prová-lo, aplicar-se-ia o nº 4. A sentença de qualificação da insolvência como culposa deveria, neste caso, fixar as indemnizações devidas atendendo à proporção em que o comportamento das pessoas afetadas contribuiu para a insolvência» (*Lições de Direito da Insolvência*, cit, pág. 167).

[54] Nos tribunais judiciais, são expressão da tese corretiva os Acórdãos da Relação de Coimbra de 16-12-2015 (Processo nº 1430/13.3TBFIG-C.C1. Relatora: Maria Domingas Simões) e da Relação de Guimarães de 18-12-2017 (Processo nº 5699/15.0T8VNF-A.G1. Relatora: Maria Amália Santos) e de 31-01-2019 (Processo nº 3478/16.7T8VNF-D.G1. Relator: Joaquim Boavida). Lê-se neste último Acórdão: «(...) o teor literal do preceito poderá sugerir, ao leitor mais incauto, que o valor da indemnização é fixo, ou seja, que corresponde sempre ao "montante dos créditos não satisfeitos". Tal interpretação é manifestamente de afastar, pois levaria ao absurdo de um administrador que prejudica o património do insolvente em cinco mil euros, por exemplo através da apropriação de um bem nesse valor, acabar por responder por danos aos credores em montantes muito superiores, até em milhões de euros, sem que exista uma relação adequada entre as duas realidades – o dano causado ao devedor insolvente com a prática dos factos fundamentadores da qualificação e os montantes dos créditos reconhecidos e insatisfeitos» (na situação em juízo, o grau de culpa dos gerentes, a gravidade dos seus comportamentos e, sobretudo, o contributo desses comportamentos para a insolvência permitiu à Relação fundamentar a bondade da condenação das pessoas afetadas ao ressarcimento dos créditos não satisfeitos). Em sentido divergente, cita-se o voto de vencida (Ana Cristina Duarte) nesse Acórdão: «(...) Entendo que a condenação que resulta desta alínea é imperativa. Havendo culpa deve ser decretada a obrigação de indemnizar nos termos do art. 189º, nº 2, e) do CIRE, com o conteúdo que da mesma consta. É que este preceito visa a tutela dos credores sociais. Consagrou-se a responsabilidade pelos créditos não satisfeitos, reforçando-se, assim, a tutela dos credores. O efeito condenatório decorre diretamente da lei, não podendo ser diminuído ou aumentado em função da gravidade do comportamento da pessoa afetada pela qualificação. O limite indemnizatório legal é fixado no montante dos

de 20 de maio (Relator: Carlos Fernandes Cadilha): «a (...) fixação do montante da indemnização prevista na alínea e) do nº 2 do mesmo preceito legal (artigo 189º do CIRE) deverá ser feita em função do grau de ilicitude e culpa manifestado nos factos determinantes dessa qualificação legal».

4.2. A *tese confirmatória*

Em nosso entender, vários argumentos permitem sustentar a *tese confirmatória*, negando, pois, a funcionalização do artigo 189º, nº 4, do CIRE ao abrandamento da severidade da disciplina resultante da articulação do artigo 189º, nº 2, alínea e), com o artigo 186º, nºs 2 e 3, ambos do CIRE:

a) Os argumentos apresentados pelos defensores da *tese corretiva* pressuporiam a situação menos frequente de haver apenas um responsável, permitindo-se, naquela orientação, a ponderação imediata da culpa e, em especial, da medida da contribuição do agente para o dano. De facto, perante a concorrência de causas demonstrada pela relevância da medida da condicionalidade da atuação do responsável, e na ausência de culpa do lesado ou de eventos fortuitos ou de força maior, a solidariedade é determinada pelo regime da insolvência e, desde logo, pela lei civil (artigo 497º CC)[55]. Em consequência, a individualização só pode relevar no exercício do direito de regresso, isto é, no contexto das relações internas entre os responsáveis[56];

créditos não satisfeitos e não no valor dos atos individuais e culposos, apurados em concreto». À jurisprudência indicada junta-se, ainda, a referência aos Acórdãos do Tribunal da Relação do Porto de 29-06-2017 (Processo nº 2603/15.0T8STS-A.P1. Relator: Filipe Caroço) e de 15-01-2019 (Processo nº 273/14.1T8VNG-A.P2. Relatora: Márcia Portela), adiante retomados. Faz uma análise jurisprudencial sobre o tema Nuno Manuel Pinto Oliveira, *Responsabilidade civil dos administradores pela violação do dever de apresentação à insolvência*, cit., págs. 589 e seguintes.

[55] Sobre a natureza extracontratual da responsabilidade dos administradores perante os credores sociais, vejam-se, por todos, António Menezes Cordeiro, *Da responsabilidade civil dos administradores das sociedades comerciais*, Lisboa, 1997, págs. 494 e seg., e Maria Elisabete Ramos, *Insolvência da sociedade e efetivação da responsabilidade civil dos administradores*, cit., págs. 465 e seguinte.

[56] Como escreve Alexandre de Soveral Martins: «Se a responsabilidade dos afetados pela qualificação é solidária, pode ser exigido de qualquer um deles todo o montante (art. 519º, 1 CCiv.)» (*Um Curso de Direito da Insolvência*, cit., pág. 431). Ou Maria do Rosário Epifânio: «Esta responsabilidade é solidária: assim, se houver várias pessoas afetadas pela qualificação da insolvência, vale a regra "um por todos e todos por um"» (*Manual de Direito da Insolvência*, cit., pág. 165).

b) Crê-se que a definição do alcance da indemnização no artigo 126º-B, nº 1, do CPEREF pelo menor valor entre o passivo a descoberto e os danos causados, imprime uma clara intencionalidade punitiva ao silêncio de uma alternativa expressa na alteração da Lei 16/2012, de 20 de abril, ao CIRE;

c) A lição do direito comparado. A consagração legislativa da qualificação da insolvência no direito português descobriu inspiração no regime espanhol equivalente (ponto 40 do preâmbulo do Decreto-Lei nº 53/2004, de 18 de março, que aprovou o CIRE).

Na versão original, dispunha a Ley Concursal (Ley 22/2003, de 9 de julho) no artigo 172, 3, acerca da responsabilidade:

> *«Si la sección de calificación hubiera sido formada o reabierta como consequencia de la apertura de la fase de liquidación, la sentencia podrá, además, condenar a los administradores o liquidadores, de derecho o de hecho, de la persona jurídica cuyo concurso se califique como culpable, y a quienes hubieren tenido esta condición dentro de los dos años anteriores a la fecha de la declaración de concurso, a pagar a los acreedores concursales, total o parcialmente, el importe que de sus créditos no perciban en la liquidación de la masa activa».*

Na reforma de 2011 (Ley 38/2011, de 10 de outubro), a matéria passa ao artigo 172 bis, nos termos seguintes (transcrevem-se as passagens relevantes):

> *«1. Cuando la sección de calificación hubiera sido formada o reabierta como consequencia de la apertura de la fase de liquidación, el juez podrá condenar a todos o a algunos de los (...) que hubieran sido declarados personas afectadas por la calificación a la cobertura, total o parcial, del déficit.*
>
> *(...)*
>
> *En caso de pluralidad de condenados, la sentencia deberá individualizar la cantidad a satisfazer por cada uno de ellos, de acuerdo con la participación en los hechos que hubieran determinado la calificación del concurso».*

Dispõe, hoje, a Ley Concursal, após a revisão do preceito pelo Real Decreto-Ley 4/2014, de 7 de março, com alterações posteriores (transcrevem-se as passagens relevantes):

> *«1. Cuando la sección de calificación hubiera sido formada o reabierta como consequencia de la apertura de la fase de liquidación, el juez podrá condenar a todos o a algu-*

nos de los (...) que hubieran sido declarados personas afectadas por la calificación a la cobertura, total o parcial, del déficit, en la medida que la conducta que ha determinado la calificación culpable haya generado o agravado la insolvencia.

(...)

En caso de pluralidad de condenados, la sentencia deberá individualizar la cantidad a satisfazer por cada uno de ellos, de acuerdo con la participación en los hechos que hubieran determinado la calificación del concurso».

Entre 2003 e 2011, o silêncio a respeito da relação de condicionalidade entre a conduta qualificada e a criação ou o agravamento da situação de insolvência permitiu o desenvolvimento de uma doutrina que identificava no preceito uma responsabilidade punitiva. Após a reforma de 2011, a adequação da indemnização devida em situação de pluralidade de condenados à participação de cada uma das pessoas afetadas nos factos que determinaram a qualificação deu fôlego à revisão da tese favorável à natureza punitiva da responsabilidade[57]. Essa orientação continuou, porém, a encontrar assento na dissociação entre o dever de indemnizar e a verificação da existência de um nexo de causalidade entre o facto e o dano[58].

A abertura do direito espanhol a uma visão compensatória da responsabilidade terá exercido influência sobre o legislador português? Encontrará o nº 4 do artigo 189º do CIRE inspiração legítima no último parágrafo do nº 1 do artigo 172 bis da Ley Concursal (versão de 2011), apurando-se, assim, justificada a apreciação, em ambos os direitos, da medida em que cada pessoa afetada contribuiu para a situação de insolvência?

A resposta parece-nos negativa. Desde logo, essa abordagem silenciaria a orientação punitiva que, no direito espanhol, subsistiu após 2011, considerando que a solução da norma introduzida diverge de uma indemnização fundada no apuramento de um nexo de causalidade entre o facto e o dano. Trata-se de apurar a medida da participação nos factos que justificaram a qualificação da insolvência, independentemente do reflexo concreto

[57] Veja-se Maria de Fátima Ribeiro, *Responsabilidade dos administradores pela insolvência: evolução dos direitos português e espanhol*, cit., págs. 87 e seguintes.

[58] Vejam-se, entre outros, Alberto Alonso Ureba, *La responsabilidad concursal del artículo 172 bis LC*, in «El concurso de acreedores: adaptado a la Ley 38/2011, de 10 de octubre, de reforma de la Ley Concursal» (Juana Pulgar Ezquerra – coord), Madrid, 2012, págs. 589 e segs., e Emílio Beltrán Sánchez, *La responsabilidad concursal*, in «Insolvencia y responsabilidad (José Antonio Garcia-Cruces – coord.), Navarra, 2012, págs. 227 e seguintes.

na situação de insolvência[59/60]. Só em 2014 estatuiu o legislador espanhol que a responsabilidade é medida pela contribuição da pessoa afetada pela qualificação para a criação ou o agravamento da insolvência. Nessa altura, a alteração vinculou a responsabilidade pela insolvência culposa a uma dimensão essencialmente ressarcitória[61].

Mais relevante, porém, afigura-se que uma leitura paralela do direito português estaria ferida por uma diferença significativa entre as duas leis acerca da pluralidade de responsáveis. O artigo 172 bis, nº 1, da Ley Concursal denuncia a vigência de um regime de obrigações conjuntas, acom-

[59] Assim, lê-se em Fernando Marín de la Bárcena: «*No se trata de determinar las consecuencias patrimoniales de atos u omissiones concretas desde el punto de vista de la causación de un daño al patrimonio del deudor que indiretamente perjudica a los acreedores (como en el remedio indemnizatorio), sino de valorar en qué medida la gestión generó o incrementó (de modo inadecuado) el riesgo de insolvencia de la persona juridica que se realizó en la insuficiencia patrimonial constatada en fase de liquidación (deficit concursal). La responsabilidad concursal cumple una función de atribución, pero no de la obligación de indemnizar un daño, como las normas de responsabilidad civil generales, sino del riesgo de insolvencia de la sociedad que se atualiza en el déficit*» (*Responsabilidad concursal*, in «Anuario de Derecho Concursal», 28 (Enero-Abril 2013), pág. 130).

[60] O que se escreve não prejudica, é certo, o papel reformista da jurisprudência espanhola: «Desde 2011 resulta de um número significativo de decisões do *Tribunal Supremo* que a responsabilidade concursal é essencialmente entendida como uma responsabilidade com caráter ressarcitório dos danos causados aos credores sociais (e não como uma responsabilidade com caráter punitivo ou sancionatório); e que ela não decorre automaticamente da qualificação da insolvência como culposa, exigindo a condenação dos gerentes e administradores uma "valoração judicial motivada ou justificativa", bem como a existência de um nexo de causalidade entre a atuação destas pessoas afetadas pela sentença de qualificação e o dano causado aos credores sociais (ou seja, a impossibilidade de a sociedade satisfazer os seus créditos)» (Maria de Fátima Ribeiro, *Responsabilidade dos administradores pela insolvência: evolução dos direitos português e espanhol*, cit., págs. 89 e seg.).

[61] Escreve Maria de Fátima Ribeiro: «Pelo *Real Decreto-Ley 4/2014*, acrescentou-se no final do primeiro parágrafo do nº 1 do artigo 172 bis que as pessoas afetadas pela qualificação da insolvência poderão ser condenadas a cobrir, total ou parcialmente, o défice concursal, "na medida em que a conduta que tenha determinado a qualificação (da insolvência como) culposa tenha gerado ou agravado a insolvência". O mesmo é dizer que se dissiparam algumas das dúvidas relativas ao âmbito objetivo da responsabilidade concursal e à sua natureza, uma vez que se esclarece expressamente que a responsabilidade apenas poderá subsistir se estiver verificado o nexo de causalidade entre a atuação das pessoas afetadas e a causação ou agravamento da insolvência – o que é mais restritivo do que a exigência de um nexo causal entre essa atuação e a qualificação da insolvência como culposa. Deste modo, poderão existir insolvências qualificadas como culposas, sem que, porém, haja condenação das pessoas afetadas no âmbito da responsabilidade concursal» (*Responsabilidade dos administradores pela insolvência: evolução dos direitos português e espanhol*, cit., págs. 90 e seg.).

panhando a ausência de menção à solidariedade[62]. Assim, os devedores responderão total ou parcialmente pelo défice, verificando-se a contribuição efetiva de cada responsável para os factos. Diversamente sucede no direito português, onde se aplica a regra da solidariedade (artigo 189º, nº 2, alínea e), do CIRE).

Ou seja, o enquadramento dos regimes aparta as normas. Afigura-se, pois, carecer de fundamento a utilização do artigo 189º, nº 4, do CIRE para legitimar uma graduação equitativa da indemnização do lesante, pelo menos na relação com o lesado;

d) A letra da lei também argumenta em sentido desfavorável ao abrandamento da responsabilidade. O texto do artigo 189º, nº 4, do CIRE pressupõe uma obrigação de indemnizar que o artigo 189º, nº 2, alínea e), desconhece. Refere-se este ao valor dos créditos não satisfeitos e aquele ao montante dos prejuízos sofridos. A diferença fundar-se-á na revisão da redação que o artigo 189º, nº 2, alínea e), descobria no Anteprojeto de diploma de alteração do CIRE, de 24 de novembro de 2011. Estabelecia-se, então, que as pessoas afetadas fossem condenadas «a indemnizarem os credores do devedor declarado insolvente pelos prejuízos que estes hajam sofrido»[63].

[62] Nas palavras de Alberto Alonso Ureba: «*El parráfo tercero del art. 172bis1 LC deja ahora claro que el pronunciamiento de la condena debe ser individualizado en caso de pluralidad de condenados, de modo que se establezca la cantidad concreta que deba satisfacer cada uno de ellos, excluyendo por tanto toda idea de solidaridad, pues solo cabe la condena personal y en función del presupuesto sustantivo o material de la responsabilidad concursal*» (*La responsabilidad concursal del artículo 172 bis LC*, cit., pág. 588). Que a individualização se apura incompatível com a solidariedade é conclusão também revelada pelos autores que, no entanto, reconhecem à solidariedade um papel subsidiário. Aquele regime aplica-se se a individualização for impossível: «(...) *es intención del legislador dejar en manos del juez del concurso la forma en que pueda imponer dicha condena, eso sí, valorando la "participación" de cada uno de los condenados en los hechos que hubieren determinado la calificación del concurso como culpable. De forma que, cuando la prueba que se practique en el incidente concursal de la sección sexta no permita al juez realizar esa "individualización", la condena habrá de imponerse de forma solidaria, siguiendo la evolución jurisprudencial del Tribunal Supremo en esta materia*» (Javier Hernando Mendivil, *Calificación del concurso y coexistencia de las responsabilidades concursal y societaria*, Barcelona, 2013, págs. 208 e seg. Neste sentido, veja-se, também, José Machado Plazas, *El concurso de acreedores culpable – cafilicación y responsabilidad concursal*, Navarra, 2006, pág. 290).

[63] Veja-se Maria de Fátima Ribeiro, *Responsabilidade dos administradores pela insolvência: evolução dos direitos português e espanhol*, cit., pág. 100. Na sua opinião, a alteração evidencia que o legislador se quis afastar de uma finalidade ressarcitória, devendo o nº 4 ser interpretado em conformidade com o disposto na alínea e) do nº 2 (*ibidem*).

Atendendo à possibilidade de os prejuízos sofridos pelos credores serem superiores, e não inferiores, aos créditos que ficaram por satisfazer, a aplicação do artigo 189º, nº 4, do CIRE assinalaria uma obrigação agravada[64/65]. Ou seja, constituiria uma norma de agravamento da responsabilidade, alargando a indemnização a certos danos emergentes, a lucros cessantes e/ou a danos não patrimoniais. Tome-se como critério o exemplo apresentado por Maria de Fátima Ribeiro: «(...) o não pagamento pontual aos credores sociais, sobretudo no caso de se tratar de empresas, pode causar danos mais extensos do que aqueles que a lei faz decorrer da mora; por exemplo, uma empresa credora, em virtude da falta de pagamento do devedor, teve de obter financiamento em condições particularmente onerosas, ou não conseguiu ela própria satisfazer as suas obrigações e ficou em situação de insolvência»[66].

O abrandamento que se procure descobrir no preceito requer silenciar a exigência de solidariedade estabelecida no artigo 189º, nº 2, alínea e), do CIRE. Se a medida da contribuição individual das pessoas afetadas para a lesão será, tantas vezes, inferior ao montante dos créditos não satisfeitos, a pluralidade de responsáveis veria o seu dever acrescido com a indemnização de danos superiores à limitação imposta pelo critério referido;

e) Na conjugação entre o regime da insolvência culposa e a disciplina da responsabilidade civil dos administradores estabelecida no Código das Sociedades Comerciais (CSC) e acolhida no artigo 82º, nº 3, do CIRE, descobre-se mais um argumento favorável à *tese confirmatória*. Esta última disciplina vincula os administradores, soli-

[64] Entende Adelaide Menezes Leitão que «o mínimo denominador comum destas expressões» reside nos créditos não satisfeitos (*Direito da Insolvência*, Lisboa, 2017, pág. 204).

[65] Concebem-se, é claro, hipóteses inversas, denunciando, então, a medida do artigo 189º, nº 2, alínea e), do CIRE uma solução punitiva. Toma-se por referência a seguinte reflexão de J. M. Coutinho de Abreu: «A sociedade tinha de ativo 900.000, e de passivo 1.000.000 (supõe-se que este passivo não é devido a gestão ilícita, a sociedade continua a poder cumprir as suas obrigações e não é requerida a declaração de insolvência); os administradores causaram ilícita e culposamente um dano de 150.000 (o ativo ficou valendo 750.000). (...) Os administradores afetados terão de pagar, não 150.000 (valor do dano por eles causado), mas 250.000 (montante dos créditos que o património social não pode satisfazer). Esta responsabilidade é, pois, não somente ressarcitória mas também punitiva» (*Direito das sociedades e direito da insolvência: interações*, cit., págs. 191 e seg.).

[66] Maria de Fátima Ribeiro, *Responsabilidade dos administradores pela insolvência: evolução dos direitos português e espanhol*, cit., pág. 100.

dariamente, ao ressarcimento de danos que, eventualmente, superam a insatisfação dos créditos, havendo, no entanto, uma culpa de grau inferior ao que caracteriza a insolvência culposa. A solidariedade aparece prevista no artigo 73º do CSC, acolhendo o legislador a solução do artigo 497º, nº 2, do CC sobre o direito de regresso. Ou seja, em face de uma conduta menos grave e de um dever de indemnização agravado, a lei desconhece um regime de abrandamento da responsabilidade.

O tema requer uma apreciação mais fina da articulação entre os regimes referidos. A imputação emergente da sentença de qualificação da insolvência como culposa é compatível com a autonomia da responsabilidade prevista no artigo 78º do Código das Sociedades Comerciais, recebida no CIRE pelo artigo 82º, nº 3, alínea b). Assim sucede, paradigmaticamente, nas hipóteses seguintes: (i) se o incidente de qualificação da insolvência não for aberto; (ii) se os danos excederem o montante dos créditos não satisfeitos; (iii) se os pressupostos da responsabilidade em insolvência culposa não estiverem preenchidos[67].

Acrescente-se que, no artigo 185º do CIRE, o legislador estende a autonomia dos pressupostos aos efeitos: «A insolvência é qualificada como culposa ou fortuita, mas a qualificação atribuída não é vinculativa para efeitos da decisão de causas penais, nem das ações a que se reporta o nº 3 do artigo 82º»;

f) A indicação de que a condenação das pessoas afetadas à indemnização dos credores se fará «até às forças dos respetivos patrimónios» opõe-se a uma atenuação da responsabilidade[68]. A solução é particularmente relevante nas hipóteses de pluralidade de responsáveis, pois clarifica que, perante perdas avultadas, a contribuição

[67] Acrescenta Maria do Rosário Epifânio: «(...) nos casos em que os atos praticados extravasam o limite temporal dos três anos, ou ainda na hipótese de os danos resultarem de uma atuação com culpa leve» (*Manual de Direito da Insolvência*, cit., pág. 168).

[68] Segundo Luís Manuel Teles de Menezes Leitão, *Direito da Insolvência*, cit., págs. 292 e seg., a referência pretende evitar a instauração de processos de insolvência pelas dívidas em causa. No mesmo sentido, indicam-se Adelaide Menezes Leitão, *Insolvência culposa e responsabilidade dos administradores na Lei nº 16/2012, de 20 de abril*, cit., pág. 281, e Maria de Fátima Ribeiro, *Responsabilidade dos administradores pela insolvência: evolução dos direitos português e espanhol*, cit., pág. 102.

dos lesantes descobre na medida do seu património, e não da participação efetiva nos danos, o alcance da condenação. Responde-se, nestes termos enfáticos, à pergunta, legítima, de Rui Pinto Duarte: «A responsabilidade civil não é sempre até "às forças do património" do obrigado a indemnizar?» [69]. Recupera-se, enfim, a referência do artigo 126º-A, nº 1, do CPEREF à "responsabilidade solidária e *ilimitada*" (itálico nosso);

g) A lei portuguesa veda um abrandamento da responsabilidade quando a lesão foi causada com dolo ou culpa grave. E se é certo que, nos nºs 2 e 3 do artigo 186º do CIRE, lidamos com presunções, o regime de responsabilidade é comum a essas normas e ao nº 1 do mesmo artigo, onde, definindo-se a situação de insolvência culposa, cabe ao lesado provar o dolo ou a culpa grave do devedor ou dos seus administradores.

Que sentido tem, pois, o artigo 189º, nº 4 do CIRE? Salientou-se que a desconformidade entre a referência desse preceito a prejuízos sofridos e a menção do artigo 189º, nº 2, alínea e), do CIRE ao montante de créditos não satisfeitos resultou de uma revisão desta última norma.

Considerando que a aplicação do artigo 189º, nº 4, pressupõe a condenação estabelecida no artigo 189º, nº 2, alínea e), limitada ao passivo existente, e que fundada nos parece a *tese confirmatória*, a referência às indemnizações devidas ou à definição dos critérios para a quantificação dos prejuízos sofridos exclui a competência da norma se os danos forem determinados.

Neste sentido, propõe alguma doutrina uma interpretação declarativa do artigo 189º, nº 4, do CIRE, funcionalizando-o, então, às hipóteses em que o tribunal não dispõe «dos elementos necessários para calcular o montante dos prejuízos sofridos»[70]. Escreve Alexandre de Soveral Martins: «Compreende-se que assim seja. Se não estiver terminada a liquidação da massa insolvente, pode não ser possível saber qual será o montante dos créditos não satisfeitos. E é esse o montante que parece ser também o montante dos prejuízos sofridos tido em conta no art. 189º, 4»[71]. Também

[69] *Responsabilidade dos administradores: coordenação dos regimes do CSC e do CIRE*, cit., pág. 743.

[70] Além dos autores citados em texto, veja-se, designadamente, Maria de Fátima Ribeiro, *Responsabilidade dos administradores pela insolvência: evolução dos direitos português e espanhol*, cit., pág. 101.

[71] *Um Curso de Direito da Insolvência*, cit., pág. 433.

Maria do Rosário Epifânio: «O momento do apuramento do montante indemnizatório depende da tramitação do processo em concreto – mas, se for aprovado um plano de insolvência, em que momento e em que termos se fixa o valor da indemnização? O art. 189º, nº 4, preceitua que, caso não seja possível no momento da prolação da sentença qualificadora calcular o montante do prejuízo sofrido, deverá pelo menos estabelecer os critérios a utilizar para a sua quantificação, a efetuar em liquidação de sentença»[72].

Na nossa perspetiva, a orientação que se descreve enfrenta duas objeções principais. Desde logo, a falta de adequação entre a finalidade atribuída à norma e o instrumento que a lei estabelece. A indeterminação dos danos é imputada ao momento da qualificação e não à natureza dos prejuízos sofridos. Afinal, trata-se de apurar o montante dos créditos não satisfeitos. Nesses termos, que relevância tem a fixação de critérios para a quantificação da indemnização se a remissão do cálculo desta para o momento da liquidação é, por si só, suficiente? A definição de critérios é ineficiente a respeito da dependência da liquidação e, antes, faz a indemnização divergir do montante dos créditos não satisfeitos[73].

Convoca-se, a este propósito, a reflexão prestada pela articulação entre os artigos 564º, nº 2, e 566º, nº 3, do CC. Perante a indeterminação dos danos, a faculdade de o tribunal julgar equitativamente dentro dos limites que tiver por provados não se sobrepõe à remissão da fixação da indemnização para uma decisão ulterior.

[72] *Manual de Direito da Insolvência*, cit., pág. 165.

[73] A fórmula utilizada, os regimes de responsabilidade previstos no CC, no CIRE e/ou no CSC, e a competência de normas como o artigo 334º do CC, sobre o abuso do direito, ou o artigo 570º, também do CC, sobre a culpa do lesado, respondem, satisfatoriamente, a algumas vicissitudes que justificariam, de outro modo, a interpretação declarativa do artigo 189º, nº 4, do CIRE. Tomam-se, como exemplo, as situações indicadas por Carvalho Fernandes/João Labareda: «Poderá (...) ser o caso de estar apurada a prática de atos lesivos no decurso da própria liquidação que comportam prejuízos para a massa e convocam a responsabilidade pessoal dos agentes, como, aliás, para uma hipótese particularíssima, rege o art. 164º, nº 3, do Código. Se assim for, não há razão para que as consequências da lesão agravem a responsabilidade dos declarados culpados. Mas pode acontecer também que o reembolso dos créditos sobre a insolvência seja afetado pela constituição de dívidas não necessárias sobre a massa, porventura até resultantes de decisões dos próprios credores. Se isso suceder, parece razoável que a situação deva ser levada em conta na mensuração da responsabilidade e o saldo descontado, por assim dizer, no valor exigível aos culpados» (*Código da Insolvência e da Recuperação de Empresas Anotado*, cit., pág. 698).

É certo que sempre se poderia defender uma objetivação do alcance da norma. Escreve Alexandre de Soveral Martins: «O artigo 189º, 4, permite afirmar que na sentença de qualificação da insolvência como culposa o juiz, se o puder fazer, terá que fixar o valor da indemnização devida a cada um dos credores. O plural utilizado assim o indica: "fixar o valor das indemnizações devidas". Mas essa fixação parece depender não apenas da liquidação, como da verificação e graduação de créditos. Esses são aspetos que estarão certamente entre os critérios a utilizar para a quantificação em liquidação da sentença. E, em liquidação da sentença, até se pode acabar por concluir que nada há a pagar»[74]. Reconheça-se, porém, que, assim, os critérios divergiriam da finalidade de quantificação dos danos, aparecendo, então, destinados ao pagamento dos credores, e que a norma, a este respeito, seria redundante relativamente às regras do CIRE.

Depois, e esta constitui a segunda objeção, prevalece a doutrina favorável à integração das indemnizações na massa insolvente. É esta a orientação dos autores indicados. São palavras de Alexandre de Soveral Martins: «Apesar de no art. 189º, 2, e), se ler que as pessoas afetadas serão condenadas a "indemnizarem os credores do devedor", o pagamento direto a cada credor na pendência do processo de insolvência iria permitir que surgissem violações ao princípio da igualdade ou à graduação de créditos realizada. As indemnizações devem, por isso, integrar primeiro a massa insolvente e, só depois, servirem para pagar aos credores»[75]. No mesmo sentido, escreve Maria do Rosário Epifânio: «O beneficiário direto da responsabilidade é a massa insolvente. (...) Entre nós, a lei é omissa. Em nosso entender, os valores entrados serão depois distribuídos pelos credores cujos créditos tenham ficado por satisfazer, na medida dessa insatisfação e segundo a graduação fixada na sentença de graduação e verificação dos créditos»[76]. Nestes termos, tratando-se de um valor global ("o montante dos créditos não satisfeitos"), a tese invalida a referência literal a "indemnizações devidas" e remete a individualização pretendida para o pagamento dos credores, ou seja, depois de fixada a indemnização pela insolvência culposa.

[74] *Um Curso de Direito da Insolvência*, cit., pág. 434.

[75] *Um Curso de Direito da Insolvência*, cit., pág. 432.

[76] *Manual de Direito da Insolvência*, cit., págs. 166 e seguinte.

Em nosso juízo, o artigo 189º, nº 4, do CIRE é inaplicável na relação entre as pessoas afetadas e os credores, se, como pensamos, os critérios para a quantificação da indemnização forem utilizáveis. Dado que o alcance daquela é, necessariamente, fixado pelo valor dos créditos a satisfazer, a atribuição de um sentido à norma requer situar o seu âmbito de aplicação onde a variação é exigida pelas circunstâncias: no plano das relações internas, havendo uma pluralidade de responsáveis.

Não se invoque a letra da lei ("indemnizações devidas" ou "montante dos prejuízos sofridos") contra este entendimento. Em virtude da competência do regime da solidariedade, o exercício do direito de regresso implica a fixação da medida da indemnização que a cada responsável compete, sendo essa individualização efetuada em razão da contribuição concreta para os prejuízos sofridos (reconhece-se, no entanto, que, para o efeito pretendido, melhor seria se a norma aludisse a prejuízos causados[77]).

Acrescente-se o que há pouco referimos sobre a relevância da utilização da expressão «até às forças dos respetivos patrimónios». É, para nós, evidenciado que se pretende satisfazer os credores. Num contexto em que os danos são, geralmente, muito elevados, a declaração de que se encontra na capacidade patrimonial das pessoas afetadas a medida da contribuição para a indemnização, particular relevância adquire a definição dos termos do direito de regresso.

Aduz-se que a utilização de presunções com grande amplitude reclama um especial cuidado do julgador na determinação da medida da responsabilidade individual. É, pois, adequado que a sentença de qualificação, habilitada pela avaliação das circunstâncias do caso concreto e pela exigência legal da fixação do grau de culpa (artigo 189º, nº 2, alínea a), do CIRE), estabeleça os critérios do direito de regresso, adaptando o que dispõe o artigo 497º, nº 2, do CC: «O direito de regresso entre os responsá-

[77] Considerando que um sentido possível (e, porventura, o mais provável) do preceito se refere ao apuramento da medida da responsabilidade no exercício do direito de regresso, entende Maria de Fátima Ribeiro que, em vez da fixação do "valor das indemnizações devidas", «(...) só faria sentido que a norma dispusesse que o juiz deve fixar a percentagem que cabe a cada um, tendo em conta os critérios que utilizou para a determinar – como, nomeadamente, o grau das respetivas culpas (que deve estar fixado na sentença que qualifica a insolvência como culposa)» (*Responsabilidade dos administradores pela insolvência: evolução dos direitos português e espanhol*, cit., págs. 100 e seg.).

veis existe na medida das respetivas culpas e das consequências que delas advieram, presumindo-se iguais as culpas das pessoas responsáveis»[78/79].

Finalmente, afigura-se que o Anteprojeto do CIRE argumenta em benefício da leitura proposta. No Anteprojeto, a fixação dos critérios de apuramento da indemnização era funcionalizada aos danos sofridos pelo lesado, perspetivando-se a situação concreta dos lesantes no exercício do direito de regresso. Nos termos seguintes (artigo 171º, nº 2): (i) a alínea e) estabelecia a «condenação das pessoas afetadas a indemnizarem os credores dos danos e prejuízos causados, determinando-se na própria sentença o montante da indemnização ou os critérios aplicáveis à sua quantificação»; (ii) a alínea f) previa «quando for solidária a responsabilidade em virtude da imputabilidade do ato danoso a mais do que uma pessoa, a repartição da obrigação de indemnizar nas relações entre os diferentes responsáveis».

Somos, certamente, sensíveis ao argumento de que a solução aqui proposta permite a oneração das pessoas afetadas com deveres de indemnizar que, nalguns casos, podem exceder, de forma significativa, o valor dos danos concretamente causados. Considere-se, porém, que, embora solidária, a responsabilidade é subsidiária. Apenas existe na medida em que as forças da massa se revelem insuficientes para o ressarcimento dos danos aos credores, ou seja, apenas é abrangido o valor dos créditos não satisfeitos[80]. Além disso, a referência expressa à solidariedade torna inelutável a verificação dos desequilíbrios que a tese *corretiva*, nas suas diferentes versões, procura combater. Como estabelece o artigo 512º, nº 1, do CC, «a

[78] Sem prejuízo de aceitar a orientação corretiva, "em tese", testemunha as nossas reflexões um Acórdão do Tribunal da Relação de Guimarães de 18-12-2017 (Processo nº 92/16.0T8MTR-B.G1. Relator: João Diogo Rodrigues): «(...) ainda que apenas para efeitos internos, não pode deixar de se considerar que a responsabilidade de cada um dos gerentes deve ser proporcional à sua culpa na frustração dos legítimos direitos dos credores. (...) Esta diferenciação, porém, em nada interfere com as balizas já definidas na sentença recorrida para o dimensionamento do direito dos credores. Têm eles direito a uma indemnização que não pode exceder os respetivos créditos reconhecidos, nem o montante do património dos Apelantes».

[79] Pela vinculação do artigo 189º, nº 2, alínea a), do CIRE ao exercício do direito de regresso pronuncia-se Alexandre de Soveral Martins: «Tendo em conta que a responsabilidade entre os afetados é solidária, parece que a fixação do grau de culpa que o artigo (...) manda efetuar terá relevo no plano interno: não na fixação do valor das indemnizações devidas por cada um dos afetados pela qualificação» (*Um Curso de Direito da Insolvência*, cit., pág. 436). No mesmo sentido, veja-se Maria do Rosário Epifânio, *Manual de Direito da Insolvência*, cit., pág. 165.

[80] Veja-se Luís A. Carvalho Fernandes/João Labareda, *Código dos Processos Especiais de Recuperação da Empresa e de Falência Anotado*, cit., pág. 696.

obrigação não deixa de ser solidária pelo facto de os devedores estarem obrigados em termos diversos (...)». Esse é, no entanto, um efeito reflexo da prevalência do interesse do lesado ou do credor em qualquer contexto que, segundo o legislador, justificou essa tutela[81/82].

Deste modo, a exigência constitucional de igualdade e o valor da certeza jurídica reclamariam uma intervenção legislativa que permitisse, em todos os regimes de responsabilidade que consagram a solidariedade dos lesantes, a ponderação equitativa do julgador nas relações externas, se a desproporcionalidade entre o dano causado e a indemnização exigida assim o reclamasse[83]. A fórmula sempre se afiguraria diversa da opção tomada pelo legislador no nº 4 do artigo 189º do CIRE.

Lembra-se, por último, que, em nosso juízo, a presunção do artigo 186º, nº 2, do CIRE, na sua aplicação à responsabilidade, é ilidível. Logo, a pessoa afetada pode demonstrar que o seu comportamento não foi condição do dano.

[81] É neste âmbito geral que o eventual juízo de inconstitucionalidade pela verificação de uma desproporção manifesta deve, em nosso entender, ser colocado. Centrando a sua análise no regime do CIRE, pronunciam-se, naquele sentido, Nuno Manuel Pinto Oliveira, *Responsabilidade Civil dos Administradores. Entre Direito Civil, Direito das Sociedades e Direito da Insolvência*, cit., págs. 246 e segs., e Alexandre de Soveral Martins, *Um Curso de Direito da Insolvência*, cit., pág. 437.

[82] Argumentando com a necessidade de uma interpretação conforme ao princípio constitucional da proibição do excesso ou da proporcionalidade em sentido amplo, lê-se no Acórdão da Relação do Porto de 29-06-2017 (Processo nº 2603/15.0T8STS-A.P1. Relator: Filipe Caroço): «A nosso ver, a indemnização a suportar deve aproximar-se do montante dos danos causados pelo comportamento do afetado que conduziu à qualificação da insolvência. Se, por exemplo, a qualificação da insolvência decorre de um comportamento que se traduziu na destruição ou dissipação de todo ou parte considerável do património do devedor, a indemnização deve ascender ao valor do património destruído ou dissipado que se não fosse esse comportamento iria responder pela satisfação dos créditos» (veja-se no mesmo sentido, com uma citação extensa do aresto indicado, o Acórdão do Tribunal da Relação do Porto de 15-01-2019. Processo nº 273/14.1T8VNG-A.P2. Relatora: Márcia Portela). Em nossa opinião, este entendimento conduziria à substituição do critério da solidariedade pelo regime da responsabilidade conjunta. A escolha da solidariedade tem subjacente uma intencionalidade que a interpretação não pode desconhecer.

[83] Sobre a relevância do princípio da proporcionalidade no direito das obrigações, veja-se José Carlos Brandão Proença, *Da "justa medida" (proporcionalidade) no Título I (Das Obrigações em Geral) do Livro II do Código Civil de 1966*, in «Estudos de Direito das Obrigações» (do autor), Porto, 2018, págs. 133 e seguintes.

5. Conclusões

É tempo de acabar. Apresentam-se, em síntese, as principais conclusões desta reflexão:

1. Constitui um efeito da insolvência culposa o dever de indemnizar;
2. A responsabilidade pela insolvência culposa é fundada em presunções de culpa grave (artigo 186º, nºs 2 e 3, do CIRE);
3. A presunção inilidível de insolvência culposa estabelecida no artigo 186º, nº 2, do CIRE é inaplicável ao efeito da responsabilidade. A insuficiência de um perigo para fundamentar a imputação de um dano, a necessária contextualização histórica, o princípio constitucional da proporcionalidade, o direito constitucional de acesso ao direito e à tutela jurisdicional efetiva e a articulação com o direito penal são argumentos que, em nosso entender, atribuem à pessoa afetada o direito de excluir a responsabilidade com a prova da ausência de um nexo de causalidade entre o facto ilícito e o dano;
4. Na presunção de culpa acolhida no artigo 186º, nº 3, do CIRE descobre-se uma presunção de causalidade;
5. O artigo 189º, nº 2, alínea e), do CIRE, norma que habilita à condenação em responsabilidade, mede a indemnização devida pelo valor dos créditos não satisfeitos. Aos danos efetivamente causados se refere, porém, a norma complementar do nº 4 do artigo 189º do CIRE. Revela-se uma condição de validade do regime e, assim, critério de interpretação das normas a congruência entre as condições de imputação do facto e as consequências do juízo correspondente;
6. Da apreciação dos pressupostos da responsabilidade civil por insolvência culposa é possível concluir que o legislador alicerçou o dever de indemnizar na prática de factos de elevada censurabilidade, descobrindo aí a legitimidade das presunções de culpa grave e a ampla inversão do ónus da prova. A opção tomada denuncia, então, uma abordagem marcadamente punitiva do regime estabelecido. Nas escolhas do legislador sobre o modo de imputação subjetiva e objetiva da lesão foi determinante a repressão dos factos e, consequentemente, a prevenção dos mesmos;
7. Sabendo que se apura uma congruência entre os pressupostos e os efeitos da responsabilidade civil, que leitura é, então, possível fazer da articulação entre o artigo 189º, nº 2, alínea e), e o artigo 189º, nº 4, ambos do CIRE? Há, essencialmente, duas abordagens a con-

siderar nessa reflexão. Em certo entendimento, a conjugação das normas referidas deve respeitar a coloração punitiva que se descobre no desenho dos fundamentos da responsabilidade. Constitui a *tese confirmatória*. Noutro juízo, o regime dos efeitos permite emendar os excessos ou os desequilíbrios que os termos da estruturação da responsabilidade evidenciem. É a *tese corretiva*;

8. Em nosso entender, vários argumentos permitem sustentar a *tese confirmatória*, negando, pois, a funcionalização do artigo 189º, nº 4, do CIRE ao abrandamento da severidade da disciplina resultante da articulação do artigo 189º, nº 2, alínea e), com o artigo 186º, nºs 2 e 3, ambos do CIRE;
9. Consideramos que o artigo 189º, nº 4, do CIRE é inaplicável na relação entre as pessoas afetadas e os credores. A atribuição de um sentido à norma requer situar o seu âmbito de aplicação onde a variação é exigida pelas circunstâncias: no plano das relações internas, havendo uma pluralidade de responsáveis.

9 de abril de 2019

Responsabilidade pela concessão de crédito a empresas em situação desesperada

NUNO MANUEL PINTO OLIVEIRA
Juiz Conselheiro do Supremo Tribunal de Justiça
Professor Catedrático da Escola de Direito da Universidade do Minho (contrato na situação prevista no artigo 73º do ECDU)

SUMÁRIO: 1. Introdução. O problema da responsabilidade pela concessão de crédito. 2. A responsabilidade pela concessão de crédito como responsabilidade extracontratual pela causação de danos patrimoniais primários. 3. A responsabilidade pela concessão de crédito dentro dos quadros do direito comum. 4. A responsabilidade pela concessão de crédito fora dos quadros do direito comum. 5. O conceito de *pessoas afectadas pela qualificação da insolvência*. 6. (Cont.) Os critérios de coordenação dos administradores, de direito e de facto, do devedor declarado insolvente ao conceito de *pessoas afectadas pela qualificação da insolvência*. 7. (Cont.) Os critérios de coordenação dos técnicos oficiais de contas e dos revisores oficiais de contas ao conceito de *pessoas afectadas pela qualificação da insolvência*. 8. O problema da coordenação dos credores ao conceito de *pessoas afectadas pela qualificação da insolvência*. I. – Os bens jurídicos lesados pela cumplicidade no adiamento da declaração de insolvência. II. – Comparação da cumplicidade no adiamento da declaração de insolvência com os tipos de ilícito previstos no art. 186º do Código da Insolvência e da Recuperação de Empresas. III. – Comparação da cumplicidade no adiamento da declaração de insolvência com os tipos de culpa previstos no art. 186º do Código da Insolvência e da Recuperação de Empresas. 9. Conclusão – a responsabilidade do banco pela *cumplicidade* no adiamento da declaração de insolvência como responsabilidade pela insolvência culposa.

1. Introdução. O problema da responsabilidade pela concessão de crédito

I. O problema da responsabilidade pela concessão de crédito é um tema de fronteira – está entre o direito civil, o direito bancário e o direito da insolvência.

"Os credores não têm, *de lege lata*, um dever de requerer a declaração de insolvência" [1]; ainda que não tenham, *de lege lata*, o dever de requerer a

[1] Cf. Karl Larenz / Claus-Wilhelm Canaris, *Lehrbuch des Schuldrechts*, vol. II – *Besonderer* Teil, tomo II – *Schuldverhältnisse des Rechtsverkehrs (Fortsetzung). Schuldverhältnisse aus ungerechtfertigter*

declaração de insolvência, podem responder por um comportamento contrário aos bons costumes desde que impeçam ou, ainda que não impeçam, desde que atrasem a declaração de insolvência do devedor.

Como o facto, através do qual se impede ou atrasa a declaração de insolvência, é sobretudo a *concessão de crédito*, o risco de responsabilidade é sobretudo um risco dos bancos[2].

Os bancos têm um dever procedimental de avaliação da dignidade de crédito do cliente[3] e, desde que o cliente seja indigno, têm um dever substancial de decisão no sentido da não concessão de crédito [4]. Entre os casos paradigmáticos de uma concessão de crédito contrária ao dever a um cliente titular de uma empresa em situação económica difícil, desde que a empresa não tenha nenhuma *perspectiva razoável de recuperação*. Em França e em Itália, fala-se de uma empresa *em situação desesperada* [5] – e o termo *empresa em situação desesperada* designa, de forma impressiva, o conjunto dos casos em que o problema se põe.

Bereicherung. Schuldverhältnisse aus unerlaubte Handlungen, 13ª ed., C. H. Beck, München, 1994, págs.457-458.

[2] Cf. Karl Larenz / Claus-Wilhelm Canaris, *Lehrbuch des Schuldrechts*, vol. II – *Besonderer* Teil, tomo II – *Schuldverhältnisse des Rechtsverkehrs (Fortsetzung). Schuldverhältnisse aus ungerechtfertigter Bereicherung. Schuldverhältnisse aus unerlaubte Handlungen*, cit., págs. 457-458; ou Kai-Oliver Knops, "§ 18. Sanierungskredit und Überbrüchungsdarlehen", in: Peter Derleder / Kai-Oliver Knops / Heinz Georg Bamberger (coord.), *Handbuch zum deutschen und europäischen Bankrecht*, 2ª ed., Springer, Berlin / Heidelberg, 2009, págs. 601-620 (616). Em tais circunstâncias, o crédito não é concedido para recuperar a empresa – é concedido para adiar a declaração de insolvência da empresa, a quem o crédito é concedido.

[3] O dever positivo de avaliação da dignidade de crédito decorre *implicitamente* dos arts. 75º e 115º-N do Regime Geral das Instituições de Crédito e das Sociedades Financeiras e *explicitamente* no art. 10º do Decreto-Lei nº 133/2009, de 3 de Junho, por que se estabelece o regime jurídico do crédito aos consumidores, nos arts. 16º a 19º do Decreto-Lei nº 74-A/2017, de 23 de Junho, por que se estabelece o regime jurídico do crédito imobiliário aos consumidores, e nos arts. 4º a 11º do Aviso do Banco de Portugal nº 4/2017, de 20 de Setembro.

[4] O dever negativo de não concessão de crédito a um cliente "indigno" decorre *implicitamente* do art. 75º do Regime Geral das Instituições de Crédito e das Sociedades Financeiras, e decorre *explicitamente* dos art. 16º, nº 2, do Decreto-Lei nº 74-A/2017 e do o art. 11º do Aviso do Banco de Portugal nº 4/2017.

[5] Cf. Anne-Laure Capoen, *La responsabilité bancaire à l'égard des entreprises en difficulté*, dissertação de doutoramento, Université de Toulouse, Toulouse, 2008, ou Guido Belli, "La responsabilità della banca per erogazione «abusiva» del credito ad un'impresa in situation désperée", in: *La responsabilità civile*, 2012, págs, 92-96.

II. A concessão de crédito contrária ao dever pode causar danos ao cliente ou a terceiros. Entre os terceiros, a quem a concessão de crédito contrária ao dever pode causar danos, estão os credores. O conceito de *credores* compreende os *antigos* e os *novos credores*– os *antigos credores*, ou seja, os titulares de créditos anteriores e os *novos credores*, ou seja, os titulares de créditos posteriores à conclusão do contrato entre o banco e o seu devedor.

As razões por que a concessão de crédito contrária ao dever pode causar um dano aos *antigos* credores, aos titulares de créditos anteriores, relacionam-se com o *adiamento* da declaração de insolvência. O devedor, a quem o crédito tenha sido concedido, continua em actividade; não requer a sua declaração de insolvência[6]; os credores não requerem a declaração de insolvência do devedor[7]. O facto de o banco conceder crédito a uma empresa em situação económica difícil, sem perspectiva razoável de recuperação, significa que transmite uma informação ao conjunto dos credores e que transmite, ao conjunto dos credores, uma informação errada: confiando na informação errada sobre a dignidade de crédito do seu devedor, os credores ficam praticamente impedidos de actuarem o direito ou, em todo o caso, a faculdade de requerer a declaração de insolvência.

Em relação aos antigos credores, o dano é sempre posterior à conclusão do contrato; resulta, e resulta sempre, de uma *diminuição do património do devedor*; em relação aos novos credores, o dano é anterior à ou, em todo o caso, contemporânco da *conclusão do contrato*; não resulta, e não resulta nunca, de uma *diminuição do património do devedor.*

Se o crédito não tivesse sido concedido, o devedor teria sido declarado insolvente; se o devedor tivesse sido declarado insolvente, os novos credores não teriam concluído nenhum contrato. Os novos credores pura e simplesmente... não o seriam (não seriam credores)!

III. Canaris considera cinco grupos ou cinco tipos de casos de responsabilidade pela concessão de crédito – a colocação em perigo dos credores (*Gläubigergefährdung*) [8], o adiamento da declaração de insolvência

[6] Como devia – arts. 18º e 19º do Código da Insolvência e da Recuperação de Empresas.

[7] Como podiam – cf. art. 20º, nº 1, do Código da Insolvência e da Recuperação de Empresas.

[8] O termo *colocação em perigo dos credores* designaria um super-conceito, um *Oberbegriff*, capaz de abranger os casos de cumplicidade do banco no adiamento da declaração de insolvência do

(*Konkursverschleppung* ou *Insolvezverschleppung*)[9], a indução em erro sobre o crédito (*Kredittäuschung*) ou indução em erro sobre a dignidade de crédito (*Kreditwürdigkeittäuschung*)[10], a indução ao não cumprimento de um contrato (*Verleitung zum Vertragsbruch*) [11] e a participação do banco em práticas abusivas (*Beteiligung am Mißbrauch von Rechtsinstituten des Bank- und Zahlungsverkehrs*) [12]. Entre as hipóteses de participação em práticas abusivas estará, p. ex., a participação em esquemas de "bola de neve" ou de "pirâmide", comoo financiamento de um projecto que só poderá ser levado a cabo com um aumento constante do número de investidores, e com os pagamentos dos novos investidores[13].

Koller circunscrevia os grupos ou tipos de casos relevantes, distinguindo três hipóteses.

O banco responderia por ter concedido crédito a um cliente cuja insolvência era *certa* e estava *iminente*; poderia responder por ter concedido crédito a um cliente cuja insolvência não era *certa* ou não estava *iminente*; e poderia responder por ter exigido, como garantia do crédito concedido, garantias supervenientes [14]. Se concedesse crédito a um cliente cuja insolvéncia era *certa* e estava *iminente*, a responsabilidade dependeria sobretudo da sua *consciência*[15] e, se concedesse crédito a cum cliente cuja insolvência não era *certa* ou não estava *iminente*, a responsabilidade dependeria sobretudo da sua *intenção*. O banco responderia desde que não quisesse conceder o crédito necessário para a recuperação e quisesse, tão-só, adiar a

cliente, de cumplicidade na prestação superveniente de novas garantias ou no reforço superveniente das garantias prestadas e de indução em erro sobre o crédito ou sobre a dignidade de crédito (cf. Claus-Wilhelm Canaris, *Bankvertragsrecht*, vol. I – *Allgemeine Grundlagen*, 3ª ed., de Gruyter, Berlin / New York, 1988, págs. 93-94).

9 Claus-Wilhelm Canaris, *Bankvertragsrecht*, vol. I – *Allgemeine Grundlagen*, cit., págs. 92-93.

10 Claus-Wilhelm Canaris, *Bankvertragsrecht*, vol. I – *Allgemeine Grundlagen*, cit., págs. 90-92.

11 Claus-Wilhelm Canaris, *Bankvertragsrecht*, vol. I – *Allgemeine Grundlagen*, cit., págs. 94-95.

12 Claus-Wilhelm Canaris, *Bankvertragsrecht*, vol. I – *Allgemeine Grundlagen*, cit., págs. 95-96.

13 Claus-Wilhelm Canaris, *Bankvertragsrecht*, vol. I – *Allgemeine Grundlagen*, cit., pág. 95.

14 Cf. Ingo Koller, "Sittenwidrigkeit der Gläubigergefährdung und Gläubigerbenachteiligung", in: *Juristenzeitung*, 1985, págs. 1013-1024 (1013-1014).

15 Cf. Ingo Koller, "Sittenwidrigkeit der Gläubigergefährdung und Gläubigerbenachteiligung", cit., pág. 1013 – o banco agiria contra os bons costumes desde que estivesse consciente da situação económica e financeira do devedor e desde que, estando consciente da situação da empresa, representasse a possibilidade de causar danos aos demais credores, aceitando-a (com dolo eventual).

declaração de insolvência do devedor, p. ex., para conseguir a recuperação ou a satisfação dos seus créditos[16/17].

Em alternativa aos grupos de casos, Hans-Joachim Mertens preconizou um *sistema móvel*[18] de responsabilidade dos bancos pela colocação em perigo, ou pela lesão, dos credores[19].

[16] Cf. Ingo Koller, "Sittenwidrigkeit der Gläubigergefährdung und Gläubigerbenachteiligung", cit., pág. 1014.

[17] Em tema de garantias supervenientes, os tribunais alemães deduziam da cláusula geral dos bons costumes o dever de o banco fazer uma avaliação global das circunstâncias do caso e de só exigir garantias supervenientes desde que, sem culpa grave, pudesse estar convencido de que a garantia não prejudicasse nem os antigos credores, nem tão pouco os novos credores. O banco deveria, p. ex., estar convencido de que a insolvência não seria declarada antes de todos os antigos créditos serem satisfeitos [cf. Ingo Koller, "Sittenwidrigkeit der Gläubigergefährdung und Gläubigerbenachteiligung", cit., pág. 1014].

[18] Sobre o sistema móvel, *vide* Walter Wilburg, "Desenvolvimento de um sistema móvel no direito civil", in: *Direito e Justiça*, vol. XIV (2000) – tomo III, págs. 55-73; Raúl Guichard, "Apresentação [de Walter Wilburg, 'Desenvolvimento de um sistema móvel no direito civil']", in: *Direito e Justiça*, vol. XIV (2000) – tomo III, págs. 51-54, Willibald Posch, "Pósfacio [a Walter Wilburg, 'Desenvolvimento de um sistema móvel no direito civil']", in: *Direito e Justiça*, vol. XIV (2000) – tomo III, nas págs. 74-75; Karl Larenz, *Metodologia da ciência do direito* (título original: *Methodenlehre der Rechtswissenschaft*), 3ª ed., Fundação Calouste Gulbenkian, Lisboa, 1997, págs. 667-689 e 680-682; Theodor Viehweg, *Tópica y jurisprudencia* (título original: *Topik und Jurisprudenz*), Taurus, Madrid, 1986 (reimpressão); Claus-Wilhelm Canaris, *Pensamento sistemático e conceito de sistema na ciência do direito* (título original: *Systemdenken und Systembegriff in der Jurisprudenz*), Fundação Calouste Gulbenkian, Lisboa, 1989, págs. 127-148; Hans-Martin Pawlowski, *Methodenlehre für Juristen*, 3ª ed., C. F. Müller, Heidelberg, 1999, págs. 122-125 (n. m. 228-233); Franz Bydlinski, *Juristiche Methodenlehre und Rechtsbegriff*, 2ª ed., Springer, Wien / New York, 2011, págs. 529-543; Franz Bydlinski / Heinz Kreijci / Bernd Schilcher / Viktor Steininger (coord.), *Das Bewegliche System im geltenden und künftigen Recht*, Springer, Wien / New York, 1986; Nils Jansen, *Die Struktur des Haftungsrechts. Geschichte, Theorie und Dogmatik außervertraglicher Anspruüche auf Schadensersatz*, Mohr Siebeck, Tübingen, 2003, esp. nas págs. 593 ss.; Franz Maurer, *Das Bewegliche System zur Konkretisierung der Sittenwidrigkeit bei § 826 BGB*, Nomos, Baden-Baden, 2017, págs. 74-92; Helmut Koziol, "Das bewegliche System. Die goldene Mitte für Gesetzgebung und Dogmatik", in: *Austrian Law Journal*, nº 3-2017, in: WWW: < http://alj.uni-graz.at/index.php/alj/ article/view/111 >; e, entre os civilistas portugueses, António Menezes Cordeiro, *Da boa fé no direito civil*, Livraria Almedina, Coimbra, 1997 (reimpressão), em especial na pág. 1262; ou Manuel Carneiro da Frada, *Teoria da confiança e responsabilidade civil*, Livraria Almedina, Coimbra, 2004, em especial na pág. 586 e na nota nº 617 (págs. 586-587).

[19] Sobre o sistema móvel de responsabilidade por danos patrimoniais de Hans-Joachim Mertens, *vide* desenvolvidamente Adelaide Menezes Leitão, *Normas de protecção e danos puramente patrimoniais* (dissertação de doutoramento), Faculdade de Direito da Universidade de Lisboa, Lisboa, 2007, págs. 111-123.

Entre os elementos relevantes para apreciar a responsabilidade do banco estariam elementos objectivos e subjectivos: estariam elementos objectivos, como as probabilidades de recuperação da empresa ou a proporção entre o crédito concedido e as necessidades de crédito da empresa financiada, e estariam e elementos subjectivos, como o cuidado do banco na apreciação das probabilidades de recuperação, a influência do banco na administração da empresa, ou a preocupação de respeitar o princípio da igualdade dos credores (= da comunhão de risco do conjunto dos credores)[20]. O banco estaria tanto mais próximo de responder, quando mais fácil fosse o seu acesso á informação sobre a situação económica e financeira do cliente; quanto mais justificada fosse a confiança do conjunto dos participantes no comércio jurídico numa avaliação profissional, precisa e rigorosa, do risco de insolvência do devedor; e quanto mais justificada fosse a imputação da confiança ao banco, que conceda um crédito à empresa[21].

O princípio de que os critérios relevantes para a aplicação / para a concretização do § 826 do Código Civil alemão devem reconstruir-se em termos de um sistema móvel foi recentemente retomado.

Franz Maurer alegou que deveria atender-se, em especial, a quatro tipos de elementos: à censurabilidade do comportamento do lesante (como *contrário aos bons costumes*); à desigualdade entre o lesante e o lesado; à censurabilidade das razões, por que o lesante adoptou o comportamento contrário aos bons costumes; à previsibilidade da colocação em perigo, ou da lesão, de terceiros[22]. Entre os elementos relevantes para avaliar a censurabilidade do comportamento do lesante estariam a violação de princípios e de

[20] Cf. Hans-Joachim Mertens, "Zur Bankenhaftung wegen Gläubigerbenachteiligung", in: *ZHR. Zeitschrift für das gesamte Handels- und Wirtschaftsrecht*, vol. 143 (1979), págs. 174-194 – e, em desenvolvimento da construção de um sistema móvel de responsabilidade por danos patrimoniais, Hans-Joachim Mertens, "Deliktsrecht und Sonderprivatrecht. Zur Rechtsfortbildung des deliktischen Schutzes von Vermögensinteressen", in: *Archiv für die civilistische Praxis*, ano 178 (1978), págs. 227-262, ou anotação ao § 826, in: *Münchener Kommentar zum Bürgerlichen Gesetzbuch*, 3ª ed., C. H. Beck, München, 1997, págs. 1688-1750 (esp. nas págs. 1727-1734).

[21] Sobre o sistema móvel de responsabilidade *dos bancos* por danos patrimoniais *causados aos credores* de Hans-Joachim Mertens, *vide* Ingo Koller, "Sittenwidrigkeit der Gläubigergefährdung und Gläubigerbenachteiligung", cit., págs. 1015-1016, ou Franz Maurer, *Das Bewegliche System zur Konkretisierung der Sittenwidrigkeit bei § 826 BGB*, cit., págs. 111-112 e 112-117.

[22] Franz Maurer, *Das Bewegliche System zur Konkretisierung der Sittenwidrigkeit bei § 826 BGB*, cit., págs. 227-267.

regras positivados[23]; de princípios e de regras não positivados, como sejam as "representações socialmente consentidas"[24]; das instituições por que se pretende garantir a liberdade e a ordem[25]; e das expectativas, desde que justificadas, do comércio jurídico[26]. Entre os elementos relevantes para avaliar a censurabilidade das razões por que o lesante adoptou um comportamento contrário aos bons costumes – para avaliar a censurabilidade da *convicção* ou da *determinação interior* (*Gesinnung*) – estaria a consideração de uma vantagem para si próprio e a desconsideração das desvantagens para terceiros (para os terceiros lesados)[27].

Evitando a alusão a grupos de casos ou a tipos de casos de contornos imprecisos, como *colocação em perigo dos credores, insolvência certa* ou *incerta*, ou *insolvência iminente*, ou a remissão para um *sistema móvel*[28], concentrar-me-ei no caso paradigmático de responsabilidade pelos danos causados aos credores – a *cumplicidade no adiamento da declaração de insolvência.*

[23] Franz Maurer, *Das Bewegliche System zur Konkretisierung der Sittenwidrigkeit bei § 826 BGB*, cit., págs. 230-236. O termo *princípios e regras positivados* deve interpretar-se em termos de abranger a violação de princípios positivados, seja de direito constitucional (págs. 230-231), seja de direito infra-constitucional (págs. 234-235); violação directa de regras positivadas; e a violação indirecta de regras positivadas – considerando-se como violação indirecta a violação das *decisões de valor* subjacentes às regras jurídicas (235-236).

[24] Franz Maurer, *Das Bewegliche System zur Konkretisierung der Sittenwidrigkeit bei § 826 BGB*, cit., págs. 237-238.

[25] Franz Maurer, *Das Bewegliche System zur Konkretisierung der Sittenwidrigkeit bei § 826 BGB*, cit., pág. 236.

[26] Franz Maurer, *Das Bewegliche System zur Konkretisierung der Sittenwidrigkeit bei § 826 BGB*, cit., págs. 240 ss. – considerando, sucessivamente, a confiança concreta do lesado (pág. 242), a confiança no cumprimento de deveres contratuais (pág. 243) e a confiança no cumprimento / na observância de deveres profissionais ou sociais (págs. 243-245). Como requisito negativo, como *factor de exclusão*, de uma resposibilidade pela frustração das expectativas estaria a possibilidade de auto-protecção do lesado (pág. 297).

[27] Franz Maurer, *Das Bewegliche System zur Konkretisierung der Sittenwidrigkeit bei § 826 BGB*, cit., pág. 260.

[28] Ingo Koller escreve, com alguma razão, que "[o] sistema [móvel] contém tantos elementos, e elementos que, de acordo com o seu peso concreto, desempenham funções tão diferentes, que a decisão concreta sobre a violação dos bons costumes é configurada, em última análise, a uma decisão determinada pelas circunstâncias do caso concreto" [cf. "Sittenwidrigkeit der Gläubigergefährdung und Gläubigerbenachteiligung", cit., págs. 1015-1016].

2. A responsabilidade pela concessão de crédito como responsabilidade extracontratual pela causação de danos patrimoniais primários

I. A responsabilidade dos bancos pelos danos causados aos credores, pelos danos causados aos antigos e aos novos credores, é uma responsabilidade extracontratual.

O direito comparado dá-nos conta da coexistência de sistemas em que a responsabilidade pela concessão de crédito é tratada dentro dos quadros do direito comum e de sistemas em que a responsabilidade pela concessão de crédito é tratada fora dos quadros de um direito comum (dentro dos quadros de um direito especial, como, p. ex., o *direito comercial*).

Entre os sistemas em que a responsabilidade pela concessão de crédito é tratada dentro dos quadros do direito comum encontram-se o *direito alemão* e o *direito italiano.* O direito alemão trata-a dentro dos quadros da responsabilidade pela causação *dolosa* de um dano contra os bons costumes (§ 826 do Código Civil alemão) e o direito italiano trata-a dentro dos quadros da responsabilidade pela causação, *dolosa* ou *negligente*, de um dano injusto (art. 2043º do Código Civil alemão). Entre os sistemas em que a responsabilidade pela concessão de crédito é tratada fora dos quadros do direito comum encontram-se o *direito francês*[29] e o *direito espanhol*[30].

O direito português, esse, permite tratá-la *dentro* ou *fora* dos quadros do direito comum [31].

Os danos dos credores são danos patrimoniais primários; daí que não haja *violação de direitos subjectivos* e, dentro dos *direitos subjectivos*, de *direitos absolutos* – daí que não haja responsabilidade nos termos da 1ª alternativa do nº 1 do art. 483º do Código Civil.

Caso o problema seja considerado dentro dos quadros do direito comum, deve convocar-se a responsabilidade pela por *violação do direito objectivo*, explicitamente prevista na 2ª alternativa do nº 1 do art. 483º do Código Civil, ou a responsabilidade por *abuso do direito*, implicitamente prevista no art. 334º do Código Civil. Caso o problema seja considerado fora dos quadros do direito comum, deve convocar-se sobretudo a respon-

[29] Cf. art. L650-1 do *Code de commerce*, aditado pela Lei nº 2005-845, de 27 de Julho de 2005, e alterado pela Lei nº 2008-1345, de 18 de Dezembro de 2008.

[30] Cf. arts. 164 a 175 da *Ley Concursal*, em especial os arts. 172 e 172*bis*, sobre a responsabilidade pela insolvência (*responsabilidad concursal*).

[31] Cf. designadamente Nuno Manuel Pinto Oliveira, "Case 11 – Portugal", in: Marta Infantino / Eleni Zervogianni (coord.), *Causation in European Tort Law*, Cambridge University Press, Cambridge, 2017, págs. 431-434.

sabilidade pela insolvência culposa, prevista nos arts. 186º e 189º, nºs 2 e 4, do Código da Insolvência e da Recuperação de Empresas.

II. O direito da responsabilidade civil – e, dentro da responsabilidade civil, da responsabilidade extracontratual – compreende *tipos fundamentais* e *tipos complementares.*

Os tipos fundamentais de responsabilidade civil, ou *tipos básicos de delito*[32], estão dentro do Código Civil; constam dos arts. 483º e 334º do Código Civil; correspondem à responsabilidade pela violação de direitos subjectivos, desde que sejam direitos absolutos, à responsabilidade pela violação do direito objectivo e à responsabilidade pelo abuso do direito.

Os tipos complementares de responsabilidade, ou *tipos complementares de delito*, esses, podem estar dentro ou fora do Código Civil: dentro do Código Civil, como está a responsabilidade por conselhos, recomendações ou informações, ou a responsabilidade por ofensa ao bom nome, ou a responsabilidade por ofensa ao crédito; fora do Código Civil, está a responsabilidade dos administradores das sociedades comerciais, a responsabilidade pelos danos causados ao ambiente, a responsabilidade dos intermediários financeiros, ou a responsabilidade do produtor.

O Professor Carneiro da Frada fala a propósito de *responsabilidades especiais*[33], chamando a atenção para que a parte geral e as partes especiais do direito da responsabilidade civil, entre a responsabilidade comum e as responsabilidades especiais, devem articular-se:

> "O tratamento em separado do que se afigura comum e do que é especial, quando levado a extremos, corre o risco de fazer perigar a unidade de compreensão, quer do especial à luz do comum, quer do comum à luz do especial"[34].

III. O tema tem sido tratado dentro dos quadros do direito comum e, em especial, da responsabilidade por *abuso do direito*[35]; com o presente texto

[32] Expressão de Manuel Carneiro da Frada, *Direito civil. Responsabilidade civil – O método do caso*, Livraria Almedina, Coimbra, 2006, págs. 72-73.

[33] Manuel Carneiro da Frada, *Direito civil. Responsabilidade civil – O método do caso*, cit., págs. 110 ss.

[34] Manuel Carneiro da Frada, *Direito civil. Responsabilidade civil – O método do caso*, cit., págs. 55-56.

[35] Cf. designadamente Jorge Ferreira Sinde Monteiro, *Responsabilidade por conselhos, recomendações ou informações*, Livraria Almedina, Coimbra, 1989, págs. 555-556 (nota nº 347); Almeno de Sá, "Responsabilidade bancária: dever pré-contratual de informação e corte de crédito", in:

pretende-se tratá-lo fora dos quadros do direito comum, dos *tipos fundamentais* de responsabilidade civil, e dentro dos quadros de um *tipo complementar* – da responsabilidade pela *insolvência culposa*.

3. A responsabilidade pela concessão de crédito dentro dos quadros do direito comum

I. O § 826 do Código Civil alemão, ou o art. 334º do Código Civil português, convocando conceitos indeterminados como a *boa fé* ou os *bons costumes*, excluem prática e juridicamente uma fixação completa, exaustiva, de *grupos* ou de *tipos de casos*: – "em última análise, serão sempre decisivas as circunstâncias do caso concreto"[36]. O comportamento do banco só poderá ser considerado abusivo desde que seja particulamente grave, e só poderá ser considerado particularmente grave em "circunstâncias especiais"[37]. O aplicador do direito deve ter em consideração que o banco pode e deve "tomar a sério os seus próprios interesses"[38]; deve ter em consideração, p. ex., que a concessão de crédito não é contrária aos bons costumes só porque o banco dá crédito a empresas em dificuldades; que não é contrária aos bons costumes só porque o banco recebe garantias de empresas em dificuldades[39]; e / ou que não é contrária aos bons costumes só porque o banco dá crédito e recebe garantias para prosseguir os seus interesses[40].

Como o comportamento do banco só poderá ser considerado abusivo, como "particularmente grave", em circunstâncias especiais, faz em todo

Revista de direito e economia, anos 16-19 (1990-1993), págs. 607-680; Diogo Leite de Campos, "A responsabilidade do credor na fase de incumprimento", in: *Revista da Ordem dos Advogados*, vol. 52 (1992), págs. 853-868; Almeno de Sá, *Responsabilidade bancária*, Coimbra Editora, Coimbra, 1998 (republicação, em forma de livro, do artigo publicado na *Revista de direito e economia*); Margarida Azevedo de Almeida, *A responsabilidade civil do banqueiro perante os credores da empresa financiada*, Coimbra Editora, Coimbra, 2003; ou Adelaide Menezes Leitao, "Concessão de crédito, normas de protecção e responsabilidade bancária", in: António Menezes Cordeiro / Manuel Januário da Costa Gomes / Miguel Brito Bastos / Ana Alves Leal (coord.), *Estudos de direito bancário I*, Livraria Almedina, Coimbra, 2018, págs. 229-248.

[36] Claus-Wilhelm Canaris, *Bankvertragsrecht*, vol. I – *Allgemeine Grundlagen*, cit., pág. 95.

[37] Claus-Wilhelm Canaris, *Bankvertragsrecht*, vol. I – *Allgemeine Grundlagen*, cit., pág. 96.

[38] Claus-Wilhelm Canaris, *Bankvertragsrecht*, vol. I – *Allgemeine Grundlagen*, cit., pág. 96.

[39] Claus-Wilhelm Canaris, *Bankvertragsrecht*, vol. I – *Allgemeine Grundlagen*, cit., pág. 91.

[40] Em regra, o banco, como credor que recebe uma garantia (*Sicherungsnehmer*), não terá um dever de consideração dos interesses dos demais credores do cliente que presta a garantia (*Sicherungsgeber*) – cf. Claus-Wilhelm Canaris, *Bankvertragsrecht*, vol. I – *Allgemeine Grundlagen*, cit., pág. 91.

o caso sentido uma *fixação incompleta, não exaustiva*, de grupos ou de tipos de casos com uma configuração *exemplar*.

II. O § 826 do Código Civil alemão enuncia *pressupostos objectivos* e *pressupostos subjectivos* da responsabilidade [41]. Os pressupostos objectivos da responsabilidade concretizam-se em que a acção do lesante deverá ser contrária aos bons costumes; em que a acção, contrária aos bons costumes, deverá causar um dano; e em que, entre a acção contrária aos bons costumes e o dano, deverá haver uma conexão de ilicitude. Os princípios ou as regras relativos aos bons costumes devem ter com fim evitar que aquele lesante causasse, e causasse àquele lesado, um dano daquela *categoria* ou daquele *tipo* dos danos[42]. Os pressupostos subjectivos da responsabilidade, esses, concretizam-se em que o lesante deverá ter consciência das circunstâncias que fazem com que a acção seja contrária aos bons costumes; em que o lesante deverá ter consciência de que a acção é contrária aos bons costumes; e em que deverá haver dolo de lesão (*Schädigungsvorsatz*)[43].

Extraindo todas as consequências do § 826 do Código Civil alemão, os pressupostos da responsabilidade do banco pela concessão de crédito são particularmente restritivos[44].

[41] Cf. designadamente Karl Larenz / Claus-Wilhelm Canaris, *Lehrbuch des Schuldrechts*, vol. II – *Besonderer* Teil, tomo II – *Schuldverhältnisse des Rechtsverkehrs (Fortsetzung). Schuldverhältnisse aus ungerechtfertigter Bereicherung. Schuldverhältnisse aus unerlaubte Handlungen*, cit., págs. 446-455; Johannes Hager, "Das Recht der unerlaubten Handlungen", in: *J. von Staudingers Kommentar zum Bürgerlichen Gesetzbuch mit Einführungsgesetz und Nebengesetze. Eckpfeiler des Zivilrechts*, Sellier / de Gruyter, Berlin, 2008, págs. 879-953 (947-953); Dieter Medicus, *Schuldrecht II. Besonderer Teil*, 11ª ed., C. H. Beck, München, 2003, págs. 396-401; Peter Schlechtriem, *Schuldrecht. Besonderer Teil*, 6ª ed., Mohr Siebeck, Tübingen, 2003, págs. 380-383; Jan Dirk Harke, *Besonderes Schuldrecht*, Springer, Heidelberg / Dordrecht / London / New York, 2011, págs. 458-461; ou Maximilian Fuchs / Werner Pauker, *Deliktsrecht*, 8ª ed., Springer, Heidelberg / Dordrecht / London / New York, 2012, págs. 157-169.

[42] Franz Maurer, *Das Bewegliche System zur Konkretisierung der Sittenwidrigkeit bei § 826 BGB*, cit., pág. 56 – considerando que a disposição relativa aos bons costumes tenha como fim evitar o dano, na relação entre lesante e lesado.

[43] Cf. designadamente Karl Larenz / Claus-Wilhelm Canaris, *Lehrbuch des Schuldrechts*, vol. II – *Besonderer* Teil, tomo II – *Schuldverhältnisse des Rechtsverkehrs (Fortsetzung). Schuldverhältnisse aus ungerechtfertigter Bereicherung. Schuldverhältnisse aus unerlaubte Handlungen*, cit., págs. 454-455, ou Franz Maurer, *Das Bewegliche System zur Konkretisierung der Sittenwidrigkeit bei § 826 BGB*, cit., págs. 60-61.

[44] Cf. Vito Roberto, "Die Haftung der Bank als Kreditgeberin", in: Susan Emmenegger (coord.), *Bankhaftungsrecht*, Helbing & Lichtenhahn, Basel / Genf / München, 2006, págs. 93-140 (119-125 e 139).

Em primeiro lugar, a responsabilidade do banco depende de que não haja nenhuma probabilidade razoável, séria, de recuperação do devedor titular de empresa; em segundo lugar, de que o banco actue ou exerça influência sobre os administradores do devedor; em terceiro lugar, de que a actue ou exerça com a intenção de conseguir uma vantagem para si próprio[45]; e, em quarto lugar, de que exerça com a intenção ou com a consciência de causar um dano a terceiros[46].

Entre os casos típicos de actuação ou de exercício de uma influência determinada pela intenção de conseguir uma vantagem para si próprio estão os dois seguintes.

O primeiro é o caso de o banco conceder um financiamento para que, até à data da declaração de insolvência, o devedor conclua contratos com terceiros, e para que os contratos que o devedor conclui com terceiros façam aumentar o património disponível para a liquidação[47]. O comportamento do banco será particularmente grave desde que convença os antigos credores a continuarem a fornecer bens ou a prestar serviços ao seu cliente, ou desde que que convença novos credores a fornecer-lhe bens ou a prestar-lhe serviços[48]. O segundo é o caso de o banco conceder um financiamento para que, até à data da declaração de involvência, consiga satisfazer o seu crédito, sem impedimentos ou sem os impedimentos ligados ao processo de liquidação[49].

Como terceiro caso típico poderá porventura referir-se a hipótese de o banco conceder crédito para que passem os prazos para a resolução em benefício da massa, ou pelo menos, para que passem os prazos para a resolução incondicional em benefício da massa[50/51].

[45] Vito Roberto, "Die Haftung der Bank als Kreditgeberin", cit., págs. 124-125 e 139.

[46] Vito Roberto, "Die Haftung der Bank als Kreditgeberin", cit., pág. 121.

[47] Claus-Wilhelm Canaris, *Bankvertragsrecht*, vol. I – *Allgemeine Grundlagen*, cit., pág. 93.

[48] Claus-Wilhelm Canaris, *Bankvertragsrecht*, vol. I – *Allgemeine Grundlagen*, cit., pág. 92.

[49] Claus-Wilhelm Canaris, *Bankvertragsrecht*, vol. I – *Allgemeine Grundlagen*, cit., pág. 93.

[50] Johannes Hager, "Das Recht der unerlaubten Handlungen", cit., pág. 952.

[51] O art. 120º do Código da Insolvência e da Recuperação de Empresas enuncia os princípios gerais sobre a resolução em benefício da massa insolvente. Entre os princípios gerais está o de que só podem ser resolvidos os actos praticados "dentro dos dois anos anteriores à data do início do processo de insolvência". O art. 121º, esse, derroga os princípios gerais do art. 120º, admitindo uma resolução incondicional, ou seja, uma resolução em benefício da massa insolvente "sem dependência de quaisquer outros requisitos". Entre os actos que podem ser impugnados nos termos do art. 121º estão (i) actos de cumprimento praticados antes

III. Entre o art. 334º do Código Civil português e o § 826 do Código Civil alemão há uma diferença. O § 826 do Código alemão restringe a discricionaridade do aplicador do direito, só lhe permitindo intervir em caso de dolo; o art. 334º do Código português, esse, amplia a sua discricionaridade, permitindo-lhe intervir em casos de negligência (p. ex., de negligência grosseira):

> "ao intérprete fica alguma margem de manobra para admitir que também noutras situações, para além destes casos indiscutíveis, são manifestamente excedidos os limites impostos pelos bons costumes"[52].

O facto de o art. 334º do Código Civil português não exigir, pelo menos, expressamente o dolo, permite uma ponderação entre os *elementos objectivos* e os *elementos subjectivos* da responsabilidade pelo *abuso do* direito – permite, p. ex., uma ponderação entre os elementos objectivos, relacionados com a *contrariedade aos bons* costumes, e os elementos subjectivos, relacionados com a *culpa* no comportamento *contrário aos bons costumes.*

do vencimento da obrigação, ou "em termos não usuais no comércio jurídico", (ii) actos de constituição de garantias e (iii) actos a título oneroso em que "as obrigações [...] assumidas [pelo devedor] excedam manifestamente as da contraparte". Os actos de cumprimento praticados antes do vencimento da obrigação, ou "em termos não usuais no comércio jurídico", podem ser objecto de resolução incondicional, desde que tenham sido praticados nos seis meses anteriores à data do início do processo de insolvência [art. 121º, nº 1, alíneas f) e g)]. Os actos de constituição de garantias reais de obrigações antigas, pré-existentes, só podem ser objecto de resolução incondicional desde que tenham sido praticados nos seis meses anteriores à data do início do processo de insolvência [art. 121º, nº 1, alínea c)] e os actos de constituição de garantias reais de obrigações novas, desde que tenham sido praticados nos dois meses (nos 60 dias) anteriores á data do início do processo [art. 121º, nº 1, alínea e]]. Os actos de constituição de garantias pessoais "que não respeitem a operações com real interesse para [o devedor]" só podem ser objecto de resolução incondicional desde que tenham sido praticados nos seis meses anteriores à data de início do processo de insolvência [art. 121º, nº 1, alínea d)]. E, finalmente, os actos a título oneroso praticados pelo insolvente "em que as obrigações por ele assumidas excedam manifestamente as da contraparte" só podem ser objecto de resolução incondicional desde que tenham sido praticados no anterior anterior à data do início do processo de insolvência [art. 121º, nº 1, alínea h)].

[52] Jorge Ferreira Sinde Monteiro, *Obrigações – Aditamentos (Direito delitual)*, policop., Coimbra, 1994, pág. 8; Jorge Ferreira Sinde Monteiro / Rui Manuel Moura Ramos / Heinrich Ewald Hörster, "Landesbericht – Portugal", in: Christian von Bar (org.), *Deliktsrecht in Europa – Systematische Einführungen, Gesetztexte, Übersetzungen*, C. F. Heymans, Köln/Berlin/Bonn/München, 1994, págs. 1-60 (13).

Quando o *peso* do elemento subjectivo seja maior, superior àquilo que é *normal*, poderá admitir-se que o *peso* do elemento objectivo seja menor; quando o *peso* do elemento objectivo seja maior, superior àquilo que é *normal*, poderá admitir-se que o *peso* do elemento subjectivo seja menor – poderá admitir-se que o lesante responda por *culpa grave*, e só por *culpa grave*[53].

O conceito de *dolo* deve interpretar-se de forma a abranger a *intenção de prejudicar*, a *consciência de prejudicar* e a *consciência da possibilidade de prejudicar os credores*: caso haja intenção de prejudicar o dolo será directo; caso haja consciência de prejudicar, o dolo será necessário e, caso haja consciência da possibilidade de prejudicar, será eventual.

Em regra, em toda a regra, a consciência de que o devedor está em situação de insolvência é a *consciência da possibilidade de prejudicar os credores* – o banco, como *dador de crédito* ou *financiador*, deverá responder, e deverá responder por *dolo*, ainda que tão-só por *dolo eventual*, desde que tenha consciência de que o devedor está em situação de insolvência.

O *peso* acrescido ou reforçado do elemento subjectivo – concretizado, p. ex., na prova de que o dador de crédito pretendeu, *exclusiva ou essencialmente*, causar uma desvantagem aos credores – pode fazer com que não seja necessária a intenção de conseguir uma vantagem para si; o *peso* acrescido ou reforçado do elemento objectivo – concretizado, p. ex., na prova de que o dador de crédito pretendeu, essencialmente, *e a todo o custo*, conseguir uma vantagem para si – pode fazer com que não seja necessário o *dolo* e com que seja suficiente uma *culpa grave*.

Em primeiro lugar, poderá haver uma responsabilidade por culpa grave ou por negligência grosseira desde que o banqueiro conhecesse ou não pudesse razoavelmente desconhecer a "indignidade" de crédito do seu cliente[54]. Em segundo lugar, poderá haver uma responsabilidade por negligência desde que o banqueiro não tenha pedido ao cliente as informações necessárias, em terceiro lugar poderá haver uma responsabilidade por negligência desde que o banqueiro não tenha pedido ao cliente os docu-

[53] Entre os argumentos a favor de uma atenuação dos requisitos subjectivos da responsabilidade prevista no § 826 está o de que o requisito do *dolo* significaria um *privilègio* para as condutas gravemente negligentes, e o privilégio é *injustificado* [cf. Franz Maurer, *Das Bewegliche System zur Konkretisierung der Sittenwidrigkeit bei § 826 BGB*, cit., págs. 207-208].

[54] Margarida Azevedo de Almeida, *A responsabilidade civil do banqueiro perante os credores da empresa financiada*, cit., pág. 153.

mentos necessários para comprovar a veracidade a actualidade das informações, e, em quarto lugar, poderá haver responsabilidade por negligência desde que o banqueiro não tenha de todo consultado as bases de dado de responsabilidades de crédito[55]. Em quinto lugar, poderá haver uma responsabilidade por negligência grosseira desde que o banqueiro não tenha de todo em todo ponderado as informações ou desde que, tendo-as ponderado, tenha emitido um juízo errado – tenha emitido um "juízo manifestamente errado"[56].

O termo "manifestamente" é fundamental – a responsabilidade pelo abuso do direito não é uma responsabilidade por culpa simples, e sim (só) por culpa qualificada:

> "Apenas quando o banqueiro, ao proceder a esta avaliação, assumir um comportamento gravemente negligente, poderá incorrer em responsabilidade nos termos do art. 334º [do Código Civil], sendo de aceitar que haja erros de previsão nesta matéria"[57].

[55] Em tema de violação do dever de avaliar a dignidade de crédito, o texto de Margarida Azevedo de Almeida não é absolutamente claro: num primeiro momento, a autora sustenta, ou parece sustentar, que o banqueiro pode ser responsabilizado, perante os credores, pela violação, com negligência grosseira, do dever de preparar adequadamente a sua decisão e, em particular, pela violação, com negligência grosseira, do dever de se esclarecer sobre a actividade e sobre a situação económica e financeira da empresa; num segundo momento, sustenta, ou parece sustentar, que o banqueiro só pode ser responsabilizado desde que conheça a situação da empresa: "ser[ia] conveniente restringir a obrigação de responder pelos prejuízos sofridos pelos credores aos casos em que o banqueiro efectivamente conhe[cesse] a falta de dignidade da empresa devedora" (*A responsabilidade civil do banqueiro perante os credores da empresa financiada*, cit., pág. 153). Isto significaria que, ainda que o banqueiro violasse, com grosseira negligência, com a mais grosseira das negligências, o dever de se esclarecer sobre a actividade e sobre a situação da empresa, não seria responsabilizado – o desconhecimento negligente, ainda que grosseiramente negligente, não equivale ao conhecimento efectivo, e só o conhecimento efectivo responsabilizaria o banqueiro.

[56] Margarida Azevedo de Almeida, *A responsabilidade civil do banqueiro perante os credores da empresa financiada*, cit., pág. 153.

[57] Margarida Azevedo de Almeida, *A responsabilidade civil do banqueiro perante os credores da empresa financiada*, cit., pág. 161. – O critério formulado para o art. 334º do Código Civil pode aplicar-se, *a pari*, aos casos dos arts. 186º e 189º do Código da Insolvência e da Recuperação de Empresas.

4. A responsabilidade pela concessão de crédito fora dos quadros do direito comum

Entre os tipos complementares de responsabilidade civil, ou tipos complementares de delito, está a responsabilidade pela insolvência culposa, prevista no art. 186º e , sobretudo, no art. 189º, nº 2, alíneas a) e d), e nº 4, do Código da Insolvência e da Recuperação de Empresas.

O texto da alínea e) do nº 2 do art. 189º permite-nos formular um princípio geral: *as pessoas afectadas pela qualificação de insolvência respondem perante os credores do devedor declarado insolvente, pelo montante dos créditos não satisfeitos*. Os pressupostos ou requisitos da responsabilidade pela insolvência culposa são designados através de um conceito, do conceito de *pessoas afectadas pela qualificação da insolvência*, e os efeitos da responsabilidade pela insolvência culposa são designados através de uma fórmula, da fórmula *respondem perante os credores do devedor declarado insolvente, pelo montante dos créditos não satisfeitos*[58].

5. O conceito de *pessoas afectadas pela qualificação da insolvência*

I. A alínea a) do nº 2 do art. 189º do Código da Insolvência e da Recuperação de Empresas dá-nos conta de três coisas: de que, "[n]a sentença que

[58] O sentido da alínea e) do nº 2 é algo enigmático, sobretudo na sua relação com o nº 4: "[a]o aplicar o disposto na alínea e) do nº 2, o juiz deve fixar o valor das indemnizações devidas ou, caso tal não seja possível em virtude de o tribunal não dispor dos elementos necessários para calcular o montante dos prejuízos sofridos, os critérios a utilizar para a sua quantificação, a efectuar em liquidação de sentença". Embora o tema não possa ser apreciado em profundidade, estou convencido de que nº 4 deve interpretar-se em termos de permitir uma correcção dos resultados do nº 2 e de que, em consequência, os nºs 2 e 4 do art. 189º consagram *duas presunções*. Em primeiro lugar, estou convencido de que nº 4 deve interpretar-se em termos de permitir uma correcção dos resultados do nº 2. A responsabilidade das pessoas afectadas perante credores do devedor declarado insolvente, pelo *montante dos créditos não satisfeitos*, poderá ser reduzida em função de três factores: do grau de *ilicitude* e de *culpa*, da *proporção* em que o comportamento das pessoas afectadas e da *proporção* em que o comportamento de terceiros contribuiu para a situação patrimonial da sociedade [cf. Luís A. Carvalho Fernandes / João Labareda, *Código da Insolvência e da Recuperação de Empresas anotado*, 2ª ed., Quid Juris, Lisboa, 2013, págs. 736-738]. Em segundo lugar, e em consequência, os nºs 2 e 4 do art. 189º consagram *duas presunções*: a presunção de que *o facto de cada uma das pessoas afectadas causou um dano aos credores* e a presunção de que *o dano causado aos credores corresponde à totalidade dos créditos não satisfeitos* [cf. Nuno Manuel Pinto Oliveira, *Responsabilidade civil dos administradores. Entre direito civil, direito das sociedades e direito da* insolvência, Coimbra Editora, Coimbra, 2015, págs. 218-225, e "Responsabilidade civil dos administradores pela violação do dever de apresentação à insolvência", in: *Revista de direito comercial*, vol. 2 (2018), págs. 533-627]

qualifique a insolvência como culposa, o juiz deve [...] identificar as pessoas [...] afectadas pela qualificação"; de que, entre as pessoas afectadas pela qualificação, devem estar "administradores, de direito ou de facto, técnicos oficiais de contas e revisores oficiais de contas"; e de que não há um *numerus clausus* das pessoas afectadas. O advérbio *nomeadamente* é esclarecedor – o conjunto das pessoas afectadas pela qualificação é um *conjunto aberto*. O facto de o nº 2 do art. 189º não conter uma *cláusula geral*, de que decorra uma *definição* do conceito de *pessoas afectadas pela qualificação da insolvência*, não significa (não pode significar) uma *remissão implícita* para a *cláusula geral* do nº 1 do art. 186º – as pessoas designadas no nº 1 do art. 186º não coincidem com as pessoas designadas no nº 2 do art. 189º como *pessoas afectadas pela qualificação da insolvência*[59].

O nº 1 art. 186º exige uma "actuação, dolosa ou com culpa grave, do devedor, ou dos seus administradores, de direito ou de facto" – caso o facto de o nº 2 do art. 189º não conter uma *cláusula geral* significasse uma *remissão implícita* para a *cláusula geral* do nº 1 do art. 186º, as *pessoas afectadas pela qualificação da insolvência* deveriam ser só o devedor ou os administradores, de direito ou de facto, do devedor declarado insolvente. Ora o nº 2 do art. 189º coloca entre as *pessoas afectadas* os técnicos oficiais e os revisores oficiais de contas.

II. Em Espanha, a ausência de uma definição legal de *pessoas afectadas* é compensada pela preença de uma *enumeração taxativa*[60/61]. Em Portugal,

[59] Cf. desenvolvidamente Catarina Serra, "Emendas à (lei da insolvência) portuguesa – primeiras impressões", in: *Direito das sociedades em revista*, nº 4 – 2012, págs. 97-132 (100-101); Luís Carvalho Fernandes / João Labareda, *Código da Insolvência e da Recuperação de Empresas anotado*, cit., págs. 692-698, em especial na pág. 694; Alexandre de Soveral Martins, *Um curso de direito da insolvência*, 2ª ed., Livraria Almedina, Coimbra, 2016, págs. 423-427; e por último Catarina Serra, *Lições de direito da insolvência*, Livraria Almedina, Coimbra, 2018, págs. 157-159.

[60] O primeiro parágrafo do nº 2 do art. 172º da *Ley Concursal*, desde as alterações de 2011 e de 2014, determina que, "no caso de uma pessoa jurídica, poderá ser considerados como pessoas afectadas os administradores ou liquidatários, de direito ou de facto, os representantes gerais (*apoderados generales*), e aqueles que tenham exercido alguma de tais funções dentro dos dois anos anteriores à data da declaração de insolvência, assim como os sócios que hajam recusado sem causa razoável a conversão de créditos em capital, ou uma emissão de valores ou instrumentos convertíveis nos termos do nº 2 do art. 165º, em função do seu grau de contribuição para a formação da maioria necessária à rejeição do acordo [...]".

[61] Sobre a interpretação do nº 2 do art. 172º, antes da alteração de 2011, *vide*, p. ex., José Antonio García-Cruces, *La calificación del concurso*, Thomson-Aranzadi, Cizur Menor (Navarra), 2004,

não – a ausência de uma definição legais de *pessoas afectadas* não é, de todo em todo, compensada. A enumeração do nº 2 do art. 189º é, tão-só, uma *enumeração exemplificativa*. O facto de a alínea a) do nº 2 do art. 189º prever expressamente uma extensão da responsabilidade pela insolvência culposa aos técnicos oficiais de contas e aos revisores oficiais de contas e não prever uma extensão da responsabilidade a terceiros, põe o problema dos critérios da coordenação ao conceito de *pessoas afectadas*.

Em geral, o *fundamento* da coordenação de um qualquer caso à classe designada por um qualquer *conceito*, e em particular por um qualquer conceito *jurídico*, encontra-se numa *equiparação* [62]. Coordenar um caso à classe designada por um *conceito*, e por um conceito *jurídico*, é equiparar o caso novo aos casos antigos; o caso novo, que não foi previsto, e cuja pertinência à classe é *incerta*, e os casos antigos, que foram previstos, e cuja pertinência à classe é *certa*. Engisch fala de uma "equiparação do novo caso àqueles cuja pertinência à classe se encontra assente"[63/64]. Em especial, no caso da responsabilidade pela insolvência culposa, o *fundamento* da coordenação de uma pessoa à classe designada pelo conceito de *pessoas afectadas*, ao conceito de pessoas afectadas *pela qualificação da insolvência*, deverá procurar-se numa equiparação entre os casos previstos e os casos não previstos na lei; deverá procurar-se numa equiparação entre os casos previstos na

págs. 114-140; sobre a interpretação do nº e do art. 172º, depois das alterações de 2011 e de 2014, e em particular sobre a (actual) natureza *taxativa* da enumeração contida no nº 2 do art. 172º da *Ley Concursal*, *vide*, p. ex., Miguel Martínez Muñoz, "La responsabilidad concursal", in: *Cuadernos de derecho y comercio – nº extraordinario*, 2016, págs. 667-705 (esp. nas págs. 670-672).

[62] Cf. Karl Engisch, *Introdução ao pensamento jurídico* (título original: *Einführung in das juristische Denken*), 6ª ed., Fundação Calouste Gulbenkian, Lisboa, 1988, pág. 96 – cujo pensamento é retomado, designadamente, por João Baptista Machado, "Introdução ao pensamento jurídico", in: *Obra dispersa*, vol. II – *Filosofia do direito, direito público e outros*, Scientia Juridica, Braga, 1993, págs. 7-69 (esp. nas págs. 40-49), e por Fernando José Pinto Bronze, *A metodonomologia entre a semelhança e a diferença (Reflexão problematizante dos pólos da radical matriz analógica do discurso jurídico)*, Coimbra Editora, Coimbra, 1994, esp. nas págs. 135-171 (contendo uma *analítica justificante*, contraposta a uma *exemplificação problematizante*).

[63] Cf. Karl Engisch, *Introdução ao pensamento jurídico*, cit., pág. 96.

[64] Entre os corolários da construção enunciada em texto está o de que o juízo de coordenação do caso ao conceito da disposição legal será um *juízo prudencial*: "a aplicação duma norma a um caso concreto obriga sempre [...] a um certo discernimento do particular, e a um discernimento do particular à luz de uma tarefa ou problema normativo"; "o julgador não poderá dispensar-se dum juízo prudencial em face de cada caso novo" (cf. João Baptista Machado, "Introdução ao pensamento jurídico", cit., págs. 41 e 49).

lei, cuja pertinência à classe designada pelo conceito de *pessoas afectadas* é certa, *está assente*, e os casos não previstos na lei, cuja pertinência à classe pelo conceito é incerta.

III. O conceito de *pessoas afectadas* designará em primeira linha os administradores de direito ou de facto do devedor declarado insolvente e, em segunda linha, os técnicos oficiais de contas e os revisores oficiais de contas. *Em primeira linha, os administradores, de direito ou de facto, do devedor declarado insolvente.* A responsabilidade dos *administradores* está no *centro* ou no *núcleo* do sistema da *qualificação da* insolvência – confirmam-no nº 1 do art. 186º e do nº 2 do art. 189º. *Em segundo linha, os técnicos oficiais de contas e os revisores oficiais de contas.* A responsabilidade dos *técnicos oficiais de contas* e dos *revisores oficiais de contas*, ainda que esteja fora do *centro* ou do *nùcleo*, está no sistema da *qualificação da insolvência* – confirma-o o nº 2 do art. 189º do Código da Insolvência e da Recuperação de Empresas.

6. (Cont.) **Os critérios de coordenação dos administradores, de direito e de facto, do devedor declarado insolvente ao conceito de *pessoas afectadas pela qualificação da insolvência***

Em tema de coordenação dos *administradores, de direito e de facto*, do devedor declarado insolvente ao conceito de *pessoas afectadas pela qualificação*, há algo de consensual.

Os administradores, de direito ou de facto, do devedor declarado insolvente só serão pessoas afectadas pela qualificação da insolvência desde que estejam preenchidos o *tipo de ilícito* e o *tipo de culpa* previstos no art. 186º do Código da Insolvência e da Recuperação de Empresas.

O *tipo de ilícito* há-de consistir num facto (há-de consistir numa acção ou numa omissão) que perturbe significativamente uma de duas coisas. Ou a capacidade do devedor para cumprir as suas obrigações, ou a possibilidade de os terceiros avaliarem a capacidade do devedor para cumprir as suas obrigações. O *tipo de culpa*, esse, há-de consistir no dolo ou na culpa grave (cf. art. 186º, nºs 1 e 3, do Código da Insolvência e da Recuperação de Empresas).

Entre os factos que perturbam a capacidade do devedor para cumprir as suas obrigações estão aqueles que devam coordenar-se à cláusula geral do nº 1, às cláusulas particulares do nº 2, alíneas a) a g), e do nº 3, alínea a). Entre os factos que perturbam a possibilidade de os terceiros avaliarem a capacidade do devedor para cumprir as suas obrigações estão aqueles que devam coordenar-se às cláusulas particulares do nº 2, alínea h), ou do nº 3, alínea b).

Estão aqueles que devam coordenar-se à alínea h) do nº 2, por os administradores terem incumprido, em termos substanciais, a obrigação de manter contabilidade organizada; terem mantido uma contabilidade dupla; terem mantido uma contabilidade fictícia; ou terem praticado irregularidade com prejuízo relevante para a compreensão da situação patrimonial e financeira do devedor. Estão aqueles que devam coordenar-se à alínea b) do nº 3, por os administradores terem incumprido "[a] obrigação de elaborar as contas anuais, no prazo legal, de submetê-las à devida fiscalização ou de as depositar na conservatória do registo comercial".

Em todo o caso, deverá atender-se à "modelação temporal da situação de responsabilidade"[65] – só deverá ser afectada pela qualificação da insolvência a pessoa que contribua significativamente para a situação "nos três anos anterios ao início do processo de insolvência".

7. (Cont.) **Os critérios de coordenação dos técnicos oficiais de contas e dos revisores oficiais de contas ao conceito de *pessoas afectadas pela qualificação da insolvência***

Os técnicos oficiais e contas e os revisores oficiais de contas só serão pessoas afectadas desde que pratiquem um facto *comparável* ou *equiparável* a algum dos factos previstos no art. 186º, nºs 1 a 3, do Código da Insolvência e da Recuperação de Empresas.

Os pressupostos da responsabilidade dos administradores e dos técnicos oficiais de contas, ou dos revisores oficiais de contas, não podem ser absolutamente iguais. Os técnicos oficiais de contas e os revisores oficiais de contas não podem, *por sua mão*, criar ou agravar a sitiuação de insolvência. Os pressupostos da responsabilidade não podem ser absolutamente desiguais – não podem, p. ex., ser tão desiguais que a responsabilidade dos administradores seja uma responsabilidade por culpa qualificada e a responsabilidade dos técnicos oficiais de contas e dos revisores oficiais de contas sejam uma responsabilidade por culpa simples (por culpa leve).

[65] Expressão de Manuel Carneiro da Frada,"A responsabilidade dos administradores na insolvência", in: *Revista da Ordem dos Advogados*, vol. 66 (2006), págs. 653-702 (690-691).

Entre os *pontos de referência* para a comparação[66] encontram-se os *bens jurídicos protegidos*, os *tipos de ilícito* e os *tipos de culpa*. Os técnicos oficiais de contas e os os revisores oficiais de contas só devem ser *pessoas afectadas pela qualificação da insolvência* desde que lesem os bens jurídicos protegidos pelo art. 186º do Código da Insolvência e da Recuperação de Empresas; desde que pratiquem um facto equiparável a algum dos *tipos de ilícito* previstos no art. 186º; e desde que o facto equiparável a algum dos *tipos de ilícito* lhes seja imputável por algum dos *tipos de culpa* previstos no art. 186º, ou seja, por *dolo* ou por *culpa grave*.

I. Os bens jurídicos protegidos pelo art. 186º, nºs 1, 2 e 3, do Código da Insolvência e da Recuperação de Empresas concretizam-se em *interesses privados* e em *interesses públicos*, relacionados com a tutela do crédito e com a tutela da economia[67]. Entre os interesses privados estão os interesses da sociedade, os interesses dos sócios e/ou os interesses dos credores. Entre os interesses públicos estão sobretudo dois. Em primeiro lugar, o interesse na exclusão de *alguns dos participantes em relações económicas*; na exclusão dos devedores *indignos de crédito*, "cuja continuidade possa comprometer ou prejudicar gravemente todos os que com eles se relacionem"[68]. Em segundo lugar, o interesse na informação *de todos* sobre a situação de *alguns dos participantes em relações económicas* – dos devedores *indignos de crédito*[69].

O texto dos nºs 2 e 3 do art. 186º e em especial o texto da alínea h) do nº 2 e das alíneas a) e b) do nº 3 do art. 186º do Código da Insolvência e da Recuperação de Empresas depõe em favor de um princípio geral de *proibição da indução em erro quanto ao crédito, ou quanto à dignidade de crédito, do devedor*[70], e o princípio geral de *proibição da indução em erro quanto ao crédito,*

[66] Expressão de Karl Engisch, *Introdução ao pensamento* jurídico, cit., pág. 98.

[67] Cf. desenvolvidamente Catarina Serra, *A falência no quadro da tutela jurisdicional dos direitos de crédito – O problema da natureza do processo de liquidação aplicável à insolvência no direito português*, Coimbra Editora, Coimbra, 2009, págs. 290-315.

[68] Catarina Serra, *A falência no quadro da tutela jurisdicional dos direitos de crédito* cit., pág. 293.

[69] Cf. designadamente Vincenzo Caridi, "Concessione di credito e informazione del mercato", in: *Diritto della banca e del mercato finanziario*, ano 31º (2017), págs. 785-799 (786): "*centralità del momento informativo*".

[70] O alcance da *proibição* deve esclarecer-se. O facto, por que se induz em erro, pode ser um *facto positivo* ou um *facto negativo*; pode ser um facto positivo, por que se *simula* que o devedor tem uma dignidade de crédito que, de facto, não tem, ou pode ser um facto negativo, por que se *dissimula* que o devedor não tem dignidade de crédito, por que se *dissimula* uma indignidade

ou quanto à dignidade de crédito, poderá explicar-se ou justificar-se pela razão seguinte – o funcionamento da economia, de uma economia de mercado, pressupõe uma informação clara e fiável, e a participação nas relações económicas de devedores sobre os quais não há informação, não há uma informação clara, ou não há uma informação fiável, põe em perigo o sistema[71].

II. O elemento objectivo da responsabilidade dos técnicos oficiais de contas e dos revisores oficiais de contas deve concretizar-se na prática de um facto comparável aos *tipos de ilícito* previstos no art. 186º do Código da Insolvência e da Recuperação de Empresas.

O técnico oficial de contas ou revisor oficial de contas pode responder pela autoria ou pela participação; pela autoria, desde que pratique o facto por si próprio, *por sua mão*, ou pela participação, desde que contribua para que o administrador pratique o facto[72]; como o técnico oficial de contas ou o revisor oficial de contas pode responder pela autoria ou pela participação, o elemento objectivo da responsabilidade por ter uma *geometria variável*.

Quando os técnicos oficiais de contas e os revisores oficiais de contas pratiquem o facto ilícito por si, *pela sua mão*, a responsabilidade pela insolvência culposa depende de uma *relação de proximidade objectiva* entre os factos praticados e os tipos de ilícito previstos no art. 186º – o facto praticado pelos técnicos oficiais de contas ou pelos revisóres oficiais de contas deve estar tão próximo dos factos praticados pelos administradores que deva

de crédito que o devedor, de facto, tem. Em princípio, a *proibição de indução em erro* é, tão-só, um dever negativo; é, tão-só, uma *proibição* – haverá violação de um dever desde que se *aja* para *simular* uma dignidade de crédito que o devedor, de facto, não tem e não haverá violação de um dever desde que *não se aja* para *dissimular* uma indignidade de crédito que o devedor, de facto, tem [cf. Claus-Wilhelm Canaris, *Bankvertragsrecht*, vol. I – *Allgemeine Grundlagen*, 3ª ed., de Gruyter, Berlin / New York, 1988, pág. 93].

[71] Caso as pessoas afectadas pratiquem um facto, positivo ou negativo, por que se prejudica a possibilidade de terceiros avaliarem a capacidade do devedor para cumprir as suas obrigações, a responsabilidade pela insolvência culposa aproximar-se-á singularmente da responsabilidade pelo prospecto (*vide* designadamente Jorge Ferreira Sinde Monteiro, *Responsabilidade por conselhos, recomendações ou informações*, cit., págs. 96-115; Manuel Carneiro da Frada, *Teoria da confiança e responsabilidade civil*, Livraria Almedina, Coimbra, 2004, págs. 180-192; Manuel Carneiro da Frada, *Direito civil. Responsabilidade civil – O método do caso*, cit., págs. 111-114; ou Margarida Azevedo de Almeida. *A responsabilidade civil por prospecto no direito dos valores mobiliários. O bem jurídico protegido*, Livraria Almedina, Coimbra, 2018).

[72] Cf. Claus-Wilhelm Canaris, "Autoria e participação na *culpa in contrahendo*", in: *Revista de direito e economia*, anos 16-19 (1990-1993), págs. 5-42 (esp. nas págs. 6-10).

sustentar-se que estão "no mesmo plano"[73]. Será, p. ex., o caso de os técnicos oficiais de contas ou os revisores oficiais de contas terem mantido uma contabilidade fictícia; terem mantido uma dupla contabilidade; ou terem praticado irregularidade com prejuízo relevante para a compreensão da situtação patrimonial e financeira do devedor [cf. art. 186º, nº 1, alínea h)]. Quando os técnicos oficiais de contas e os revisores oficiais de contas pratiquem o facto ilícito *por terceiros, pela mão de terceiros*, a responsabilidade pela insolvência culposa depende de uma *relação de proximidade subjectiva* entre os administradores e os técnicos oficiais de contas ou revisores oficiais de contas – se não puder sustentar-se que os factos praticados estão "no mesmo plano", os técnicos oficiais de contas e os revisores oficiais de contas devem estar tão próximos dos administradores que deva sustentar-se que participaram no facto ilícito dos administradores. Será, p. ex., o caso de os administradores não cumprirem o dever de requerer a declaração de insolvência e de os técnicos oficiais de contas ou revisores oficiais de contas praticarem irregularidades "com prejuízo relevante para a compreensão da situação patrimonial e financeira do devedor", para sugerirem que o devedor não está insolvente e que, por não estar insolvente, não tem o dever previsto nos arts. 18º e 19º.

O raciocínio desenvolvido depõe em favor de uma resultado de alcance geral – *o conceito de* pessoas afectadas *do direito português deve compreender os* cúmplices das pessos afectadas *do direito espanhol.*

Os arts. 164º e 166º da *Ley Concursal* distinguem as *pessoas afectadas* e os *cúmplices das pessoas afectadas*. O art. 166º da *Ley Concursal* define *cúmplices* como as pessoas que, com dolo ou culpa grave, hajam cooperado com o devedor ou com os seus representantes legais, ou, no caso de o devedor ser uma pessoa colectiva, com os seus administradores ou liquidatários, de direito ou de facto, ou com os seus representantes gerais (*apoderados generales*), na prática de qualquer facto que haja determinado a qualificação da insolvência como culposa[74].

[73] Expressão de Claus-Wilhelm Canaris, "Autoria e participação na *culpa in contrahendo*", cit., pág. 19.

[74] Sobre a interpretação do art. 166º da *Ley Concursal, vide* José Antonio García-Cruces, *La calificación del concurso,* cit., págs. 141-148; José Machado Plazas, *El concurso de acreedores culpable. Calificación y responsabilidad concursal,* Thomson / Civitas, Cizur Menor (Navarra), 2006, págs. 171-174; ou Ignacio Moralejo, "El ámbito subjetivo del concurso: concursado, cómplices y personas 'afectadas' por la calificación", in: José Antonio García-Cruces (coord.), *Insolvencia y responsabilidad,* Thomson / Civitas, Cizur Menor (Navarra), 2012, págs. 65-103.

O art. 189º do Código da Insolvência e da Recuperação de Empresas não distingue – a circunstância de a enumeração das *pessoas afectadas* ser uma enumeração *exemplificativa* depõe no sentido de que todas as pessoas que hajam cooperado na prática de qualquer facto que haja determinado a qualificação da insolvência como culposa devam ser *afectadas pela qualificação*. O texto do art. 189º, nº 2, alínea a), do Código da Insolvência e da Recuperação de Empresas deverá coordenar-se, em particular, com o texto do art. 490º do Código Civil. Entre as pessoas afectadas pela qualificação devem estar os co-autores, os auxiliares e os instigadores[75/76].

III. O elemento subjectivo da responsabilidade dos técnicos oficiais de contas, ou dos revisores oficiais de contas, esse, deve concretizar-se no preenchimento de um *tipo de culpa* comparável aos *tipos de culpa* previstos no art. 186º – dolo ou culpa grave.

8. O problema da coordenação dos credores ao conceito de *pessoas afectadas pela qualificação da insolvência*

O art. 189º, nºs 2 e 4, em ligação com o art. 186º do Código da Insolvência e da Recuperação de Empresas, proporciona-nos uma "panorâmica de casos de aplicação possíveis"[77], com os quais se pode comparar os casos

[75] Sobre a interpretação do art. 490º do Código Civil, *vide* Fernando Andrade Pires de Lima / João de Matos Antunes Varela (com a colaboração de Manuel Henrique Mesquita), anotação ao art. 490º, in: *Código Civil anotado*, vol. I – *Artigos 1º a 761º*, 4ª ed., Coimbra Editora, Coimbra, 1987, pág. 491; Ana Prata, anotação ao art. 490º, in: Ana Prata (coord.), *Código Civil anotado*, vol. I – *Artigos 1º a 1250º*, Livraria Almedina, Coimbra, 2017, pág. 636; ou Henrique Sousa Antunes, anotação ao art. 490º, in: Luís A. Carvalho Ferandes / José Carlos Brandão Proença, *Comentário ao Código Civil – Direito das obrigações. Das obrigações em geral*, Universidade Católica Editora, Lisboa, 2019, págs. 309-311.

[76] Embora os *encobridores* não estejam abrangidos pela previsão do art. 490º, há algum consenso, da doutrina e da jurisprudência, em que os *encobridores* "podem [...], em casos especiais, provocar o dano" e em que, desde que provoquem o dano, "são [...] directamente responsáveis" – como *co-autores* ou, em todo o caso, como *auxiliares* [cf. Fernando Andrade Pires de Lima / João de Matos Antunes Varela (com a colaboração de Manuel Henrique Mesquita), anotação ao art. 490º, in: *Código Civil anotado*, vol. I – *Artigos 1º a 761º*, cit., pág. 491 – com a concordância de Henrique Sousa Antunes, anotação ao art. 490º, in: Luís A. Carvalho Ferandes / José Carlos Brandão Proença, *Comentário ao Código Civil – Direito das obrigações. Das obrigações em geral*, cit., pág. 310].

[77] Expressão de Esser, *apud* Karl Engisch, *Introdução ao pensamento jurídico*, cit., págs. 112 (nota nº 9).

de responsabilidade dos bancos pela concessão de crédito, e proporciona-nos três *pontos de referência* para a comparação – os *bens jurídicos protegidos*, os *tipos de ilícito* e os *tipos de culpa*. Os credores, como, p. ex., os bancos, só devem ser *pessoas afectadas pela qualificação da insolvência* desde que lesem os bens jurídicos protegidos pelo art. 186º; desde que pratiquem um facto equiparável a algum dos *tipos de ilícito* previstos no art. 186º; e desde que o facto equiparável a algum dos *tipos de ilícito* lhes seja imputável por algum dos *tipos de culpa* previstos no art. 186º, ou seja, por *dolo* ou por *culpa grave*.

Em primeiro lugar, *só devem ser pessoas afectadas pela qualificação da insolvência desde que lesem os bens jurídicos protegidos pelo art. 186º*, ou seja, desde que lesem os interesses privados da sociedade, dos sócios ou dos credores, o interesse público na exclusão dos devedores *indignos de crédito* ou o interesse público na informaçção *de todos* sobre a situação de *alguns dos participantes em relações económicas* – dos devedores *indignos de crédito.*

Em segundo lugar, *só devem ser pessoas afectadas pela qualificação da insolvência desde que pratiquem um facto equiparável a algum dos tipos de ilícito previstos no art. 186º*.

Em termos em tudo semelhantes aos dos técnicos oficiais de contas e dos revisores oficiais de contas, os pressupostos objectivos da responsabilidade pela concessão de crédito, como caso de responsabilidade pela insolvência culposa, têm uma geometria variável. Os credores podem praticar o facto ilícito, ou participar no facto ilícito praticado pelos administradores.

Em terceiro lugar, *só devem ser pessoas afectadas pela qualificação da insolvência desde que o facto equiparável a algum dos tipos de ilícito lhes seja imputável por algum dos tipos de culpa previstos no art. 186º, ou seja, por dolo ou por culpa grave.*

Em termos em tudo semelhantes aos dos técnicos oficiais de contas, ou dos revisores oficiais de contas, os pressupostos objectivo da responsabilidade pela concessão de crédito, como caso de responsabilidade pela insolvência culposa, têm uma geometria fixa, invariável.

I. *Os bens jurídicos lesados pela cumplicidade no adiamento da declaração de insolvência*. – O banco, ao conceder crédito a uma empresa em situação económica difícil, desde que a empresa não tenha nenhuma perspectiva razoável de recuperação, coloca em perigo os interesses *privados* e os interesses *públicos* protegidos pelo art. 186º do Código da Insolvência.

Em primeiro lugar, coloca em perigo os *interesses privados* dos credores; dos antigos e dos novos credores; em segundo lugar, ccoloca em perigo o interesse público na exclusão de *alguns dos participantes em relações económicas* e o interesse público na informação *de todos* sobre a situação de *alguns dos participantes em relações económicas* – dos devedores *indignos de crédito*.

II. *Comparação da cumplicidade no adiamento da declaração de insolvência com os tipos de ilícito previstos no art. 186º do Código da Insolvência e da Recuperação de Empresas*. – O tipo de ilícito preenchido pelo facto da *concessão*, de uma concessão *abusiva de crédito* pode representar-se como um caso de autoria ou de participação – como um caso de autoria de um facto equiparável aos *tipos de ilícito* previstos na alínea h) do nº 2 e nas alíneas a) e b) do nº 3 do art. 186º, ou como um caso de participação no tipo de ilícito previsto na alínea a) do nº 3 do art. 186º, ou seja, no tipo violação do dever de requerer a declaração de insolvência.

Em primeiro lugar, pode representar-se como um caso de autoria de um facto equiparável aos *tipos de ilícito* previstos na alínea h) do nº 2 e nas alíneas a) e b) do nº 3 do art. 186º, por haver violação de um dever negativo; por haver violação de um dever de não indução em erro quanto ao crédito – *Kredittäuschung* – ou de não indução em erro quanto à dignidade de crédito– *Kreditwürdigkeittäuschung*[78]. Em segundo lugar, ainda que não pudesse representar-se como um caso de autoria, o tipo de ilícito preenchido pelo facto do banco pode representar-se como um caso de participação no tipo de ilícito previsto na alínea a) do nº 3 do art. 186º.

O problema pressupõe que haja um conflito entre os interesses do banco e os interesses dos credores, dos demais credores do devedor, e o conflito entre os interesses do banco e os interesses dos credores pressupõe que não haja nenhuma probabilidade ou, em todo o caso, que não haja nenhuma probabilidade razoável, séria, de recuperação da empresa[79].

Canaris alega que os credores, como o banco, só têm um dever negativo, um dever de abstenção ou de omissão, e não tem um dever positivo, não tem um dever de acção.

Com a afirmação de que o banco tem um dever negativo, de abstenção ou de omissão, quer significar que tem o dever de não praticar actos em abstracto e/ou em concreto adequados para induzir em erro os credores

[78] Claus-Wilhelm Canaris, *Bankvertragsrecht*, vol. I – *Allgemeine Grundlagen*, cit., pág. 93.
[79] Claus-Wilhelm Canaris, *Bankvertragsrecht*, vol. I – *Allgemeine Grundlagen*, cit., pág. 93.

acerca da situação económica e financeira do cliente[80], como a concessão de crédito. Com a afirmação de que o banco não tem um dever positivo, de acção, quer significar duas coisas: – que o banco não tem o dever positivo de avisar, de esclarecer ou de informar cada um dos novos credores [81]; – que o banco não tem o dever positivo de esclarecer ou de informar todos os novos credores, deduzindo um pedido de declaração de insolvência, e não o tem o dever positivo de o deduzir "ainda que [...] possa prever que possa haver danos para outros credores se a indignidade de crédito do cliente não for imediatamente posta a descoberto" [82].

O facto da concessão, da concessão *abusiva* de crédito é, em todo o caso, um facto positivo – e, como facto positivo, viola um dever negativo, de abstenção ou de omissão.

III. *Comparação da cumplicidade no adiamento da declaração de insolvência com os tipos de culpa previstos no art. 186º do Código da Insolvência e da Recuperação de Empresas.* – O tipo de culpa por que o tipo de ilícito preenchido pelo facto há-de ser imputável ao credor, ao dador de crédito ou financiador deve representar-se como uma culpa qualificada.

A responsabilidade do banco como credor poderá ser uma responsabilidade por dolo ou uma responsabilidade por culpa grave. A r*esponsabilidade por culpa* ou *por negligência*, por uma *culpa grave* ou por uma *negligência grosseira*, caracterizar-se-á (i) por uma violação caracterizada do dever de o banqueiro avaliar a dignidade de crédito do cliente ou (ii) por uma violação caracterizada do dever de não conceder crédito a um cliente "indigno", p. ex., por estar insolvente.

[80] Claus-Wilhelm Canaris, *Bankvertragsrecht*, vol. I – *Allgemeine Grundlagen*, cit., pág. 93.

[81] Canaris escreve que o banco não tem de avisar um novo credor, ou um novo sócio, que não tenha com o banco nenhum contacto negocial, nenhuma ligação de negócios ou nenhuma ligação especial, de que o seu cliente está insolvente, ou está em risco de ficar insolvente (*Bankvertragsrecht*, vol. I – *Allgemeine Grundlagen*, cit., pág. 93). Os seus termos sugerem que pode haver um dever de aviso, de esclarecimento ou de informação dos credores, ou dos sócios, com os quais o banco tenha um contacto negocial, ou uma ligação especial.

[82] Claus-Wilhelm Canaris, *Bankvertragsrecht*, vol. I – *Allgemeine Grundlagen*, cit., pág. 93.

9. Conclusão – a responsabilidade do banco pela *cumplicidade* no adiamento da declaração de insolvência como responsabilidade pela insolvência culposa

O raciocínio desenvolvido nos parágrafos precedentes permite-nos concluir que o caso da responsabilidade do banco pela *cumplicidade* pelo adiamento da declaração de insolvência pode coordenar-se ao tipo especial de responsabilidade pela *insolvência culposa*.

Como os bancos podem lesar os bens jurídicos protegidos pelo art. 186º do Código da Insolvência e da Recuperação de Empresas; como podem lesá-los praticando por si próprios um facto análogo aos previstos pelos tipos de ilícito do art. 186º, ou participando na prática por terceiros (peloa administradores) de um facto previsto pelos tipos de ilícito do art. 186º – participando, p. ex., no adiamento da declaração de insolvência –; e como podem praticá-los com o tipo de culpa previsto no art. 186º, nº 1 (dolo ou culpa grave), deve concluir-se que os bancos podem ser *pessoas afectadas* pela qualificação da insolvência e que, desde que sejam *pessoas afectadas* pela qualificação da insolvência, devem ser condenados a indemnizar os credores do devedor declarado insolvente, *no montante dos créditos não satisfeitos*.

Em favor da tese de que o conceito de *pessoas afectadas pela qualificação da insolvência* da alínea a) do nº 2 do art. 189º do Código da Insolvência e da Recuperação de Empresas, deve interpretar-se em termos de incluir os *credores*, como os bancos, dadores de crédito ou financeiradores, desde que tenham contribuído significativamente para a situação de insolvência. nos três anos anteriores ao início do processo, está a alínea d) do nº 2:

> "Na sentença que qualifique a insolvência como culposa, o juiz deve [...] determinar a perda de quaisquer créditos sobre a insolvência ou sobre a massa insolvente detidos pelas pessoas afectadas pela qualificação e a sua condenação na restituição dos bens ou direitos já recebidos em pagamento desses créditos" [83].

O *regime especial* dos arts. 186º e 189º do Código da Insolvência e da Recuperação de Empresas será mais favorável aos credores lesados que o

[83] Cf. designadamente Luís Menezes Leitão, *Direito da insolvência*, 7ª ed., Livraria Almedina, Coimbra, 2017, pág. 286: "Sempre que algum credor se encontre envolvido na qualificação da insolvência como culposa, a sentença determina a perda de todos os seus créditos sobre o insolvente ou sobre a massa insolvente e a sua condenação na restituição dos bens e serviços recebidos em pagamento desses créditos".

regime geral do art. 334º, em ligação com os arts. 562º ss. do Código Civil, por consagrar as *duas presunções*, de *dano* e de *causalidade*.

O art. 334º do Código Civil colocaria a cargo do credor lesado o ónus de alegar e de provar duas coisas. Em primeiro lugar, de provar a data em que o devedor deveria ter sido declarado insolvente e, em segundo lugar, de provar a diferença entre a situação patrimonial do devedor na data em que deveria ter sido declarado insolvente e na data em que, de facto, o foi. Os arts. 186º e 189º, nºs 2 e 4, do Código da Insolvência e da Recuperação de Empresas dispensam-no da prova, particularmente difícil, exigida pelos arts. 562º ss. do Código Civil – *em princípio, as pessoas afectadas respondem pela totalidade dos créditos não satisfeitos*[84].

[84] Sobre a presunção de causalidade e sobre a presunção de dano contidas no art. 189º, nºs 2 e 4, *vide* Nuno Manuel Pinto Oliveira, "Responsabilidade civil dos administradores pela insolvência culposa", in: Catarina Serra (coord.), *I Colóquio de direito da insolvência de Santo Tirso*, Livraria Almedina, Copimbra, 2015, págs. 195-256, ou *Responsabilidade civil dos administradores. Entre direito civil, direito das sociedades e direito da insolvência*, cit., págs. 218-225.

Insolvência e Tutela do Consumidor

ANA TAVEIRA DA FONSECA
Professora Auxiliar da Faculdade de Direito da Universidade Católica Portuguesa (Lisboa)

Introdução

No articulado do Código da Insolvência e da Recuperação de Empresas (CIRE), só se encontra uma referência ao consumidor no artigo 16º, nº 1. Dele consta que o disposto neste Código se aplica "sem prejuízo do estabelecido na legislação especial sobre o consumidor relativamente a procedimentos de reestruturação do passivo".

A primeira conclusão que pode ser retirada é a de que o consumidor que se encontra insolvente não está subordinado a um regime insolvencial distinto daquele que vigora para o empresário em nome individual. O regime consagrado para a insolvência de pessoas singulares (artigos 235º e ss. do CIRE) aplica-se, indistintamente, quer estas sejam ou não consumidores. Acresce que, após a entrada em vigor do Decreto-Lei nº 79/2017, ficou definitivamente clarificado que o processo especial de revitalização se dirige a empresas, sejam estas detidas por uma pessoa singular ou por uma pessoa coletiva (artigo 17º-A, nº 1, do CIRE). Para os não empresários, o mesmo diploma consagrou, nos artigos 222º-A e ss. do CIRE, o processo especial para acordo de pagamento. Este não tem, contudo, como destinatários as pessoas singulares não titulares de empresa, mas "as pessoas jurídicas não titulares de empresa"[1].

A segunda conclusão que pode ser extraída da ausência de alusão ao consumidor no CIRE é a de que o credor da insolvência não é discriminado nem privilegiado pelo facto de ser um consumidor. Solução diversa poria em causa o princípio da igualdade dos credores. Os créditos sobre a insolvência podem ter um tratamento diferenciado quando, tendo em conta a sua natureza intrínseca, o legislador entender que os mesmos devem ser privilegiados. A preferência de que possam gozar não deve, porém, assentar na diferente qualidade em que atua aquele que é o seu titular, no momento em que adquire o crédito.

[1] CATARINA SERRA, *Lições de Direito da Insolvência*, Coimbra, 2018, p. 583.

Apesar de a tutela do consumidor não constar da letra de nenhum preceito legal, o Supremo Tribunal de Justiça reconheceu, em dois acórdãos uniformizadores de jurisprudência, ao promitente-adquirente consumidor um direito de retenção para tutela do direito de crédito decorrente da recusa de cumprimento de um contrato-promessa com eficácia meramente obrigacional por parte do administrador de insolvência.

No Acórdão Uniformizador de Jurisprudência nº 4/2014, fixou-se que "no âmbito da graduação de créditos em insolvência o consumidor promitente-comprador em contrato, ainda que com eficácia meramente obrigacional com *traditio*, devidamente sinalizado, que não obteve o cumprimento do negócio por parte do administrador de insolvência, goza do direito de retenção nos termos do estatuído no artigo 755º nº 1 alínea f) do Código Civil"[2]. Mais recentemente, pelo Acórdão Uniformizador de Jurisprudência nº 4/2019[3], em face das dúvidas sobre o conceito de consumidor que, a este propósito, devia ser acolhido, veio o Supremo Tribunal de Justiça esclarecer que "na graduação de créditos em insolvência, apenas tem a qualidade de consumidor, para efeitos do disposto no Acórdão nº 4 de 2014 do Supremo Tribunal de Justiça, o promitente-comprador que destina o imóvel, objeto de *traditio*, a uso particular, ou seja, não o compra para revenda nem o afeta a uma atividade profissional ou lucrativa".

Nos dois Acórdãos, o que está essencialmente em causa é o reconhecimento de uma garantia "ao beneficiário de uma promessa de transmissão ou constituição de direito real que obteve a tradição da coisa a que se refere o contrato prometido" [artigo 755º, nº 1, al. f), do CC], quando este seja um consumidor e o administrador de insolvência recusa celebrar o contrato definitivo.

No Acórdão Uniformizador nº 4/2019, aclarou-se que esta garantia se encontrava restringida aos casos em que esse promitente-adquirente é um consumidor em sentido restrito. Excluídos do direito de retenção parecem ter ficado os créditos daqueles a quem o imóvel é prometido vender, mas o querem destinar, depois da aquisição, a uma atividade profissional ou lucrativa.

Não se explicitou, contudo, quais os créditos garantidos por este direito de retenção.

O beneficiário da promessa de transmissão ou constituição de direito real não tem obrigatoriamente de prometer adquirir a coisa para gozar de

[2] AUJ nº 4/2014, de 20 de março, DR, 1ª série, nº 95/2014, 19 de maio de 2014, p. 2889.

[3] AUJ nº 4/2019, de 12 de fevereiro, DR, 1ª série, nº 141/2019, 25 de julho de 2019, pp. 22 e ss.

direito de retenção. Na jurisprudência firmada, faz-se referência ao promitente-comprador, porque, de facto, na maioria das vezes, o contrato-promessa é bilateral e, por esse motivo, o beneficiário da promessa de transmissão ou constituição do direito real é também um promitente-adquirente. Por essa razão, referir-nos-emos ao beneficiário da promessa também como promitente-comprador ou promitente-adquirente.

Procuraremos responder a quatro questões:

i) Poderá o administrador de insolvência recusar o cumprimento de um contrato-promessa com eficácia meramente obrigacional quando a entrega da coisa tenha ocorrido antes da declaração de insolvência?

ii) Quais os direitos de que goza o beneficiário da promessa quando a recusa de cumprimento por parte do administrador de insolvência for considerada lícita?

iii) Algum dos direitos referidos em ii) se encontra garantido através de direito de retenção?

iv) Em que medida terá sentido restringir esta garantia às situações em que o beneficiário da promessa é um consumidor em sentido restrito?

1. A recusa de cumprimento de um contrato-promessa por parte do administrador de insolvência

De acordo com o estabelecido no artigo 106º, nº 1, do CIRE, se o promitente-vendedor for declarado insolvente, antes de o contrato-promessa ter sido definitivamente incumprido, não pode o administrador de insolvência recusar o seu cumprimento, quando àquele tenha sido atribuída eficácia real pelas partes e ao promitente-comprador já tenha sido entregue a coisa prometida alienar.

A solução justifica-se por a atribuição de efeitos reais ao contrato-promessa o tornar oponível a terceiros, onde aí se devem naturalmente incluir os credores do promitente-alienante.

Mais discutível é se se deve exigir também a entrega da coisa, para que o administrador de insolvência esteja impedido de recusar o cumprimento do contrato-promessa com eficácia real[4]. A dúvida é pertinente porquanto

[4] Assinalando que a solução é coerente com aquela que se encontra consagrada no artigo 104º, nº 1, do CIRE em caso de insolvência do vendedor reservatário, v. ANA PRATA/JORGE

a oponibilidade a terceiros não depende, segundo o determinado no artigo 413º do Código Civil (CC), da entrega da coisa objeto da promessa. A isto acresce que se a coisa prometida alienar for penhorada, no âmbito de uma ação executiva singular, o agente de execução está obrigado a vendê-la ao promitente-comprador se o contrato-promessa tiver eficácia real, mesmo que a *traditio* ainda não tenha ocorrido no momento em que se efetua a penhora ou a venda executiva (artigo 831º do Código de Processo Civil). Sendo o direito de aquisição oponível a terceiros, a tutela do contraente a favor de quem foi feita uma promessa de venda não deve depender da *traditio*. A entrega da coisa constitui a antecipação do cumprimento de uma obrigação que decorre necessariamente da celebração do contrato definitivo. Não pode considerar-se que, só a partir desse momento, o titular do direito de aquisição passa a confiar que este será oponível à massa insolvente. Em face do regime instituído no artigo 413º do CC, impõe-se, conforme defendem MENEZES LEITÃO[5] e ALBUQUERQUE MATOS[6], que se proceda a uma interpretação corretiva do artigo 106º, nº 1, do CIRE[7], por forma a considerar que o administrador de insolvência nunca pode recusar o cumprimento de um contrato-promessa com eficácia real[8].

Se o administrador de insolvência se recusar a cumprir o contrato-promessa quando, por força do disposto no artigo 106º, nº 1, do CIRE, estava obrigado a fazê-lo, há que considerar que essa recusa é ilícita. O promitente-comprador mantém o direito a exigir judicialmente o cumprimento do contrato[9],

MORAIS CARVALHO/RUI SIMÕES, *Código da Insolvência e da Recuperação de Empresas Anotado*, Coimbra, 2013, p. 309. Neste caso, o administrador também pode recusar o cumprimento do contrato de compra e venda se a coisa ainda não tiver sido entregue ao comprador.

[5] Cfr. MENEZES LEITÃO, *Código da Insolvência e da Recuperação de Empresas*, 10ª ed., Coimbra, 2018, p. 180.

[6] ALBUQUERQUE MATOS, "Os efeitos da declaração de insolvência sobre os negócios em curso", *IV Congresso de Direito da Insolvência*, Coimbra, 2017, p. 58

[7] CARVALHO FERNANDES/ JOÃO LABAREDA, *Código da Insolvência e da Recuperação de Empresas Anotado*, 3ª ed., Lisboa, 2015, p. 472, rejeitam a possibilidade de se proceder à correção propugnada.

[8] Defendendo que o artigo 106º do CIRE, de acordo com o direito a constituir, se deveria aplicar "igualmente às promessas com eficácia real (mas sem tradição) e às promessas obrigacionais (do tipo das descritas no art. 410º, nº 3, do CC) com cláusula de tradição", v. BRANDÃO PROENÇA, "Para a necessidade de uma melhor tutela dos promitentes-adquirentes de bens imóveis (*maxime*, com fim habitacional)", CDP, nº 22, p. 21.

[9] Cfr. PINTO OLIVEIRA, "Efeitos da declaração de insolvência sobre os contratos em curso – em especial, sobre o contrato-promessa", *Ab Instantia*, ano II, nº 4, 2014, pp. 17 e 21.

porque o direito de aquisição de que é titular é oponível a terceiros. Não é, contudo, de excluir que, em face da recusa categórica de cumprimento por parte do administrador de insolvência, o beneficiário da promessa de alienação opte por considerar o contrato definitivamente incumprido e o resolva. Tal como sucederia se o promitente-vendedor, antes da declaração de insolvência, tivesse declinado, de forma séria, clara, unívoca e definitiva, celebrar o contrato definitivo, assim também esta recusa tem de ser considerada ilícita. O que pode discutir-se é se, nestes casos, ao promitente--comprador deve ser atribuída a mesma indemnização e se o pagamento dessa indemnização goza das mesmas garantias de que usufruiria se o cumprimento tivesse sido ilicitamente recusado pelo promitente-vendedor.

No artigo 102º, nº 3, al. c), do CIRE, limita-se a indemnização a que o credor tem direito, em caso de recusa de cumprimento de um contrato por parte do administrador de insolvência, e acrescenta-se que esta indemnização constitui um crédito sobre a insolvência. Esta limitação da responsabilidade só se aplica quando a recusa de cumprimento puder ser considerada lícita, ou seja, se o administrador de insolvência puder recusar o cumprimento do contrato-promessa. Quando a lei não lhe permite recusar o cumprimento, não deve a responsabilidade da massa insolvente ser limitada. Por esse motivo, no caso de o contrato-promessa ter sido sinalizado, o promitente-comprador poderá optar entre o sinal em dobro ou a indemnização pelo aumento do valor. Não existindo sinal, o promitente-comprador terá direito uma indemnização nos termos gerais de direito (artigo 798º e ss. do CC). O que fica por determinar é se o promitente-comprador goza de direito de retenção para garantia do seu crédito indemnizatório, como teria se tivesse sido o promitente-vendedor a recusar o cumprimento, ou se este crédito se encontra por outra forma garantido.

Nuno Pinto Oliveira[10] considera que o crédito indemnizatório a que o promitente-comprador tem direito constitui um crédito sobre a massa, nos termos do estatuído no artigo 51º, nº 1, al. e), do CIRE[11]. O que aí se estabelece é que constituem dívidas da massa aquelas que resultem de contrato bilateral cujo cumprimento não possa ser recusado pelo admi-

[10] Cfr. Pinto Oliveira, "Efeitos da declaração de insolvência sobre os contratos em curso – em especial, sobre o contrato-promessa", cit., p. 24.

[11] Considerando que a qualificação desde crédito como uma dívida da massa não afeta o direito de retenção conferido pelo artigo 755º, nº 1, al. f), do CC, v. Menezes Leitão, *Código da Insolvência e da Recuperação de Empresas*, cit., p. 182.

nistrador de insolvência. Fica, contudo, a dúvida de saber se só se querem abranger as dívidas que resultem da execução destes contratos ou se as dívidas que derivem do inadimplemento da obrigação de não recusar o seu cumprimento estarão igualmente englobadas.

Caso se entenda que não estamos perante um crédito sobre a massa, isso não significa que ele não se encontre garantido por outra forma. Se o promitente-comprador é titular do mesmo crédito indemnizatório a que teria direito, caso o cumprimento tivesse sido ilicitamente recusado pelo promitente-vendedor, a garantia deste crédito indemnizatório há de ser também a mesma. Por outras palavras, se se entender que não estamos perante um crédito sobre a massa, sempre se deverá concluir que o promitente-comprador goza de direito de retenção, nos termos do artigo 755º, nº 1, al. f), do CC. A solução tem a vantagem de não colocar o promitente-comprador numa situação mais favorável do que aquela em que este se encontraria, caso tivesse sido o promitente-alienante a recusar o cumprimento do contrato-promessa antes da declaração de insolvência, quando, em ambos os casos, há um incumprimento ilícito de uma obrigação de contratar. Até aí, se existisse incumprimento definitivo, ele só tinha a expectativa de a coisa entregue responder preferencialmente pelo cumprimento do crédito de que viesse a ser titular. Apesar de a solução não ser isenta de dúvidas, por uma questão de coerência, talvez não seja de estender a preferência do promitente-comprador a todos os bens que integram a massa insolvente.

Conforme tivemos oportunidade de assinalar, decorre do artigo 106º, nº 1, do CIRE, que o administrador de insolvência não pode recusar o adimplemento do contrato-promessa quanto este gozar de eficácia real e o insolvente for o promitente-vendedor. Duas ilações podem, a nosso ver, ser extraídas do que acaba de se expor a propósito da recusa de cumprimento do contrato-promessa por parte do administrador de insolvência. A primeira é a de que o administrador não está vinculado a cumprir o contrato quando o insolvente for o promitente-comprador, mesmo que àquele tenha sido atribuída eficácia real. A segunda é a de que o cumprimento pode ser rejeitado se o contrato-promessa não tiver eficácia real, sendo para este efeito indiferente que o insolvente seja o promitente-comprador ou o promitente-vendedor e que já tenha existido *traditio*[12].

[12] Em sentido contrário, v. Menezes Leitão, *Código da Insolvência e da Recuperação de Empresas*, cit., p. 180 e Albuquerque Matos, "Os efeitos da declaração de insolvência sobre os negócios em curso", cit., p. 59

Solução distinta parece ter sido acolhida na fundamentação do Acórdão Uniformizador de Jurisprudência nº 4/2014. Partindo do pressuposto que o artigo 106º do CIRE não regula o regime aplicável à recusa de cumprimento do contrato-promessa com eficácia obrigacional que foi acompanhado da entrega da coisa, entendeu o Supremo Tribunal de Justiça suprir a referida lacuna, apelando ao regime instituído no artigo 104º, nº 1, do CIRE, que versa sobre o cumprimento do contrato de compra e venda com reserva de propriedade quando o vendedor é declarado insolvente. A partir daí concluiu que basta a entrega da coisa para que o administrador esteja impedido de recusar o cumprimento do contrato-promessa. Subjacente a esta tomada de posição esteve a ideia que a *traditio* cria no promitente-comprador uma forte expectativa quanto à solidez do vínculo.

Temos dúvidas de que se possa procurar resposta para o problema enunciado no regime do contrato de compra e venda com reserva de propriedade, porque o comprador tem, ao contrário do que sucede com a celebração de um contrato-promessa sem eficácia real, uma expetativa de aquisição que, de acordo com o prescrito no artigo 409º do CC, é oponível a terceiros. Mais uma vez, o que é questionável é que se tenha feito depender a oponibilidade deste direito de aquisição à massa insolvente da entrega da coisa ao comprador.

Em nosso entender, fundando-se esta proibição de recusa de cumprimento na oponibilidade a terceiros do direito de aquisição do promitente comprador, não há analogia possível entre as hipóteses em que o contrato-promessa tem eficácia real e aquelas em que este goza de eficácia meramente obrigacional para suportar a extensão sugerida na fundamentação do Acórdão Uniformizador de Jurisprudência nº 4/2014[13]. Pelos motivos expostos, somos de opinião que o administrador de insolvência não está impedido de recusar o cumprimento do contrato-promessa se as partes

[13] No mesmo sentido, v. Calvão da Silva, *Sinal e Contrato-Promessa*, Coimbra, 2017, p. 147, Pinto Oliveira/Catarina Serra, "Insolvência e contrato-promessa: os efeitos da insolvência sobre o contrato-promessa com eficácia obrigacional", ROA, ano 70, I a IV, 2010, pp. 403 e ss., Gravato Morais, "Promessa obrigacional de compra e venda com tradição da coisa e insolvência do promitente-vendedor", CDP, nº 29, pp. 10 e ss., Soveral Martins, *Um Curso de Direito da Insolvência*, 2ª ed., Coimbra, 2017, pp. 184 e 185, Catarina Serra, *Lições de Direito da Insolvência*, cit., p. 235 e Rosário Epifânio, *Manual de Direito da Insolvência*, 7ª ed., Coimbra, 2019, p. 217.

não tiverem atribuído eficácia real ao contrato-promessa, independentemente de ter existido ou não *traditio*.

Aquilo que pode sustentar-se, conforme defende NUNO PINTO OLIVEIRA, é que há circunstâncias em que a opção pelo não cumprimento tem de ser considerada abusiva, apesar de o administrador de insolvência não estar impedido de recusar o cumprimento do contrato-promessa pelo artigo 106º, nº 1, do CIRE. Tal sucederá, segundo o autor, sempre que a opção pelo não cumprimento coloque em perigo a concreta realização de um direito fundamental do promitente-comprador, como o direito à habitação, ou quando o promitente-comprador já tenha pago o preço da coisa[14].

Sempre que o administrador de insolvência pode licitamente recusar o cumprimento do contrato-promessa, as questões que se levantam, subsequentemente, são as de saber se, ainda assim, o promitente-adquirente não terá direito à restituição de todas as quantias que prestou a título de sinal ou de antecipação do cumprimento e a ser indemnizado pelos prejuízos ocasionados pelo não cumprimento do contrato-promessa. Por último, cumpre averiguar se estes créditos gozam de alguma garantia especial que permita que o seu titular seja, de alguma forma, pago com preferência relativamente aos credores comuns do insolvente.

2. Os direitos que assistem ao beneficiário da promessa de alienação ou constituição de direito real em caso de recusa de cumprimento por parte do administrador de insolvência

Quando o administrador de insolvência não está impedido de rejeitar o cumprimento do contrato-promessa, cumpre-lhe decidir se para a massa será mais favorável celebrar o contrato definitivo ou optar por não o fazer. Se ele tem o poder potestativo de optar entre cumprir ou não cumprir este contrato em curso, a recusa de cumprimento não poderá ser considerada ilícita.

Constituindo a recusa de cumprimento uma opção conferida pela lei ao administrador de insolvência, que este deve exercer quando aquela tiver mais benefícios para a massa do que prejuízos, a recusa de cumprimento não pode deixar de ser considerada um ato lícito. A licitude desta recusa tem, naturalmente, repercussão no *quantum* indemnizatório a que a contraparte do promitente-vendedor tem direito.

[14] Cfr. PINTO OLIVEIRA, "Efeitos da declaração de insolvência sobre os contratos em curso – em especial, sobre o contrato-promessa", cit., p. 14.

Quando o contrato-promessa tenha sido sinalizado, o direito ao sinal em dobro ou à indemnização pelo aumento do valor depende de o incumprimento do contrato-promessa ser imputável ao promitente-alienante (artigo 442º, nº 2, do CC). De acordo com a letra do nº 4 do artigo 442º do CC, na ausência de estipulação em contrário, as prestações previstas no nº 2 afastam qualquer outra indemnização a que teria direito o contraente que prestou o sinal pelos danos resultantes do incumprimento do contrato-promessa[15]. Dito de outra forma, o pagamento do sinal em dobro ou da indemnização pelo aumento do valor substitui a indemnização devida pelo incumprimento do contrato e desempenha uma função indemnizatória independentemente da natureza do sinal[16]. Se a indemnização por falta de cumprimento da promessa só é devida se o devedor tiver culpa, ainda que esta se presuma (artigo 799º do CC), deve entender-se que o direito ao sinal em dobro ou à indemnização pelo aumento de valor depende igualmente de o incumprimento do promitente que recebeu o sinal ser ilícito e culposo[17]. A imputação objetiva constitui a exceção na responsabilidade obrigacional. Não se identifica aqui qualquer risco agravado que tenha sido criado ou aproveitado pelo promitente-vendedor que justifique a existência de uma responsabilidade sem culpa daquele. Tendo em consideração a *ratio* do artigo 442º, nº 2, do CC, não perspetivamos como possível a aplicação por analogia do regime nele instituído a situações em que o incumprimento do contrato não se funda numa conduta censurável do promitente-vendedor.

Deste modo, quando o administrador de insolvência puder recusar o cumprimento do contrato-promessa, em face da remissão prevista no

[15] Através de uma aproximação ao regime da cláusula penal em sentido estrito, certos autores admitem que o promitente fiel opte por uma indemnização nos termos gerais de direito, mesmo na ausência de convenção a prevê-lo, quando o sinal tem uma natureza confirmatória ou confirmatória com função compulsória. Cfr. Ribeiro de Faria, *Direito das Obrigações*, Porto, 1987, p. 274 e 282 e Pinto Oliveira, *Princípio dos Direito dos Contratos*, pp. 943 e ss. pp. 957 e ss.

[16] Sobre a função de determinação prévia da indemnização desempenhada pelo sinal, v. Calvão da Silva, *Sinal e Contrato-Promessa*, cit., pp. 135 e 136 e Brandão Proença, *Lições de Cumprimento e Não Cumprimento das Obrigações*, 2ª ed., Porto, 2017, pp. 424 e ss.

[17] No mesmo sentido, v. Pinto Oliveira/Catarina Serra, "Insolvência e contrato-promessa: os efeitos da insolvência sobre o contrato-promessa com eficácia obrigacional", cit., pp. 416 e 417, Soveral Martins, *Um Curso de Direito da Insolvência*, cit., p. 188, Catarina Serra, *Lições de Direito da Insolvência*, cit., pp. 236 e 237 e Rosário Epifânio, *Manual de Direito da Insolvência*, cit., p. 219.

artigo 106º, nº 2, do CIRE para o disposto no artigo 104º, nº 5, resta à contraparte do promitente-vendedor insolvente exigir a diferença entre o valor da coisa ou do direito prometido alienar ou constituir, no momento da recusa de cumprimento do contrato-promessa, e o montante do preço convencionado, ainda que este deva ser atualizado para a data da declaração de insolvência. A indemnização colocará o promitente-comprador, pelo menos do ponto de vista económico, numa situação próxima daquela em que estaria se o contrato-promessa tivesse sido cumprido. Na verdade, a indemnização não é substancialmente distinta daquela a que o promitente-comprador teria direito se optasse pela indemnização pelo aumento do valor[18], em caso de incumprimento imputável a título de culpa ao promitente-vendedor, com a ressalva de que aqui não se exige a entrega da coisa, mas procede-se à atualização do preço para a data da declaração de insolvência e não há direito à restituição das quantias entregues a título de sinal ou de antecipação do cumprimento (artigo 442º, nº 2, do CC)[19]. A lei qualifica esta indemnização como um crédito sobre a insolvência de natureza comum (artigo 102º, nº 3, al. d), iii), do CIRE).

Uma vez que o promitente-adquirente não tem direito ao sinal em dobro, nem a uma indemnização pelo aumento do valor[20], mas tão só à indemnização prevista no artigo 102º, nº 3, al. c), do CIRE, pode perguntar-se se, ainda assim, não lhe deve ser restituído o sinal em singelo[21].

[18] Afastamo-nos, neste ponto, de MENEZES LEITÃO, *Direito das Obrigações*, 15ª ed., Coimbra, 2018, pp. 237 e 238 e PINTO OLIVEIRA, *Princípios de Direito dos Contratos*, cit., pp. 757 a 759 que reconduzem a indemnização pelo aumento do valor à restituição de um enriquecimento injustificado e não ao ressarcimento de danos. Concordamos, antes, com BRANDÃO PROENÇA, *Lições de Cumprimento e Não Cumprimento das Obrigações*, cit., p. 426, quando explicita que, através desta solução, se "indemniza um interesse positivo relativo".

[19] Para CATARINA SERRA, *Lições de Direito da Insolvência*, cit., p. 237, a restituição do sinal em singelo constitui uma lacuna que pode ser integrada por aplicação do artigo 102º, nº 3, al. c), do CIRE, do qual decorrerá que "a contraparte tem direito não só à diferença de valor entre as prestações como à restituição do valor daquilo que prestou".

[20] Apesar de considerarem a recusa de cumprimento por parte do administrador lícita, GRAVATO MORAIS, "Promessa obrigacional de compra e venda com tradição da coisa e insolvência do promitente-vendedor", cit., p. 9 e PESTANA DE VASCONCELOS, "Direito de retenção, contrato-promessa e insolvência", CDP, nº 33, Janeiro/Março de 2011, pp. 18 ss., entendem que, caso o contrato-promessa tenha sido sinalizado, o promitente-comprador tem direito ao sinal em dobro ou à indemnização pelo aumento do valor.

[21] Segundo PINTO OLIVEIRA, "Efeitos da declaração de insolvência sobre os contratos em curso – em especial, sobre o contrato-promessa", cit., pp. 18 e 19, o fundamento para esta

Grande perplexidade nos suscita que o legislador pretendesse excluir a restituição do sinal entregue, através da remissão operada para o artigo 102º, nº 3 do CIRE. A proibição de restituição de tudo quanto haja sido prestado, estatuída no artigo 102º, nº 3, al. a), do CIRE, está pensada para as situações em que as partes já cumpriram parcialmente um contrato cujo cumprimento o administrador recusa. Não poderão ser subsumidos a esta proibição os casos em que um contraente entregou uma coisa a título de sinal, na perspetiva de esta ser imputada na prestação devida ao abrigo do contrato definitivo, se e quando este se viesse a celebrar[22].

De facto, segundo o estipulado no artigo 442º, nº 1, do CC, quando um contraente haja entregue uma quantia a título de sinal, este valor deve ser imputado na prestação por si devida se o contrato definitivo se vier a realizar. Quando essa imputação não for possível, a referida quantia deve ser integralmente restituída. Ora, de acordo com a interpretação que defendemos, essa imputação não é possível não só quando a coisa entregue a título de sinal for diferente daquela que é devida ao abrigo do contrato definitivo[23], mas também nas hipóteses em que este não se pode celebrar por uma causa que não é imputável a título de culpa a nenhum dos contraentes[24]. Não se pode deixar de concluir que estamos perante uma impossibilidade de cumprimento não imputável subjetivamente a nenhuma das partes. Nestes casos, o *accipiens* terá de restituir todo o sinal que recebeu,

solução encontra-se no regime do enriquecimento sem causa. Admitindo igualmente a possibilidade de se apelar ao regime consagrado no artigo 473º do CC, para justificar a obrigação de restituição do sinal em singelo, v. CATARINA SERRA, *Lições de Direito da Insolvência*, cit., p. 237.

22 Partindo do pressuposto que, do artigo 102º, nº 3, al. a), do CIRE, resulta que "a quantia prestada a título de sinal não pode ser, sem mais restituída", defende SOVERAL MARTINS que "tendo sido pago sinal, o valor a ele correspondente deve ser subtraído ao valor que ainda deveria ser pago (a substração é realizada antes da atualização". Cfr. SOVERAL MARTINS, *Um Curso de Direito da Insolvência*, cit., pp. 191 e 192. Isto significa que, segundo o autor, o beneficiário da promessa tem direito a uma indemnização que corresponde à diferença entre o valor da coisa à data da recusa e o valor convencionado para a aquisição, ao qual ser devem deduzidos todos os montantes pagos a título de sinal, atualizado para a data da declaração de insolvência.

23 ANA AFONSO, *Comentário ao Código Civil, Direito das Obrigações, Das Obrigações em geral*, Lisboa, 2018, p. 167.

24 Cfr. ANA PRATA, *O Contrato-Promessa e o seu Regime Civil*, Coimbra, 1989, pp. 804 e 805 e MENEZES LEITÃO, *O Enriquecimento sem Causa no Direito Civil, Estudo dogmático sobre a viabilidade da configuração unitária do instituto, face à contraposição entre as diferentes categorias de enriquecimento sem causa*, Coimbra, 2005, p. 491.

não se encontrando a obrigação de restituição limitada ao valor do enriquecimento[25]. Por outras palavras, se o não cumprimento do contrato não for imputável a nenhuma das partes, o promitente-alienante estará obrigado a restituir à contraparte o sinal em singelo e o fundamento para essa restituição encontrar-se-á na parte final do nº 1 do artigo 442º. Conforme defende CALVÃO DA SILVA, "diferentemente da comum obrigação de indemnização (...), a restituição do sinal ou o seu pagamento em dobro tem por objecto directo e primitivo uma soma de dinheiro, determinada com base em critério certo, seguro e cómodo, o critério do *quantum* recebido (...)"[26]

Ora, a recusa do administrador deve ser considerada, para este efeito, uma impossibilidade de cumprimento não imputável nem ao promitente--alienante nem ao promitente-adquirente, pelo que a contraparte sempre terá direito à restituição do sinal em singelo. O promitente-adquirente goza, por isso, cumulativamente deste direito à restituição do sinal e do direito a uma compensação calculada nos termos anteriormente expostos. Quanto a nós, a indemnização a que o promitente-adquirente possa ter direito não substitui a obrigação de restituição do sinal em singelo, que é uma consequência de o contrato prometido não ter sido realizado e tal não ser imputável a título de culpa a nenhum dos contraentes.

Importa referir que da jurisprudência uniformizada pelo Supremo Tribunal de Justiça não consta expressamente que o promitente-comprador tem direito a exigir o sinal em dobro. Aliás, no caso que foi decidido pelo Acórdão Uniformizador nº 4/2014, o promitente-adquirente não tinha pedido qualquer indemnização pelo não cumprimento do contrato, mas somente a restituição do sinal em singelo. Se tivermos, todavia, em consideração que aquilo que parece resultar da fundamentação deste aresto é que o administrador de insolvência não pode recusar o cumprimento do contrato-promessa com eficácia meramente obrigacional, se a coisa já tiver sido entregue à contraparte do insolvente, ter-se-á então de concluir que, para o Supremo Tribunal de Justiça, esta recusa é entendida como ilícita e dessa ilicitude se devem retirar todas as consequências. Só, nesse contexto, se consegue entender a conclusão segundo a qual, "não sendo

[25] Cfr. MENEZES LEITÃO, *O Enriquecimento sem Causa no Direito Civil*, cit., pp. 490 e 491.

[26] Cfr. CALVÃO DA SILVA, *Sinal e Contrato-Promessa*, cit., p. 88.

afetado o contrato-promessa, mantêm-se os efeitos do incumprimento a que se reporta o artigo 442º nº 2 do Código Civil"[27].

Ao contrário de PESTANA DE VASCONCELOS, temos dúvidas que solução diferente da que foi preconizada pelo Supremo Tribunal de Justiça possa ser considerada "chocante, por não cumprir as exigências da moderna dogmática e atingir a justiça material"[28]. Do ponto de vista da justiça material, entendemos que só seria chocante se ao beneficiário da promessa não fosse assegurado o direito à restituição do sinal em singelo ou das quantias entregues a título de antecipação de pagamento. A circunstância de a coisa já lhe ter sido entregue não deve servir de fundamento para exigir uma indemnização que só é devida quando o incumprimento for imputável a título de culpa ao promitente-vendedor. Solução, aliás, que foi acolhida recentemente pelo Supremo Tribunal de Justiça[29].

3. A tutela dos créditos de que é titular a contraparte do promitente-vendedor em caso de recusa lícita de cumprimento do contrato-promessa por parte do administrador de insolvência

Se a recusa de cumprimento do contrato-promessa por parte do administrador de insolvência for considerada lícita, a contraparte do promitente-vendedor, seja ou não um consumidor, só deve ter direito a uma indemnização correspondente à diferença entre o valor da coisa prometida alienar à data da recusa e o montante acordado para aquisição desta atualizado à data da declaração de insolvência. Este crédito indemnizatório constitui, por força do estipulado no artigo 102º, nº 3, al. d), iii), do CIRE, um crédito sobre a insolvência de natureza comum. Dúvidas não se suscitam de que o titular do crédito será pago proporcionalmente, se a massa for insuficiente para satisfazer todos os credores comuns (artigo 176º do CIRE).

[27] AUJ nº 4/2014, cit., p. 2888.

[28] Cfr. PESTANA DE VASCONCELOS, "Direito de retenção, *par conditio creditorum*, justiça material", CDP, nº 41, janeiro-março 2013, pp. 15 e 16.

[29] Ac. STJ de 18 de setembro de 2018 (José Rainho), processo nº 1210/11.0TYVNG-D.P1.S1, in www.dgsi.pt. Aí se decidiu que, não existindo uma "promessa incumprida definitivamente em momento anterior à declaração da insolvência, não é adequado trazer à discussão o nº 2 do art. 442º do CCivil, seja por aplicação direta seja por aplicação indireta (por analogia). A atuação do regime do sinal, tal como previsto nesta última norma, pressupõe um incumprimento definitivo, ilícito e culposo dos próprios contratantes (anteriormente à declaração da insolvência), não se podendo fazer equivaler a opção lícita de não cumprimento do administrador de insolvência a esse incumprimento ilícito e culposo dos contraentes".

Questão diferente prende-se com a garantia de que gozará o crédito à restituição do sinal em singelo.

Para NUNO PINTO OLIVEIRA, o direito à restituição do sinal em singelo é consequência de uma obrigação de restituição que impende sobre a massa nos termos do artigo 473º do CC[30]. Para o autor, a obrigação de restituição fundar-se-á no enriquecimento sem causa da massa à custa daquele que prestou o sinal na perspetiva de o imputar na prestação por si devida, em caso de celebração do contrato definitivo. Quando o contrato definitivo não se pode concluir e essa impossibilidade não é imputável àquele que realizou o sinal, não pode a massa pretender ficar com a quantia recebida a título de sinal, porque tal importaria um enriquecimento desta à custa daquele o prestou. Partindo deste pressuposto, NUNO PINTO OLIVEIRA defende que este direito à restituição constitui um crédito sobre a massa por força do prescrito no artigo 51º, nº 1, al. i), do CIRE[31].

Se o crédito correspondente à restituição do sinal em singelo for qualificado como um crédito sobre a massa, ele deverá prevalecer sobre todos os créditos sobre a insolvência, aí se incluindo os créditos garantidos ou privilegiados, o que significa que a contraparte do insolvente adquire mais do que um direito a ser pago com preferência pelo valor do bem prometido alienar. A sua preferência estende-se a todos os bens que integram a massa e prevalece sobre qualquer outra garantia real constituída anteriormente, apesar de este direito à restituição decorrer de uma recusa de cumprimento do contrato-promessa que é autorizada pelo legislador. A contraparte do insolvente fica, por conseguinte, mais garantida do que estaria, caso o promitente-vendedor tivesse culposamente incumprido a sua obrigação de contratar antes da declaração de insolvência, pois aí gozaria, quando muito, de um direito de retenção sobre o objeto da promessa para tutela do seu crédito.

Por outro lado, esta garantia será concedida ao promitente-adquirente mesmo que a coisa não lhe tenha sido entregue antes da declaração de insolvência.

[30] PINTO OLIVEIRA, "Efeitos da declaração de insolvência sobre os contratos em curso – em especial, sobre o contrato-promessa", cit., pp. 18 e 19.

[31] Cfr. PINTO OLIVEIRA, "Efeitos da declaração de insolvência sobre os contratos em curso – em especial, sobre o contrato-promessa", cit., p. 44. CATARINA SERRA, *Lições de Direito da Insolvência*, cit., p. 237 e 238[(343)] também defende que será "de ponderar a possibilidade de considerar a dívida de restituição do sinal (em singelo) como uma das dívidas que tenham por fonte o enriquecimento sem causa da massa insolvente previstas na alínea j) do nº 1 do art. 51º".

Por fim, este privilégio terá de ser outorgado a todos aqueles que prestaram sinal a favor do insolvente, independentemente de poderem ou não ser qualificados como consumidores.

Apesar de esta obrigação de restituição de todas as quantias entregues a título de sinal, quando o contrato-promessa válido se extingue por não cumprimento definitivo da obrigação de contratar não imputável a nenhuma das partes, encontrar o seu fundamento último numa ideia de enriquecimento sem causa por desaparecimento da causa da prestação (*conditio ob causam finitam*), importa perceber em que medida se pode qualificar este crédito como um crédito sobre a massa. Para isso é fundamental compreender se, em face do disposto no artigo 755º, nº 1, al. f), do CC, este crédito do promitente-adquirente à restituição do sinal em singelo se encontrará igualmente garantido pelo direito de retenção.

A concessão de um direito de retenção ao promitente-adquirente foi motivada por fatores conjunturais próprios de uma época em que existia uma elevada inflação e grande procura de imóveis destinados a habitação, sobretudo nos principais centros urbanos do país. Aceitando-se que, nessa conjuntura, os promitentes-alienantes podiam ter a tentação de incumprir o contrato-promessa para transmitir a coisa a um terceiro por um valor superior, procurou-se, por diversas vias, tutelar os interesses dos promitentes-adquirentes.

O legislador, para impedir que aquele que prometeu transmitir ou constituir um direito real beneficiasse do próprio incumprimento, decidiu atribuir ao beneficiário da promessa, existindo tradição da coisa a que se refere o contrato prometido, a possibilidade de optar, no lugar do sinal em dobro, por uma compensação, geralmente designada por indemnização pelo aumento do valor, correspondente à diferença entre o valor da coisa ou do direito a transmitir ou constituir sobre ela, determinado objetivamente, à data do não cumprimento da promessa, e o preço convencionado, acrescido do sinal em singelo e das quantias entregues a título de antecipação do cumprimento (artigo 442º, nº 2, parte final do CC).

Para garantia destes créditos que derivam do incumprimento do contrato-promessa por parte do promitente-alienante, concedeu-se ao beneficiário da promessa um direito de retenção que, no caso de ter por objeto um imóvel, prevalece sobre as hipotecas constituídas anteriormente (artigo 759º, nº 2, do CC).

Uma vez que o regime decorrente dos artigos 755º, nº 1, al. f) e 759º, nº 2, do CC favorece e potencia um conluio entre devedor/promitente-

-alienante e promitente-adquirente para obstar a que o credor hipotecário seja pago com preferência pelo valor da coisa hipotecada, tem-se procurado restringir, por via interpretativa, o âmbito de aplicação da figura. É, igualmente, certo que as críticas ao regime vigente se dirigem, não tanto ao reconhecimento de um direito de retenção ao promitente-adquirente, mas ao facto de este constituir um direito real de garantia, não sujeito a registo, que prevalece sobre a hipoteca, ainda que esta tenha sido constituída anteriormente (artigo 759º, nº 2, do CC). A verdade é também que, apesar das muitas críticas, o legislador nunca suprimiu este direito real de garantia de fonte legal nem alterou o regime de prevalência. Nada legitima, por conseguinte, que se possa proceder a uma interpretação corretiva da lei e, assim, desproteger o promitente-adquirente que espera legitimamente, em caso de incumprimento, gozar desta garantia para tutela do seu crédito indemnizatório. Ainda que aceitemos que a prevalência do direito de retenção sobre a hipoteca não foi originalmente pensada para garantia de créditos resultantes do incumprimento de um contrato-promessa e concordemos que essa prevalência pode inutilizar, na prática, a garantia real do credor hipotecário, no plano do direito constituído, não é a nosso ver possível, sem lesar as legítimas expectativas do promitente-adquirente, privá-lo de uma garantia real com a qual está a contar a partir do momento em que a coisa lhe é entregue. Até ocorrer uma alteração legislativa, o meio adequado para reagir a estas situações de natureza fraudulenta é o recurso a institutos de caráter geral, como por exemplo a ação simulatória ou a impugnação pauliana.

Não sendo o incumprimento da contraparte ilícito e culposo, poder-se-á argumentar que o crédito do promitente-adquirente não se encontraria garantido por um direito de retenção por não estar em causa "um não cumprimento imputável à outra parte", como pressupõe o artigo 755º, nº 1, al. f), do CC[32].

A resposta à pergunta enunciada pressupõe, todavia que se procure determinar o âmbito de aplicação do direito real de garantia concedido ao promitente-adquirente em caso de incumprimento do contrato-promessa.

[32] Defendendo que a obrigação de restituição do sinal em singelo não se encontra garantida por um direito de retenção, v. PINTO OLIVEIRA/CATARINA SERRA, "Insolvência e contrato-promessa: os efeitos da insolvência sobre o contrato-promessa com eficácia obrigacional", cit., pp. 433 e ss.

Na alínea f) do nº 1 do artigo 755º do CC, o que se encontra estabelecido é que o beneficiário da promessa de transmissão ou constituição de direito real goza de direito de retenção se:

i) obteve a tradição da coisa objeto do contrato prometido;
ii) e for titular de um crédito resultante do não cumprimento imputável à outra parte, nos termos do artigo 442º do CC.

No que respeita aos pressupostos de aplicação desta garantia real, cumpre destacar que o direito de retenção atribui ao retentor, antes de mais, o direito a recusar licitamente a entrega da coisa até que a contraparte realize a prestação a que está adstrita. Por esse motivo, este direito real de garantia só pode constituir-se se o promitente-adquirente, antes do incumprimento, detiver licitamente a coisa.

Em segundo lugar, ressalta da disposição em análise que não se restringiu, na letra do preceito, esta garantia às hipóteses em que o promitente--adquirente é um consumidor, parecendo que se visou por esta via proteger todos os promitentes-adquirentes, independentemente da veste sob a qual atuam e do destino que pretendem dar ao bem prometido adquirir. De facto, do preâmbulo do Decreto-Lei nº 236/80, de 18 de julho resulta a intenção de se atribuir este direito de retenção aos promitentes-compradores em geral, posto que se refere que o regime jurídico, até aí em vigor, não respondia adequadamente "a situações de rápida mutação da conjuntura económica e financeira em que avulta, como factor preponderante, a desvalorização da moeda" e que "inúmeros promitentes-compradores [se] encontram em situação que justifica diversa tutela normativa". Apesar de, no preâmbulo do Decreto-Lei nº 379/86, de 11 de novembro, se ter fundamentado esta solução na tutela dos particulares e na defesa do consumidor, não se alterou a letra do preceito para definir o consumidor como beneficiário único desta garantia.

Somos, por conseguinte, de opinião que, onde a lei não distingue, não deve o intérprete-aplicador distinguir. Sem uma alteração legislativa, não nos parece possível circunscrever, em termos gerais, o âmbito de aplicação desta garantia real às hipóteses em que o credor é um consumidor, ao contrário do que defende Pestana de Vasconcelos[33], na esteira daquele

[33] Pestana de Vasconcelos, *Direito das Garantias*, 3ª ed., Coimbra, 2017, pp. 400 e ss.

que já era o pensamento de RIBEIRO DE FARIA[34]. Apesar de a prevalência do direito de retenção sobre a hipoteca poder ter mais sentido quando o beneficiário da promessa é um consumidor, nada autoriza a que se estabeleça esta restrição, pois a alínea f) do nº 1 do artigo 755º do CC foi pensada para proteger qualquer promitente-adquirente titular de um crédito resultante do não cumprimento imputável à contraparte. Os tribunais superiores têm acompanhado este entendimento, pois, não estando em causa uma recusa de cumprimento por parte do administrador de insolvência, têm quase unanimemente decidido que não se pode restringir o direito de retenção às situações em que o retentor é um consumidor[35].

Por último, cumpre determinar o que, para este efeito, deve ser entendido como "crédito resultante do não cumprimento imputável à outra parte, nos termos do artigo 442º". Uma forma possível de interpretar este segmento da norma passaria por entender que o promitente-adquirente só goza de direito de retenção para garantia do crédito correspondente ao sinal em dobro ou à indemnização pelo aumento do valor. Esta interpretação impediria o promitente-adquirente de lançar mão da *retentio* quando só tem direito a exigir a restituição do sinal em singelo, nos termos do artigo 442º, nº 1, do CC, ou quando, por não existir sinal, pede uma indemnização pelo incumprimento do contrato-promessa, de acordo com o disposto nos artigos 798º e ss. do CC, quando, na verdade, estamos perante créditos cujo fundamento ainda deriva da regulação estabelecida no artigo 442º do CC.

Não nos parece que, em termos gerais, esta solução possa ser acolhida pelos motivos que passamos a expor. Mesmo admitindo que a proteção de terceiros que se alcança através do princípio da taxatividade dos direitos reais e do princípio da *par conditio creditorum* impede a aplicação por analogia do direito de retenção a outras situações em que existe uma conexão jurídica entre créditos[36], a verdade é que, na linha do defendido por

[34] RIBEIRO DE FARIA, *Direito das Obrigações*, I, cit., p. 281.

[35] Cfr. Ac. STJ de 29 de julho de 2016 (Júlio Gomes), processo nº 6193/13.0TBBRG-H.G1.S1; Ac. STJ de 27 de abril de 2017 (Pinto de Almeida), processo nº 44/14.5T8VIS-B.C1.S1; Ac. STJ de 9 de janeiro de 2018 (Pinto de Almeida), processo nº 212/14.0T8OLH-AB.E1.S1 e Ac. STJ de 11 de setembro de 2018 (Graça Amaral), processo nº 25261/11.6T2SNT-D.L1.S2.

[36] Sobre a impossibilidade de aplicação analógica do direito de retenção a outras situações em que existe uma relação de conexão jurídica entre os créditos, v. ANA TAVEIRA DA FONSECA, *Da Recusa de Cumprimento da Obrigação para Tutela do Direito de Crédito*, Coimbra, 2015, pp. 348 e ss.

Calvão da Silva[37], todas as disposições que reconhecem ao devedor de determinada prestação um direito de retenção devem ser interpretadas dentro dos limites do pensamento fundamental subjacente a esse preceito. Por outras palavras, qualquer interpretação que tenha ainda algum apoio na letra da lei pode ser admitida, desde que corresponda ao pensamento que esteve por detrás da concessão desta garantia. Ao intérprete impõe-se, pois, que aplique, na plenitude da sua razão de ser, as várias disposições legais que consagram um direito de retenção a favor do devedor-credor.

Torna-se, por isso, imperioso identificar o pensamento que se encontra subjacente à criação desta garantia real.

Conforme tivemos oportunidade de explicitar, o que aqui se visou foi criar um direito real de garantia para tutela de todos os créditos do promitente-adquirente emergentes do incumprimento de um contrato-promessa.

Dúvidas não se suscitam quanto à impossibilidade de o beneficiário da promessa gozar de direito de retenção para garantia do seu crédito, quando o contrato-promessa for inválido. Se o contrato for declarado nulo ou decretada a sua anulação e o sinal tiver de ser restituído, o credor não gozará de direito de retenção, mesmo que tenha havido tradição. A lei, quando se refere aos créditos que derivam do não cumprimento de contrato-promessa, não pretende abranger, nem sequer no seu espírito, os efeitos decorrentes da invalidação deste negócio. Para estes existe um regime próprio consagrado nos artigos 289º e 290º do CC. Neste caso, não se atribui ao promitente-adquirente um direito a ser pago com preferência pelo valor do bem prometido alienar. Este poderá, contudo, em face do regime fixado no artigo 290º do CC, recusar a entrega da coisa até receber o sinal em singelo.

Não pode igualmente o promitente-adquirente, mesmo que tenha existido *traditio*, reter o bem prometido alienar até que o contrato definitivo seja celebrado. Ainda que à luz da ideia de justiça a solução seja inquestionável, é duvidoso que tenha apoio na letra e no espírito do artigo 755º, nº 1, al. f), do CC, uma vez que, por esta via, não se garante qualquer crédito indemnizatório decorrente do artigo 442º do CC. A aplicação por analogia do direito de retenção a uma hipótese em que existe uma conexão jurídica entre os créditos, mas distinta daquela que o legislador procurou tutelar

[37] Calvão da Silva, *Cumprimento e Sanção Pecuniária Compulsória*, 4ª edição, Coimbra, 2002, p. 340.

no artigo 755º, nº 1, al. f), do CC, não é de sufragar. Diferente poderá ser a solução se o promitente quiser reter o imóvel até que lhe seja paga a indemnização por incumprimento do contrato-promessa. Na verdade, pensamos hoje que, apesar de não existir sinal, a extensão da garantia a estes créditos indemnizatórios não só está coberta pela teleologia do preceito, como ainda encontra algum apoio na sua letra. No artigo 755º, nº 1, al. f), do CC, pretende-se instituir a favor do promitente-adquirente uma garantia para todos os créditos decorrentes do não cumprimento do contrato-promessa, nos termos do artigo 442º do CC. Ora, no nº 4 do artigo 442º do CC, estabelece-se que, salvo convenção em contrário, pelo não cumprimento do contrato não há direito a qualquer outra indemnização, a não ser aquela que resulta da aplicação dos números anteriores. *A contrario*, está-se igualmente a aceitar que os contraentes fiéis têm direito a ser indemnizados, nos termos gerais de direito, pelos danos decorrentes do incumprimento do contrato não sinalizado. Não há razão para distinguir as situações em que, tendo existido a entrega da coisa, o promitente-adquirente tem direito a exigir uma das indemnizações contempladas no artigo 442º, nº 2, do CC, ou uma indemnização nos termos gerais de direito[38]. Além do mais, se não se exigir que tenha sido prestado sinal para pedir a indemnização pelo aumento do valor, como defendem Galvão Telles[39] e Januário Gomes[40], a conclusão a retirar é a de que esta garantia não está dependente de o retentor ter constituído um sinal a favor do autor da promessa.

Quando o contrato-promessa foi sinalizado, deve também questionar-se se o promitente-adquirente pode reter a coisa prometida alienar até que o sinal em singelo lhe seja restituído. Conforme tivemos oportunidade de assinalar, a obrigação de restituição do sinal em singelo, em caso de não cumprimento do contrato por uma causa não imputável a nenhumas das partes, decorre do preceituado na parte final do artigo 442º, nº 1, do CC. A dúvida que, nestes casos, se pode colocar é se, para este efeito, há um incumprimento imputável ao promitente-alienante.

[38] No mesmo sentido, v. Ana Prata, *O Contrato-Promessa e o seu Regime Civil*, cit., pp. 887 e 888, Gravato Morais, *Contrato-promessa em geral, Contratos-Promessa em especial*, Coimbra, 2009, pp. 233 e 234 e Calvão da Silva, *Sinal e Contrato-Promessa*, cit., p. 166. A solução foi expressamente acolhida no Ac. STJ de 7 de julho de 2018 (José Rainho), processo nº 2717/16.9T8VNF-B.G1.S2, in www.dgsi.pt.

[39] Galvão Telles, *Direito das Obrigações*, 7ª ed. (reimpressão), 2010, Coimbra, p. 155.

[40] Januário Gomes, *Em tema de contrato-promessa*, Lisboa, 1990, pp. 15 e 16.

A atribuição de uma garantia real com origem legal não se encontra, em regra, condicionada à verificação de um incumprimento ilícito e culposo da contraparte. É suficiente centrarmos a nossa atenção nas restantes hipóteses de direito de retenção para podermos concluir que estas se bastam com a existência de uma conexão jurídica entre a coisa retida e o crédito, sendo indiferente que o crédito do retentor derive de um facto imputável à contraparte a título de culpa.

O mesmo sucede, aliás, sempre que ao devedor é concedido o direito a recusar licitamente o cumprimento de uma obrigação até que a contraparte realize a contraprestação a que está adstrita, mormente através da exceção de não cumprimento cuja invocação não depende de um incumprimento culposo da contraprestação. O que fundamenta o direito de retenção é a existência de uma conexão jurídica entre o crédito do promitente-adquirente e a obrigação de restituição da coisa, ou seja, é o facto de estes provirem do mesmo contrato. O promitente-adquirente tanto necessita desta garantia para tutela do seu direito à restituição do sinal em singelo, como para a de qualquer outro crédito que derive de um incumprimento culposo do contrato-promessa.

Mais facilmente se justificará, *de iure condendo*, manter esta prevalência do direito de retenção sobre a hipoteca em relação ao crédito correspondente à restituição de todas as quantias entregues à luz do contrato-promessa do que relativamente a outros créditos que visem indemnizar o promitente fiel dos prejuízos provenientes do incumprimento do contrato-promessa[41].

Ainda que admitamos que a solução não é isenta de dúvidas, é possível defender que o crédito resultará de um não cumprimento imputável à outra parte, sempre que esta tenha dado origem ao não cumprimento da promessa, mesmo que esse facto não lhe seja imputável a título de culpa. A imputabilidade abrange, para este efeito, todas aquelas situações em que o não cumprimento deriva, direta ou indiretamente, de uma conduta do devedor, mesmo que ela não possa ser entendida como ilícita e culposa. Para este efeito, a imputação não pode ser entendida como subjetiva, mas como objetiva. A imputabilidade aproxima-se, pois, da causalidade[42].

[41] Cfr. Ana Taveira da Fonseca, *Da Recusa de Cumprimento da Obrigação para Tutela do Direito de Crédito*, cit., pp. 325 e 326.

[42] Criticando a recondução do conceito de imputabilidade ao de causalidade, pelo menos para efeitos de aplicação do artigo 442º, nº 2, do CC, v. Catarina Serra, *Lições de Direito*

Existindo entrega da coisa, não há razão para só conferir ao promitente--adquirente um direito real de garantia quando o crédito derive de incumprimento ilícito e culposo da contraparte contratual. Note-se que o direito de retenção não visa indemnizar o promitente-adquirente ou sancionar o promitente-alienante pelo incumprimento do contrato, o que pretende é estabelecer uma preferência a favor do promitente-adquirente, considerado para este efeito uma parte mais fraca, que seja oponível a terceiros. O que está aqui essencialmente em causa é a regulação da relação entre credores do mesmo devedor. A culpa do devedor não deve relevar para a decisão de conceder uma garantia especial a um crédito.

Na verdade, o promitente-adquirente, até à *traditio*, sabe que não gozará de qualquer garantia legal, caso haja incumprimento do contrato. Por esse motivo, precavem-se contratualmente de forma diferente antes de proceder ao pagamento de um sinal ou de antecipar o pagamento do preço. Precaução que, as mais das vezes, envolverá o pagamento de uma quantia reduzida a título de sinal ou a exigência de uma garantia especial das obrigações, como uma hipoteca, uma fiança ou uma garantia bancária, para reforço de tutela de qualquer dos créditos emergentes do incumprimento do contrato-promessa.

Se o promitente-comprador conta com esta garantia, a partir do momento em que a coisa lhe foi entregue[43], não deverá ela manter-se se o não cumprimento derivar de uma recusa lícita por parte do administrador de insolvência?

Segundo Gravato Morais[44], «a ideia de imputabilidade deve ser entendida, *cum granum salis,* em sede de insolvência e no exacto sentido de "ter dado causa a", "ter motivado a"», pelo que, mesmo considerando a

da Insolvência, cit., p. 240. Por entenderem que o incumprimento não é *in casu* imputável ao promitente-vendedor, defendem Carvalho Fernandes/ João Labareda, *Código da Insolvência e da Recuperação de Empresas Anotado*, cit., p. 473, Soveral Martins, *Um Curso de Direito da Insolvência*, cit., p. 191 e Rosário Epifânio, *Manual de Direito da Insolvência*, 7ª ed., cit., p. 220, que o beneficiário da promessa de alienação não se encontra garantido por direito de retenção.

[43] A propósito do reforço da expetativa de execução do contrato-promessa, v. Pestana de Vasconcelos, *Direito das Garantias*, cit., pp. 397 e ss.

[44] Gravato Morais, "Promessa obrigacional de compra e venda com tradição da coisa e insolvência do promitente-vendedor", cit., pp. 10 e ss e "Da tutela do retentor-consumidor em face da insolvência do promitente-vendedor – Ac. de Uniformização de Jurisprudência nº 4/2014, de 20.3.2014 – Proc. 92/05", CDP, nº 46, abril-junho 2014, pp. 52 a 54.

recusa de cumprimento por parte do administrador lícita, o beneficiário da promessa que prestou um sinal a favor do promitente-alienante, não só terá direito a ser indemnizado nos termos do disposto no artigo 442º, nº 2, como também gozará de direito de retenção ao abrigo do estabelecido no artigo 755º, nº 1, al. f), do CC, independentemente de ser ou não um consumidor.

A recusa de cumprimento, embora lícita, resulta, ainda que só reflexamente, da conduta do promitente-alienante que esteve na origem do decretamento da insolvência. Mesmo que o estado de insolvência não seja consequência de um comportamento ilícito e culposo do promitente-alienante, sem ele não poderia o cumprimento do contrato-promessa ser licitamente recusado, por isso não podem os efeitos dessa recusa deixar de ser repercutidos na esfera jurídica do devedor insolvente[45]. O credor não deve, pois, ficar numa situação distinta daquela em que se encontraria caso o devedor tivesse, antes da declaração de insolvência, recusado licitamente cumprir o contrato-promessa. Nesta última hipótese, o primeiro sempre teria direito à restituição do sinal em singelo e este estaria garantido por direito de retenção. Em face daquele que entendemos ser o pensamento fundamental subjacente ao artigo 755º, nº 1, al. f), do CC, pode defender-se que a restituição do sinal em singelo se encontra garantida por direito de retenção também na hipótese em que a recusa deriva de uma decisão do administrador de insolvência. Solução, aliás, que foi acolhida pelo Supremo Tribunal de Justiça em Acórdão de 18 de setembro de 2018[46].

Partindo do pressuposto que a restituição do sinal em singelo, em caso de recusa de cumprimento do contrato-promessa por parte do administrador de insolvência, ainda pode ser tutelada através do direito de retenção, terá sentido qualificar este crédito como um crédito sobre a massa (artigo 51º, nº 1, al. i) do CIRE)? Será que o promitente-adquirente a quem a coisa ainda não foi entregue poderá ver o seu crédito prevalecer sobre os créditos de todos os credores da insolvência quando, antes do seu decretamento, era um credor comum ou gozava de uma garantia especial de fonte meramente convencional? O mesmo é perguntar se a unidade do sistema permite con-

[45] Sobre a possibilidade de a atuação de um administrador de insolvência ser imputada na esfera jurídica do devedor para efeitos de responsabilidade obrigacional, v. CLÁUDIA MADALENO, "Artigo 800º do Código Civil: Contributo para o conceito de auxiliar e de representante legal", *Revista de Direito Civil*, ano III, nº 4, 2018, pp. 156 a 158.

[46] Cfr. Ac. STJ de 18 de Setembro de 2018 (José Rainho), processo nº 1210/11.0TYVNG-D.P1.S1, in www.dgsi.pt.

siderar que este crédito à restituição do sinal em singelo deve ser mais fortemente tutelado do que seria antes do decretamento da insolvência.

A jurisprudência tem reconhecido que ao promitente-adquirente deve ser outorgado um direito de retenção para garantia dos créditos decorrentes do não cumprimento do contrato-promessa. Pensamos, aliás, que, por detrás do largo acolhimento desta solução, está o entendimento de que o promitente-adquirente não deve gozar de uma garantia diferente daquela que gozaria se o contrato fosse incumprido antes do decretamento da insolvência. De facto, apesar de estarmos perante uma recusa lícita de cumprimento, a qualificação do crédito como uma dívida da massa permitiria, na prática, que o beneficiário da promessa fosse mais tutelado do que seria se o promitente-alienante tivesse incumprido de forma ilícita e culposa o contrato-promessa.

4. O reconhecimento de um direito de retenção ao consumidor em caso de recusa de cumprimento do contrato-promessa por parte do administrador de insolvência

Em face da divergência existente na doutrina e na jurisprudência sobre a garantia de que goza o promitente-adquirente, quando o administrador de insolvência recusa o cumprimento do contrato-promessa, o Supremo Tribunal de Justiça, por acórdão de 22 de maio de 2013, começou por uniformizar jurisprudência nos seguintes termos: "[n]o âmbito da graduação de créditos em insolvência o promitente-comprador em contrato, ainda que com eficácia meramente obrigacional com *traditio*, devidamente sinalizado, que não obteve o cumprimento do negócio por parte do administrador de insolvência, goza do direito de retenção nos termos do estatuído no artigo 755º nº 1 alínea f) do Código Civil". Este aresto foi, posteriormente, anulado por ter prevalecido o entendimento de que a jurisprudência fixada contradizia a fundamentação do acórdão. Por novo acórdão de 20 de março de 2014, a maioria dos juízes que compõem o pleno das secções cíveis do nosso Supremo Tribunal decidiu manter a fundamentação anterior e acrescentou ao segmento uniformizador que só o consumidor promitente-comprador goza de direito de retenção, de acordo com estipulado no artigo 755º, nº 1, al. f), do CC[47].

O objetivo da alteração foi o de restringir a atribuição do direito de retenção ao beneficiário da promessa que fosse consumidor. Para justificar

[47] AUJ nº 4/2014, cit., p. 2889.

esta interpretação restritiva, defende-se que, na origem deste direito de retenção do beneficiário de uma promessa de transmissão ou constituição de direito real sobre um imóvel, com prevalência relativamente à hipoteca, ainda que anteriormente registada, esteve a necessidade de proteger o consumidor, promitente-adquirente de um imóvel para habitação própria e permanente, que será uma parte mais débil do que o credor hipotecário, pois investe, no momento em que sinaliza a aquisição, as suas poupanças e contrai, não raras vezes, uma dívida por largos anos[48]. Não podemos deixar de discordar da solução que veio a obter vencimento, pois não resultando da lei da insolvência a limitação do direito de retenção ao promitente-comprador consumidor[49], esta só pode derivar de uma redução teleológica do artigo 755º, nº 1, al. f) do CC, com a qual não concordamos, como tivemos, a seu tempo, oportunidade de salientar. A isto acresce que, à luz do direito da insolvência, não parece justificar-se a criação de preferências ou privilégios que encontrem o seu fundamento na qualidade de consumidor do credor. Por outro lado, se se procurou proceder a uma redução teleológica do regime geral consagrado no Código Civil, não há coerência entre esta decisão e aquelas que, posteriormente, consideraram que esta circunscrição do direito de retenção ao consumidor só é aplicável quando o não cumprimento derivar de uma recusa do administrador de insolvência.

Depois da publicação deste Acórdão, foram várias as decisões do Supremo Tribunal de Justiça em que se discutiu qual o conceito de consumidor que, para este efeito, deveria ser adotado, podendo identificar-se um conjunto de arestos em que foi acolhida uma interpretação restrita do conceito de consumidor[50] e outros em que foi acolhido um conceito amplo[51].

[48] Cfr. AUJ nº 4/2014, cit., p. 2886.

[49] Concordamos com Pinto de Oliveira, "«Com mais irreflexão que culpa»?, O debate sobre o regime da recusa de cumprimento do contrato-promessa", CDP, nº 36, Outubro/Dezembro de 2011, pp. 15 e ss., quando defende não ter sentido, no âmbito de uma insolvência, criar uma proteção diferenciada dos consumidores, porquanto esta põe em causa o princípio da igualdade dos credores, que constitui uma exigência de justiça distributiva.

[50] A título meramente exemplificativo, v. Ac. STJ de 17 de novembro de 2015 (Fonseca Ramos), processo nº 1999/05.6TBFUN-I.L1S1; Ac. STJ de 13 de julho de 2017 (Pinto de Almeida), processo nº 1594/14.9TJVNF.2.G1.S2 e Ac. STJ de 18 de setembro de 2018 (José Rainho), processo nº 1210/11.0TYVNG-D.P1.S1, in www.dgsi.pt.

[51] Cfr. Ac. STJ de 29 de maio de 2014 (João Bernardo), processo nº 1092/10.0TBLSD-G.P1.S1; Ac. STJ de 16 de fevereiro de 2016 (Maria Clara Sottomayor), processo nº 135/12.7TBMSF.G1.S1; Ac. STJ de 24 de maio de 2016 (Nuno Cameira), processo nº 3374/07.9TBGMR-C.

Em acórdão uniformizador de 12 de fevereiro de 2019, o Supremo Tribunal de Justiça precisou o entendimento de que, para efeitos do disposto no acórdão uniformizador anterior, só poderia ser qualificado como consumidor aquele que pretende destinar o imóvel a uso particular[52]. Se o beneficiário da promessa adquirir o imóvel para o revender, para o afetar à sua atividade profissional ou outra atividade lucrativa, o crédito relativo à restituição do sinal e de todas as quantias entregues a título de antecipação de pagamento já terá de ser qualificado como um crédito comum. Afastou-se o conceito de consumidor em sentido amplo, que permitiria qualificar como tal todo aquele que não adquirisse imóveis a título profissional para revenda. Não se exige, contudo, ao contrário do que comummente resulta das definições legais de consumidor em sentido restrito, que o promitente-vendedor exerça com caráter profissional uma atividade económica com escopo lucrativo.

Aceita-se que o conceito restrito de consumidor aqui perfilhado é aquele que se encontra refletido na maioria dos diplomas legais que disciplinam as relações de consumo. É, aliás, próximo daquele que consta do artigo 2º da Lei de Defesa do Consumidor[53]. Esta delimitação do conceito está, contudo, pensada para as relações de consumo estabelecidas no âmbito da contratação em massa. As relações que usualmente se estabelecem entre promitente-comprador e promitente-vendedor não podem ser englobadas nesse perímetro[54].

Acrescente-se, ainda, que o conceito de consumidor que constava da fundamentação do primeiro acórdão uniformizador pretendia abarcar todos os utilizadores finais, ou seja, todos os sujeitos que não adquirem imóveis para revenda.

Esse conceito restrito de consumidor compreende todas aquelas situações em que alguém pretende adquirir o imóvel para uso privado. Por esse motivo, entende-se que deve ser qualificado como consumidor tanto

G2.S1 e Ac. STJ de 03 de outubro de 2017 (Júlio Gomes), processo nº 212/11.1T2AVR-B.P1.S1, in www.dgsi.pt

[52] AUJ nº 4/2019, cit., p. 33.

[53] Sobre o conceito de consumidor, v. Engrácia Antunes, "O conceito de consumidor", *Revista de Direito Civil*, ano III, nº 4, 2018, pp. 771 a 796.

[54] Em sentido contrário, preconizando o acolhimento de um conceito restrito de consumidor, v. Rosário Epifânio, "Anotação ao Acórdão do Supremo Tribunal de Justiça, de 3 de outubro de 2017", in *Revista de Direito da Insolvência*, nº 2, Coimbra, 2018, pp. 145 e 146.

aquele sujeito que compra o imóvel para habitação própria permanente, como para segunda habitação. Já se admitiu também que o imóvel se destina a uso privado quando o seu uso é cedido gratuitamente a um terceiro[55]. Não se encontram, contudo, aqui abrangidas, por exemplo, as hipóteses em que uma pessoa singular compra um apartamento com o intuito de, no futuro, o arrendar a terceiros para assegurar alguma disponibilidade de rendimento na reforma, uma vez que o conceito de consumidor adotado não abarca a compra de um imóvel para ser afetado a uma atividade lucrativa[56]. Todavia, se essa mesma pessoa, sendo proprietária de um imóvel onde reside habitualmente e de uma casa de campo, decidir adquirir uma casa de praia já será tomada como consumidora e gozará de direito de retenção para tutela do seu crédito. Pensamos que este exemplo singelo demonstra que o acórdão uniformizador distinguiu onde não devia distinguir. Não há razão para que a pessoa singular que prometeu adquirir um imóvel para o arrendar seja menos tutelada do que aquela que pretende comprar uma segunda ou terceira habitação.

O último acórdão uniformizador deixa, por outro lado, ainda em aberto questões com que os tribunais serão, com toda a certeza, num futuro próximo, confrontados. Gozará o promitente-comprador de direito de retenção se prometer adquirir um imóvel para, simultaneamente, aí habitar e desenvolver a sua atividade profissional? Nestas hipóteses de promessa de aquisição com finalidade mista, parece-nos que não há como deixar de considerar que o promitente-comprador é um consumidor, a não ser que o escopo habitacional seja absolutamente residual.

Aqueles que, como PESTANA DE VASCONCELOS, defendem que o direito de retenção de que beneficia o promitente-comprador, nos termos do artigo 755º, nº 1, al. f), do CC, deve, em termos gerais, ser objeto de uma redução teleológica e, consequentemente, só ser concedido quando

[55] Cfr. Ac. STJ de 18 de setembro de 2018 (José Rainho), processo nº 1210/11.0TYVNG-D.P1.S1, in www.dgsi.pt. Neste aresto, qualificou-se como consumidor em sentido restrito o promitente-comprador que cedeu o uso da coisa a um amigo, depois de o contrato-promessa ter sido concluído, e este último suportava os encargos com água, eletricidade e condomínio.

[56] No Ac. STJ de 13 de julho de 2017 (Pinto de Almeida), processo nº 1594/14.9TJVNF.2.G1.S2, in www.dgsi.pt., entendeu-se que não podia ser considerado consumidor aquele que adquire imóveis com o intuito de os arrendar a terceiros. Advogando que o conceito restrito de consumidor abrange as situações em que uma pessoa singular promete comprar um imóvel para o dar de arrendamento a terceiros, v. PESTANA DE VASCONCELOS, *Direito das Garantias*, cit., pp. 414 e ss.

este for um consumidor, mais facilmente poderão concluir pela existência de igual restrição em sede de insolvência. Apesar de o autor entender que o não cumprimento pressuposto no artigo 755º, nº 1, al. f), do CC, deve ser imputável à contraparte a título de culpa, o que não ocorrerá no caso de ter sido o administrador de insolvência a recusar o cumprimento, conclui que a teleologia da norma se encontrará na tutela do consumidor, pelo que existirá uma lacuna que deverá ser integrada, através da extensão analógica do regime jurídico consagrado para as hipóteses em que o incumprimento é imputável ao promitente-alienante. Assim, em caso de insolvência do promitente-vendedor, o autor admite a possibilidade de o administrador recusar o cumprimento do contrato-promessa, quando este não tiver eficácia real, ainda que só ao consumidor possa ser atribuído o direito a indemnização, nos termos previstos no nº 2 do artigo 442º do CC, garantido por direito de retenção[57].

No seguimento do defendido anteriormente, pensamos que a proteção conferida ao promitente-adquirente não se encontra restringida às hipóteses em que este é um consumidor e adquire um imóvel para habitação própria e permanente. Por maioria de razão, não terá sentido limitar, no âmbito de um processo de insolvência, a atribuição do direito de retenção aos consumidores, quer esteja em causa um consumidor em sentido restrito, quer um consumidor em sentido amplo.

Se se oferece, em termos gerais, um direito de retenção ao beneficiário de uma promessa de alienação para garantia de todo e qualquer crédito derivado de um não cumprimento do contrato-promessa que, de alguma forma, tenha sido causado pelo promitente-alienante, de igual garantia deve gozar esse mesmo beneficiário, quando o administrador de insolvência recusa cumprir o referido contrato.

Se o fundamento para a outorga do direito de retenção se encontra na aplicação direta do mesmo regime jurídico, não há razão para excluir da garantia os não consumidores, que legitimamente contavam com ela no momento em que efetuaram uma prestação a título de sinal.

Esta quebra da unidade do sistema poderá ser evitada se se reconhecer um direito de retenção para garantia da restituição do sinal em singelo a todo o promitente-adquirente, pois assegura-se que este fica na mesma

[57] De acordo com PESTANA DE VASCONCELOS, "Direito de retenção, contrato-promessa e insolvência", CDP, nº 33, Janeiro/Março de 2011, pp. 20 e 25 e ss.

situação em que estaria, caso o não cumprimento tivesse acontecido antes da declaração de insolvência. Nem favorecido, nem prejudicado. Os terceiros a quem este direito é oponível são os mesmos a quem aquele poderia ser oposto antes do decretamento da insolvência.

A solução preconizada tem igualmente a vantagem de, perante créditos iguais, não criar um regime de tutela distinto, em função do destino dado pelo titular desse crédito à coisa prometida alienar.

Conforme assinalámos, o nosso direito insolvencial não discrimina positivamente o credor da insolvência pelo facto de este constituir um consumidor. Não deve, pois, o intérprete-aplicador fazê-lo por meio de uma interpretação corretiva de disposições previstas para o incumprimento do contrato-promessa em geral.

Administradores e (novo?) dever geral de prevenção da insolvência

J. M. COUTINHO DE ABREU
Professor Catedrático da Faculdade de Direito da Universidade de Coimbra

1. Interrogações

No título desta comunicação (título que a Doutora Catarina Serra me propôs) aparece uma afirmação (baseada no art. 19º da Diretiva (UE) 2019/1023, de 20 de junho de 2019[1], epigrafado "obrigações dos administradores caso exista uma probabilidade de insolvência"): "dever geral de prevenção da insolvência"; e uma interrogação: "novo?"

Em vez de uma, faço duas perguntas: os administradores de sociedades têm (passarão a ter) um dever *geral* de prevenção da insolvência? Este dever é *novo*?

Resposta para ambas as questões: sim, mas...

2. Aproximações

Segundo o art. 19º da Diretiva, os Estados membros assegurarão que, quando há uma probabilidade de insolvência, os administradores têm em devida consideração "a necessidade de tomar medidas para evitar a insolvência" (al. (b)).

As noções de insolvência e de probabilidade de insolvência são estabelecidas pelo direito nacional (nº 2 do art. 2º). Portanto, uma sociedade estará em situação de insolvência quando se encontre impossibilitada de cumprir as suas obrigações vencidas, ou (principalmente no caso de ser por quotas ou anónima) tenha o passivo superior ao ativo (art. 3º, 1 a 3, do CIRE). Por sua vez, haverá probabilidade de insolvência quando uma sociedade esteja em uma situação de crise que torne previsível (ao olhar de um "gestor criterioso e ordenado") a entrada em situação de insolvên-

[1] Diretiva "sobre os regimes de reestruturação preventiva, o perdão de dívidas e as inibições, e sobre as medidas destinadas a aumentar a eficiência dos processos relativos à reestruturação, à insolvência e ao perdão de dívidas, e que altera a Diretiva (UE) 2017/1132".

cia a curto ou médio prazo se a crise não for minorada ou debelada. Utilizando figuras do CIRE, a insolvência iminente (art. 3º, 4) e a situação económica difícil (art. 17º-B) manifestam probabilidade de insolvência – maior na primeira, menor na segunda.[2]

Ora, no quadro dos deveres legais dos administradores, onde se distingue entre deveres específicos e deveres gerais (de cuidado e de lealdade), o dever de evitar a insolvência, porque não denota imediata e especificadamente os comportamentos devidos, está *próximo dos deveres gerais*. Mas, ao contrário deles, o dever de evitar a insolvência não é permanente, é eventual e conjuntural: impõe-se quando haja probabilidade de insolvência (é, neste sentido um *dever particular*).

Por outro lado, este dever não existe sempre que exista uma probabilidade de insolvência. A probabilidade pode ser tão forte que a insolvência é inevitável. Tentar algo para evitá-la só agravaria a situação crítica.[3] Nestes casos, a devida consideração dos interesses (principalmente) dos credores sociais (v. a al. (a) do art. 19º da Diretiva) exige a dissolução-liquidação da sociedade.[4]

3. Justificação do dever

Justifica-se a consagração do dever de tomar medidas para evitar a insolvência quando haja uma probabilidade de ela ocorrer?

Em geral, os administradores têm de gerir a sociedade cumprindo, além dos deveres legais e estatutários específicos, deveres de cuidado e de lealdade para com a sociedade. O interesse da sociedade, servido por estes deveres, é na prática normal *primordialmente interesse (comum) dos sócios*

[2] Os considerandos (71) e (70) da Diretiva também parecem distinguir entre, respetivamente, insolvência iminente e dificuldades financeiras. Fazendo igualmente apelo à situação económica difícil e à insolvência iminente, Ricardo Costa, "Gestão das sociedades em contexto de «crise de empresa»", em *V Congresso Direito das Sociedades em Revista*, Almedina, Coimbra, 2018, p. 178.

[3] Parafraseando um dito (apócrifo, parece) no Brasil: a sociedade está à beira do precipício, é preciso dar um passo em frente...

[4] Nesta linha inscreve-se o instituto britânico do *wrongful trading* (section 214 do *Insolvency Act* 2006): os administradores podem ser responsabilizados para com a sociedade se, antes de ela entrar em situação de insolvência, continuaram a atividade respetiva apesar de saberem, ou deverem ter concluído, que não havia nenhuma expectativa razoável de que a sociedade evitaria a liquidação insolvencial.

– quer vigore uma conceção monística do interesse social, quer uma conceção mais ou menos pluralística.[5]

Quando existe uma probabilidade de a sociedade entrar em situação de insolvência, *o risco maior impende sobre os credores sociais*. Agora (como antes), os sócios não têm direito à restituição das entradas ou do investimento feito na aquisição das participações sociais, nem têm direito (atual ou concreto) a lucros (inexistentes). Ao invés, os credores têm direito a que a sociedade satisfaça os seus créditos; se ela, no estado crítico atual, pode já não ter património suficiente para cumprir integralmente as suas obrigações, menos terá depois, previsivelmente, se os administradores, não estando obrigados a tentar a recuperação (viável), continuarem a atuar exclusiva ou preferencialmente no interesse dos sócios.

Com efeito, esta atuação poderia levar, por exemplo, a um *overinvestment* – a prática de atos anormalmente arriscados (numa espécie de "fuga para a frente"), se mal sucedidos, agravariam em especial a situação dos credores; ou a um *underinvestment* – descrendo na possibilidade de a continuação/recuperação da sociedade vir a beneficiar os sócios (as vantagens seriam sobretudo dos credores sociais), os administradores desinteressam-se da sociedade e diminuem ou cessam a atividade respetiva.[6]

Justifica-se, portanto, que os administradores tenham o dever de evitar a insolvência da sociedade em crise. Implicando isto, já se vê, que nas situações em que existe uma probabilidade de insolvência os deveres de cuidado e de lealdade dos administradores devem ser *iluminados prioritariamente pelos interesses dos credores sociais*.[7]

[5] Cfr. J. M. Coutinho de Abreu, *Curso de direito comercial*, vol. II – *Das sociedades*, 6ª ed., Almedina, Coimbra, 2019, p. 275, s., 282, s..

[6] Sobre estes fenómenos, v. p. ex. Alessandro M. Luciano, "La gestione della s.r.l. nella crisi pre-concorsale", *RS*, 2017, p. 419, n. (42). Quando o *underinvestment* configure a "descapitalização provocada por sócios", os credores, por via da desconsideração da personalidade jurídica, podem responsabilizar aqueles sócios – v. Coutinho de Abreu, *ob. cit.*, p. 176, s..

[7] São muito poucos os países da UE cujo direito atual estabelece uma mudança dos deveres gerais dos administradores de sociedades na proximidade da insolvência (mudança do foco nos sócios para os credores) – cfr. *Study on a new approach to business failure and insolvency – Comparative legal analysis of the Member States'relevant provisions and practices* (estudo encomendado pela Comissão Europeia, escrito por Gerard McCormack, Andrew Keay, Sarah Brown e Judith Dahlgreen), 2016, p. 46, s..

Diz o citado art. 19º da Diretiva, na al. (a), que quando haja uma probabilidade de insolvência os administradores têm em devida conta os "interesses dos credores, dos detentores de participações e das outras partes interessadas". Estes vários sujeitos parecem estar aqui em posição paritária. Aliás, refere o considerando (71) que a Diretiva não tem o propósito de estabelecer uma hierarquia entre as diferentes partes cujos interesses necessitam de ser tidos em conta – embora logo adiante que os Estados membros são livres de decidir acerca de uma possível hierarquia.

Não obstante, pelo menos algum valor simbólico terá a norma ao colocar os credores em primeiro lugar e os sócios em segundo.

4. Conteúdo do dever

Que comportamentos impõe então o dever de evitar a insolvência, iluminado pelos interesses dos credores sociais, que aparecem à frente ou ao menos a par dos interesses dos sócios e de outros *stakeholders* (trabalhadores, designadamente)?

Em geral, podemos dizer que a *"discricionariedade empresarial"* permitida pelo dever de cuidado – em especial pelo dever de tomar decisões (substancialmente) razoáveis – *fica reduzida.*

Assim, *a alternativa entre a (pró-)liquidação e a recuperação* é subtraída à discricionariedade dos administradores[8]. Mesmo na hipótese de *insolvência iminente*, em que a lei possibilita por princípio que os administradores apresentem a sociedade à insolvência (CIRE, arts. 3º, 4, 19º), eles devem, não proceder a essa apresentação, mas tentar evitar a insolvência quando a mesma seja evitável (quando a empresa social seja viável).

Também nas relações com os sócios há limitações que nas situações de não crise são inexistentes ou menos extensas. Na verdade, a evitação da insolvência pode exigir o *adiamento do reembolso de suprimentos*[9] e de *outros créditos dos sócios*[10].[11]

[8] N. M. Pinto Oliveira, "Responsabilidade civil dos administradores pela violação do dever de apresentação à insolvência", em *Revista de Direito Comercial*, 2018-04-05, p. 614.

[9] Até porque, no caso de a sociedade ser declarada insolvente, o reembolso de suprimentos feito dentro do ano anterior à data do início do processo de insolvência seria resolúvel em benefício da massa insolvente: art. 121º, 1, i), do CIRE.

[10] Também porque seriam créditos subordinados em caso de declaração de insolvência: arts. 48º, a), 49º, 2, a), do CIRE.

[11] Cfr. a propósito o caso *West Mercia Safetywear Ltd v Dodd* (1988) julgado no R.U., referido no citado *Study on a new approach...*, p. 47.

Quando uma sociedade está em situação de insolvência provável, provável é também que haja *"perda de metade do capital"* (mas sem que o passivo seja superior ao ativo). Segundo a versão atual do art. 35º do CSC, os administradores devem então promover a convocação de assembleia geral, mas não têm a obrigação de apresentar aos sócios propostas que visem repor a situação de equilíbrio financeiro.[12] Não obstante, consagrado o dever de evitar a insolvência, os administradores *passariam a ter essa obrigação.* E se os sócios não aprovassem essas propostas, nem tomassem nenhuma das deliberações referidas no nº 3 do art. 35º? Os administradores, não ficariam, por isso, parece, desobrigados de *tentarem soluções que evitassem a insolvência.* E se os sócios deliberassem a *dissolução da sociedade* (cfr. a al. a) do citado nº 3)? Se a deliberação não enfermasse de vícios, também parece que os administradores deveriam cumpri-la, apesar de isso poder acarretar a impossibilidade de recuperar uma empresa viável.

Os modos de condicionalidade no parágrafo anterior têm razão de ser. Transposta a Diretiva, muda o quadro de perguntas e respostas. Com efeito, o art. 32º da Diretiva adita um nº 4 ao art. 84º da Diretiva 2017/1132[13] mandando que os Estados membros derroguem vários artigos desta diretiva, "na medida e durante o período em que essas derrogações forem necessárias para o estabelecimento dos regimes jurídicos de reestruturação preventiva previstos na Diretiva" de 2019. Entre esses artigos está o 58º – a que corresponde o art. 35º do CSC. Por conseguinte, estando uma sociedade com metade (ou mais) do capital perdido e em situação de probabilidade de insolvência que possa ser superada por uma reestruturação preventiva, os administradores não têm o dever de promover a convocação ou (sendo gerentes) de convocar uma assembleia geral. O dever de evitarem a insolvência antes lhes impõe que promovam a reestruturação preventiva. E se, entretanto, houver uma assembleia geral em que se delibere algo incompatível com o cumprimento do dever de os administradores evitarem a insolvência, este dever prevalecerá.[14]

[12] Cfr. P. Tarso Domingues, em *Código das Sociedades Comerciais em Comentário* (coord. Coutinho de Abreu), vol. I, 2ª ed., Almedina, Coimbra, 2017, p. 560.

[13] Diretiva codificadora de normas de direito das sociedades.

[14] Com interesse, v. tb. o art. 12º da Diretiva. Segundo o nº 1, deve ser assegurado que os sócios "não possam desrazoavelmente impedir nem levantar obstáculos à adoção e confirmação de um plano de reestruturação".

Note-se ainda que os considerandos (70) e (71) da Diretiva fornecem exemplos de comportamentos adotáveis pelos administradores para evitar a insolvência. Entre outros: procurar aconselhamento profissional, evitar a perda de ativos-chave, reduzir as despesas, estabelecer negociações com os credores e iniciar um processo de reestruturação[15].

5. Novidade do dever

Por conseguinte, o dever de evitar a insolvência traz algo de novo, é *inovador*.

É certo que o art. 64º, 1, do CSC e o art. 186º, 1, 2 e 3, do CIRE (conjugado com o art. 189º) já impõem aos administradores deveres cuja observância tem um efeito preventivo da insolvência.[16]

Porém, os deveres gerais de cuidado e de lealdade do art. 64º do CSC têm em mira o *curso normal* do processo empresarial e, fundamentalmente, os *interesses dos sócios*; e os deveres de lealdade e de cuidado do art. 186º do CIRE[17] são no essencial de *conteúdo negativo* (prescrevem o que não fazer).[18]

Diversamente, o dever de evitar a insolvência é um dever (de conteúdo) *positivo*, que impõe a adoção de medidas adequadas ao *saneamento da empresa* quando exista uma probabilidade de a sociedade cair em situação insolvencial, com vista à salvaguarda dos *interesses dos credores sociais*, dos sócios e de outros *stakeholders* (estando aqueles em primeira linha ou, ao menos, em paridade com os restantes). *Há, pois, que consagrar esse dever na legislação portuguesa.*

[15] Entre nós, lançando mão p. ex. do PER ou do RERE.

[16] Ainda assim, a insolvência pode acontecer por causa de fatores exógenos à administração da sociedade: p. ex., conjuntura económica negativa, concorrência disruptiva, insolvência de clientes.

[17] No catálogo de comportamentos ilícitos apresentado neste artigo descobrem-se, além de deveres de lealdade (dominantes) e de cuidado, também deveres legais específicos – cfr. J. M. COUTINHO DE ABREU, "Direito das sociedades e direito da insolvência: interações", em *IV Congresso de Direito da Insolvência* (coord. Catarina Serra), Almedina, Coimbra, 2017, p. 186, s..

[18] É algo estranha a al. (c) do art. 19º da Diretiva: quando exista uma probabilidade de insolvência, os administradores devem ter em consideração "a necessidade de evitar uma conduta dolosa ou com negligência grosseira que ameace a viabilidade da empresa". Pois se os administradores devem ter uma conduta que evite a insolvência (al. (b) do art. 19º), então será ilícita a conduta com mera culpa que ameace a viabilidade da empresa e leve à insolvência. Objetivo da norma será a definição de um padrão de responsabilidade; neste sentido, v. PINTO OLIVEIRA, *ob. cit.*, p. 616, s.. De todo o modo, tendo à vista os arts. 186º e 189º do CIRE, o art. 19º (c) da Diretiva não precisa de ser transposto para o direito português.

6. Responsabilidade

Se o dever de evitar a insolvência não for cumprido pelos administradores e por causa disso a sociedade entrar em situação de insolvência, eles podem ter de responder, quer perante a sociedade (art. 72º, 1, do CSC), quer perante os credores sociais (art. 78º, 1) – a norma que estabeleça aquele dever é (também) de proteção dos credores –, independentemente de a insolvência vir a ser qualificada como culposa ou não.[19]

[19] Mas é diferente a medida da responsabilidade, consoante a insolvência seja qualificada como culposa (com dolo ou culpa grave dos administradores) ou não – v. Coutinho de Abreu, *últ. ob. cit.*, p. 191-192.

Conversão de créditos em capital[1]

PAULO OLAVO CUNHA
Professor da Faculdade de Direito da Universidade Católica Portuguesa (Lisboa) e advogado

SUMÁRIO: **Introdução:** enquadramento do tema no aumento do capital social. **1. A conversão de créditos em capital no CSC antes do DL nº 79/2017, de 30 de junho.** 2. **A conversão de suprimentos em capital na alteração do CSC de 2017.** 2.1. A alteração legislativa do CSC: âmbito e alcance. 2.2. A jurisprudência (in)existente. 3. **A conversão de créditos em capital, em 2019: quadro legal atual (a Lei nº 7/2018, de 8 de março) e *praxis*.** 4. **A conjugação dos dois regimes.** 5. **A compatibilização dos regimes de capitalização por conversão de créditos com o disposto no art. 68º da Diretiva (EU) 2017/1132.** 6. **Epílogo.**

Introdução: enquadramento do tema no aumento do capital social

O tema que nos propomos tratar – e que aparentemente se encontra praticamente esgotado pela doutrina portuguesa comercialista e insolvencialista mais relevante – versa uma matéria que se encontra precisamente no cruzamento entre o Direito das Sociedades e o Direito da Insolvência e respeita ao fenómeno da conversão de créditos, de sócios e, ou, de terceiros, em capital.

[1] Este texto foi elaborado em memória de João Soares da Silva – insigne advogado, com quem me cruzei profissionalmente por diversas vezes, que nos deixou prematuramente no auge de uma brilhante carreira profissional – e destina-se ao livro organizado pelo nosso colega Carlos Osório de Castro para o homenagear postumamente, correspondendo ao desenvolvimento da intervenção feita sobre o tema no *V Congresso de Direito da Insolvência* (no dia 12 de abril de 2019, no Hotel Altis, em Lisboa), no painel "Sob a égide da Diretiva: reestruturação preventiva".
Agradeço, uma vez mais, à Catarina Serra, estimada amiga e ilustre Juíza Conselheira do STJ, o convite para participar nesse Congresso, permitindo-me ser totalista dos (cinco) congressos nacionais sobre insolvência por ela coordenados.
Sendo este texto inédito, o seu conteúdo toma, naturalmente, em consideração o exposto na 7ª edição do meu livro de *Direito das Sociedades Comerciais* (Almedina, Coimbra, 2019) – que, pontualmente, segue de perto –, na qual analisei, pela primeira vez, o tema, ainda que de forma sintética (vd., em especial, nº 34.2.1.3, pp. 1009-1014).

Vamos abordá-lo numa perspetiva essencialmente jussocietarista. Por isso, centraremos a nossa atenção na operação de aumento do capital social, por novas entradas de bens em espécie em que o mesmo se consubstancia, em detrimento de analisar os efeitos que conduzem a sociedade para uma situação de insolvência e que podem preceder a operação em apreço ou de ponderar as consequências desta no plano de recuperação da empresa que se capitaliza pelo recurso ao aumento do capital por entradas de novos bens.

Tratando-se de um tema (ainda) jovem, porque introduzido na nossa ordem jurídica em meados de 2017, importa salientar, como referimos em nota de abertura, que o mesmo já suscitou a intervenção de grande parte da nossa doutrina jussocietarista e insolvencialista[2], dificultando naturalmente uma abordagem original e levantamento de novas questões.

[2] De entre os autores que dedicaram a sua atenção a este tema específico, podemos agrupar os estudos produzidos nas seguintes categorias:
Novo **regime de aumento do capital por conversão de suprimentos** – vd. PAULO DE TARSO DOMINGUES, «A conversão de suprimentos em capital social (DL nº 79/2017, de 30 de junho)», *DSR*, ano 9, vol. 18, 2017, pp. 155-163, JOSÉ FERREIRA GOMES, «Alterações ao Código das Sociedades Comerciais (artigo 2º do projeto de decreto-lei)», *RDS*, ano IX, nº 1, 2017, pp. 25-31, e «A alteração dos artigos 87º e 89º do CSC pelo Decreto-Lei nº 79/2017, de 30 de junho: conversão de créditos de suprimentos em capital», *RDS*, ano IX, nº 3, 2017, pp. 535-547, MARIA DE FÁTIMA RIBEIRO, «Regime Simplificado de Aumento de Capital por Conversão de Suprimentos», AA.VV., *Seminário de Direito da Insolvência*, coord. de Catarina Serra, Almedina, Coimbra, 2019, pp. 49-78, e ARMANDO TRIUNFANTE, «Conversão de créditos de suprimentos em capital (DL nº 79/2017, de 30/6 e Retificação nº 21/2017, de 25/8)», AA.VV., *V Congresso Direito das Sociedades em Revista*, Almedina, Coimbra, 2018, pp. 279-310.
Sobre a **conversão de créditos (de terceiros) em capital**, vd. PAULO DE TARSO DOMINGUES, «Regime jurídico da conversão de créditos: A tomada de assalto das sociedades pelos credores», AA.VV., *Seminário de Direito da Insolvência*, coord. de Catarina Serra, Almedina, Coimbra, 2019, pp. 79-101, MARIA DO ROSÁRIO EPIFÂNIO, *Manual de Direito da Insolvência*, 7ª ed., Almedina, Coimbra, 2019, pp. 538-549, ORLANDO VOGLER GUINÉ, «Comentários preliminares ao Regime Jurídico da Conversão de Créditos em Capital», *RDS*, ano X, nº 2, 2018, pp. 289-317, ALEXANDRE DE SOVERAL MARTINS, «O regime da conversão de créditos em capital», in *Estudos de Direito da Insolvência*, 2ª ed., Almedina, Coimbra, 2018, pp. 33-45, e, em cima do fecho deste estudo, DAVID SEQUEIRA DINIS / NAIR MAURÍCIO CORDAS, «O regime jurídico da conversão de créditos em capital: primeiras considerações», AA.VV., *Atas das IV Jornadas de Reestruturações e Insolvências da Uría Menéndez–Proença de Carvalho* (coord. de David Sequeira Dinis / Nuno Salazar Casanova), Universidade Católica Editora, Porto, 2019, pp, 41-74. Escrevendo antes da publicação do diploma legal, JOSÉ FERREIRA GOMES / CATARINA MONTEIRO PIRES, «Resposta à consulta pública relativa ao projeto de proposta de lei que aprova o Regime Jurídico de Conversão de Créditos em Capital», *RDS*, ano IX, nº 1, 2017, pp. 143-156.

Quando uma sociedade se encontra em situação de subcapitalização – porque os seus capitais próprios são insuficientes para desenvolver a atividade comercial que se propõe prosseguir, qualquer que seja a razão que tenha estado na base da insuficiência financeira que pode comprometer a realização do seu objeto social –, um dos meios possíveis a que pode recorrer é o aumento do capital social por entradas de novos bens que reforcem com estabilidade o seu capital próprio.

O aumento do capital social é a alteração do contrato de sociedade que, porventura, com maior frequência se verifica, porquanto permite à sociedade superar uma situação de dificuldade ou a ampliação da sua atividade, pelo reforço que proporciona aos respetivos meios.

No entanto, nem todas as modalidades de aumento do capital logram esse objetivo. O aumento por incorporação de reservas, contribuindo para a estabilização do capital próprio e sua consolidação no capital social, não aporta novos meios à sociedade, que se mantém exatamente com a capacidade económica de que dispunha anteriormente. Por isso, é uma operação que, facultando aos acionistas maior liquidez da sua participação social – porque implica com muita frequência (mas não necessariamente) um aumento do número de ações da sociedade –, não contribui para dotar a sociedade de meios de que careça para ultrapassar uma situação de crise e eventualmente expandir a sua atividade.

Para que tal aconteça o aumento do capital social tem de se concretizar na realização de novas entradas, quer se materializem em dinheiro, quer sejam em espécie.

Quanto menor ligação com a sociedade tiverem as entradas a efetuar pelos sócios, melhor resulta a situação da sociedade, cujo ativo aumenta na razão do montante das novas entradas.

Se os bens em espécie corresponderem à conversão de créditos sobre a sociedade, em capital, qualquer que seja a sua origem e titularidade, então o aumento concretiza-se na criação de capital no montante correspondente ao valor dos créditos convertidos, melhorando a situação financeira da

Sobre os **dois regimes**, vd. Rui Pinto Duarte, «A conversão em capital social de suprimentos e outros créditos – Notas sobre o Dec.-Lei nº 79/2017, de 30 de junho, e sobre um projeto legislativo relativo à conversão de créditos de terceiros em capital social», AA.VV., *IV Congresso de Direito da Insolvência,* coord. de Catarina Serra, Almedina, Coimbra, 2017, pp. 319-340, e Catarina Serra, *Lições de Direito da Insolvência,* Almedina, Coimbra, 2018, pp. 527-530 e 530-537.

sociedade, que deixa de ser devedora desses créditos, e contribuindo também, na mesma medida, para uma variação positiva da respetiva capacidade económica e para a redução da sua exposição ao exterior. Tratando-se de uma operação que claramente beneficia a sociedade, nem sempre é suficiente para lhe permitir reposicionar-se no mercado com o êxito desejável, devendo ser acompanhada, em muitos casos, de injeções de dinheiro fresco.

Foi com a finalidade de proporcionar aos credores de sociedades em dificuldades – mas que ainda não se encontrem em insolvência –, interessados na respetiva recuperação, uma forma de procurarem impor uma adequada utilização dos seus créditos que o legislador veio, nos últimos dois anos, a introduzir alterações relevantes na ordem jurídica portuguesa.

Sem prejuízo de as mesmas ainda não terem gerado os frutos desejados, vamos proceder à respetiva análise.

1. A conversão de créditos em capital no CSC antes do DL nº 79/2017, de 30 de junho

O aumento do capital social por conversão de créditos é um aumento por novas entradas constituídas por bens em espécie que são créditos detidos sobre a sociedade e que, ao serem para esta transmitidos pelos seus titulares, se extinguem por confusão, passando, na medida do valor que lhes for atribuído, a incorporar o respetivo capital.

Consistindo numa operação que se traduz em integrar no capital social dívida que a sociedade tenha perante os seus sócios ou terceiros, a conversão de créditos (sobre a sociedade) em capital, por definição, só é possível em aumento do capital, uma vez que, no momento da constituição, a sociedade – ainda não existindo – não pode ser devedora[3]; o que não significa que não contraia dívidas por efeito, precisamente, da constituição.

Ora, embora possam ser nominais, apresentando um valor facial, os créditos não são dinheiro, reconduzindo-se à categoria dos bens em espécie (diferentes de dinheiro, suscetíveis de avaliação pecuniária e penhoráveis)[4],

[3] Apenas é possível a entrada com créditos sobre terceiros, que se transmitem em favor da sociedade. Neste sentido, vd. ARMANDO MANUEL TRIUNFANTE, na sua dissertação doutoral, *O regime das entradas na constituição das sociedades por quotas e anónimas*, Coimbra Editora, Coimbra, 2014, pp. 111-112.

[4] Vd. PAULO OLAVO CUNHA, *Direito das Sociedades Comerciais*, 7ª ed., Almedina, Coimbra, 2019, pp. 307-310, e, para maior desenvolvimento, ARMANDO MANUEL TRIUNFANTE,

pelo que têm de ser objeto de avaliação por revisor oficial de contas que não seja escolhido pelo interessado que deles é credor[5].

Os sócios têm, assim, de escolher um revisor oficial de contas antes de promover a execução da alteração contratual (de aumento do capital) resultante da deliberação formada e é até normal que o façam antes de tomar a decisão de proceder ao aumento, para poderem ter uma noção do valor atribuído aos bens que vão disponibilizar e consequentemente do valor da variação positiva do capital[6].

O regime das entradas na constituição das sociedades por quotas e anónimas, cit., 2014, pp. 46-123, em especial pp. 46-48 e 106-123.

[5] Esta limitação conhece, em nossa opinião, uma exceção quando as entradas são efetuadas por todos os sócios com bens fungíveis. Nesse sentido, vd. o nosso *Direito das Sociedades Comerciais*, 7ª ed. cit., 2019, pp. 311-312.

[6] Por isso, é normal que na assembleia geral que tenha por objeto deliberar o aumento do capital por entradas em espécie seja incluído um ponto prévio (autónomo) sobre a designação de um revisor oficial de contas «*sem interesses na sociedade*» (art. 28º, nº 1), que tenha por finalidade proceder à avaliação de tais entradas.
A lei é omissa sobre o procedimento a adotar sempre que for necessário designar esse revisor oficial de contas, designadamente se o mesmo deve ser nomeado com antecedência relativamente à data do aumento do capital social. Apenas estabelece limitações ao relacionamento desse ROC com a sociedade (vd., por exemplo, o nº 2 do art. 28º), procurando garantir a sua independência relativamente à sociedade a que respeitam os bens que são aportados.
Se transpuséssemos para o domínio do aumento do capital – que é a operação que está em causa neste estudo – o disposto em matéria de constituição, nomeadamente o disposto no nº 5 do art. 28º, seríamos levados a concluir que o relatório do revisor deve ser disponibilizado aos sócios com uma antecedência de, pelo menos, 15 dias, relativamente à data em que o aumento seja deliberado.
Recorrendo ao disposto no nº 1 do art. 89º do CSC, parece que temos de aplicar às entradas nos aumentos o disposto em matéria de constituição, com exceção da verificação de entradas por conversão de suprimentos, nos termos do disposto no nº 4 da mesma norma.
No entanto, tal não é a prática observada nesta matéria, que referimos acima (no começo desta nota).
Assim, não havendo oposição de qualquer sócio, não se afigura problemático formalizar a escolha do ROC imediatamente antes de deliberar o aumento do capital social, a realizar por entradas em espécie avaliadas e certificadas pelo ROC que terá sido informalmente designado com antecedência e que a assembleia confirmou em momento imediatamente anterior.
Registando-se a oposição de um sócio e, nomeadamente, o seu interesse em consultar com tempo o relatório do ROC, cremos que, entre a divulgação deste e o aumento do capital deve distar o prazo mínimo de 15 dias; o que não impede que a assembleia geral designe o ROC e delibere o aumento sob condição de aos bens em espécie a disponibilizar à sociedade ser atribuído um valor mínimo previsível.

Operacionalmente nada impede que a formalização da designação do revisor oficial de contas ocorra apenas na assembleia em que a deliberação de aumento é formada, no pressuposto de que o mesmo já havia sido previamente contactado e já tivesse procedido à avaliação dos bens, cujo valor é objeto de certificação antes da execução do aumento.

Na sua intervenção, o revisor certifica não apenas a existência do crédito, como estabelece o seu valor – ponderando o risco que o bem em causa possa acarretar para a sociedade (o que é uma realidade se se tratar de um direito de crédito cuja satisfação esteja dependente de um terceiro), para além do seu valor intrínseco na data da transferência em favor da sociedade –, e, nomeadamente, conclui se ele corresponde ao valor nominal da entrada do sócio, realizada por esse bem.

No que se reporta, em especial, ao valor de um crédito sobre a sociedade, a sua nominalidade não justifica, só por si, que o valor a atribuir seja coincidente[7]. Com efeito, para além do valor intrínseco do crédito concedido, que se pode ter consubstanciado numa prestação em dinheiro, ou equivalente, importa avaliar a capacidade que a empresa tem para proceder à respetiva satisfação.

Se se prevê que, vencido o crédito, a sociedade não teria capacidade para o honrar, então é difícil aceitar que o mesmo tenha um valor igual ao valor nominal.

Por isso, nas sociedades que se encontram em situação crítica é muito difícil justificar que as respetivas dívidas – quer resultem de empréstimos ou financiamentos, quer sejam inerentes a créditos de bens disponibilizados ou de serviços prestados não pagos – possam ser certificadas pelo respetivo valor nominal.

Seria adequado que a avaliação de tais créditos, seja perante os sócios, seja perante terceiros (financiadores ou fornecedores), tomasse em linha de conta a solvabilidade da sociedade e a sua capacidade de satisfazer todos os créditos se os mesmos lhe fossem exigíveis.

Sucede que invariavelmente a certificação desses créditos se efetua pelo seu valor facial e dificilmente encontramos sociedade que se disponibilize a aceitar um valor inferior. Com efeito, a verdade é que a prática tem vindo

[7] Neste sentido, e sublinhando que o valor dos créditos cedidos, em aumento do capital, não é necessariamente o seu valor nominal, L. Miguel Pestana de Vasconcelos, *Recuperação de empresas: o processo especial de revitalização*, Almedina, Coimbra, 2017, p. 84.

a demonstrar a enorme proximidade – senão mesmo coincidência – entre o montante (facial) dos créditos e o valor certificado por revisor oficial de contas (independente).

No entanto, tendo em conta a qualidade (profissional) e o estatuto (de independente) em que o ROC intervém, com a responsabilidade inerente à sua prestação de serviços, não se vislumbra razão válida para questionar a avaliação que é feita e que confirma sistematicamente o valor nominal dos créditos, em especial quando os mesmos correspondem a mútuos ou outros financiamentos feitos pelos sócios em dinheiro disponibilizado à sociedade ou que da mesma não foi levantado, podendo tê-lo sido, como acontece com lucros distribuídos, que não tenham sido oportunamente pagos.

Ora, existindo créditos sobre a sociedade, esta deve proceder à respetiva satisfação se dispuser de meios para o efeito. Não se encontrando em condições de proceder ao pagamento das suas dívidas, a sociedade pode convertê-las em capital, libertando-se de um ónus que pode revelar-se crítico para a sua atividade.

No quadro legal anterior a 2017, tal conversão – integrando um aumento do capital (por entradas de bens em espécie) – estava dependente de uma decisão por maioria qualificada dos sócios que, não detendo, em regra, créditos proporcionais à sua participação social sobre a sociedade, não estavam disponíveis para assumir e aprovar uma alteração que poderia alterar a relação de forças existente.

Acresce que, se o aumento do capital por conversão de créditos era habitual quando estes eram detidos pelos sócios, que aceitavam prescindir deles e torná-los definitivamente capital da sociedade, já a conversão de créditos sobre a sociedade, de que terceiros fossem titulares, se perfilava apenas nas situações difíceis da sociedade, nomeadamente quanto esta era uma grande devedora, os respetivos sócios se encontravam disponíveis para aceitar os credores como novos sócios e estes tinham interesse em assumir a relação de socialidade. Até que se conjugassem esses fatores não era natural que os sócios permitissem a entrada de terceiros credores na sociedade; e, em qualquer caso, seria necessário que se conjugassem também as vontades (esclarecidas) dos sócios e dos terceiros, para que a operação se tornasse realidade.

Acontece que o crescente endividamento das empresas, ao longo da presente década, veio a exigir medidas legislativas que pudessem responder a situações que justificam a procura de equilíbrio financeiro, à custa da conversão de créditos em capital, e que não ficassem à mercê ou dependentes da vontade (egoística) dos sócios.

2. A conversão de suprimentos em capital na alteração do CSC de 2017

Assim, a nossa lei seria objeto de duas alterações significativas num curto espaço de tempo, as quais não obtiveram, até ao presente, o impacto prático que se poderia esperar.

Em 2017, o Decreto-Lei nº 79/2017, de 30 de junho, modificou as regras legais, de caráter genérico, sobre o aumento do capital (arts. 87º a 89º do CSC), criando um regime especial para a conversão de suprimentos em créditos – para além de alterar diversas normas do CIRE –; e, decorridos alguns meses, já em 2018, a Lei nº 7/2018, de 8 de março, introduziu na ordem jurídica portuguesa um conjunto de normas que derrogaram tacitamente o Código das Sociedades Comerciais, regulando a conversão coerciva de créditos (de terceiros) em capital.

Vejamos em que consistiram essas alterações e qual o regime jurídico resultante dos dois diplomas publicados.

2.1. A alteração legislativa do CSC: âmbito e alcance

O Decreto-Lei nº 79/2017, de 30 de junho, na sua redação inicial, aparentava, indevidamente, aplicar-se a todos os tipos societários, apesar de ser manifesto que não seria adequado e aplicável às sociedades anónimas. Por isso, o seu âmbito e alcance foi, por efeito da retificação introduzida na ordem jurídica pela Declaração (de Retificação) nº 21/2017, de 25 de agosto, confinado às sociedades por quotas, em matéria de conversão de créditos em suprimentos.

A alteração legislativa – vigente desde 1 de julho de 2017 (cfr. art. 8º do DL 79/2017) – criou (o que o relatório do diploma legal qualificou como) *«um mecanismo simplificado de aumento do capital social por conversão de suprimentos»*[8], a realizar se a operação não deparar com a oposição expressa dos demais sócios.

Para integrarem esses suprimentos no capital, os sócios que, isolada ou conjuntamente, representem, pelo menos, 75% do capital social (cfr. art. 87º, nº 4) e detenham suprimentos registados no último balanço podem

[8] Alusão que impressionaria o Tribunal da **Relação do Porto**, em **Acórdão** (de **15 de novembro de 2018**, relatado pela desembargadora Anabela Tenreiro, processo nº 357/17.4T8AMT.P1, publicado em *www.dgsi.pt*) que não recai sobre o tema.

comunicar à gerência a conversão desses suprimentos em capital. A lei admite que, perfazendo os interessados a maioria qualificada necessária para deliberar uma alteração do contrato de sociedade, isto é, três quartos dos votos correspondentes ao capital social (cfr. arts. 87º, nº 4 e 265º, nº 1 do CSC), seja dispensada a realização da assembleia geral ou de outra forma de deliberação para realizar o aumento por conversão de créditos resultantes de suprimentos que se encontrem contabilisticamente reconhecidos[9].

Uma vez recebida a comunicação, a gerência deverá notificar os demais sócios, no prazo de 10 dias, para que estes, querendo, se oponham por escrito em igual prazo (de 10 dias), contado da data em que tomem conhecimento da conversão (art. 87º, nº 5) ou, nada fazendo, aceitem a operação. O silêncio dos não participantes na conversão tem, assim, valor declarativo (cfr. art. 218º do CC), correspondendo a consentimento (ou a não oposição).

No que se refere à redação da parte final do nº 5 – segundo a qual a gerência comunica aos sócios que o aumento declarado é eficaz se não se registar oposição expressa «*por escrito, no prazo de 10 dias, contados da comunicação de conversão*» –, a mesma não é particularmente feliz porque o prazo de oposição conta-se da «*comunicação de conversão*» efetuada pela administração da sociedade aos demais sócios (para que eles se oponham, querendo); e não da dirigida pelos sócios que participam na conversão.

Não havendo oposição expressa, o aumento tem-se por concretizado e as participações por liberadas na data em que qualquer gerente declarar, «*por escrito e sob sua responsabilidade*», que as entradas já se encontram realizadas e preenchem o aumento de capital, não sendo exigida «*a realização de outras entradas*» (art. 88º, nº 2 *in fine*).

A verificação das entradas por conversão de suprimentos dá-se com a declaração de contabilista certificado – ou, se a sociedade estiver sujeita a revisão legal de contas, por declaração do respetivo ROC – de que «*a quantia consta dos* registos[10] *contabilísticos*»[11] e a indicação da sua origem e da data em que se constituiu como suprimento (cfr. art. 89º, nº 4).

[9] Note-se que outros créditos dos sócios, nomeadamente os que correspondam a prestações suplementares, não gozam de idêntico regime; o que não deixa de ser discutível.

[10] Cremos que a lei – ao mencionar "*regimes contabilísticos*" – pretende referir-se aos registos contabilísticos; pelo que o lapso terá passado despercebido ao legislador retificador.

[11] «*O contrato de suprimento deve ter expressão contabilística na conta de suprimentos*» [**AcRelPorto de 15 de janeiro de 2019** (Cecília Agante) / Proc. nº 5211/17.7T8VNG.P1, *CJ*, nº 292, ano XLIV, T. I, 2019, pp. 208-210].

Esta modalidade especial, de aumento do capital social – a efetuar por simples declaração dos sócios credores representativos de uma participação social significativa e que tem de contar com a não oposição dos que não participem na operação –, vem alterar o regime do aumento em espécie, quando realizado por conversão de créditos de sócio, no que respeita à exigência da certificação do respetivo valor por revisor oficial de contas independente, legalmente estabelecida para as entradas em espécie, a propósito da constituição da sociedade (cfr. art. 28º, nº 1). Afigura-se, não obstante, que o regime regra se mantém inalterado para as demais entradas em espécie.

2.2. A jurisprudência (in)existente

Pesquisada a jurisprudência dos tribunais superiores, verifica-se que apenas um Acórdão faz referência a esta matéria. Trata-se do Acórdão do Tribunal da Relação do Porto de 15 de novembro de 2018, relatado pela Desembargadora Anabela Tenreiro (Proc. nº 357/17.4T8AMT.P1), constante da base de dados do Ministério da Justiça, o qual, todavia, nada tem que ver com a matéria objeto do presente estudo. Não obstante, o aresto refere-se, no seu Sumário, ao «*mecanismo simplificado de aumento do capital social por conversão de suprimentos*», fazendo o leitor menos atento, desprevenido ou excessivamente confiante, incorrer em erro, visto que na realidade não está em causa uma operação de aumento do capital social; antes se discute o crédito de um sócio sobre uma sociedade por quotas e, entre outros aspetos, a litigância de má fé da sociedade-ré, negando factos de que tinha *pleno conhecimento* e a consciência da falta de fundamento da sua pretensão.

A jurisprudência não tem, até à data em que encerramos este estudo, sido chamada a intervir nesta matéria[12].

[12] Consultámos os acórdãos dos tribunais superiores disponíveis no final do dia 7 de julho de 2019: Acórdãos do STJ até 19 de junho de 2019, e dos Tribunais das Relações de Lisboa até 28 de maio, Porto até 8 de maio, Coimbra e Évora até 26 de junho e Guimarães até 11 de junho de 2019, todos em *www.dgsi.pt*, na *CJ/AcSTJ*, nº 291, ano XXVI, t. III, 2018, e na *CJ*, nº 292, ano XLIV, t. I, 2019.

3. A conversão de créditos em capital, em 2019: quadro legal atual (a Lei nº 7/2018, de 8 de março) e *praxis*

Decorrido menos de um ano sobre a alteração do Código das Sociedades Comerciais, acima analisada, foi publicada a Lei nº 7/2018, de 2 de março[13], que criou um novo regime jurídico de conversão de créditos em capital aplicável a todos os créditos detidos sobre sociedades com uma dimensão mínima – isto é, que tenham um volume de negócios de, pelo menos, um milhão de euros (art. 2º, nº 4) – e que não sejam instituições de crédito, sociedades financeiras, empresas de investimento, empresas de seguros, sociedades abertas e entidades do sector público empresarial (art. 2º, nºs 2 e 5), todas entidades que, na sua quase totalidade, se organizam sob a forma de sociedade anónima.

Mantendo aparentemente intocadas as disposições do Código das Sociedades Comerciais, a verdade é que a lei criou um novo regime especial de aumento do capital social e, como tal, constituiu uma alteração tácita ao regime constante da lei societária geral, representando um alargamento do direito legal de preferência dos sócios e acionistas, tal como resulta dos arts. 266º e 458º do CSC.

Vejamos como funciona o novo regime que consiste numa medida que apresenta semelhanças inquestionáveis com as providências específicas de recuperação de empresas que podem ser objeto de um plano de insolvência a homologar por sentença (cfr. art. 198º do CIRE)[14]; e que também se podem projetar sobre o capital social, viabilizando a entrada de terceiros na sociedade contra a vontade dos sócios, ou para além da mesma.

O aumento do capital nesta modalidade, por iniciativa (e proposta) dos credores societários, é possível quando o capital próprio seja inferior ao capital social e se verifique estarem em mora, há mais de 90 dias, créditos não subordinados sobre a sociedade – por esta reconhecidos e eventualmente (já) contabilizados –, com um valor superior a 10% do total de cré-

[13] A que se reportam todas as disposições legais que, neste número, não forem especialmente referenciadas.

[14] Sobre estas medidas, vd., para além da doutrina insolvencialista, PAULO OLAVO CUNHA, «Providências específicas do plano de recuperação de sociedades», AA.VV., *I Congresso de Direito da Insolvência*, coord. de Catarina Serra, Almedina, Coimbra, 2013 (pp. 107-139), pp. 125-130, e «A recuperação de sociedades no contexto do PER e da insolvência: âmbito e especificidades resultantes da situação de crise da empresa», *Revista de Direito da Insolvência*, nº 0, 2016 (pp. 99-119), pp. 113-117.

ditos da mesma natureza (isto é, "não subordinados" nos termos e para os efeitos do disposto nos arts. 47º e 48º do CIRE) ou prestações de reembolso parcial de capital ou juros, respeitantes a créditos não subordinados que representem um montante superior a 25% do total dos créditos dessa categoria (cfr. art. 3º, nºs 1 e 2).

O diploma legal permite a certos credores que proponham a transformação dos seus créditos, ou de parte deles, em capital – para poderem estabilizar a situação da sociedade, aumentando os respetivos capitais próprios –, e admite que, no mesmo aumento, os sócios participem com entradas em dinheiro, a aplicar necessariamente «*na amortização dos créditos que, nos termos da proposta, seriam convertidos em capital*» (cfr. art. 3º, em especial nº 12). Desse modo, os sócios, querendo, e tendo condições para o efeito, podem procurar manter o controlo da sociedade, contribuindo para a sua estabilização e para o reembolso dos créditos existentes.

A este propósito importa salientar que o diploma legal aparentemente impede os próprios sócios de aproveitar este regime, pelo menos no que respeita a créditos subordinados que detenham, uma vez que os credores não podem propor a conversão de créditos subordinados em capital (cfr. art. 3º, nº 8, *alínea c)*). Portanto, só em situações extremamente raras, os sócios podem participar como credores na operação de capitalização por conversão de créditos. Para que tal seja possível é necessário que estes sejam anteriores à constituição da relação de socialidade e que não se tenham, entretanto, convertido em suprimentos (cfr. art. 48º, *alíneas a)* e *g)* do CIRE).

No que respeita aos créditos a ceder, a sua aptidão para a conversão em capital tem de ser confirmada por relatório de revisor oficial de contas[15], que evidencie serem os mesmos enquadráveis nos requisitos legalmente estabelecidos para o efeito e que já enunciámos (cfr. art. 3º, nº 3, *alínea a)*), sendo necessário que, após a operação, o capital próprio da sociedade fique superior ao montante do capital social existente à data da proposta (cfr. art. 3º, nº 11). Por esta razão, os créditos a afetar no aumento, a realizar por conversão, são, em regra, significativos.

Por sua vez, a proposta deve ser subscrita por credores *cujos créditos* representem, pelo menos, «*dois terços do total do passivo da sociedade e a maioria dos créditos não subordinados*» (art. 3º, nº 3).

[15] Estando em causa também a prévia redução do capital social, o relatório do ROC deve também demonstrar que estão reunidos os requisitos para que a mesma possa ser proposta.

Apresentada a proposta pelos credores sociais[16], e sendo os sócios chamados a deliberar sobre a mesma[17], podem adotar diferentes posturas: aprová-la sem limitações, podendo exercer o direito de preferência que lhes é concedido nos nºs 12 a 14 do art. 3º – realizando em dinheiro o montante que quiserem ou conseguirem e desse modo viabilizando o reembolso dos créditos que seriam convertidos pelo aumento –, alterá-la, através de negociação conduzida pela administração, aprová-la sem a executar, recusá-la ou até nada fazer (cfr. art. 4º, nº 3).

Não sendo aprovada a proposta e executado o aumento por conversão dos créditos de terceiros no prazo de 90 dias contado da data da receção da proposta, os subscritores desta podem requerer o "suprimento judicial" da deliberação[18] ou da alteração contratual em falta (arts. 4º, nº 3 *in fine* e 5º), constituindo *a sentença homologatória título bastante para a* variação do capital e *respetivo registo* (art. 5º, nº 8). Ora, esta sentença encontra, no domínio da insolvência, uma situação semelhante no art. 198º do CIRE, que enumera as providências específicas de recuperação da sociedade (insolvente) que podem ser adotadas pelo plano da insolvência, também homologado por sentença.

16 O diploma legal admite que da proposta de conversão de créditos conste «*a redução prévia do capital para cobertura de prejuízos*» e «*a respetiva justificação*» (art. 3º, nºs 7 e 8, *alínea b)*). Trata-se da admissibilidade de uma proposta que se consubstancia numa operação acordeão, de redução do capital, para cobertura de prejuízos, seguida de subsequente aumento por conversão de créditos.

17 Não pretendemos proceder à descrição minuciosa do regime legal, mas justifica-se salientar que a lei permite que a administração da sociedade, uma vez recebida a proposta dos credores, possa negociar com estes uma solução diferente, designadamente integrando na conversão projetada também créditos de sócios – à margem do regime legal estabelecido –, contanto que o resultado de um possível acordo seja disponibilizado aos sócios com antecedência razoável correspondente ao prazo mínimo, legal ou estatutário, para a convocação da assembleia geral (cfr. art. 4º, nº 2).

18 Trata-se essencialmente da execução específica da deliberação (em falta) ou da sua execução. Por isso, afigura-se mais adequado que o legislador tivesse optado por uniformizar a terminologia legal, recorrendo à figura já utilizada, em situação análoga, no art. 342º, nº 5 do CSC, não obstante a redação deste preceito não ser muito feliz. Sobre a mesma vd. a crítica que fazemos no *Direito das Sociedades Comerciais*, 7ª ed. cit., 2019, p. 460.
Sobre a execução específica de deliberação dos sócios, vd. *ibid*, pp. 364-365.
Qualificando o suprimento judicial como "conversão judicial" e detalhando este procedimento, mas questionando a sua constitucionalidade, MARIA DO ROSÁRIO EPIFÂNIO, *Manual de Direito da Insolvência*, 7ª ed. cit., 2019, pp. 544, 544-547, e 546.

Mas ainda que o processo conte com a oposição (ativa ou passiva) dos sócios e se conclua com o suprimento judicial necessário à execução da pretendida conversão de créditos, a lei permite ainda aos sócios «*adquirir – ou fazer adquirir por terceiro por si indicado*» – o capital da sociedade correspondente à variação determinada pela conversão, pelo respetivo valor nominal, desde que, em simultâneo, satisfaçam todos os créditos ainda *detidos pelos credores proponentes* da conversão (art. 6º).

Prevendo o prazo de 30 dias contado desde o trânsito em julgado da sentença homologatória, para os sócios exercerem o seu último recurso, a lei não esclarece como é que tudo se deve processar e justificar-se-ia que o fizesse.

Do disposto no art. 6º da Lei nº 7/2018, de 2 de março, resulta com clareza ter o legislador o cuidado de tudo fazer para que os sócios originários possam conservar a titularidade da empresa, facultando-lhes inclusivamente a possibilidade de recorrerem a terceiros para o efeito.

Afigura-se que aqui o legislador confunde uma vez mais o interesse social com o dos sócios, permitindo que estes – coniventes com a situação devedora da empresa – nada façam e, não obstante, reconhecendo-lhes a faculdade de, depois do suprimento judicial necessário pela sua inércia ou oposição, poderem ainda adquirir o capital aumentado (que poderiam ter anteriormente subscrito e realizado), contanto que satisfaçam os créditos que não tenham sido convertidos e sejam detidos pelos terceiros que recorreram à conversão[19].

Se, como defendemos anteriormente[20], os sócios não estão vinculados a um dever específico de lealdade perante a sociedade, outros sócios ou terceiros, a verdade é que também não entendemos como pode equacionar-se salvaguardar a titularidade do capital a todo o custo – e eventualmente em prejuízo do interesse social e da sustentabilidade da sociedade –, quando tais sócios, que não se encontravam obrigados a adotar uma conduta específica, nada fizeram anteriormente, podendo tê-lo feito e evitado a difícil situação a que a sociedade chegou.

[19] Apontando para tutela dos sócios, mas sem a considerar excessiva, CATARINA SERRA, *Lições de Direito da Insolvência*, cit., 2018, p. 535.

[20] PAULO OLAVO CUNHA, «(Acerca da) Inexistência do dever (específico) de lealdade dos sócios e acionistas», AA.VV., *V Congresso Direito das Sociedades em Revista*, Almedina, Coimbra, 2018, pp. 17-32.

Naturalmente que a declaração de insolvência da sociedade prejudica a conversão de créditos em capital, caducando todas as medidas tomadas com essa finalidade.

4. A conjugação dos dois regimes

A modalidade de capitalização que acabamos de analisar é cumulável com qualquer outra, designadamente com a conversão de suprimentos que expusemos anteriormente – desde que se trate de uma sociedade por quotas com um volume de negócios mínimo de um milhão de euros – ou com qualquer medida específica de recuperação de empresas prevista no CIRE (cfr. art. 2º, nº 6).

Vejamos, a concluir, como se conjugam, isto é, como é que coexistem e se articulam, os dois regimes de capitalização recentemente introduzidos no nosso ordenamento jurídico e que analisámos acima.

São algumas as diferenças, para além do respetivo âmbito de aplicação.

Começando por este, recorde-se que a possível escolha de qualquer dos regimes está teoricamente limitada às sociedades por quotas que apresentem um volume de negócios substancial (mínimo de € 1.000.000).

No entanto, mesmo nessas sociedades, não se afigura que os dois processos possam correr em paralelo, porque, como vimos, os sócios muito dificilmente poderão participar como credores vulgares na conversão de créditos em capital. Se os seus créditos resultarem de suprimentos efetuados e reconhecidos, eles são subordinados e consequentemente inqualificáveis para o aumento previsto na Lei nº 7/2018, de 2 de março, se forem créditos anteriores à constituição da relação de socialidade – que não se converteram, entretanto, em subordinados –, não são convertíveis como suprimentos.

Os procedimentos são, pois, complementares e podem ser acionados quase simultaneamente, mas com um âmbito subjetivo diferente e com um objeto também distinto. Por isso, e confrontando os aspetos que diferenciam os regimes analisados, diga-se que, para além da qualidade do credor cujos créditos vão ser convertidos (sócio num caso e terceiro noutro), na conversão dos suprimentos em capital, independentemente da qualificação e subordinação que os créditos têm, assume-se o valor nominal dos suprimentos contabilizados, ao passo que na conversão de créditos de terceiros, estes têm de ser verificados e valorizados pelo revisor oficial de contas, uma vez que a lei não diz que entram pelo valor nominal.

5. A compatibilização dos regimes de capitalização por conversão de créditos com o disposto no art. 68º da Diretiva (EU) 2017/1132[21]

Uma última questão que se justifica ponderar respeita à compatibilização dos novos regimes de capitalização de créditos – que podem dispensar o recurso à assembleia geral para aprovação das alterações contratuais resultantes do aumento produzido por conversão dos créditos em capital – com o disposto no art. 68º da Diretiva (EU) 2017/1132 do Parlamento Europeu e do Conselho, de 14 de junho de 2017, relativa a determinados aspetos do direito das sociedades (codificação).

Com efeito, este preceito – sob a epígrafe "Deliberação da assembleia geral relativa ao aumento do capital" – impõe que qualquer aumento do capital deva ser deliberado pela assembleia geral (cfr. art. 68º, nº 1, I parte)[22], isto é, pelos sócios ou acionistas.

Como compatibilizar esta exigência com a possibilidade de os sócios de uma sociedade por quotas poderem converter suprimentos em capital, aumentando-o na razão do montante dessa conversão, sem necessidade de recorrerem à assembleia geral, ou com o suprimento judicial da deliberação de alteração do contrato de sociedade por conversão de créditos de terceiros, quando os sócios se recusem a deliberar essa modificação contratual?

Constituirá a limitação decorrente da Diretiva um obstáculo inultrapassável?

Cremos que não.

A Diretiva procura uniformizar os regimes jurídicos dos diversos Estados membros da União Europeia, balizando o espaço das respetivas soluções normativas de caráter geral. É isso que acontece com o aumento do

[21] Trata-se de questão analisada por sugestão de Carlos Osório de Castro, que não havia sido abordada na nossa intervenção no Congresso de Insolvência.
Saliente-se que, tal como a Diretiva não contempla derrogação específica do art. 68º, em caso de capitalização da sociedade por conversão de créditos (nesse sentido, cfr. o respetivo art. 84º), também a Diretiva (UE) 2019/1023 do Parlamento Europeu e do Conselho, de 20 de junho de 2019 (publicada no JOUE de 26 de junho de 2019), ao aditar um nº 4 ao art. 84º da Diretiva 2017/1132 (art. 32º), não alterou, nem suspendeu, o disposto no art. 68º desta Diretiva – e a que nos referimos no texto –, no que se refere à capitalização da sociedade através de uma operação de aumento do capital social por conversão de suprimentos ou de créditos (de terceiros).

[22] Ainda que a Diretiva admita expressamente a exceção que hoje consta do disposto na parte final do nº 1 do art. 85º, da *alínea l)* do art. 406º e do art. 456º do CSC, alargando a competência para deliberar o aumento do capital social a outro órgão social (cfr. art. 68º, nº 2).

capital, quando a Diretiva, ao impor como regra a aprovação pela assembleia geral, admite desvios a esse regime. Essa solução deve ser observada pelas diversas leis societárias, o que não significa que, pontualmente, sempre que os interesses em jogo não se limitarem a aspetos de Direito Societário, mas estiver em causa a reestruturação da própria empresa e, eventualmente, a salvaguarda da sua subsistência, ela não deva ceder a mecanismos que visem agilizar a capitalização da empresa e a contribuir para assegurar a sua continuidade. Tal já acontece com as normas relativas às providências específicas de recuperação da empresa, previstas no art. 198º do CIRE[23], e agora com as normas que acima analisámos. Todas constituem a previsão de situações excecionais em que o interesse de reestruturação da empresa justifica que o interesse social se sobreponha ao interesse dos sócios, embora concedendo-lhes garantias, como sucede com o direito de se oporem aos aumentos por conversão de suprimentos – determinados em qualquer caso pela maioria necessária à alteração do contrato de sociedade – ou com o direito de preferência que lhes é reconhecido nos aumentos por conversão de créditos de terceiros e com a faculdade de, mesmo após intervenção do tribunal (através do designado "suprimento judicial"), poderem adquirir as participações resultantes desse aumento pelo respetivo valor nominal.

Em suma, o comando da Diretiva cede nos casos em que não esteja apenas em causa a organização da sociedade, mas interesses superiores que fundamentam uma solução disruptiva.

6. Epílogo

Reconhecendo que as formas de capitalização constituem um alargamento das possibilidades oferecidas às empresas que são devedoras dos respetivos sócios e, ou, de terceiros[24], afigura-se que se justifica, em certas circunstâncias, que os credores possam ir mais longe sem dependerem da vontade

[23] Por isso, afirmamos há muito o primado das medidas inerentes à reestruturação societária sobre os interesses pessoais dos sócios que por elas possam ser prejudicados. Sobre esta questão, vd. Paulo Olavo Cunha, «A recuperação de sociedades no contexto do PER e da insolvência», cit., 2016, pp. 108-109.

[24] De certo modo, no mesmo sentido, Catarina Serra (*Lições de Direito da Insolvência*, cit., 2018), ao reconhecer também que o regime de conversão de créditos estabelecido evidencia que «os interesses dos sócios não têm valor absoluto ou incondicional», não devendo «prevalecer sobre o interesse geral da reestruturação» (p. 534).

dos demais sócios, sacrificando os seus créditos à estabilidade da empresa, mas simultaneamente tomando no respetivo capital uma participação correspondente aos créditos convertidos. Cremos adicionalmente que se justifica permitir tais medidas ainda no domínio puramente societário sem que as mesmas tenham de representar uma solução possível apenas nas situações de (grave) crise. Não se diga, aliás, que medidas deste tipo põem em causa a propriedade dos sócios que não participem ativamente na operação; eles conservam o que é seu e que, no momento da conversão, já não é significativo. Trata-se, contudo, de medida a ponderar futuramente e sobre a qual não nos devemos alongar mais nesta sede.

No que respeita às medidas de capitalização analisadas diga-se, em jeito de balanço, que, decorrido cerca de um ano após a última modificação do regime legal, não temos conhecimento de que as novas (sub)modalidades de aumento do capital disponibilizadas, desde 2017, tenham obtido o êxito que se esperaria, impondo-se, por isso, repensar os regimes criados se, entretanto, tais mecanismos não colherem adesão significativa como seria desejável, para salvaguarda das empresas que tenham uma dívida relevante.

Em qualquer caso, admite-se que o recurso à conversão de créditos por terceiros seja mais eficaz – do que a conversão de suprimentos em capital – e possa representar uma via societária autónoma que permita evitar o recurso ao RERE, ao PER e, sobretudo, à declaração de insolvência.

Lisboa, julho de 2019

Aprovação e homologação de planos de recuperação

FÁTIMA REIS SILVA
Juíza Desembargadora do Tribunal da Relação de Lisboa

SUMÁRIO: Uma primeira análise da Diretiva (UE) 2019/1023 do Parlamento Europeu e do Conselho de 20 de junho de 2019 relativa aos quadros jurídicos em matéria de reestruturação preventiva, sob o ponto de vista dos procedimentos nacionais e da sua conformidade com o quadro europeu, focada no desenho do mecanismo de aprovação e confirmação dos planos de recuperação e com especial incidência na formação de classes de credores, na votação e no juízo de mérito envolvido na decisão de confirmação.

1. Introdução

Começo por agradecer o convite que me foi dirigido para partilhar algumas reflexões sobre a Diretiva originada na Proposta de Diretiva 2016/359, especificamente no âmbito dos quadros de reestruturação preventiva.

A Diretiva também se debruça sobre outros aspetos, como a concessão de uma segunda oportunidade aos devedores individuais empresários que relevam, em última análise, para o objetivo de harmonização de legislações e processos nacionais em matéria de reestruturação preventiva, insolvência, perdão de dívidas e inibição. Sem menosprezo pela importância fulcral destes temas, irei limitar-me a uma primeira análise de algumas questões relativas à aprovação e confirmação de planos de recuperação e que passam, necessariamente, por algumas das grandes linhas da Diretiva – a votação por classes de credores e a decisão de confirmação a emitir por autoridade judicial ou administrativa.

Limitado o objeto da minha intervenção deixo uma advertência. Pese embora a minha momentânea dupla qualidade de juíza desembargadora e de adjunta do Gabinete da Sra. Ministra da Justiça, não me encontro em representação de nenhuma entidade e as opiniões que emitirei apenas me vinculam a mim própria, pessoalmente, não comprometendo mais ninguém.

O processo de transposição desta Diretiva encontra-se em fase de arranque e o que pretendo partilhar convosco é uma primeira abordagem, na qual, porém, não intervirei, o que me deixa alguma liberdade e uma boa dose de irresponsabilidade.

Uma das primeiras opções que terá que ser tomada respeita ao rumo global a tomar. É agora claro que os Estados Membros que já disponham de procedimentos de reestruturação preventiva podem optar entre adaptar os respetivos procedimentos ou criar novos procedimentos e que a transposição pode ser efetuada mediante um ou vários procedimentos (*"Os Estados-Membros deverão poder manter ou introduzir nos respetivos ordenamentos jurídicos nacionais regimes de reestruturação preventiva além dos previstos pela presente diretiva."* – considerando 16).

Pese embora pareça evidente que, dispondo nós de um mecanismo legal de reestruturação preventiva testado e operacional bastante alinhado com a filosofia do modelo e objetivos adotados pela Diretiva, a opção deverá ser pela adaptação, penso que a opção merece séria reflexão, até porque os conceitos que vamos transpor são, em muitos e importantes casos, estranhos à lógica que até agora norteou os nossos procedimentos e institutos e poderão resultar em enxertos mal sucedidos, pervertendo os eventuais esperados resultados.

Neste momento dispomos, no ordenamento jurídico nacional, de dois mecanismos de reestruturação preventiva, ambos parcialmente enquadráveis parcialmente nas previsões a transpor: – o processo especial de revitalização ou PER (arts. 17º-A a 17º-I do CIRE) que comporta duas modalidades, a modalidade de aprovação e a de homologação de plano previamente aprovado; e o regime extrajudicial de recuperação de empresas, ou RERE (previsto na Lei nº 8/2018, de 2 de março).

Em cenário puramente abstrato temos pelo menos três hipóteses distintas de transposição – adaptar o processo especial de revitalização, tal como está previsto, nas suas duas modalidades, de aprovação e de homologação (arts. 17º-A e ss. e 17º-I do CIRE); adaptar apenas uma das modalidades do PER; ou, finalmente, criar um novo procedimento, mantendo intocados os atuais.

Teremos que nos interrogar sobre o que será mais útil ao nosso quadro jurídico-empresarial. Neste momento temos um leque de instrumentos claramente desenhados para empresas e empresários em diferentes situações: Foi concebido um feixe de instrumentos integrados e pensados numa visão de conjunto, constituindo ferramentas adequadas a várias patologias, identificáveis e suscetíveis de escolha ou recurso necessário tendo em conta a posição do devedor e a vontade dos seus credores.

As empresas que se encontrem em dificuldades, mas que não necessitem de envolver e vincular todos os seus credores na negociação de um plano de reestruturação podem recorrer ao Regime Extrajudicial de Recuperação de Empresas ou RERE (Lei nº 8/2018, de 2 de março), de natureza tendencialmente confidencial e consensual.

As empresas ainda não insolventes, mas que necessitem de impor a todos os seus credores um determinado plano negociado e aprovado pela maioria deles, terão que recorrer ao Processo Especial de Revitalização (PER).

As empresas viáveis em situação de insolvência, que já não poderão recorrer ao PER por via das alterações ao Código da Insolvência e da Recuperação de Empresa introduzidas pelo Decreto-Lei nº 79/2017, de 30 de junho, poderão ainda recorrer a um plano de insolvência com vista à recuperação, a aprovar em processo de insolvência e, nos demais casos, de inviabilidade, enveredar pela liquidação o mais cedo possível, por forma a recuperar maior valor.

Sendo este o atual desenho dos nossos instrumentos legais de recuperação, a necessidade de cumprimento com as regras da diretiva proporciona-nos uma nova oportunidade de olhar a esta tessitura normativa e perceber o alcance deste novo instrumento.

Para esse efeito é útil o entendimento das respetivas linhas mestras e das diferenças que trazem ao nosso ordenamento jurídico.

2. Formação das categorias de credores – o direito de voto

Uma das matérias em que a Diretiva impõe regras muito diversas das que nos têm regido é a formação de categorias de credores, que vem a influenciar o voto e o *quorum* de aprovação/rejeição.

A Diretiva estabelece a regra base da formação de categorias no art. 9º, prevendo que os Estados assegurarão que as partes afetadas sejam tratadas em categorias distintas em função da existência de suficientes interesses comuns, com base em critérios verificáveis e nos termos das regras domésticas.

Artigo 9º

Adoção dos planos de reestruturação

(...)

4.Os Estados-Membros asseguram que as partes afetadas sejam tratadas em categorias distintas em função da existência de suficientes interesses comuns, definidas com base em critérios verificáveis e nos termos do direito nacional. No mínimo, os credores de créditos garantidos e não garantidos são tratados em categorias distintas para efeitos da adoção de um plano de reestruturação.

Além disso, os Estados-Membros podem prever que os créditos dos trabalhadores sejam tratados numa categoria própria distinta.

Os Estados-Membros podem prever que os devedores que são PME possam optar por não tratar as partes afetadas em categorias distintas.

Os Estados-Membros tomam medidas adequadas para assegurar que a formação das categorias seja realizada tendo especialmente em vista proteger os credores vulneráveis, tais como os pequenos fornecedores.

O conteúdo mínimo de transposição é o tratamento diferenciado de credores garantidos e não garantidos em categorias distintas, com hipótese de isenção para as Micro, Pequenas e Médias Empresas (MPMES) que optem pelo não tratamento em categorias.

Mas logo no mesmo preceito o texto impõe que a formação de categorias seja realizada com o objetivo de proteger os credores vulneráveis, exemplificando com os pequenos fornecedores.

Também indica, embora na margem de liberdade dos Estados, que estes podem optar por tratar os créditos dos trabalhadores numa categoria distinta.

Ou seja, pese embora o conteúdo de transposição obrigatório pareça tentadoramente simples e adequado aos nossos atuais quadros legais, não é linear e claramente não se compadecerá com uma transposição minimalista – que não protegerá os credores mais vulneráveis, como é facilmente apreensível.

Mas mesmo que Portugal opte por uma transposição minimalista de categorização apenas dos credores garantidos e não garantidos, numa classificação que nos é familiar, nada mais será como antes, por que estas categorias são categorias funcionais, seja para o exercício do direito de voto, seja para vários outros efeitos.

Parece evidente a justiça de dar, efetivamente, a palavra a todos os credores ao invés de impor um jugo da maioria dos créditos. No entanto teremos que achar um ponto de equilíbrio entre a justiça dos credores e a eficácia dos procedimentos de reestruturação. O interesse comum, ou a falta dele, pode basear uma miríade de categorias de credores, que tornem o procedimento ingovernável e qualquer plano impossível de aprovar.

Basta pensar em alguns casos não raros: por exemplo, os credores bancários podem ter créditos garantidos e não garantidos. Mas um credor que tenha simultaneamente créditos garantidos e não garantidos, não apresenta homogeneidade de interesses com um credor bancário que só detenha créditos não garantidos. Os trabalhadores que ainda se encontrem ao serviço, por regra, não apresentarão interesses comuns com os trabalhadores que já não se encontram a trabalhar.

Processualmente, a diretiva impõe que, pelo menos no momento da apresentação de um pedido de confirmação a formação das categorias e os direitos de voto são verificados por uma autoridade judiciária ou administrativa.

No entanto a Diretiva também deixa aos Estados Membros a possibilidade de apreciação mais precoce quer dos direitos de voto quer da formação das categorias – cfr. art. 9º nº 5, 2º parágrafo.

Visto pelos olhos da autoridade judicial ou administrativa, parece evidente que, por uma questão de segurança jurídica, quanto mais cedo forem apreciados os direitos de voto e a formação das categorias, melhor. Em bom rigor, em qualquer cenário mais complexo que a mera separação entre credores garantidos e não garantidos (e pode também ser excluído o direito de voto dos credores subordinados) o conhecimento da formação das categorias é essencial em termos estratégicos para o desenvolvimento do procedimento. Isto quando ponderamos um procedimento de recuperação que passe pela aprovação (*versus* um procedimento de homologação).

Do considerando 45 extraímos que o tratamento dos credores em categorias é encarado como uma obrigação do devedor[1]. Assim, o caminho a seguir parece ser o da obrigatoriedade de agrupamento dos credores feito pelo devedor na fase inicial, permitindo a sua apreciação conjuntamente com a apreciação dos direitos de voto – no essencial e fazendo um paralelo com o nosso direito vigente, a relação de créditos e sua impugnação.

Temos por praticamente certo que os credores poderão contestar a sua inclusão ou não inclusão numa determinada categoria e que a formação destas será um novo foco de litigiosidade no procedimento. O interesse comum, balizado por critérios objetivos, é sempre o interesse dos credo-

[1] *Os Estados-Membros deverão poder prever que os devedores que sejam PME possam, em razão da sua estrutura de capital relativamente simples, ser dispensados da obrigação de tratar as partes afetadas em categorias distintas* – sublinhado nosso.

res, pelo que não faz sentido não lhes permitir desafiar a "arrumação" efetuada pelo devedor com vista à apreciação pela autoridade. Teoricamente os credores mais descrentes tenderão a pretender um maior número de categorias e os devedores terão em conta o seu universo de credores, mas, por regra, quererão diminuir o número de classes ou categorias. O desafio será acomodar o procedimento necessário a esta decisão, tão importante, nas exigências de eficiência orientada para a necessária celeridade, impostas pela diretiva[2].

Voltando um pouco atrás, no caso de se optar por transpor a regra que permite que as MPMEs não tratem os seus credores em categorias diferenciadas, há que ponderar se se deve exigir aos devedores uma opção fundamentada e formulada na fase inicial do procedimento que possa ser contestada pelos credores, ou se tal seria configurado como um direito potestativo do devedor. Tendo a pensar que a primeira hipótese será a mais correta, porquanto esta "opção" da MPME coloca-se a si mas também a todos os demais credores, de volta sob o jugo da maioria dos créditos e dos credores. Também aqui deverão, nesse caso, ser consagrados critérios objetivos como requisitos para a opção.

Os direitos de voto, também regulados no nº 6 do art. 9º, são, em geral previstos de forma coincidente com o nosso quadro legal – têm direito de voto os credores afetados pelo plano. Fica à disposição dos Estados a possibilidade de excluir do direito de voto os detentores de participações sociais, os credores subordinados e os credores relacionados com o devedor ou com a sua empresa por forma que possa configurar um conflito de interesses, sendo todos os conceitos operativos definidos à luz do direito nacional.

Duas palavras se impõem quanto aos detentores de participações sociais: a nossa lei, em 2017, clarificou no seu texto a impossibilidade de, mediante um plano de recuperação em Processo Especial de Revitalização, proceder a transformações societárias sem o acordo dos sócios. Não é, claramente esta a orientação da diretiva que, no art. 12º se preocupa mais em remover os obstáculos que estes credores possam opor.

[2] Cfr. art. 10º nº 4 – 4.Os Estados-Membros asseguram que, caso uma autoridade judicial ou administrativa seja chamada a confirmar um plano de reestruturação para que este se torne vinculativo, a decisão seja tomada com a eficiência necessária para garantir a celeridade do tratamento do assunto.

Artigo 12º
Detentores de participações

1.Caso os Estados-Membros excluam os detentores de participações da aplicação dos artigos 9º a 11º, asseguram por quaisquer outros meios que os referidos detentores de participações não possam desrazoavelmente impedir nem levantar obstáculos à adoção e confirmação de um plano de reestruturação.

2.Os Estados-Membros asseguram igualmente que os detentores de participações não possam desrazoavelmente impedir nem levantar obstáculos à execução de um plano de reestruturação.

3.Os Estados-Membros podem adaptar o que se entende por desrazoavelmente impedir ou levantar obstáculos ao abrigo do presente artigo para ter em conta, entre outros aspetos: o facto de o devedor ser uma PME ou uma grande empresa; as medidas de reestruturação propostas que afetem os direitos dos detentores de participações; o tipo de detentor de participações; se o devedor é uma pessoa singular ou coletiva; e se os sócios de uma sociedade têm responsabilidade limitada ou ilimitada.

Mas a diretiva deixa aos Estados Membros latitude suficiente na definição de conceitos que claramente inclui a possibilidade de formação de uma categoria de credores para os detentores de participações sociais, como resulta aliás da previsão de que, para o *cross class cram down* ou reestruturação forçada da dívida contra categorias de credores, a aprovação se dê por pelo menos uma das classes que não os detentores de participações sociais[3].

3. Funcionalidade das categorias de credores

As categorias de credores, para além das respetivas funções de constituição do quórum deliberativo para a aprovação dos planos de reestruturação revestem a função de unidades motrizes funcionais da estrutura desenhada pela diretiva, razão pela qual o grau de transposição deve ser alvo da mais cuidadosa ponderação.

Na verdade, tanto revolve à volta das categorias de credores que o seu afastamento ou transposição minimalista se tornam muito difíceis ou, no mínimo uma opção consciente por algumas dificuldades.

Percorrendo o elenco da Diretiva encontramos, logo no art. 6º, a possibilidade de suspensão de medidas de execução que deverá abranger todos os tipos de crédito, mas que pode ser um efeito limitado a um ou mais cre-

[3] Art. 11º nº 1, al. b), subalínea ii).

dores ou categorias de credores. Também podem ser excluídos determinados créditos ou categorias de créditos do âmbito da suspensão, sendo-o, por regra, os trabalhadores – a menos que o pagamento dos créditos destes estejam garantidos, o que não sucede no direito nacional.

Para além do quórum de aprovação previsto no nº 6 do art. 9º – a aprovação por uma maioria em cada uma das categorias, em percentagem a fixar pelos Estados, mas não superior a 75% – a que pode acrescer a maioria do número de credores – encontramos a previsão no art. 10º, respeitante ao conteúdo do plano, da exigência de que os credores com suficientes interesses comuns dentro da mesma categoria sejam tratados em pé de igualdade.

Categorias muito largas – como o mínimo obrigatório de garantidos e não garantidos – podem tornar muito difícil a reunião de maioria em cada uma delas – mas categorias muito pulverizadas podem dificultar a obtenção de maioria em todas as categorias.

Por outro lado, a exigência de respeito do princípio da igualdade em cada uma das categorias, é tão mais flexível quanto mais lata seja a categoria. Voltaremos a esta questão da igualdade a propósito da decisão de confirmação.

Mas é no art. 11º, que prevê a reestruturação forçada da dívida contra categorias de credores, que a divisão em categorias assume especial importância.

Quanto mais pulverizada for a categorização de credores, maiores as hipóteses de recurso à reestruturação forçada, a qual, por sua vez, exige confirmação por uma autoridade judicial.

4. Decisão de confirmação – funções

Outra das matérias a exigir da nossa parte profunda reflexão é a decisão de confirmação dos planos de reestruturação – na linguagem da Diretiva – que em vários pontos se afasta da decisão homologatória que o PER exige entre nós.

A decisão de confirmação terá como conteúdo mínimo obrigatório não apenas a confirmação, propriamente dita, mas várias outras funções (que assinalo em excesso às similares cumpridas no direito nacional pela decisão de homologação):

- a fiscalização da formação das categorias – art. 9º nº 5 (caso não ocorra em fase precoce) e 10º nº 2 al. b);

- a validação dos novo financiamento e financiamento intercalar – arts. 17º e 10º nº 1, al. b);
- a validação das transações relacionadas com a reestruturação – art. 18º nº 2;
- a validação dos planos que impliquem a perda de mais de 25% de mão-de obra – art. 10º nº 1, al. c) – tutela acrescida dos interesses de um grupo específico de credores.

Se a fiscalização da formação das categorias não deixa de não ser uma decisão instrumental em relação ao apuramento das maiorias necessárias, já as demais funções são-nos totalmente estranhas, mas não inéditas.

Havia já quem defendesse que o financiamento em PER, se incluído no Plano, ficaria coberto pelo juízo de homologação. No entanto a nossa lei é omissa a este respeito – e terá que deixar de o ser, por estarmos ante matéria de transposição obrigatória.

As transações relacionadas com a reestruturação, ou transações necessárias – reguladas no art. 18º – são o reconhecimento de uma realidade a que também alguma da nossa doutrina já aludia – olhando ao elenco mínimo do nº 4, estamos perante dívidas similares às dívidas da massa insolvente em processo de insolvência.

A Diretiva confere a estas transações uma proteção, em caso de futura insolvência, similar à concedida aos financiamentos, deixando aos Estados Membros a possibilidade de essa proteção ficar dependente da sua apreciação pelo despacho de confirmação ou de pré-aprovação pela autoridade.

Seja no caso dos financiamentos, seja no caso das transações necessárias, as regras mostram-se equilibradas e de potencial utilidade, mas pressupõem, com alguma evidência, uma verdadeira avaliação por parte da autoridade.

Assim, o juízo de mérito da decisão de confirmação não se limitará ao próprio plano e apuramento das respetivas condições de aprovação, mas é estendido ou extensível à pertinência e utilidade dos financiamentos e das transações necessárias.

5. Decisão de confirmação – a estrutura e conteúdo da decisão

A primeira constatação é de que, teoricamente, a Diretiva não pressupõe sempre a exigência de uma decisão de confirmação. Resulta da conjugação dos arts. 10º e 11º nº 1 que, se o plano obtiver maioria em todas as categorias, a confirmação pode ser dispensada.

Mas a possibilidade é, de facto, bastante teórica.

Em primeiro lugar dada a multiplicidade de funções atribuída à decisão de confirmação, a que já aludi: por exemplo, um plano aprovado por unanimidade que preveja o desaparecimento de mais de 25% da mão de obra da recuperanda terá obrigatoriamente que ser sujeito a confirmação.

Depois porque o texto da Diretiva estatui como obrigatório, com clareza que serão sujeitos sempre a confirmação «*Planos de reestruturação que afetem os créditos ou interesses das partes afetadas discordantes;*» (10º nº 1, al. a), o que irá abranger a maioria dos casos.

Ou seja, se um plano afetar direitos ou interesses de partes – credores ou detentores de interesses – que não tenham votado a favor do plano (e estou já a interpretar a expressão *discordantes* como exigindo expressa discordância o que não é evidente), é sempre exigida expressamente decisão de confirmação.

Concretizando, se um plano obtiver aprovação de 70% dos créditos em cada uma da totalidade das categorias (vamos supor que o nosso legislador mantém a regra dos 66,666%), isso significa que o plano está aprovado e está afastada a necessidade de aplicação do art. 11º, mas que há credores discordantes, ou seja a minoria que, em cada categoria tenha votado contra e que sendo afetados (se o não fossem não teriam direito de voto) razão pela que é obrigatório o despacho de confirmação.

A diretiva impõe aos Estados Membros que assegurem que um plano aprovado só vincula as partes depois de confirmados nos seguintes casos:

- quando o plano afete créditos ou interesses de partes discordantes;
- quando o plano preveja um novo financiamento;
- quando o plano preveja a perda de mais de 25% da mão de obra (se a lei nacional permitir essa perda).

O nº 2 do art. 10º elenca o conteúdo mínimo obrigatório de uma decisão de confirmação:

- a adoção do plano em conformidade com o disposto no art. 9º, ou seja:
- que o plano foi apresentado por quem tinha legitimidade para o fazer – 9º nº 1;
- que o plano foi aprovado por quem dispunha de direito de voto – 9º nº 2;

- que a formação das categorias respeitou as regras e critérios aplicáveis – 9º nº s 4 e 5;
- que foi respeitada a maioria exigível – 9º nº 6;
- que foi respeitada a forma legal exigível para a aprovação – 9º nº 7.
- o respeito pelo princípio da igualdade entre credores com suficientes interesses comuns, de forma proporcional ao seu crédito;
- O cumprimento dos deveres de informação a todos os afetados – o que nos remete para prescrições procedimentais, mas que, em primeira análise, surgem não sujeitas à regra da negligenciabilidade;
- A avaliação de se o plano satisfaz o teste do melhor interesse dos credores se houver credores discordantes, mas apenas se o plano for contestado com esse fundamento;
- A avaliação da necessidade e proporcionalidade com os interesses dos credores de qualquer novo financiamento previsto no plano.

Os elementos elencados são familiares, mas suscitam-nos também algumas dúvidas.

A mais flagrante é a do tratamento dado ao princípio da igualdade.

Aqui se me permitem, muito brevemente, recordo que, entre nós, o princípio da igualdade arranca do tratamento, por princípio, de todos os credores por igual, permitindo, porém, diferenciações justificadas por razões objetivas – 194º do Código da Insolvência e da Recuperação de Empresas.

A jurisprudência tem trabalhado este conceito em volta de grandes grupos de questões, como por exemplo de se a previsão do plano de tratamento de determinados credores de forma diferenciada pode ser ditada pela necessidade ou desnecessidade do seu voto, questão que acabou por merecer resposta negativa, se o esteio da aplicação do princípio é a recuperação, que mereceu resposta positiva, ou, num registo mais formal decidindo que as razões objetivas diferenciadoras têm que constar do plano por ser essa a única forma de controlo do cumprimento do princípio.

Foram sendo, em geral, aceites noções como credores estratégicos, a diferenciação baseada na diferente classificação de créditos, com censura dos excessos, a necessidade de o apoio financeiro futuro ao devedor – como circunstância justificativa de tratamento diferenciado – sempre constante do plano; o prejuízo injusto de determinados credores, muitas vezes analisado sob a perspetiva de quem suporta os custos da recuperação; a diferenciação absoluta de certas categorias de credores, como os trabalhadores; a ilegitimidade do uso de planos como meros impedimentos à execução, ou seja, o prejuízo injusto de certos credores; considerando indícios de desigualdade grandes diferenciações de prazos de pagamentos.

A violação do princípio da igualdade tem sido sempre considerada como não negligenciável.

Olhando agora ao texto da diretiva na parte em que se alude ao princípio da igualdade do tratamento de credores, várias diferenciações são suscetíveis de ser encontradas:

> *«Os credores com suficientes interesses comuns na mesma categoria são tratados em pé de igualdade, e de forma proporcional aos seus créditos»* – art. 10º n. º2, al. b).

Antes de mais o conteúdo mínimo prescrito é o da observância do princípio da igualdade entre credores com interesses comuns suficientes – organizados ou não em categorias de credores.

O nosso entendimento doméstico do princípio da igualdade é mais lato, sendo um olhar global para o universo de credores. A razões objetivas de diferenciação (que incluem a diferente natureza dos créditos e o que agora poderá ser reconduzido à categorização) são vistas como exceções ao princípio geral de que os credores devem ser tratados de forma igualitária.

O que a Diretiva pressupõe é diferente – a igualdade de tratamento é devida em função dos interesses comuns (e das categorias de credores se elas tiverem sido organizadas dessa forma, ou seja, em registo não minimalista) dos respetivos sujeitos.

Depois, como referi, entre nós, a violação do princípio da igualdade é sempre considerada não negligenciável o que pode não se conjugar com o segmento final da regra *de forma proporcional aos seus créditos.*

Este segmento merce alguma ponderação porque na verdade pode ser interpretado como fazendo variar o tratamento igualitário em função do peso e importância do crédito.

O último elemento essencial mínimo imposto está previsto no art. 10º nº 3 e, do meu ponto de vista, constitui uma grande preocupação.

> *«Os Estados-Membros asseguram que as autoridades judiciais ou administrativas possam recusar-se a confirmar um plano de reestruturação caso este não apresente perspetivas razoáveis de evitar a insolvência do devedor ou de garantir a viabilidade da empresa.»*

Pese embora a expressa referência a que não será exigido aos Estados que esta apreciação seja feita oficiosamente, esta é uma nova função que me preocupa e que considero ser um desafio estruturante para os juízes e sistema nacionais – cfr. considerando 50[4].

Este juízo de mérito é direto sobre o mérito do plano enquanto instrumento de recuperação – se o plano tem a capacidade de evitar a insolvência ou se garante a viabilidade da empresa (controlo técnico e económico). Note-se que, pese embora o uso da disjuntiva "ou", ambos os aspetos têm necessariamente que ser avaliados

No direito português este juízo sempre foi cometido aos credores, desde que há instrumentos legais de recuperação. No nosso direito atual a lei comete ao juiz uma larga franja de recusa oficiosa de homologação (cfr. art. 215º do CIRE) mas que não passa por um juízo técnico deste tipo, exceto quando atinja a inexequibilidade pura e notória.

Mesmo que os juízes sejam devidamente assessorados nesta tarefa, no fim do dia será sempre uma decisão do juiz, o mesmo juiz que no direito societário está limitado pela *business judgement rule*, por não ser considerado a pessoa mais bem colocada para avaliar decisões (passadas) de gestão. E que agora recebe o encargo de avaliar, rigorosamente, o futuro.

É claramente uma nova função – e um desafio – que põe sob outro foco a especialização e a educação dos juízes, desafio para o qual espero estaremos prontos quando se vier a colocar.

O modelo aqui presente é o modelo do juiz profissional, do meio, o melhor colocado para a aferição de mérito, mas que claramente não bate certo com a nossa organização judiciária.

Chamo a atenção para o facto de, logo no número seguinte se estabelecer que esta decisão terá que ser tomada com a eficiência necessária para garantir a celeridade do respetivo tratamento, ou seja, sem prejuízo da rapidez necessária[5].

[4] "As autoridades judiciais ou administrativas deverão poder recusar-se a confirmar os planos de reestruturação que não apresentem perspetivas razoáveis de evitar a insolvência do devedor ou de garantir a viabilidade da empresa. Todavia, não deverá ser exigido aos Estados-Membros que assegurem que tal apreciação seja realizada oficiosamente."

[5] *«Os Estados-Membros asseguram que, caso uma autoridade judicial ou administrativa seja chamada a confirmar um plano de reestruturação para que este se torne vinculativo, a decisão seja tomada com a eficiência necessária para garantir a celeridade do tratamento do assunto.»*

Já sabemos os custos da celeridade porque já os aplicamos no nosso procedimento doméstico – alguma limitação de contraditório, prazos muito curtos e, se necessário o uso de peritos (admitido pela Diretiva) a sua prévia designação ou seleção, para poderem ser rapidamente acionados.

Aliás a advertência de que o uso de peritos não pode prejudicar a celeridade consta expressamente do considerando 63 (a propósito da avaliação prevista no art. 14º):

> *«Se for tomada a decisão de proceder a uma avaliação, os Estados-Membros deverão poder prever regras especiais, distintas do direito processual civil geral, para uma avaliação em casos de reestruturação, a fim de garantir que esta seja realizada de forma célere.»*

6. *Cross-class cram-down* – reestruturação forçada da dívida contra categorias de credores

O artigo 11º prevê que um plano não aprovado pela maioria prevista no art. 9º, ou seja, por cada uma das categorias, possa ser confirmado, por decisão de uma autoridade sob proposta ou com o acordo do devedor, tornando-se vinculativo para as partes discordantes, com as seguintes condições (conteúdo mínimo exigível):

- a formulação de pedido nesse sentido pelo devedor ou por credores ou partes afetadas com o acordo do devedor, acordo que pode ser dispensado em caso de MPMEs;
- o cumprimento do disposto nos nº s 2 e 3 do artigo 10º, ou seja, os mesmos elementos que integram o despacho de confirmação;
- ter sido aprovado por uma maioria das categorias de partes afetadas;
- pelo menos uma das categorias votantes a favor seja de credores garantidos ou preferentes;
- caso não existam credores garantidos ou preferentes, pelo menos uma das categorias votantes não ser de detentores de participações sociais ou de qualquer outra categoria de credores ou prejudicados que após a avaliação do devedor numa perspetiva de continuidade não recebesse qualquer pagamento ou conservasse qualquer interesse ou, numa perspetiva de liquidação, não receberia qualquer pagamento ou conservaria qualquer interesse;

Acresce ao juízo de mérito previsto no art. 10º:

- a apreciação do respeito pela regra da prioridade relativa (que substituiu o respeito pela regra da prioridade absoluta que constava na primeira versão da proposta) – ou seja, que as categorias discordantes recebem um tratamento tão favorável como as categorias do mesmo grau e mais favorável que as categorias de grau inferior; e
- a avaliação de que nenhuma das partes afetadas recebe ou conserva mais que a soma dos seus créditos ou interesses.

É deixada aos Estados a possibilidade de aumentar o número de categorias de credores ou prejudicados necessários para a confirmação de um plano quando não existam credores garantidos ou precedentes.

Neste caso, se a lei assim o vier a prever e se houver fiscalização precoce da formação das categorias de credores, deve contemplar esta possibilidade, tal como o devedor o deve fazer ao propor as categorias.

A substituição da regra da prioridade absoluta pela regra da prioridade relativa, mais próxima ao nosso conceito de igualdade, foi um grande avanço desde a primeira versão da proposta, permitindo soluções mais flexíveis.

Frisa-se que se aplica apenas ao tratamento dado aos credores discordantes, não limitando a vontade das partes que dão o seu acordo.

Prevê-se a possibilidade de derrogar regra da prioridade relativa e a possibilidade de o plano satisfazer uma das categorias na integra se previr pagamentos ou conservação de interesses para categorias de grau inferior. Esta regra pode, por sua vez ser derrogada em caso de necessidade para satisfazer os objetivos do plano e desde que não haja prejuízo injusto dos direitos ou interesses de quaisquer partes afetadas. Ou seja, a regra mínima é a prioridade relativa mas prevê-se expressamente a opção pela prioridade absoluta – cfr. art. 11º n. º2.

7. A avaliação da empresa do devedor

O artigo 14º da Diretiva prevê a possibilidade, formatada como excecional, de a autoridade decidir proceder a uma avaliação da empresa apenas e quando o plano seja contestado com base:

- no incumprimento do teste do melhor interesse dos credores;
- no incumprimento das condições de uma reestruturação forçada no caso de inexistência de credores garantidos ou preferentes.

Para a avaliação poderão ser nomeados ou ouvidos peritos.

Esta regra impõe a possibilidade de contestação do plano e prevê que os Estados Membros possam prever que essa contestação possa surgir só em recurso – regra que com facilidade, seja qual for a decisão mais geral tomada, dificilmente será transposta para o direito nacional.

É neste ponto que o considerando 63 refere que o uso de peritos deve ser feito por forma a garantir a eficiência orientada para a celeridade. Passando brevemente por este ponto diria que convirá distinguir, com precisão, nos quadros do direito nacional, o uso de peritos da prova pericial, que, nos termos gerais previstos na nossa legislação processual civil, não se adequará a qualquer deste procedimentos – como, já hoje, na minha opinião, não se adequa em abstrato ao Processo Especial de Revitalização.

8. O recurso

Terminaria chamando a atenção para o artigo 16º que contém várias possibilidades inovadoras e bastante interessantes – a possibilidade de confirmação de um plano com alterações, uma hipótese que não parece conjugar com as regras gerais do nosso sistema de recursos mas que certamente merece a nossa atenção e a possibilidade de confirmar um plano compensando monetariamente a parte que tenha recorrido e tenha obtido vencimento.

Esta última hipótese teria que ser bastante elaborada e ponderada na estrutura do processo civil que, embora com especialidades, é e será a o feixe normativo de base de um novo ou alterado procedimento de reestruturação preventiva.

9. Conclusão

Estamos perante um grande desafio, que, seja qual for a opção global tomada, trará sempre grandes alterações à nossa matriz de reestruturação preventiva.

Não me detive a enumerar os aspetos que já temos acautelados na nossa lei, porque não era esse o tema proposto, mas frisemos para terminar que nós temos um mecanismo de reestruturação preventiva operacional pelo que largamos no pelotão da frente em relação a muitos outros países europeus. Cumpre agora encarar esta transposição como a oportunidade que é e usar a nossa experiência como guia para todo o naipe de soluções que temos ao nosso dispor.

Financiamento para reestruturação e financiamento intercalar[1]

MADALENA PERESTRELO DE OLIVEIRA
Assistente convidada e doutoranda da Faculdade de Direito da Universidade de Lisboa Investigadora do Centro de Investigação de Direito Privado (CIDP)

O financiamento para reestruturação e o financiamento intercalar é dos temas mais importantes num quadro insolvencial que se pretende vocacionado para a recuperação de empresas. Desde 2012 que existiu uma geral reorientação do direito falimentar nacional para a restruturação do devedor em situação económica difícil, fruto, como é sabido, de um período de profunda crise financeira, que evidenciou os prejuízos associados à liquidação de devedores viáveis, como o empobrecimento do tecido empresarial, o aumento do desemprego e o grave prejuízo para a economia nacional. Esta tendência foi definitivamente confirmada, em 2017, pelo Programa Capitalizar.

A preocupação com a restruturação, mais do que uma tendência nacional, reflete o panorama internacional e, em particular, o europeu. A Diretiva (UE) 2019/1023 do Parlamento Europeu e do Conselho de 20 de junho de 2019[2] assume claramente esta objetivo, embora acrescente pouco à discussão em torno do financiamento para reestruturação. Afirma-se, no considerando 66, que o sucesso de um plano depende, muitas vezes, de ser concedida assistência financeira ao devedor para apoiar as negociações de reestruturação e a implementação do plano. E, por isso, no artigo 17º, único artigo dedicado ao tema, determina-se que o financiamento para

[1] O texto que se publica corresponde, com ligeiras alterações formais, ao texto que serviu de base à nossa intervenção no V Congresso de Direito da Insolvência e retoma o que escrevemos anteriormente sobre o tema. Para mais desenvolvimentos e referências bibliográficas, remetemos para MADALENA PERESTRELO DE OLIVEIRA, *A concessão de crédito para saneamento de empresas*, em *Estudos de Direito Bancário I*, Coimbra, 2018, 249-296.

[2] Sobre os regimes de reestruturação preventiva, o perdão de dívidas e as inibições, e sobre as medidas destinadas a aumentar a eficiência dos processos relativos à reestruturação, à insolvência e ao perdão de dívidas, e que altera a Diretiva (UE) 2017/1132 (Diretiva sobre reestruturação e insolvência

reestruturação deve ser protegido, o que implica, como mínimo que esteja blindado contra ações destinadas a declarar o financiamento nulo, anulável ou inaplicável como ato prejudicial, a não ser que se verifiquem outros fundamentos como a fraude, a má fé ou qualquer tipo de relação entre as partes que possa ser associada a conflito de interesses, como é o caso de transações entre partes relacionadas ou entre sócios e empresa.

A nível nacional, parece que já cumprimos este mínimo, na medida em que o artigo 120º/6 determina que são insuscetíveis de resolução em benefício da massa os negócios jurídicos celerados no âmbito do PER ou de outro procedimento equivalente previsto em legislação especial, cuja finalidade seja prover o devedor com meios financeiros suficientes para viabilizar a empresa.

Porém, a blindagem contra uma possível resolução em benefício da massa surge, simplesmente, como requisito mínimo que tem de ser cumprido pela legislação nacional, mas não é, certamente, suficiente para incentivar o financiamento de empresas em situação de particular dificuldade. Por isso, a Diretiva esclarece que os Estados-Membros podem conceder aos mutuantes do novo financiamento ou do financiamento intercalar o direito à prioridade no pagamento, no âmbito de processos de insolvência posteriores, em relação a outros credores que, de outro modo, teriam créditos iguais ou superiores sobre dinheiro ou ativos. No fundo, o legislador europeu remeteu a questão plenamente para a discricionariedade dos Estados Membros, tornando-a, verdadeiramente, numa questão de política legislativa.

Em Portugal, se, por um lado, parece clara qual foi a opção legislativa tomada, por outro lado, é duvidoso que o sistema se apresente coerente. Desde 2012, data em que foi introduzido o PER, que se prevê – no artigo 17º-H/2 – que os credores que no decurso do processo financiem a atividade do devedor com o propósito da sua revitalização beneficiam de privilégio mobiliário creditório geral, graduado antes do privilégio dos trabalhadores. Porém, esse privilégio é graduado depois das dívidas da massa insolvente e dos créditos garantidos, entre os quais se incluem aqueles que beneficiem de privilégio creditório especial, pelo que teria sido recomendável ponderar-se um incentivo mais forte ao *fresh money*. Claro que a solução a adotar depende de uma ponderação do equilíbrio que se considere ideal entre o incentivo e proteção dos novos financiadores e dos credores que já tenham essa qualidade à data de início do PER. Mas nessa ponderação é de extrema importância notar que a tutela dos credores da empresa em situação económica difícil já é assegurada por via das regras de votação e aprovação do plano de revitalização. Na medida em que os credores que votam o plano podem requerer a sua não homologação – e consequente não produção de efeitos – caso a sua situação ao abrigo do plano seja previsivelmente pior do que aquela que existiria na ausência de qualquer plano, parece-me que a sua posição já se encontra devidamente assegurada por esta via. Por isso, ponderados os valores e interesses em jogo, teria sido mais interessante conceder um privilégio mais forte a estes créditos, nomeadamente por via da sua qualificação como dívida da massa.

Por outro lado, a norma do artigo 17º-H/2 deixa, ainda, outras questões em aberto, nomeadamente a de saber qual o regime dos suprimentos para revitalização.

Com esta expressão refiro-me a empréstimos pecuniários concedidos pelos sócios, que, porque têm caráter de permanência e preenchem outros requisitos, são qualificados como suprimentos. E são concedidos numa altura de dificuldade económica da empresa, insolvência iminente ou efetiva, com o objetivo específico de a revitalizar.

A razão pela qual coloca a questão prende-se com o facto de, neste ponto, o Código da Insolvência consagrar dois regimes em aparente contradição.

Por um lado, de acordo com o regime societário e insolvencial geral, os suprimentos são considerados subordinados e o seu reembolso no ano anterior à data do início do processo de insolvência pode ser incondicionalmente resolvido em benefício da massa insolvente [artigo 121º/1, *i*)].

Por outro lado, existe um regime especialmente pensado para o PER que concede um privilégio geral aos financiadores, parecendo não distinguir consoante esse financiamento seja realizado internamente (por sócios) ou externamente por qualquer terceiro. A quebra do sistema é evidente: de um lado, temos financiamento novo a ser considerado privilegiado e, do outro lado, os suprimentos, que podem ter sido concedidos com o concreto escopo de revitalização, são considerados subordinados. A pergunta que imediatamente se coloca é a de saber qual dos dois regimes prevalece. Será que existe alguma relação de especialidade entre os dois? Se sim, em que sentido?

Se o regime aplicável for o da subordinação, então, neste ponto, a proteção do dinheiro novo é imperfeitamente conseguida e o regime é estruturalmente avesso à recuperação de empresas. Porém, julgo que uma adequada interpretação do sistema como um todo conduz a uma conclusão diferente.

Pense-se no que acontece em ordenamentos jurídicos estrangeiros.

Na Alemanha vigora o chamado privilégio do saneamento. No § 39 da *Insolvenzordnung* prevê-se que, em geral, os suprimentos são considerados créditos subordinados, mas exceciona, entre outras, aquelas situações em que o credor adquira ações da sociedade insolvente, insolvência iminente ou sobre-endividamento, com o propósito de reorganização societária. De acordo com a lei, o privilégio não diz respeito a suprimentos para revitalização societária, mas, sim, à aquisição de participações por credores com esse propósito. Ou seja, parece que apenas os novos sócios, que escolham entrar no capital da sociedade num momento de dificuldade económica veriam os seus créditos, embora qualificados como suprimentos, a não ser considerados subordinados. A doutrina tem interpretado latamente a norma, incluindo a entrada no capital social por via da participação em aumentos de capital, em conversão de créditos em capital, mas, também, por formas que tecnicamente não constituem financiamento societário, como é o caso da aquisição de ações a outros sócios.

Também não tem sido exigida estritamente a ordem cronológica prevista na lei. Não é necessário que primeiro existisse a posição de credor e apenas posteriormente sejam adquiridas participações sociais. É também possível que alguém que já seja sócio financie a sociedade nessa qualidade, beneficiando de privilégio, desde que exista uma ligação funcional entre a participação acionista e a concessão do empréstimo. Essencial é, apenas, que a aquisição das ações sirva o propósito de revitalização societária.

Por isso, na Alemanha, para que um suprimento não seja considerado subordinado é necessário que o adquirente das ações tenha (i) a intenção de reabilitar a sociedade, (ii) essa intenção seja atestada num documento de recuperação, desde que a empresa seja (iii) recuperável, i.e., um terceiro que julgue à data da aquisição das ações considere que a sociedade é objetivamente recuperável e que as medidas concretamente encetadas são aptas para atingir essa finalidade.

Em Itália existe, em geral, um tratamento de favor para o dinheiro novo, que se traduz na aplicação do regime da pré-dedutibilidade, ou seja, são créditos satisfeitos com o produto da alienação dos bens móveis e imóveis da massa, sendo apenas previamente retirados os montantes necessários para satisfazer os créditos garantidos que beneficiem de hipoteca ou penhor. Este regime é ligeiramente adaptado para aqueles credores que adquiram a qualidade de sócio em execução de acordo de reestruturação de débitos, em que apenas 80% do montante do crédito é considerado pré-dedutível.

Em Espanha, pelo contrário, embora exista um privilégio do dinheiro novo, a *Ley Concursal* esclarece, de forma expressa, que este regime não aproveita aos empréstimos concedidos por pessoas especialmente relacionadas com o devedor.

Em Portugal a questão é pouco debatida e, talvez por isso, em 2017, quando foi alterado o CIRE, perdeu-se uma excelente oportunidade para esclarecer o regime dos suprimentos para revitalização.

Apesar de a lei não ser clara, julgo que os suprimentos para revitalização prestados em execução de plano devem beneficiar de privilégio mobiliário creditório geral.

Literalmente, o artigo 17º-H/2 não distingue consoante o tipo de credor que financie a atividade da empresa. A não distinção fundamenta-se, parece-me, no facto de não se justificar distinguir entre financiamento externo e interno. Aliás, diria que desde 2012 e, especialmente, desde 2017, com a geral reorientação do Código para a recuperação empresarial, o ónus argumentativo impende sobre quem queira diferenciar entre credores financiadores e não sobre quem, como eu, defende o privilégio do dinheiro novo, quer este assuma ou não a forma de suprimento.

Ainda assim, temos, naturalmente, de ponderar se a distinção entre credores encontra justificação. Para tal, devemos perguntar:

1. Qual a *ratio* da subordinação dos suprimentos? Os motivos da subordinação verificam-se também para os suprimentos prestados em sede de PER?
2. Qual o motivo para que o financiamento concedido no decurso do processo seja privilegiado?

Quanto à primeira questão, embora existam várias formas de explicar a subordinação dos suprimentos, todas elas se reconduzem, em última análise, ao risco de prejuízo para os restantes credores sociais, que resultaria de o sócio credor poder alcançar condições mais favoráveis na contratação do empréstimo, por conhecer os negócios sociais e exercer controlo sobre alguns aspetos, como o momento do reembolso do capital mutuado.

O objetivo de proteger os credores sociais não é contrariado se os suprimentos para revitalização concedidos no PER não forem subordinados. Por um lado, se a recuperação tiver sucesso, a concessão de um suprimento para revitalização implica que os restantes credores também sejam pagos. Por outro lado, na medida em que o plano de revitalização é votado pela maioria dos credores e homologado pelo juiz, já se assegura um controlo da existência de potencial prejuízo dos credores. Embora a homologação judicial não se ocupe de aspetos substantivos do plano, os credores que tenham votado contra podem requerer a não homologação do plano desde que ao abrigo deste fiquem numa posição previsivelmente pior do que aquela em que estariam na sua ausência. Por isso, o risco de prejuízo dos credores sociais é absolutamente controlado em sede de PER – pelos próprios credores – o que significa que se perde o fundamento da subordinação.

Do outro lado da questão, podemos dizer que a *ratio* do privilégio se prende com a criação de incentivos para alcançar o objetivo transversal a toda a regulamentação falimentar: a recuperação do devedor insolvente. E esse propósito pode ser atingido por via da concessão de crédito sob a forma de suprimento ou sob qualquer outro formato.

Por isso, se os motivos que justificam a subordinação dos suprimentos se encontram plenamente assegurados no plano de revitalização e a *ratio* do privilégio comanda a sua aplicação também aos suprimentos, parece que os suprimentos devem beneficiar de um privilégio mobiliário creditório geral.

Neste ponto, porém, coloca-se um problema adicional: os efeitos do plano de revitalização, entre os quais se conta o privilégio do dinheiro novo, apenas se produzem caso o plano seja aprovado e homologado. Por isso, embora não seja problemática a situação de um empréstimo ou suprimento para revitalização que seja negociado e concedido durante a negociação ou em execução de plano que vem a ser homologado, já o financiamento intercalar – ou seja, a disponibilização de fundos no decurso do processo – apresenta o risco significativo de o capital ser disponibilizado e o plano acabar por não ser aprovado e homologado. Nesses casos, o credor que tinha a expetativa de vir a ser privilegiado é credor comum ou, no limite, pode ser subordinado, caso o empréstimo seja qualificado como suprimento.

Como bem se vê, este é um enorme desincentivo à concessão de financiamento intercalar, tremendamente importante na recuperação de uma empresa: um devedor em situação que justifica a sua apresentação a PER muito dificilmente conseguirá sobreviver o período de negociações do plano sem a injeção de novo capital. Mas, infelizmente, parece que, em termos de direito constituído, o financiamento intercalar não é protegido.

Esta conclusão é apoiada pelo elemento histórico da interpretação: no CPEREF previa-se expressamente que a concessão de capital ao devedor entre o despacho de prosseguimento da ação e antes do fim do período de observação beneficiava de privilégio mobiliário geral, caso existisse (i) proposta do gestor nesse sentido, (ii) parecer favorável da comissão de credores e (iii) o juiz declarasse que os créditos tinham sido contraído no interesse simultâneo da massa e dos credores. Não tendo um regime similar transitado para o atual CIRE tudo indica que o legislador não pretendeu proteger o financiamento intercalar.

Por outro lado, no direito comparado temos regimes, como o italiano, já bastante amadurecidos neste tópico, em que se permite que o devedor que apresente um pedido de admissão de uma concordata preventiva ou de homologação de acordo de restruturação de dívidas pode pedir ao tribunal autorização para obter esse financiamento beneficiando da proteção do *fresh money*.

A nível europeu, a Diretiva esclarece que os Estados Membros não têm de limitar a proteção do financiamento intercalar às situações em que o plano é aprovado e homologado, mas, mais uma vez, deixa a decisão na discricionariedade do legislador nacional.

Seria, por isso, bastante mais interessante que o regime português não fizesse o financiamento intercalar depender da aprovação e homologação do plano, desde que cumprisse a orientação que resulta da Diretiva, segundo a qual apenas deve ser protegido o financiamento que seja razoável e imediatamente necessário para a continuação da atividade da empresa ou para a sobrevivência do devedor, o que poderia ser atestado por qualquer mecanismo de controlo *ex ante* do financiamento intercalar, como, por exemplo, o controlo pela comissão de credores ou por uma entidade judicial ou administrativa.

Se o financiamento for convencionado não no PER, mas em sede de plano de insolvência, a nossa lei é, igualmente, omissa quanto ao seu regime. Neste ponto, parece-me que não devem existir diferenças de enquadramento entre o financiamento concedido no PER e no plano de recuperação. É verdade que normalmente apenas se discute a possibilidade de aplicação analógica das normas que regulam o plano de insolvência ao PER e nunca a situação inversa. Mas devemos, ainda assim, questionar se não existem motivos que permitam descobrir uma lacuna oculta no regime do plano de insolvência, que deva ser integrada com recurso ao princípio subjacente ao artigo 17º-H/2. Apesar de o legislador não o dizer expressamente, o plano de recuperação pressupõe a recuperabilidade do devedor e pretendeu-se promover a revitalização empresarial não apenas no momento de situação económica difícil ou insolvência iminente, mas, também, nos casos em que já exista insolvência efetiva. O que inevitavelmente acontece é que a probabilidade de recuperação é menor numa fase mais avançada da dificuldade financeira, mas, sendo o devedor viável, não existem motivos para que os financiadores fiquem em melhor posição se concederem o empréstimo no PER do que no plano de recuperação.

No caso do RERE não se prevê qualquer regime especial de proteção do dinheiro novo, mas apenas dos créditos resultantes da continuação da prestação de serviços essenciais. Ainda assim, é defensável o privilégio do financiamento para revitalização concedido em sede de RERE, na medida em que resulta do regime legal que o acordo de restruturação e as respetivas negociações se devem pautar pelo princípio da boa fé e pelos Princípios Orientadores da Recuperação Extrajudicial de Devedores, aprovados por resolução do conselho de ministros. O 11º desses princípios esclarece que se no âmbito da restruturação de dívida for concedido financiamento adicional ao devedor, o crédito resultante deve ser considerado pelas partes como garantido.

Chegados a este ponto, parece que podemos defender, com algum grau de segurança, que o financiamento para revitalização societária concedido em sede de PER, plano ou RERE é privilegiado, independentemente de revestir a forma de suprimento ou não.

Ainda assim fica a questão: fora de qualquer processo judicial ou procedimento híbrido, será que os financiamentos para revitalização beneficiam deste regime de privilégio? A resposta é, em princípio, negativa, por falta de previsão legal e inexistência de fundamentos para identificar uma lacuna e defender a aplicação analógica da norma do código da insolvência.

Ainda assim, importa questionar se os suprimentos concedidos com o específico objetivo de revitalização societária, mas antes de a empresa se apresentar a PER, devem ser subordinados ou não. À primeira vista, nada parece distinguir esta situação da concessão de um normal suprimento. Fora do processo de insolvência, a existência de prejuízo para os credores sociais não é controlada por uma votação e homologação judicial. No entanto, parece-me que se a não subordinação encontra justificação no fomento da restruturação societária e no controlo do prejuízo social, então bastará assegurar, fora do processo de insolvência, condições materialmente equivalentes a este controlo para que deixe de se justificar a subordinação dos suprimentos.

Será o caso de (i) o suprimento ser prestado num momento em que a sociedade se encontre em situação económica difícil, (ii) existir intenção de recuperar a empresa e (iii) existir uma avaliação imparcial e objetiva em que se avalie se a empresa é efetivamente recuperável e se as medidas concretamente encetadas são aptas para alcançar esse objetivo.

Caso se verifiquem estes pressupostos, os contratos devem continuar a ser qualificados como suprimentos, mantendo intocado o seu regime societário, mas, em caso de posterior declaração de insolvência, não devem ser considerados créditos subordinados, mas, sim, comuns.

Deixo estas sugestões de interpretação do sistema, chamando a atenção para que, acima de tudo, como bem podemos ler na Diretiva, é essencial aumentar a transparência e previsibilidade dos procedimentos que levem a resultados favoráveis à preservação da empresa e à concessão de uma segunda oportunidade. E importa lembrar que enquanto o nosso regime de incentivo ao *fresh money* e ao financiamento intercalar for tão diferente daquele que vigora noutros ordenamentos jurídicos, se torna praticamente impossível um plano de reestruturação de um grupo empresarial transfronteiriço com filiais em mais de dois Estados Membros.

Insolvência da sociedade e responsabilidade fiscal dos seus administradores – algumas questões

RUI DUARTE MORAIS
Professor Catedrático da Faculdade de Direito da Universidade Católica Portuguesa (Porto)

1. A natureza da responsabilidade tributária subsidiária

Está em causa a responsabilidade por "dívidas de outrem" (no dizer do nº 4 do artº 22º da LGT).

Tradicionalmente, era atribuída a esta figura a natureza de *fiança legal*[1], ou seja, o responsável era entendido como sendo, por força de lei, garante pessoal da dívida de imposto, respondendo por ela com todo o seu património, ainda que a título subsidiário.

Esta visão tinha importantes consequências, nomeadamente: a) considerar-se que a obrigação a que o responsável estava obrigado era o pagamento do imposto em dívida[2]; b) tal responsabilidade não pressupor a existência de um seu comportamento culposo. Isto sem prejuízo de sempre se ter acentuado "fim sancionatório" deste instituto[3].

Hoje, surge uma visão diferente: "responsável tributário é o sujeito passivo que violou deveres legais e a quem é exigido, na sequência dessa violação, o pagamento de uma dívida tributária de outrem"[4].

O tema recebeu importante contributo jurisprudencial a propósito de uma situação paralela, a da responsabilidade subsidiária dos gerentes e administradores por multas e coimas devidas por sociedades e outras pessoas coletivas[5]. Na verdade, a ideia de que a responsabilidade subsidiária implica a" transmissão" da obrigação significaria, dada a razão de

[1] P. ex., CARDOSO DA COSTA, *Curso de Direito Fiscal*, 1972, pág. 301.

[2] Ideia que encontramos também em SALDANHA SANCHES, *Manual de Direito Fiscal*, 2007, pág. 270, para quem a responsabilidade tributária subsidiária seria uma ultrapassagem do princípio da responsabilidade limitada das pessoas coletivas.

[3] P. ex., SOARES MARTINEZ, *Direito Fiscal*, 2003 (reimp.), pág. 251.

[4] ANA PAULA DOURADO, *Direito Fiscal*, 2016, pág. 73 e, mais desenvolvidamente, «Substituição e responsabilidade tributária», *Ciência e Técnica Fiscal*, nº 391 (1998).

[5] Cfr artº 8º do RGIT.

ser das multas e coimas, uma transmissão de penas, constitucionalmente inadmissível.

Afirmou o Tribunal Constitucional, no seu acórdão nº 129/2009, de 12 de Março: "*o que está em causa não é, por conseguinte, a mera transmissão de uma responsabilidade contra-ordenacional que era originariamente imputável à sociedade ou pessoa colectiva, mas antes a imposição de um dever indemnizatório que deriva do facto ilícito e culposo que é praticado pelo administrador ou gerente, e que constitui causa adequada do dano que resulta, para a Administração Fiscal, da não obtenção da receita em que se traduzia o pagamento da multa ou coima que eram devidas. A simples circunstância de o montante indemnizatório corresponder ao valor da multa ou coima não paga apenas significa que é essa, de acordo com os critérios da responsabilidade civil, a expressão pecuniária do dano que ao lesante cabe reparar, que é necessariamente coincidente com a receita que deixa de ter dado entrada nos cofres da Fazenda Nacional, e de nenhum modo permite concluir que tenha havido a própria transmissão para o administrador ou gerente da responsabilidade contra-ordenacional. (...) Acresce que a responsabilidade subsidiária dos administradores e gerentes assenta, não no próprio facto típico que é caracterizado como infracção contra-ordenacional, mas num facto autónomo, inteiramente diverso desse, que se traduz num comportamento pessoal determinante da produção de um dano para a Administração Fiscal. É esse facto, de carácter ilícito, imputável ao agente a título de culpa, que fundamenta o dever de indemnizar, e que, como tal, origina a responsabilidade civil. Ou seja, de acordo com o plasmado na referida decisão, "o que está em causa não é, por conseguinte, a mera transmissão de uma responsabilidade contra-ordenacional que era originariamente imputável à sociedade ou pessoa colectiva, mas antes a imposição de um dever indemnizatório que deriva do facto ilícito e culposo que é praticado pelo administrador ou gerente, e que constitui causa adequada do dano que resulta, para a Administração Fiscal, da não obtenção da receita em que se traduzia o pagamento da multa*".

Cremos que este raciocínio é totalmente transponível para a responsabilidade fiscal subsidiária relativa a impostos.

1.1. O dever de indemnizar

Assim sendo, há que identificar o ilícito que constitui causa da obrigação de indemnizar.

A maioria das vezes, tal ilícito consubstanciar-se-á na afetação dos recursos de tesouraria da pessoa coletiva (que, por simplicidade, passaremos a designar também por *sociedade*) a outros fins que não o pagamento de impostos[6]. Fins que podem ser louváveis, como sejam o pagamento de salários, mas a que a lei não reconhece primazia no pagamento. O que bem se compreende – embora a maioria das vezes haja resistência em aceitar uma tal compreensão -: estando em causa impostos, i.e., obrigações unilaterais que não pressupõem uma qualquer contrapartida, é óbvio que um gestor, confrontado com a impossibilidade de solver todas as obrigações da sociedade, os relegaria para último lugar, até como forma de possibilitar a manutenção, pelo menos no curto prazo, da atividade empresarial. A fraqueza do credor tributário surge compensada pela responsabilização pessoal dos gestores pelo dano assim causado ao Estado.

O ilícito cometido pelos gestores é, pois, constituído pela conduta (por ação ou omissão, pouco importa) de não afetarem as disponibilidades de tesouraria da sociedade ao pagamento das dívidas de imposto vencidas.

1.2. A relevância da apresentação à insolvência

A questão que nos interessa aqui considerar coloca-se quando as disponibilidades de tesouraria não existem ou não são suficientes para integral pagamento das dívidas de imposto vencidas.

Em tal situação, a obrigação legal que impende sobre os titulares dos órgãos executivos (gerentes, administradores, etc.) é a de apresentar a sociedade (a pessoa coletiva, melhor dizendo) à insolvência. Tal obrigação decorre, desde logo, do disposto no art. 18º, nº 1 do CIRE, do *dever de apresentação à insolvência*.

Cumpre aqui salientar o seguinte: a competência para a apresentação à insolvência cabe "ao órgão social incumbido da sua administração ou, se não for o caso, a qualquer um dos seus administradores" (artº 19º do CIRE). O mesmo é dizer, aos potenciais responsáveis fiscais.

Temos assim que, cumprido o dever de apresentação à insolvência, o administrador ou o gestor que a requereu atuou de acordo com o que a lei determina, pelo que – a nosso ver – a sua responsabilidade tributária se deve ter por excluída.

Isto porquanto – repete-se – o facto ilícito gerador do dever de indemnizar não é a falta de pagamento de imposto pela sociedade (aliás, sempre seria difícil conceber um ilícito culposo constituído pelo não cumprimento de uma obrigação em situações em que se verifique a impossibilidade de

[6] Sérgio Vasques, *Manual de Direito Fiscal*, 2015 (reimp.), pág. 409.

o efetuar), mas sim o não cumprimento das obrigações legais que, para os gerentes e administradores, resultam de situações de impossibilidade de pagamento.

É certo que o dano (a não arrecadação, porventura em definitivo, dos impostos em dívida) permanece. Mas a responsabilidade dos gerentes e administradores deve ser considerada inexistente, na medida em que se deve entender que não contribuíram culposamente para tal dano, dado terem atuado conformemente ao que a lei lhes exigia.

2. Impostos vencidos

Importará agora determinar quais as obrigações fiscais em relação às quais a responsabilidade fiscal dos administradores e gerentes deixa de se verificar em razão de terem requerido a insolvência do devedor originário.

Em primeiro lugar, temos que apenas estarão em causa impostos vencidos. É normal a existência de obrigações fiscais cujo facto gerador aconteceu antes de declarada a insolvência mas que ainda não se venceram, desde logo porque não foram liquidadas. Pense-se nos casos do IRC (cuja liquidação apenas ocorre após o termo do exercício a que se refere), do IVA (em que embora o facto gerador seja instantâneo, a obrigação de autoliquidação e pagamento só ocorre após o termo de cada "período" [mês ou trimestre]), das contribuições para a segurança social (a serem autoliquidadas e pagas no mês seguinte àquele a que se referem), etc.

A regra geral é que a declaração de insolvência tem como consequência o imediato vencimento de todas as obrigações (artº 91º, nº 1, do CIRE), devendo os respetivos credores reclamá-las, como único meio de satisfação dos seus créditos, no processo de insolvência. Na realidade, só assim o processo de insolvência poderá cumprir com a sua função de execução universal.

Porém, esta regra do vencimento antecipado das obrigações do insolvente dificilmente poderá ser aplicada às dívidas fiscais cujo facto gerador já aconteceu mas que ainda não foram liquidadas, desde logo pela impossibilidade prática de se proceder a um seu imediato apuramento (liquidação oficiosa)[7], pois tal implica toda uma tramitação (*v. g.* ações inspetivas)

[7] Que podem abranger um período anterior de quatro anos (ou mais) atento o prazo de caducidade do direito a liquidações oficiosas.

não conforme com os curtos prazos que a lei prevê para a reclamação de créditos[8].

O tema, complexo, já foi objeto de análise pela nossa doutrina[9].

A questão tem sido "ultrapassada" pelo STA, que considera que a instauração da execução fiscal por créditos vencidos posteriormente à declaração de falência[10] *"encontra expresso apoio legal no disposto no nº 6 do artigo 180º do CPPT[11], preceito que há-de ser, contudo, interpretado razoavelmente, atenta a unidade do sistema jurídico, no sentido de que só será viável o prosseguimento dos processos de execução fiscal por créditos vencidos após a declaração de falência se forem penhorados bens não apreendidos naquele processo"*. (Ac. STA 0981/10, de 06-04-2011).

É facto que, declarada a insolvência, todos os bens penhoráveis do insolvente serão apreendidos, passando a integrar a massa insolvente (artigos 46º e 150º CIRE). A questão apenas se pode colocar, pois, caso o processo de insolvência não culmine com a liquidação do património da devedora originária e, também – por ser uma pessoa coletiva – com a sua extinção (cfr. art. 230º do CIRE).

Não iremos desenvolver esta temática[12], uma vez que o presente texto não versa sobre o pagamento de dívidas pelo insolvente, mas sim sobre a responsabilidade fiscal dos seus administradores e gerentes.

[8] *«As obrigações tributárias vencem-se no termo do prazo legal para pagamento voluntário, à semelhança do que sucede com as obrigações jurídicas em geral, que só podem ser objecto de acção executiva quando sejam certas e exigíveis» (...) «constituindo o artº 180º, nº 6 do CPPT norma que estabelece um regime processual específico para as execuções fiscais, que não foi revogado pelo CIRE (...) seria certamente ilógico e contraditório que a sua interpretação e a interpretação do conceito de "créditos vencidos" fosse feita à luz do CIRE, nomeadamente do seu artº 91º, nº 1 (que estabelece que a declaração de insolvência determina o vencimento de todas as obrigações do insolvente não subordinadas a uma condição suspensiva)»* – Ac. STA (Pleno) nº 01087/14, de 15/04/2015.

[9] Sara Luís Dias, "O crédito Tributário no processo de insolvência (algumas considerações) ", *Revista Fiscal*, maio/junho (2013), pág. 10 e ss.

[10] Os impostos já liquidados terão, necessariamente que ser reclamados no processo de insolvência, única forma processual (está em causa uma execução universal) de o credor fazer valer tais créditos.

[11] Segundo o qual o disposto em tal norma (sustação das execuções fiscais e sua apensação ao processo de insolvência) não se aplica aos créditos vencidos após a declaração de falência ou despacho de prosseguimento da ação de recuperação da empresa, que seguirão os termos normais até à extinção da execução.

[12] Para maiores desenvolvimentos, Sara Luís Dias, «PER, Insolvência e Execução Fiscal», *Temas de Direito Tributário*, e-book CEJ, 2017pág. 22 ss.

3. A cessação da responsabilidade

Nos termos do artº 24º, nº 1, al. b), da LGT, presume-se a culpa dos responsáveis, gerentes e administradores, relativamente ao incumprimento de obrigações fiscais cujo prazo legal de pagamento ou entrega tenha terminado no período do exercício do seu cargo. Importa, pois, saber a data em que os gerentes e administradores da insolvente ficaram privados do exercício de tais funções.

A regra geral é a de que o exercício das funções de gestão ou administração de insolvente cessa aquando da nomeação do administrador judicial (o artº 81º, nº 1, do CIRE estabelece que, por mero efeito da declaração de insolvência, o insolvente fica imediatamente privado dos poderes de administração e disposição dos bens integrantes da massa insolvente, que passam para o administrador de insolvência).

Porém, os administradores da insolvente poderão ser mantidos no exercício de funções, dado o disposto no artº 224º do CIRE. Nenhuma dúvida parece suscitar a continuação, nestes casos, da aplicabilidade da al. b) do art.24º da LGT nestas situações.

Ora, um tal entendimento resulta algo incoerente com o que agora dispõe o artº 33º da Lei 8/2018, de 2 de março, relativa ao Regime Extrajudicial de Recuperação de Empresas. Segundo tal norma, os titulares de órgãos de administração de uma pessoa coletiva que sejam investidos nessas funções na sequência de plano de recuperação aprovado no âmbito de processo de insolvência apenas poderão ser fiscalmente responsabilizados quando verificados pressupostos mais estritos, no essencial coincidentes com o previsto na al. a) do artº 24º da LGT, a que a seguir faremos referência. De uma forma simples, diremos que a sua culpa deixa de ser legalmente presumida.

O legislador de 2018 ter-se-á esquecido que existem situações em que titulares dos órgãos de administração do insolvente se mantêm ininterruptamente em funções. Nestes casos, parece-nos ser pouco coerente que a alteração legislativa abranja apenas o período de execução do plano de recuperação e não o período que medeia entre a declaração de insolvência e o início da execução do plano.

A exceção relativa à manutenção em funções de titulares do órgão executivo da insolvente é clara na sua intencionalidade, uma vez que apenas poderá acontecer quando, entre outras condições, o devedor tenha já apresentado, ou se comprometa a fazê-lo no prazo de 30 dias após a sentença de declaração de insolvência, um plano de insolvência que preveja a continuidade da exploração da empresa por si próprio (art. 224º, nº 2, al. b) do CIRE)

Ou seja, a lei assume o facto de serem os seus administradores quem melhor conhece a empresa insolvente, o mercado em que atua, as condições necessárias à sua recuperação e, muitas vezes, os detentores do *know how* necessário ao sucesso da sua atividade. Pelo que, nada mais em contrário obstando, será do interesse, quer da insolvente, quer dos credores, que permaneçam em funções. Pelas mesmas razões, poderão ser também ser incumbidos de administrar a insolvente durante o período de execução do plano de recuperação aprovado.

Temos assim uma situação algo incompreensível: desde a declaração da insolvência até à aprovação do plano – ou seja, relativamente à fase mais crítica, aquela em que será mais difícil à insolvente cumprir pontualmente as suas obrigações fiscais – os administradores presumem-se culpados do não pagamento dos impostos vencidos em tal período. Se o plano de recuperação for aprovado, tal presunção legal de culpa deixa de existir durante tempo de concretização de tal plano, o qual, normalmente abrangerá o pagamento faseado de todos os impostos em mora.

Além de se nos afigurar sistematicamente pouco lógica, esta diversidade de regimes de responsabilização, consoante o período em causa, é claramente destimulante da apresentação de um plano de recuperação pelo devedor insolvente, o que contraria o objetivo de a aprovação de tal medida ser o desfecho desejável do processo de insolvência, objetivo que o legislador voltou a acarinhar de forma privilegiada[13].

4. Dívidas fiscais cujo facto gerador ocorra sob diferente gerência

Umas palavras mais quanto ao disposto na al. a) do artº 24º da LGT: a responsabilidade tributária dos gerentes e administradores verifica-se também relativamente às dívidas fiscais cujo facto gerador ocorreu no período do seu cargo, ainda que vencidas posteriormente, quando se prove a sua culpa pela insuficiência patrimonial do originário devedor. Ou seja, aqueles que foram gerentes mas já o não eram no final do prazo de pagamento do imposto poderão, também, ser responsabilizados.

[13] Vd., a propósito desta alteração legislativa, SARA LUÍS DIAS, «Novas Medidas no Plano Fiscal» *in Seminário Direito da Insolvência*, 2019, p. 145 e ss.

É sabido que esta norma raramente é invocada, pela dificuldade evidente de provar a culpa. Não está em causa um qualquer juízo sobre a competência com que os administradores e gerentes exerceram as suas funções, mas sim a alegação e prova de factos dos quais se deva concluir pela existência de atuações ilícitas, traduzidas, nomeadamente, na dissipação de bens da sociedade, na sua utilização para fins estranhos ao escopo social. No essencial, estaremos perante o tipo de situações que constituem os membros da administração/gerência no dever de indemnizar a sociedade (artº 72º do CSC), mas com duas diferenças importantes: (i) a obrigação de indemnizar não tem como sujeito ativo a própria sociedade mas sim a administração fiscal lesada; (ii) não basta a existência de um dano, decorrente de uma atuação ilícita e culposa, é necessário que tal dano tenha sido suficientemente grave para gerar (ainda que futuramente) uma impossibilidade patrimonial de cumprimento de obrigações fiscais.

De todo o modo, apesar da dificuldade de prova dos exigentes pressupostos de aplicação da al. a) do artº 24º da LGT, há que reconhecer que no âmbito do processo de insolvência poderão resultar factos que integrem tal previsão legal[14] relativamente a pessoas que não caibam na hipótese da alínea b).

Temos assim que a existência de um processo de insolvência pode projetar um duplo efeito sobre a responsabilidade de administradores e gerentes: a apresentação à insolvência pode ser causa de exclusão de tal responsabilidade, mas pode ser também oportunidade para se averiguarem factos que a ele conduzam e que preencham o pressuposto da culpa exigido nos termos da referida al. a) do nº 1 do artigo 24º da LGT.

5. Tempestividade da apresentação à insolvência

Importa agora abordar a questão de saber quais as dívidas fiscais em relação as quais a responsabilidade dos administradores e gerentes, no nosso entendimento, ficará excluída por efeito da apresentação à insolvência. O que nos remete para a questão da *tempestividade* de tal pedido.

[14] No caso de apresentação à insolvência, o devedor deve apresentar um documento em que explicite o que entenda serem as causas da situação em que se encontra (art. 24º, nº1, al. c) do CIRE), o qual deve ser objeto de pronúncia por parte do administrador no seu relatório (art. 155º, nº 1, al. a) do CIRE). Mais especificamente dirigido à apreciação da conduta dos gerentes ou administradores surge o incidente de qualificação da insolvência. Muitas das circunstâncias determinantes da qualificação de uma insolvência como culposa (cfr. nº 2 do art. 186º CIRE) são passíveis de integrar, também, a previsão do artº 24:ª, nº 1, al. a) da LGT.

Uma vez que está em causa uma responsabilidade fiscal, importará atentar no que a lei prevê relativamente às obrigações de imposto. Ou seja – a nosso ver – a tempestividade do pedido de apresentação à insolvência, no que toca à responsabilização tributária, deve ser aferida num plano estritamente fiscal, irrelevando se a apresentação é ou não tardia em razão da existência de dívidas de outra natureza.

Nos termos do artº 18º do CIRE, o devedor deve requerer a declaração da sua insolvência dentro dos 30 dias seguintes à data do conhecimento da situação de insolvência, ou à data em que devesse conhecê-la.

O nº 3 de tal norma acrescenta que quando o devedor seja titular de uma empresa, presume-se de forma inilidível o conhecimento da situação de insolvência decorridos pelo menos três meses sobre o incumprimento generalizado de obrigações de algum dos tipos referidos na alínea g) do nº 1 do artigo 20º do mesmo código alínea essa onde figuram, nomeadamente, as obrigações tributárias e as quotizações para a segurança social.

Não basta pois, para existir o dever de apresentação à insolvência, o incumprimento de uma ou mais obrigações tributárias, ainda que de valor significativo. É necessário que se trate de um incumprimento generalizado. O que bem se compreende, pois que a falta de cumprimento de uma ou mais obrigações só é causa do dever de apresentação à insolvência quando reveladora de impossibilidade de o devedor satisfazer pontualmente a generalidade das suas obrigações (artº 20º, nº1, al. b) do CIRE). Ora, a falta de cumprimento de obrigações de imposto não pode ser assumida, sem mais, como traduzindo uma impossibilidade generalizada de cumprimento, uma vez que, como já deixámos referido, a tendência do devedor com dificuldades de tesouraria será privilegiar o cumprimento de outras obrigações que não as fiscais, pois que a mora em relação a estas não ameaça, no imediato, a continuidade da atividade empresarial.

Temos assim, em resumo, que a exclusão da responsabilidade fiscal dos administradores e gerentes, por força da apresentação à insolvência, abrange todas as dívidas tributárias (incluindo as relativas à segurança social) desde que tal apresentação seja tempestiva, entendida tal tempestividade nos termos que deixámos expostos.

6. Apensação de processos executivos

Dispõe o artº 85º, nº 2, do CIRE que, declarada a insolvência, o juiz requisita ao tribunal ou entidade competente a remessa, para efeitos de apensação aos autos da insolvência, de todos os processos nos quais se tenha efetuado qualquer ato de apreensão ou detenção de bens compreendidos na massa insolvente.

Compreende-se esta determinação legal. Sendo o processo de insolvência um processo de execução universal, não poderão correr em paralelo ações executivas singulares. A primazia é dada ao processo de insolvência, sendo a ele apensas as ações executivas pendentes. Do que, a nosso ver, decorrem duas consequências: (i) além de os bens penhorados em tais outras execuções (ou o produto da sua venda, caso já tenha acontecido) passarem a integrar a massa insolvente, a qual, em caso de liquidação da sociedade, será afetada ao pagamento dos credores reconhecidos, (ii) o conhecimento, por esta via, da existência de créditos obriga o administrador de insolvência a reconhece-los oficiosamente, nos termos do artº 129º, nº 1, do CIRE[15].

Para melhor compreensão do que segue, importarão duas notas: o artº 85º, nº 2, do CIRE apenas prescreve a apensação dos processos em que tenham sido penhorados ou arrestados bens do insolvente e não de todos os processos executivos. O objetivo da norma será apenas o de os bens já aprendidos passarem a integrar a massa insolvente.

Porém, o artº 181º, nº 2, do CPPT estabelece que, no prazo de 10 dias, a contar da notificação da sentença que tiver declarado a insolvência ou da citação que lhe tenha sido feita em processo de execução fiscal, o administrador da insolvência requer, sob pena de incorrer em responsabilidade subsidiária, a avocação dos processos em que o insolvente seja executado ou responsável e que se encontrem pendentes nos órgãos da execução fiscal do seu domicílio, e daqueles onde tenha bens ou exerça comércio ou indústria, a fim de serem apensados ao processo de insolvência[16].

[15] Artº 129º, nº 1, do CIRE: Nos 15 dias subsequentes ao termo do prazo das reclamações, o administrador da insolvência apresenta na secretaria uma lista de todos os credores por si reconhecidos e uma lista dos não reconhecidos, ambas por ordem alfabética, relativamente não só aos que tenham deduzido reclamação como àqueles cujos direitos constem dos elementos da contabilidade do devedor ou sejam por outra forma do seu conhecimento.

[16] Aproveitamos para destacar a revogação do nº 1 do artigo 181º do CPTT, operada pela Lei nº 100/2017 de 28 de agosto, o qual impunha aos administradores da Insolvência a obrigação de requerer a citação dos chefes dos serviços periféricos locais da área do domicílio fiscal do insolvente ou onde possua bens ou onde exista qualquer estabelecimento comercial ou industrial que lhe pertença. Tal norma resultava contraditória com o nº 5 do artigo 37º do CIRE, que determina a citação da Autoridade Tributária apenas quando é conhecida a

Esta norma apresenta assim uma diferença substancial relativamente à regra geral constante do artº 85º, nº 2, do CIRE: não devem ser apensadas ao processo de insolvência apenas as execuções fiscais em que houve lugar a penhoras, mas todos os processos de execução fiscal. O que compreenderíamos na perspetiva de possibilitar ao administrador judicial o reconhecimento oficioso dos créditos exequendos. Porém, o nº 2 do artº 180º do CPPT parece apontar uma outra finalidade de tal apensação: possibilitar a sua reclamação dos créditos fiscais pelo Ministério Público[17].

Indo além da duplicação de tarefas que assim se gera, temos que a apensação dos processos de execução fiscal ao processo de insolvência só cumprirá a sua função de permitir a inclusão dos créditos neles exequendos nos créditos reconhecidos se a apensação ocorrer em tempo útil, ou seja, a tempo de permitir que constem da lista de créditos reconhecidos e não reconhecidos, a ser apresentado pelo administrador da insolvência nos termos do artº 129º do CIRE.

7. Momento da reversão

Temos assim enquadrada a questão que se segue: o processo de execução tem que ser remetido ao tribunal onde corre o processo e insolvência; mas ainda não foi ordenada a reversão. *Quid juris*?

A lei fiscal[18] procura resolver a questão. O artº 23º, nº 7, da LGT manda que os autos dos processos de execução apenas sejam remetidos ao Tribunal onde decorre o processo de execução depois de apreciada e, sendo o caso, decidida a reversão contra os responsáveis tributários.

Esta solução legal é, a nosso ver infeliz, pois frustra um dos objetivos de tal junção, o de permitir o reconhecimento dos créditos exequendos pelo administrador de insolvência e/ou a sua reclamação pelo Ministério

existência de créditos tributários. Havia assim, muitas vezes, uma duplicação de citações da AT, o que gerava problemas quanto ao início da contagem dos prazos para a reclamação de créditos. Sobre esta questão, SARA LUÍS DIAS, «O Crédito Tributário no Processo de Insolvência (algumas considerações)», *Revista Fiscal*, 2012, p. 9.

[17] Neste sentido, *vide* o acórdão do Tribunal da Relação do Porto de 12/06/2008, proc. nº:0832803: «Ainda que não verificado o requisito da apreensão ou detenção de bens abrangidos na massa insolvente, para justificar a aplicação do nº 2 do art. 85º, a avocação imposta pelo nº 2 do art. 180º do CPPT destina-se a permitir ao MºPº que reclame o pagamento dos créditos na insolvência, pelo que parece não haver como evitar a necessidade da remessa a juízo para lhe dar conhecimento».

[18] Cfr. também o ofício-circulado 60091, de 27/07/2012.

Público. Na realidade, se tomarmos em conta os prazos para as reclamações de créditos e as diligências e formalidades que a decisão de reversão implica, temos que os processos em causa nunca chegarão ao Tribunal onde corre o processo de insolvência em tempo útil para permitirem a realização de tais finalidades.

7.1.1. Insolvência e pressupostos da reversão

A declaração de insolvência, só por si, não é suficiente para fundamentar a reversão.

Como é sabido, a insolvência é normalmente declarada com base na impossibilidade de cumprimento, pelo devedor, das suas obrigações vencidas. Tal impossibilidade não se deve confundir com insuficiência patrimonial. Podemos ter (é relativamente frequente tal acontecer) que a sociedade insolvente tenha um património, *vg.* imobiliário, capaz de garantir o cumprimento de todas as suas obrigações, só que não realizável, pelo menos a valores de mercado, no curto prazo. Acresce que a suficiência do património do devedor para garantir as dívidas de imposto dependerá, ainda, da prioridade no pagamento – da graduação – de que gozem os créditos fiscais em causa.

Para fundamentar suficientemente a decisão de reversão, existindo património relevante do insolvente, o órgão de execução fiscal terá que fazer uma avaliação, ainda que algo perfunctória, do ativo e passivo do originário devedor. Mas – perguntamos – não é exatamente essa uma das tarefas que incumbem ao administrador de insolvência na fase inicial do processo?

Em nossa opinião, seria lógico aguardar pelo relatório que o administrador deve apresentar à primeira assembleia de credores, pois que dele deverão constar elementos suficientes para se apurar da provável insuficiência de bens do insolvente (veja-se o artº 155º do CIRE), ou seja, para se decidir se deve haver lugar à reversão. Entendemos, pois, que a lei (LGT, CPPT e CIRE) deveria ser alterada, passando a consagrar apenas a remessa ao Tribunal onde corre a insolvência da documentação comprovativa da existência e montante dos créditos a serem reclamados/reconhecidos e a relativa às penhoras de bens efetuadas em processos de execução fiscal e procedimentos cautelares. Permanecendo no serviço de finanças os autos dos processos de execução, a decisão de reversão poderia acontecer posteriormente, aproveitando-se para a fundamentar o constante do relatório do administrador ao qual a AT, enquanto credora reclamante, tem fácil acesso.

8. Processos a serem apensos ao processo de insolvência

Importa agora saber se devem ser remetidos ao tribunal onde corre o processo de insolvência apenas os processos de execução fiscal ou se também os relativos a incidentes que nela hajam ocorrido, nomeadamente os autos relativos a oposições à execução.

A jurisprudência tributária continua a entender que, por princípio, a remessa deve ser total[19].

Temos aqui como que uma questão prévia: tem o tribunal onde corre o processo da insolvência (ou talvez melhor, resulta implícita nesta avocação obrigatória dos processos de execução fiscal) competência para apreciar as questões que se suscitam em oposições a execuções fiscais? Pensamos que não[20]: os tribunais tributários (a jurisdição administrativa e fiscal) são os únicos competentes em razão da matéria para conhecer e decidir as questões de direito tributário. Compreende-se que a regra geral, motivada por razões de celeridade e economia processual, dite que o juiz da insolvência passe a ter competência para apreciar todos os litígios relativas aos créditos sobre o insolvente e aos bens suscetíveis de integrar a massa insolvente, mesmo que tais processos tenham sido interpostas em tribunais de competência especializada. Mas uma coisa são as razões que presidem à existência de tribunais especializados no seio da jurisdição comum, outra é a diferenciação entre as jurisdições comum e administrativa e fiscal[21], a qual, a nosso ver, não pode ser ultrapassada por simples razões de economia processual[22].

Entendimento consensual é o relativo a oposições em que o oponente não seja o insolvente. Exemplo paradigmático será o de uma oposição deduzida por um responsável.

[19] Ac. STA, proc. nº 0804/15, de 13/04/2016: «Nos termos do artigo 180º do CPPT, a remessa dos processos de execução fiscal ao tribunal de insolvência implica a remessa de todos os processos que dele são incidentes, incluindo os tramitados por apenso».

[20] Em sentido diferente, p. ex., o. Ac. do Tribunal da Relação de Coimbra, proc. nº 1982/5, de 23/09/2014, no qual se decidiu que «Atento o princípio da auto-suficiência do processo de insolvência e dada a natureza e finalidade do apenso de verificação de créditos, é aqui a sede própria para se conhecer da existência do crédito contra o insolvente (reclamado pela Fazenda Nacional), designadamente quanto pressupostos da responsabilidade tributária subsidiária»,

[21] A reserva de competência dos tribunais administrativos e fiscais resulta de imposição constitucional expressa (art. 212º, nº 3 da CRP), a qual portanto, não pode ser havida por derrogada em razão do disposto numa lei ordinária, o CIRE.

[22] Concluindo no mesmo sentido, Sara Luis Dias, «PER, Insolvência e Execução Fiscal», *Temas de Direito Tributário*, e-book CEJ, 2017, p. 19.

A jurisprudência recente do STA é pacífica: tais autos não devem ser remetidos ao tribunal onde corre o processo de insolvência, continuando a sua normal tramitação no tribunal tributário[23]. O que bem se compreende: ainda que formalmente a reversão e a oposição a ela deduzida se "integrem" num processo de execução em que o insolvente figura como originário executado, o certo é que, em tais casos, o objeto do litígio é totalmente estranho ao do processo de insolvência: está em causa, como vimos, não a dívida exequenda mas sim um dever de indemnizar que recai sobre terceiros.

Pensemos agora nas situações em que, à data de declaração de insolvência, estão pendentes processos de impugnação relativos a créditos tributários reclamados pelo MP (ou reconhecidos pelo administrador da insolvência).

Temos, em primeiro lugar, a questão do conhecimento, pelo administrador de insolvência, da existência de tais processos, uma vez que o reclamante não é obrigado, na reclamação de créditos, a indicar os que são objeto de litígio relativamente à sua existência (cfr. art. 128º do CIRE).

Esta é uma questão transversal a quaisquer créditos reclamados. Pressuposto do cumprimento do disposto no nº 85º, nº 1, do CIRE ([...]todas as ações de natureza exclusivamente patrimonial intentadas pelo devedor são apensadas ao processo de insolvência, desde que a apensação seja requerida pelo administrador da insolvência, com fundamento na conveniência para os fins do processo.) é que o administrador judicial, logo que inicie funções, se informe das ações pendentes intentadas pelo insolvente, tarefa hoje relativamente simples dada a centralização informática de tais dados.

Admitindo que a competência para a apreciação das impugnações pendentes continua a caber aos tribunais tributários[24], o administrador da insolvência deverá decidir se as mesmas devem ou não prosseguir[25], atenta

[23] «Quando em processo de oposição se questionam os requisitos da reversão e a culpa do revertido na situação de insuficiência patrimonial a que chegou a devedora originária, a apreciação da questão suscitada nenhuma interferência tem sobre o aludido processo de insolvência pelo que não há razão para determinar essa apensação» Ac. STA nº01542/14,de 08-02-2017.

[24] Ou seja, que deve ser feita uma interpretação restritiva da norma citada, a qual apenas se referirá às ações pendentes nos tribunais comuns.

[25] Constituindo novos mandatários ou ratificando as procurações outorgadas pelo insolvente, uma vez que, nos termos do artº 112ºdo CIRE, com a declaração de insolvência caducam os mandatos por ele outorgados.

a sua probabilidade de êxito. Decisão que afeta o interesse dos demais credores reclamantes (melhor, daqueles que não gozem de prioridade legal no pagamento relativamente aos créditos tributários em causa), uma vez que, vindo a ser declarada a ilegalidade de créditos tributários reclamados, aumentará a quota-parte a que terão direito no produto da liquidação dos bens do insolvente.

Nestas circunstâncias, os créditos tributários em causa deverão ser reconhecidos como litigiosos.

Só que – voltando ao cerne desta reflexão – processos de impugnação e de oposição à execução relativos a créditos reclamados podem ter sido deduzidos (ou vir a ser deduzidos) por responsáveis tributários[26]. Parece-nos evidente que o administrador de insolvência não poderá intervir nestes processos, pela simples razão que o insolvente não é parte neles, ou seja – dito de forma simples – estes créditos não são litigiosos na perspetiva do insolvente. Porém, também não é menos certo que o sucesso do revertido em tais ações pode implicar, ainda que *a posteriori*, a constatação da ilegalidade ou inexigibilidade, total ou parcial, dos créditos tributários reclamados.

Esta é uma situação que, bem vistas as coisas, é passível de ocorrer com alguma frequência em processos de insolvência, dada a análise perfunctória que, normalmente, subjaz à aceitação dos créditos reclamados[27], o que se compreende pelas especiais características desta forma processual, nomeadamente o seu carácter de processo urgente[28].

Mas não podemos deixar de referir as situações paradoxais a que tal poderá conduzir. Suponhamos que, no processo de insolvência, é reclamado e reconhecido um determinado crédito tributário, sendo o credor, total ou parcialmente, pago.

Posteriormente, em processo de impugnação promovido pelo revertido, o tribunal tributário conclui pela anulação da respetiva liquidação. Em tal hipótese, além de ficar liminarmente excluída a responsabilidade

[26] Nos termos do disposto no nº 5 do artigo 22º da LGT, as pessoas solidária ou subsidiariamente responsáveis poderão reclamar ou impugnar a dívida cuja responsabilidade lhes for atribuída nos mesmos termos do devedor principal.

[27] Não existe a obrigação do administrador da insolvência de fundamentar o reconhecimento de créditos (art. 129º, nº 3, do CIRE, *a contrario*). A contestação do reconhecimento é, nos termos do artº 130ª, um ónus dos demais credores legitimamente interessados.

[28] Artº 9º do CIRE.

do revertido (não existindo dívida tributária, não existe, obviamente, responsabilidade tributária), constata-se, *a posteriori*, que o credor tributário foi indevidamente pago, na maior parte dos casos em prejuízo dos demais. Só que, entretanto, o processo de insolvência findou. Podemos aqui imaginar diferentes situações: a insolvente[29] continua a existir, pelo que lhe assiste o direito a reaver do Estado o montante indevidamente pago; se tiver sido extinta, parece que nada mais resta que considerar o montante indevidamente pago como perdido a favor do Estado.

9. O revertido não é credor da insolvência

Poderá o responsável tributário que haja pago o valor pelo qual se operou a reversão da execução fiscal, reclamar um seu crédito no processo de insolvência?

Imaginemos a seguinte situação: o responsável tributário foi citado, por reversão, no processo de execução fiscal, anteriormente à declaração de insolvência do originário devedor, por a AT ter concluído que, já nesse momento, se verificava a presumível insuficiência do património deste para garantir a satisfação das dívidas exequendas. Em tal citação é indicado o valor máximo da responsabilidade que lhe é imputada, a qual corresponde ao valor exequendo, montante necessariamente provisório pois, existindo bens do originário devedor, só após a sua venda (a acontecer no processo de insolvência) e a graduação de créditos é que se saberá o exato valor pelo qual o revertido responde. É certo que este não verá de imediato os seus bens penhorados, pois a execução fiscal contra si dirigida suspende-se *ope legis* até à excussão dos bens do originário devedor, em razão do carácter subsidiário da sua obrigação (artigo 23º, nº 2 da LGT), pois só então se poderá apurar, com rigor, o valor pelo qual responde.

Porém, o revertido poderá ter interesse em pagar de imediato o valor constante da citação (a dívida constante do título executivo, no dizer da lei), para ficar isento de custas e juros de mora (artº 23º, nº 5, da LGT).

Ora, existindo bens do insolvente e tendo o responsável pago o que lhe foi exigido, o crédito tributário em causa não poderá ser reclamado no processo de insolvência, por se dever considerar extinto pelo pagamento do responsável?

[29] Necessariamente uma pessoa jurídica.

A resposta a esta questão decorre, quanto a nós, da resposta que for dada quanto à natureza jurídica da responsabilidade tributária, tema que abordámos na parte inicial deste texto.

Se considerarmos que a responsabilidade tributária tem a natureza de uma fiança legal, que o responsável passou a ser sujeito passivo da obrigação de imposto revertida, então, por aplicação das regras gerais relativas à fiança (artº 644º do Código Civil), o responsável ficaria sub-rogado nos direitos do credor tributário, podendo reclamar tal crédito no processo de insolvência ou assumir a posição da AT enquanto credora, caso a reclamação já tenha acontecido.

Porém, como vimos, entende-se hoje que a responsabilidade tributária tem por fundamento o dever de indemnizar resultante da prática, pelo responsável, de um ilícito, que é uma obrigação autónoma, a qual não se confunde com a de pagamento de imposto de que é sujeito passivo (apenas) o originário devedor.

Assim sendo, o responsável não poderá surgir como credor no processo de insolvência.

Findo o processo, quando os autos do processo de execução forem devolvidos à administração fiscal[30], esta deverá verificar qual o valor exato pelo qual o responsável responde (a diferença entre o montante exequendo e o que foi cobrado ao insolvente em resultado do rateio), devolvendo-lhe o eventual excedente pago.

Aliás, esta situação será a mesma que acontecerá caso, em processo de execução fiscal, após excussão dos bens do originário devedor nesse processo, se verifique que o revertido pagou mais que o que a lei lhe exige.

Restará dizer que caso a AT não tenha reclamado o crédito exequendo no processo de insolvência e o mesmo não tenha sido reconhecido oficiosamente pelo administrador, o revertido continua, no nosso entender, com o direito a receber a diferença entre o que pagou e aquilo que seria obrigado a pagar caso não tivesse ocorrido uma tal omissão. Mas agora a questão já não se referirá a uma omissão praticada pelo órgão exequente

[30] O nº 4 do artigo 180º do CPPT determina que os processos de execução fiscal apensados ao processo de insolvência são devolvidos aos órgãos competentes no prazo de oito dias logo que cesse o processo de recuperação ou após o encerramento do processo falimentar. Por sua vez o nº 3 do artigo 88º do CIRE excetua da extinção das execuções instauradas contra o insolvente as em que se pressuponha o exercício do direito de reversão, o que mais não é que um afloramento do entendimento exposto em texto,

relativamente ao processo de execução fiscal (este nem sequer terá sido remetido ao tribunal onde corre o processo de insolvência), mas sim de uma omissão pela administração tributária do cumprimento de deveres legais, da qual resultou prejuízo para terceiros. Estaremos, pois, no domínio da responsabilidade civil do estado pela prática de atos (omissões) ilícitos.

10. Inconstitucionalidade do artº 100º do CIRE

Uma referência última, muito breve, à declaração de inconstitucionalidade, com força obrigatória geral, da norma do artigo 100º do CIRE, quando interpretado no sentido de que a declaração de insolvência suspende o prazo prescricional das dívidas tributárias imputáveis ao responsável[31].

Como observações prévias, diremos: a) uma tal decisão em nada afeta o processo de insolvência relativo ao originário devedor, na medida em que está em causa a (eventual) extinção de uma obrigação de alguém que não o insolvente; b) a decisão do TC teve por fundamento a inconstitucionalidade orgânica do artº 100º do CIRE e não a sua inconstitucionalidade material.

Na realidade, antes da adição do atual nº 7 do artº 23º da LGT[32], à qual já fizemos referência, tínhamos a seguinte situação: a AT, notificada para tal, tinha que enviar, de imediato, para ao tribunal onde corria a insolvência todos os processos de execução pendentes contra o insolvente, perdendo a possibilidade de praticar novos atos em tais processos, que se consideravam suspensos na sua totalidade, em resultado do disposto no artº 88º do CIRE, ou seja, não podia operar a reversão. Noutro entendimento que não o sustentado pela AT (o de que a declaração de insolvência suspendia o prazo prescricional, relativamente ao responsável), teríamos uma situação juridicamente absurda: o credor tributário veria a dívida prescrever sem que pudesse, através da citação no processo de execução fiscal, interromper tal prescrição. Em suma, a dívida prescreveria apesar da impossibilidade legal de o credor fazer valer o seu crédito. Ou seja, temos por boa a interpretação que era sufragada pela AT; em causa estava (e bem) apenas a legitimidade governamental para editar a norma.

De todo o modo, em nosso entender, a questão subjacente (saber se a declaração de insolvência suspende o prazo prescricional das dívidas tri-

[31] Acórdão do Tribunal Constitucional nº 557/2018.

[32] Aditado com a Lei nº 64-8/2011 de 30 de dezembro (Lei do Orçamento de Estado para 2012).

butárias imputáveis ao responsável) deixou de ter interesse prático para o futuro.

Já deixámos criticada aquilo que consideramos ser a infeliz solução legal que decorre do ora disposto no nº 7 do artº 23º da LGT. Mas o certo é que a razão de ser do entendimento da AT desapareceu, uma vez que agora tem a possibilidade legal operar a reversão antes do envio dos autos dos processos de execução fiscal para o tribunal onde corre a insolvência, bem como de continuar a sua tramitação do processo relativamente aos neles revertidos.

Recursos no processo de insolvência e no P.E.R.

RUI PINTO
Professor Associado da Faculdade de Direito da Universidade de Lisboa

§ 1º. Introdução. § 2º. Pressupostos recursórios. 1. Valor. 2. Recorribilidade. 3. Tempestividade. 4. Legitimidade. § 3º. Procedimento recursório. 1. Marcha. 2. Efeitos do recurso. A) Efeitos sobre a eficácia da decisão. (Continuação). B) Efeitos sobre a marcha do processo. § 4º. Efeitos da procedência do recurso. Conclusões.

§ 1º Introdução

I. Propomo-nos abordar no presente trabalho o tema das especialidades – reais ou imaginadas – do regime dos recursos no processo de insolvência e no processo especial de revitalização [PER] em especial. Tal resume-se, aparentemente, à interpretação, articulação e aplicação de um punhado de artigos do Código de Insolvência e de Recuperação de Empresas [CIRE]. Sucede que esse "punhado" de artigos tem uma extensão relativamente significativa e que a sua articulação com o regime geral dos recursos civis suscita dúvidas.

Efetivamente, o artigo 17º nº 1 CIRE determina que "[o]s *processos* regulados no presente diploma regem-se pelo Código de Processo Civil, em tudo o que não contrarie as disposições do presente Código". Esses *processos regulados* são, nomeadamente, o processo de insolvência (cf. artigos 18 ss. CIRE) – desdobrado nas suas várias fases e incluindo os seus apensos –, o processo especial de revitalização [PER] (cf. artigos 17º-A ss. CIRE), e o processo especial para acordo de pagamento [PEAP] (cf. artigos 222º-A ss. CIRE), bem como os respetivos incidentes, como sejam o incidente de impugnação dos créditos reconhecidos (cf. artigos 130º ss.), o incidente de qualificação da insolvência (cf. artigos 185º ss. CIRE) ou o incidente de exoneração do passivo restante (cf. artigos 235º ss. CIRE) [1].

[1] Também constituirão processos regulados no CIRE as ações declarativas ou executivas cuja apensação ao processo de insolvência seja imposta pela lei, como, *por ex.*, as ações referidas no artigo 85º nº 1 CIRE? Aparentemente sim, seja porque estão sujeitas a regras de apensação,

Trata-se de uma subsidiariedade expressamente reconhecida pelos acs. STJ 13-11-2014 (PINTO DE ALMEIDA), 12-8-2016/Proc. 841/14.1TYVNG-A.P1.S1 (NUNO CAMEIRA), 13-7-2017 (ANA PAULA BOULAROT), 24-10-2017 (ANA PAULA BOULAROT) e STJ 12-7-2018 / Proc. 608/17.5T8GMR-B.G1.S1 (ANA PAULA BOULAROT) [2].

A esta luz dir-se-á que também no âmbito insolvencial se aplicam os artigos 627º a 702º do Código de Processo Civil [CPC]. Em suma: que as decisões judiciais "podem ser impugnadas por meio de recurso" (artigo 627º nº 1 CPC), que estes se sujeitam a certos pressupostos (cf. artigos 40º nº 1 al. c), 629º a 632º e 638º CPC), que devem ser interpostos por requerimento sujeito a certos ónus (cf. artigos 637º, 639º e 640º CPC) e cumprir certa marcha (cf. artigos 637º, 638º e 641º CPC, nomeadamente) e que se admitem tanto os recursos ordinários (cf. artigo 627º nº 2 CPC) de apelação (cf. artigos 644º a 670º) e de revista (cf. artigos 671º a 687º), como os recursos extraordinários (cf. artigo 627º nº 2 CPC) para uniformização de jurisprudência (cf. artigos 688º a 695º CPC) e de revisão (cf. artigos 696º a 702º CPC). Por outro lado, a mesma remissão permite, naturalmente, importar outros meios de impugnação de decisão judicial, como os dos artigos 614º a 617º CPC, incluindo, *maxime*, para a omissão de decisão judicial, o regime geral das nulidades processuais do artigo 195º CPC.

E, portanto, se quisermos afirmar já aqui uma primeira conclusão é a de que, *salvo dispositivo especial do CIRE*, os regimes dos recursos, reclamações e nulidades processuais civis se aplicam *em bloco* à matéria da insolvência e do PER.

No entanto, naturalmente que cabe apurar quais são as disposições do CIRE que afastam o regime geral dos recursos cíveis.

À primeira vista, dir-se-ia que as disposições especiais seriam apenas as constantes do artigo 14º CIRE: este contém um complexo de normas especiais em matéria de recurso quanto a admissão de acesso ao Supremo Tribunal de Justiça, os efeitos da interposição dos recursos e a sua tramitação. No entanto, acham-se mais normas com relevância, direta ou indireta, para os recursos neste âmbito da insolvência, nomeadamente nos

seja pelo tratamento unitário para efeitos de urgência que lhes é dado no artigo 9º nº 1 CIRE, mas o ponto é duvidoso.

[2] A jurisprudência referida no presente artigo pode ser consultada em www.dgsi.pt, salvo se indicada expressamente outra fonte.

artigos 9º nº 1, 15º, 17º-F nº 9, 37º nº 8, 40º nº 3, 42º nº 3, 43º, 45º, 73º nº 5, 78º nº 2, 158º nº 4, 180º nºs 1 e 2, 188º nº 3, 207º nº 2, 209º nº 3, 217º nº 5, 222º-F nº 7, 233º nº 2 al. b), 239º nº 6, 255º nº 1, 258º nº 4, 259º nºs 3 e 5, 262º CIRE.

Além do mais, ressalve-se, ainda que, o artigo 17º-A nº3 CIRE determina que ao PER se aplicam todas as regras previstas nesse Código "que não sejam incompatíveis com a sua natureza"; *ergo*, por maioria de razão a aplicação subsidiária das regras previstas no Código de Processo Civil pode ser afastada se trouxer resultados incompatíveis com a sua natureza. Outro tanto faz o artigo 222º-A nº 3 CIRE quanto ao PEAP.

II. Por outro lado, cabe ainda notar, nesta sede introdutória, que o processo de insolvência prevê, que a sentença declaratória de insolvência possa, em alternativa ou em cumulação (cf. artigo 42º nº1 CIRE), com o recurso, ser objeto de embargos, previstos nos artigos 40º e 41º

Como sabemos, enquanto o recurso é um meio de impugnação de uma decisão, com fundamento em ilegalidade ou em erro de facto, os embargos são meios de reabertura do contraditório. Em ambos se pede a revogação da decisão, mas apenas o recurso é um meio de defesa da decisão ilegal [3].

Ora, justamente, os embargos à declaração de insolvência têm por objeto a alegação de factos ou o requerimento de meios de prova que não tenham sido tidos em conta pelo tribunal e que possam afastar os fundamentos da declaração de insolvência (cf. artigo 40º nº 2 CIRE e artigo 372º nº 1 al. b). Diversamente, no recurso o sujeito entende que "face aos elementos apurados, [...] [a sentença] não devia ter sido proferida" ou a providência deferida, como declara o legislador no artigo 41º nº 1 CIRE e no artigo 372º nº 1 al. a). Por isso, a competência é dada, respetivamente, ao tribunal da decisão ou ao tribunal superior.

É bom de ver que esses instrumentos de defesa processual estão fora do nosso escopo presente, pese, embora, algumas previsões normativas se destinem a regular tanto os embargos, como o recurso. Tal é o caso dos artigos 43º e 259º nº 3 CIRE [4].

[3] Veja-se, o nosso *O recurso civil. Uma teoria geral*, 2017, 127 ss.

[4] Sem prejuízo desta contraposição, será de acompanhar o ac. RE 2-10-2018/Proc. 1845/15.2T8EVR-K.E1 (Ana Margarida Leite) que julgou que, para efeitos do artigo 628º CPC, a sentença declaratória de insolvência "só pode considerar-se transitada em julgado quando não seja suscetível de recurso ordinário ou de reclamação, bem como de

III. Neste contexto, propomo-nos produzir algumas notas sobre as disposições do CIRE que, direta ou indiretamente, afastam o regime geral dos recursos cíveis.

Iremos fazer a respetiva apresentação, mas, permita-se-nos que dediquemos o principal da nossa atenção às normas que sejam mais significativas.

As notas serão arrumadas por áreas temáticas.

§ 2º Pressupostos recursórios

1. Valor

I. Por força da regra remissiva do artigo 17º nº 1 CIRE, vigora nos recursos em insolvência o pressuposto processual de que o "recurso ordinário só é admissível quando a causa tenha valor superior à alçada do tribunal de que se recorre e a decisão impugnada seja desfavorável ao recorrente em valor superior a metade da alçada desse tribunal" (artigo 629º nº 1, primeira parte CPC). A falta da satisfação deste requisito dita a rejeição do recurso, seja pelo juiz *a quo* (cf. artigo 641º nº 2 al. a) CPC), seja pelo relator (cf. artigo 652º nº 2 al. b) CPC).

Ora, o artigo 15º CIRE determina que, "[p]ara efeitos processuais, o valor da causa é determinado sobre o valor do *activo* do devedor indicado na petição, que é corrigido logo que se verifique ser diferente o valor real". Os efeitos processuais são, entre outros, e como previsto em termos gerais no artigo 296º nº 2 CPC, determinar "a relação da causa com a alçada do tribunal", operada, nomeadamente, em sede de artigo 629º nº 1 CPC.

II. Mas importa ponderar, ainda, outra regra especial: dita o artigo 301º CIRE que "o valor da causa no processo de insolvência em que a insolvência não chegue a ser declarada ou em que o processo seja encerrado antes

oposição de embargos"? Parece que sim, já que os embargos devem deduzidos dentro dos 5 dias subsequentes à notificação da sentença ao embargante ou ao fim da dilação aplicável e, sendo deduzidos, não se poderá admitir que a sentença transite, entretanto, em julgado: se assim fosse os embargos procedentes revogariam a sentença já depois do trânsito respetivo. Ver, ainda, no sentido daquele entendimento, Paula Costa e Silva, *A liquidação da massa insolvente*, ROA 65/III (2005), 723 ss., Carvalho Fernandes/João Labareda, *Código da insolvência e da recuperação de empresas anotado*, 3ª ed., 2015, 626, Menezes Leitão, *Código da insolvência e da recuperação de empresas anotado*, 9ª ed., 2017, 220, este com o argumento de a liquidação e partilha estão suspensas enquanto os embargos não forem julgados em definitivo (cf. artigo 40º nº 3 CIRE).

da elaboração do inventário a que se refere o artigo 153º é o equivalente ao da alçada da Relação, ou ao valor aludido no artigo 15º, se este for inferior; nos demais casos, o valor é o atribuído ao activo no referido inventário, atendendo-se aos valores mais elevados dos bens, se for o caso"; esse é o valor relevante para efeitos de articulação com o artigo 629º nº 1 CPC, como julgou o ac. RP 17-2-2009/Proc. 0826613 (Carlos Moreira).

Em consequência, se o devedor apresentar um ativo cujo valor não ultrapasse os € 5000 serão irrecorríveis sentenças e despachos proferidos nos processos de insolvência e seus incidentes, sem prejuízo das situações ressalvadas no nº 2 do artigo 629º [5]em que o recurso é sempre admissível, independentemente do valor da causa e da sucumbência, supondo que o mesmo se pode aplicar neste âmbito.

Mas em que momento é fixado o valor? No processo civil se uma ação não admitir saneador, o valor será fixado na sentença final, nos termos do artigo 306º nº 2 CPC. Porém, antes disso, o mesmo artigo 306º nº 3 CPC permite que se "for interposto recurso antes da fixação do valor da causa pelo juiz, deve este fixá-lo no despacho referido no artigo 641º", mas este irá fixá-lo em função dos elementos de que disponha.

Já no processo insolvencial, se é certo que o artigo 15º CIRE prevê que o valor pode ser alterado "logo que se verifique ser diferente o valor real" [6], porém até esses elementos serem carreados para o processo, " o critério de determinação provisória do valor da causa, [é] o valor que for indicado na petição, o qual se mantém para efeitos processuais até posterior correcção em face dos elementos que os autos vierem a fornecer" (RE 12-2-2015/ Proc. 19/14.4T8VVC-A.E1 (Alexandra Moura Santos)[7]).

> *Exemplo:* "se "o requerente da insolvência deu à acção o valor de € 7 000,00, que a 1ª Instância não alterou em fase ulterior do processo, esse é o valor da acção e o que releva para efeito de admissibilidade do recurso" (STJ 2-6-2015/ Proc. 189/13.9TBCCH-B.E1.S1 (Fonseca Ramos)).

[5] Assim, fazendo esta articulação entre o artigo 15º CIRE e o, então, artigo 678º, nº 1 CPC (atual, artigo 629º nº1 CPC), veja-se o ac. RP 17-2-2009/Proc. 0826613 (Carlos Moreira).

[6] Solução que se justifica particularmente quando é o credor a pedir a insolvência (cf. artigo 20º CIRE), pois ele pode não dispor à época de todos os elementos relativos ao ativo do devedor.

[7] No mesmo sentido, RE 21-12-2017/Proc. 1192/17.5T8STR-B.E1 (Canelas Brás). No antigo artigo 11º CPEREF havia um critério expresso para efeitos de determinação provisória do valor da causa: o valor era "determinado sobre o activo constante do balanço do devedor".

Daqui decorre que o valor indicado pelo requerente e que não haja sido impugnado pode ficar meramente provisório até à sentença que decida o pedido de insolvência , eventualmente, sem ultrapassar os € 5000 de ativo. Em consequência, os recursos de despachos proferidos antes da correção final do valor do ativo para o valor podem não ser admitidos, mas já o serão os recursos de decisões posteriores à correção do valor.

Exemplo: "[t]endo o valor da insolvência sido fixado em € 2000, e não tendo ainda havido qualquer decisão que altere tal valor, não é admissível recurso para o STJ do despacho que – nessa mesma insolvência – indeferiu o requerimento de exoneração do passivo restante" (STJ 8-1-2015/Proc. 2465/13.1TBVCT-G.G1-A.S1 (JOÃO TRINDADE)

Devemos dizer que este resultado parece ser particularmente arbitrário, pois depende das contingências do processo [8]. Pensamos que, visto a

[8] Veja-se, a este propósito, o caso julgado pelo ac. RE 21-12-2017/Proc. 1192/17.5T8STR-B.E1 (CANELAS BRÁS)) que julgou a reclamação do despacho do juiz a aquo que não admitiu o recurso por falta de valor, o qual despacho foi o seguinte "*O Requerente atribuiu à vertente acção um valor de € 2.000,00 em sede de petição inicial, e o Requerido aceitou tacitamente esse valor. Uma vez que o Tribunal, neste momento, não tem elementos para fixar outro valor à acção, nos termos do artigo 15º do CIRE, tem de se considerar o valor aceite pelas partes como sendo o valor da acção (artigo 305º/4 do CPC), o qual, diga-se, já deve ser superior 'ao valor do activo do devedor indicado na petição', que segundo os artigos 16º e 40º da mesma, para além de umas armas de caça de valor reduzido, é inexistente. Por conseguinte considerando a necessidade de aferir da admissibilidade dos recursos interpostos, sendo seu pressuposto a fixação do valor da acção, o Tribunal fixa o valor da acção, ao abrigo do artigo 305º do Cód. de Processo Civil, aplicável ex vi do artigo 17º do CIRE, em € 2.000,00. Notifique*".
A invocação do artigo 305º nº 4 CPC está correta, pois no caso o " Requerido veio contestar que estivesse em situação de insolvência, mas omitiu qualquer referência ao valor da causa indicado pelo Requerente – o que, nos termos do artigo 305º, nº 4, do Código de Processo Civil, significa a sua aceitação" – mas, deve pergunta-se se pode depois o tribunal alterar o valor se o processo vier a adquirir dados no sentido do ativo ser de valor superior ao inicialmente estimado. A resposta é sim, logo que tais elementos constem do processo; neste sentido, o dito acórdão julgou que "porque não dispunha na altura de outros elementos para vir a solucionar a problemática do valor da acção – necessária para a admissão dos vários recursos entretanto atravessados pelo Requerente, ainda antes da decisão final sobre o decretamento ou não da peticionada insolvência (recorde-se que há prova pericial a produzir sobre os honorários do requerente e testemunhas para serem ouvidas na audiência de julgamento) – o tribunal *a quo*, e bem, socorreu-se daquele valor indicado pelo Requerente e não contestado pelo Requerido. Pois que para poder fixar outro – eventualmente mais alto – é necessário vir ainda a produzir aquelas provas. Neste momento é aquele valor o disponível. Pelo que também o Apelante se não poderá queixar de que ficará impedido, no futuro, de vir recorrer da decisão final do

fixação definitiva do valor da causa não ter efeitos retroativos [9], se permita, ao menos, que um recurso que esteja pendentes à data dessa fixação e que não cumpra o pressuposto processual do valor, possa continuar *por sanação superveniente do vício processual.*

III. Entretanto, parece que o artigo 17º CIRE deverá ser interpretado restritivamente em sede de incidente de exoneração do passivo restante.

III. A. Efetivamente, o ac. TC 328/2012 de 27-6-2012/Proc. 189/12 (VÍTOR GOMES) julgou inconstitucional a "norma que resulta das disposições conjugadas do artigo 15º" CIRE e "do nº 1 do artigo 678º do Código de Processo Civil" (atual artigo 629º), quando "interpretados no sentido de que, no recurso de decisões proferidas no *incidente de exoneração do passivo restante* em processo de insolvência, o valor da causa para efeitos de relação com a alçada do tribunal de que se recorre é determinada pelo ativo do devedor" por violação por violação do princípio da igualdade consagrado no artigo 13º nº 1 CRP.

O raciocínio foi o seguinte: se é certo que o "critério do valor do ativo corresponde inteiramente à finalidade precípua do processo de insolvência", como prevista no artigo 1º CIRE, e que a "articulação desse valor com a alçada do tribunal e a correspondente irrecorribilidade das decisões que a não superem não colide com a Constituição (Acórdão nº 348/08)", dado o direito ao recurso não estar garantido de modo absoluta, porém, "a aplicação irrestrita desse mesmo critério para efeitos de determinação de recorribilidade das decisões relativas à exoneração do passivo restante conduz a um resultado contrário à própria razão que justifica a irrecorribilidade das decisões proferidas em causas de valor inferior à alçada do tribunal de que se recorre". Efetivamente, "um devedor cujo ativo seja superior à alçada e a quem seja indeferida pretensão de «exoneração de passivo restante» poderá recorrer da decisão de indeferimento qualquer que seja o montante desse passivo (embora, na prática, deva ser superior

processo – bastando, para tanto, que o Tribunal, na sentença a proferir, venha a fixar à acção outro valor, superior ao da alçada da 1ª instância, e, nessa altura, já estará então perfeitamente habilitado a fazê-lo, uma vez realizado o julgamento e produzidas as respectivas provas". Veja-se como a aceitação do valor pelo requerido veio obstar, sequer, a um incidente do valor (cf. artigo 308º CPC).

[9] Assim, CARVALHO FERNANDES/JOÃO LABAREDA, *Código* cit., 116.

ao ativo porque isso está implícito na situação da insolvência). Porém, um devedor cujo ativo seja inferior à alçada ficará impedido de recorrer de decisão similar, mesmo que pretenda impugnar uma decisão que lhe indefira pretensão de exoneração de passivo superior à alçada do tribunal de 1ª instância. Sujeitos em identidade de situação no que à pretensão material e de tutela jurisdicional respeita recebem tratamento diverso".

Em consequência, "interessados a quem a decisão é tão ou mais desfavorável ficam impedidos de recorrer em função do valor da causa determinado pelo ativo em liquidação, enquanto outros, em idêntica ou menos desfavorável situação, gozarão da faculdade de recorrer perante decisões similares. E essa diferenciação resulta apenas de atribuição de relevância a um fator (o valor do ativo) que é estranho à finalidade legal do incidente". Em suma: o acesso ao recurso por parte sujeitos com dívidas iguais e passivos iguais seria ditado pelo valor do ativo.

Repare-se que a razão da desconformidade com a Constituição não era a violação do direito ao recurso [10], mas, sim, a *violação do princípio da igualdade*: "[e]mbora do artigo 20º da CRP não decorra o direito a um 2º grau de jurisdição em processo civil e não seja constitucionalmente proibida a adoção do valor da causa como critério de determinação da admissibilidade do recurso, é contrário à proibição de arbítrio um critério de determinação do valor para efeitos de relação da causa com a alçada do tribunal que conduza a que *sujeitos afetados com a mesma intensidade por decisões judiciais* sejam colocados em posição diversa quanto à admissibilidade de impugnação da respetiva decisão desfavorável".

III. B. Esta doutrina do Tribunal Constitucional veio a ser abraçada na jurisprudência ordinária do ac. RP 4-11-2013/Proc. 430/13.8TBPNF-C.P1 (Alberto Ruço) nos seguintes termos: a "norma do artigo 15º do CIRE, que prevê o valor do activo como critério para a determinação do valor do processo de insolvência e seus incidentes, é inconstitucional quando aplicada à determinação do valor do incidente da exoneração do passivo restante, por infringir o princípio da igualdade consagrado no artigo 13º da Constituição da República. Afastada a aplicação daquela norma, o valor do incidente da exoneração do passivo restante é, nos termos do artigo

[10] Direito não absoluto, e de previsão constitucional não expressa; ver, o nosso *O recurso* cit., 146 ss.

313º, nº 1 e 305º, nº 1, ambos do Código de Processo Civil, determinado pelo valor do passivo".

Posteriormente, outro tanto fez o ac. RL 7-11-2017/Proc. 1371/17.5T8SNT. L1-7 (José Capacete).

2. Recorribilidade

I. Como é sabido, a lei poder determinar que de certa categoria de decisão judicial não caiba recurso. Os exemplos mais significativos – mas, não, os únicos – estão previstos no artigo 630º CPC: são irrecorríveis despachos de mero expediente, despachos proferidos no uso legal de um poder discricionário, decisões de simplificação ou de agilização processual, decisões proferidas sobre as nulidades previstas no nº 1 do artigo 195º e decisões de adequação formal [11].

Mas para além de estas, e de outras, categorias de decisões irrecorríveis que possam ser "importadas" para o CIRE, *ex vi a*rtigo 17º CIRE, há que notar que o próprio Código estatui, adicionalmente, que que são **irrecorríveis** as decisões judiciais seguintes:

a. decisão de conferir votos a créditos impugnados, fixando a quantidade respetiva, com ponderação de todas as circunstâncias relevantes (cf. artigo 73º nº 5 CIRE);
b. decisão pela qual o juiz, por sua iniciativa ou a requerimento do devedor, da comissão de credores ou de qualquer um dos credores da insolvência ou da massa insolvente, impede a venda antecipada de bens referida no nº 2 do artigo 158º CIRE (cf. artigo 158º nº 4 *in fine* CIRE);
c. decisão que qualifica de imediato a insolvência como fortuita, na sequência de proposta do administrador da insolvência ou do Ministério Público (cf. artigo 188º nº 5 CIRE);
d. decisão de admissão da proposta de plano de insolvência (cf. artigo 207º nº 2 CIRE); *a contrario* cabe recurso da decisão de *não admissão* da mesma proposta [12];

[11] Ressalva-se para a admissão de recurso, as decisões a que se refere o nº 2 do artigo 630º CPC "contenderem com os princípios da igualdade ou do contraditório, com a aquisição processual de factos ou com a admissibilidade de meios probatórios".

[12] Menezes Leitão, *Código* cit., 255.

e. decisão de encerramento do incidente de plano de pagamentos, por se se afigurar altamente improvável que o mesmo venha a merecer aprovação (cf. artigo 255º nº 1 CIRE);
f. decisão que indefira o pedido de suprimento da aprovação de qualquer credor de plano de pagamentos (cf. artigo 258º nº 4 CIRE).

Estas restrições não são inconstitucionais, pois o direito ao recurso não é absoluto [13]. Porém, não são passíveis de se aplicar seja ao PER, seja ao PEAP já que se referem a decisões que não têm lugar nestes processos especiais.

Por irrecorríveis, aquelas decisões podem, ainda assim, ser objeto de arguição de nulidade ou de pedido de reforma para o tribunal da decisão, nos termos gerais dos artigos 615º nº 4 e 616º nº 2 CPC. *Por ex.*, pode ser arguida omissão de pronúncia ou falta de fundamentação.

Julgando daqueles requerimentos, nos termos do artigo 617º nº 6 CPC, o juiz proferirá decisão definitiva sobre a questão suscitada, embora se o pedido de reforma for procedente, a parte prejudicada com a alteração da decisão possa recorrer, mesmo que a causa esteja compreendida na alçada do tribunal, não suspendendo o recurso a exequibilidade da sentença, o que, aliás, já decorre da regra especial do artigo 14º nº 5 CIRE. Portanto, será um recurso que sobe imediatamente, em separado e com efeito devolutivo.

Também já foi admitido que pudessem ser objeto de arguição de nulidade inominada (cf. artigo 195º), por violação do dever de "ser assegurado o princípio do contraditório, ouvindo-se os interessados processuais sobre a matéria, após o que caberá ao juiz do processo proceder a um juízo crítico sobre a legalidade desses parecer" (RE 10-2-2010/Proc. 1086/08.5TBSLV--B.E1 (Silva Rato)). Mas, dando de barato que, pese embora a regra do esgotamento do poder jurisdicional, o juiz, possa, ainda assim, julgar nulidades decisórias fora do âmbito dos artigos 615º e 616º nº 2, o respetivo despacho de indeferimento será, por regra irrecorrível por força disposto no artigo 630º nº 2 CPC.

[13] Assim, quanto ao disposto no atual artigo 188º nº 5 CIRE entendeu o ac. RE 14-4-2016/ Proc. 526/13.6TBPTG-M.E1 (Albertina Pedroso) que "a restrição imposta pelo legislador no referido normativo relativamente ao regime geral de recursos previsto no CPC, e ao próprio regime especial de recursos previsto no artigo 14º do CIRE, não viola qualquer preceito constitucional, designadamente os artigos 20º e 202º, da Constituição da República Portuguesa".

II. Mas, pela sua importância, e pelas dificuldades de articulação com o artigo 629º nºs 2 e 3, merece um tratamento separado o disposto no artigo 14º nº1 CIRE.

Lê-se nele que no "processo de insolvência, e nos embargos opostos à sentença de declaração de insolvência não é admitido recurso dos acórdãos proferidos por tribunal da relação[14], salvo se o recorrente demonstrar que o acórdão de que pretende recorrer está em oposição com outro, proferido por alguma das relações, ou pelo Supremo Tribunal de Justiça, no domínio da mesma legislação e que haja decidido de forma divergente a mesma questão fundamental de direito e não houver sido fixada pelo Supremo, nos termos dos artigos 686º e 687º do Código de Processo Civil, jurisprudência com ele conforme".

Este regime levanta dificuldades de articulação com o regime geral do artigo 629º CPC, bem como de determinação do seu âmbito e, ainda, dificuldades de interpretação específica.

II. A. Quanto ao seu **âmbito**, parece-nos que quando o preceito especial do artigo 14º º 1 CIRE determina que ele se aplica apenas ao "*processo de insolvência*, e nos *embargos* opostos à sentença de declaração de insolvência" quer dizer, *a contrario*, que *não abrange* os *apensos da insolvência*, dado serem *outros processos* e dada a assumida contraposição entre processo de insolvência e seus apensos patente no nº 2 do próprio artigo 14º CIRE. Mais duvidosamente, supomos que também não se abrange os *incidentes* do processo de insolvência, pois que o Código é relativamente coerente a distinguir entre o próprio processo de insolvência, seus incidentes e apensos: veja-se, seja a expressa enumeração nos artigos 9º nº 1, 81º nº 5, seja a ausência aos incidentes no nº 2 do artigo 14º CIRE[15]. Para uns e para outros regem as normas comuns do artigo 629º CPC, por conseguinte.

[14] Limitação justificada na exposição de motivos do Decreto-Lei nº 53/2004, de 18 de março pela "necessidade de rápida estabilização das decisões judiciais, que no processo de insolvência se faz sentir com particular intensidade".

[15] Contra, Carvalho Fernandes/João Labareda, *Código* cit., 113 (com a razão de que os incidentes "integram, formal e estruturalmente, o próprio processo" e com a inexistência de motivo para os mesmos incidentes não estarem abrangidos pela regra especial de prazo de alegações do referido nº 2 do artigo 14º) e o ac. STJ 12-7-2018 / Proc. 608/17.5T8GMR-B.G1.S1 (Ana Paula Boularot) julgou que o preceito vale para os "processos insolvenciais (e PER), oposição aos mesmos e incidentes nestes processados". Identicamente, antes dele, cf. o ac. STJ 12-8-2016/Proc. 841/14.1TYVNG-A.P1.S1 (Nuno Cameira).

Enfim, por força das referidas normas remissivas dos artigos 17º-A nº3 e 222º-A nº 3 CIRE, este regime estende-se ao PER e ao PEAP[16]: novamente com exclusão dos respetivos incidentes, porventura.

II.B. Por seu turno, levantam-se questões complexas de **articulação** do disposto no artigo 14º nº 1 com o regime geral do artigo 629º CPC.

É sabido que a regra nuclear do artigo 629º nº 1 CPC de que o "recurso ordinário só é admissível quando a causa tenha valor superior à alçada do tribunal de que se recorre e a decisão impugnada seja desfavorável ao recorrente em valor superior a metade da alçada desse tribunal", comporta dois grupos de exceções em que certas decisões, independentemente do valor da causa e da sucumbência, admitem recurso. A saber: (i) as decisões arroladas no nº 2 do artigo 629º admitem "*sempre*" recurso, seja da decisão de 1ª instância, seja de acórdão da Relação; (ii) as decisões arroladas no nº 3 do artigo 629º admitem "*sempre*" recurso para a Relação – não, recurso para o Supremo Tribunal de Justiça.

Veja-se, pois, o seguinte: enquanto os nºs 2 e 3 do artigo 629º CPC contêm normas de *permissão* do recurso, o nº 1 do artigo 14º nº 1 CIRE contém uma regra de *exclusão* do recurso para Relação, com uma exceção ressalvada. Com esta regra pretendeu-se que exista somente um grau de recurso e que o acesso ao Supremo Tribunal de Justiça fique apenas guardado para a estrita realização da sua função uniformizadora. Por isso, por maioria de razão, a mesma regra parece determinar implicitamente a inadmissibili-

[16] Com este resultado, os referidos acs. STJ 17-11-2015/ Proc. 1250/14.8T8AVR-A.P1.S1 (Júlio Gomes), STJ 12-8-2016/Proc. 841/14.1TYVNG-A.P1.S1 (NUNO CAMEIRA) e STJ 12-7-2018 / Proc. 608/17.5T8GMR-B.G1.S1 (Ana Paula Boularot). Explica o primeiro destes arestos: "O artigo 14º nº 1 estabelece para o processo de insolvência um regime de recursos restritivo, em que, em princípio, não se admite recurso dos Acórdãos proferidos por Tribunal da Relação, só se admitindo tal recurso havendo oposição de Acórdãos. Tal regime restritivo parece ter como finalidade "conferir celeridade ao processo". Mas se assim é não se vislumbra razão para que a disposição não deva ser aplicada por identidade, ou até por maioria de razão, ao processo especial de revitalização. Aliás, mal se compreenderia que as possibilidades de recurso em um tal processo – que pode, aliás, redundar em um processo de insolvência – fossem mais amplas que no processo de insolvência"; explica o segundo as "razões de urgência e celeridade processual que levaram o legislador a restringir drasticamente o acesso ao 3º grau de jurisdição no processo de insolvência valem de modo idêntico, senão até com maior acuidade, para o PER e justificam a aplicação subsidiária das normas do CIRE àquele processo especial, entre elas o regime recursivo estabelecido no seu art. 14º, nº 1".

dade de recurso de revista *per saltum*, previsto, em termos gerais, no artigo 678º CPC. Recorde-se, a este propósito, que a revista por salto era expressamente garantida no artigo 228º nº 3 CPEREF[17].

Ora, visto o nº 1 do artigo 629º CPC, i.e., a exigência de valor e sucumbência relevantes, se aplicar, como dissemos, a todos os processos regulados no CIRE, resulta a seguinte articulação entre o disposto nos artigos 14º e 17º CIRE e 629º CPC, salvo melhor opinião.

a. **regra:** em todos os recursos interpostos de decisões proferidas em processos regulados no CIRE as decisões que não satisfaçam o duplo requisito do valor da causa / sucumbência previsto no artigo 629º nº 1 CPC não admitem recurso;

b. porém (**exceções**)

a. tratando-se de **decisões proferidas na primeira instância** que caibam no artigo 629º nº 2 e no seu nº 3 CPC admitem sempre recurso para a Relação, independentemente do seu valor;

Exemplo: no caso já figurado, se foi fixado o valor da insolvência em € 2000, ainda assim caberia recurso nos casos previstos no artigo 629º nºs 2 e 3.

b. tratando-se de **acórdãos da Relação** que caibam no artigo 14º nº 1, não se admite nunca recurso, mesmo que o valor e a sucumbência o permitam[18], com uma importante ressalva constante da sua segunda parte; a saber: a garantia de revista fundada em conflito jurisprudencial[19].

Em nossa opinião esta última ressalva *dispensa as exigências do artigo 629º nº 1 (valor e sucumbência)*, em coerência com todo o sistema de garantidas patente no Código de Processo Civil: quando há conflito jurisprudencial cabe sempre recurso, irrelevando as exigências – claramente secundárias – seja do valor (cf. o artigo 629º nº 2 als. c) e d) CPC), seja da inexistência de dupla conforme (cf. a ressalva constante do artigo 671º nº 3 CPC).

[17] Lia-se "Sempre que não tenha sido oferecida prova ou que esta tenha sido rejeitada sem impugnação do recorrente, estando o valor da causa fora da alçada da Relação, o recurso das decisões proferidas sobre embargos pelo tribunal de 1ª instância sobe directamente ao Supremo Tribunal de Justiça".

[18] Portanto, o nº 1 do artigo 14º CIRE afasta o nº 1 do artigo 629º CPC, e, obviamente, o seu nº 2.

[19] Em termos práticos, há alguma similitude com o artigo 370º nº 2 CPC.

Por isso, e com o devido respeito, não acompanhamos os acórdãos que exigem sempre o cumprimento do nº 1 do artigo 629º CPC, mesmo quando exista o conflito jurisprudencial

Exemplos: (1) julgando de decisão singular do tribunal da relação que rejeitou revista por «Em sede insolvencial e acções conexas, vg PER, aplica-se o preceituado no artigo 14º, nº1 do CIRE, de onde decorre que os Acórdãos da Relação nesta sede apenas são impugnáveis quando haja oposição jurisprudencial, mesmo nos casos em que se verifique uma dupla conformidade decisória, o que faz afastar a possibilidade de na espécie ser aplicável quer o regime excepcional aludido no artigo 629º do CPCivil, quer o regime da Revista excepcional prevenido no artigo 672º, nº1, alíneas a), b) e c)", o ac. STJ 12-7-2018 / Proc. 608/17.5T8GMR-B.G1.S1 (ANA PAULA BOULAROT) confirmou a decisão singular repetindo que "a possibilidade de impugnação com fundamento na oposição de Acórdãos, a que alude o normativo inserto no artigo 14º, nº1 do CIRE, está dependente da verificação dos demais requisitos formais alicáveis, vg, o valor da causa por remissão do disposto no artigo 17º, nº1 do mesmo diploma; (2) julgando a referida situação em que o valor da insolvência foi fixado em € 2000 o ac. STJ 8-1-2015/Proc. 2465/13.1TBVCT-G.G1-A.S1 (JOÃO TRINDADE) considerou que apenas a "oposição de julgados a que alude o art. 14º do CIRE" só "seria de atender caso a decisão admitisse recurso em função do valor".

Repete-se: o sistema processual que o CIRE pretende importar por via do seu artigo 17º admite sempre recurso para o Supremo por razões de conflito jurisprudencial independentemente do valor da causa e da sucumbência. Uma importação do nº 1 do artigo 629º deve ser feita integrada no espírito do sistema e, não, de modo meramente formal e isolado.

Portanto, temos para nós que a segunda parte do artigo 14º nº 1 CIRE consagra uma *garantia de revista absoluta*.

Aliás, assim se compreende que se defenda tratar-se de um "regime especial de admissibilidade do recurso independente da verificação da dupla conformidade", logo, que "afasta a aplicação do regime da revista excepcional que decorre do art. 671º, nº 3" (STJ 12-8-2016/Proc. 841/14.1TYVNG-A.P1.S1 (NUNO CAMEIRA). Ou, nas palavras de ANA BOULAROT "nunca há lugar a revista excepcional, nos termos do normativo inserto no artigo 672º, nº1 do CPCivil, porquanto, de harmonia com o preceituado naquele artigo 14º, nº1 do CIRE apenas há lugar a recurso normal de Revista – *haja ou não dupla conformidade* – no caso de existir oposição de Acórdãos, afastando esta Lei, enquanto regulamentação especial, a possibilidade daqueloutra impugnação recursiva de carácter excepcional" (STJ 14-4-2015/Proc. 1566/13.0TBABF.E1.S1).

II.C. Finalmente, o recorrente que queira se prevalecer do fundamento excecional de recorribilidade previsto no artigo 14º nº 1 CIRE terá de **indicar expressamente quais os fundamentos** pelos quais afirma a oposição entre o acórdão da Relação de que pretende recorrer e outro, proferido por alguma das relações ou pelo Supremo Tribunal de Justiça.

Tal decorre do artigo 637º nº 2 CPC quando prevê o ónus de indicação do fundamento específico da recorribilidade: indicação a título de conclusões, o que implica a "explicitação dos fundamentos da oposição" (STJ 8-1-2015/Proc. 2465/13.1TBVCT-G.G1-A.S1 (João Trindade)

3. Tempestividade

Relativamente a prazos, a regra expressa é a de que *os recursos insolvenciais têm caráter urgente e gozam de precedência sobre todo o serviço ordinário do tribunal*, à semelhança do que sucede com todo o processo de insolvência e seus incidentes e apensos. Tal é o disposto no artigo 9º nº 1 CIRE.

Como tal, é de 15 dias o prazo para a sua interposição ou para a dedução de resposta às alegações, nos termos do artigo 638º nº 1 segunda parte CPC [20], sujeito ao regime do artigo 138º CPC, sob pena de indeferimento do recurso [21](cf. artigos 641º nº 2 al. a) e 652º nº 1 al. b) CPC).

> *Exemplo*: "o prazo (que é contínuo [...]) para a interposição de recurso de decisão proferida em incidente de exoneração do passivo restante é de 15 dias (cfr. artº 691,nº5, do CPC [= artigo 638º nº 1 segunda parte CPC atual]), que não o mais alargado e prazo regra de 30 dias" (RG 23-4-2013/Proc. 1198/12.0TBGMR-E.G1 (António Santos)).

[20] Neste sentido, RG 23-11-2010/Proc. 145/09.1TBCBT-AG.G1 (Ana Cristina Duarte) e RE 23-3-2017/Proc. 750/11.6TBVRS-F.E1 (Rui Machado e Moura). Este último nota que "nem se diga – como sustenta a reclamante – que nas notificações que lhe foram efectuadas nunca foi feita qualquer referência à natureza urgente deste processo, o que os fez agir na convicção de que o tribunal também entendia que o processo não era urgente, pelo que o entendimento normativo adoptado quanto ao art. 638º, nº 1, conjugado com o art. 9º, nº 1, é inconstitucional, por violação dos princípios da segurança jurídica, da confiança, da boa-fé, da proporcionalidade, do acesso ao direito e de tutela efectiva a um processo equitativo".

[21] Assim, ac. RE 23-3-2017/Proc. 750/11.6TBVRS-F.E1 (Rui Machado E Moura).

O prazo para alegações é um para todos os recorrentes, correndo em seguida um outro para todos os recorridos, por força do artigo 14º nº 2 CIRE. Decorre expressamente deste preceito que ele se aplica ao processo de insolvência ou a qualquer dos seus apensos, mas é duvidoso se se aplica aos incidentes daquele.

Por outro, o artigo 37º nº 8 CIRE fixa em relação aos credores e outros interessados citados da sentença de declaração de insolvência por edital (cf. artigo 37º nº 5) um *prazo de dilação de cinco dias* contados da publicação do anúncio do teor da sentença afixado na sede ou na residência do devedor, nos seus estabelecimentos e no próprio tribunal e por anúncio publicado no portal Citius, pelo que o prazo para o recurso começa a correr depois de finda a dilação.

4. Legitimidade

Ainda, quanto à **legitimidade recursória** prevêm-se normas de adaptação das disposições gerais do artigo 631º CPC:

a. da sentença que indefira o pedido de declaração de insolvência, nos termos do artigo 45º, "pode reagir o próprio requerente, e unicamente através de recurso"; não parece, por isso, admitir-se a reclamação por nulidade ou para reforma prevista nos artigos 615º e 616º nº 2 CPC;
b. da decisão que dê provimento a reclamação de deliberação da assembleia que seja contrária ao interesse comum dos credores pode interpor recurso qualquer dos credores (cf. artigo 78º nº 2 CIRE);
c. da decisão de indeferimento da (mesma) reclamação de deliberação da assembleia que seja contrária ao interesse comum dos credores apenas o reclamante pode interpor recurso (cf. artigo 78º nº 2 CIRE);
d. da sentença de homologação do plano de pagamentos ou da sentença de declaração de insolvência proferida nos termos do nº 1 do artigo 259º CIRE, só podem recorrer os credores cuja aprovação haja sido suprida (cf. artigo 259º nº 5 CIRE).

As primeiras são normas apenas atinentes ao processo de insolvência e a última é privativa do incidente de plano de pagamentos.

§ 3º Procedimento recursório

1. Marcha

I. Os recursos insolvenciais seguem a **marcha** prevista no Código de Processo Civil, por força da remissão subsidiária do artigo 17º CIRE. Já o dissemos.

> *Exemplo:* o recurso de apelação da sentença de qualificação da insolvência como culposa deve satisfazer, não apenas os ónus de alegar e concluir (cf. artigo 637º nº 2 e 639º nº 1), mas também os ónus de especificação relativos à impugnação da matéria de direito e à impugnação da matéria de facto (cf. os artigos 639º nº 2 e 640º)[22].

Mas a importação do regime processual civil para os processos insolvenciais levanta dúvidas de aplicação dos conceitos gerais.

A título exemplificativo, e sabido que se aplica aos recursos da insolvência o artigo 644º CPC, como qualificar o despacho judicial que, no quadro do artigo 17º-D nº 3 CIRE, rejeitou a impugnação de crédito reconhecido por administrador provisória em sede de PER, por extemporâneo? Será uma decisão final para efeitos do nº 1 do artigo 644º, pelo que transita se não for impugnada nos prazos gerais (cf. artigo 638º) a contar da sua notificação ou será uma decisão interlocutória que, por força da regra enunciada no nº 3 do artigo 644º CPC, pode ser impugnadas por apelação a final, pelo que só transita em julgado se não for interposto recurso da decisão final?

A resposta do ac. RC 29-10-2013/Proc. 2329/12.6TBPBL-A.C1 (ALBERTINA PEDROSO) foi a seguinte: "não se enquadrando a decisão recorrida quer no nº 1 do referido artigo [644º, mas, à época, artigo 691º] por manifestamente não pôr termo ao processo – já que a decisão que põe termo ao processo é precisamente a sentença homologatória [do plano de revitalização] de que foi interposto recurso -, nem em qualquer uma das alíneas do nº 2 do mesmo preceito [...] trata-se de uma decisão interlocutória, irrecorrível autonomamente quando haja recurso da decisão final, caso

[22] Neste sentido, o ac. RG 21-1-2016/Proc. 442/13.1TBVLN-C.G1 (MIGUEL BALDAIA MORAIS): "tendo o recurso por objeto a reapreciação da matéria de facto, deve o recorrente, para além de delimitar com toda a precisão os concretos pontos da decisão que pretende questionar, motivá-lo através da indicação das passagens da gravação que reproduzam os meios de prova que, no seu entendimento, determinam decisão dissemelhante da que foi proferida pelo tribunal "a quo".

em que são meramente impugnáveis neste recurso, nos termos do nº 3 do artigo 691º [644º],"; não sendo interposto esse recurso da decisão final vale o disposto no nº 4 do artigo 644º pelo que não pode "verdadeiramente falar-se em trânsito em julgado dos referidos despachos interlocutórios, até quinze dias contados após o dia em que tenha transitado em julgado a decisão que pôs termo ao processo", nos termos conjugados do artigo 644º nº 4 e 638º nº 1 segunda parte. No mesmo sentido, veio depois o ac. RE 8-9-2016/Proc. 39/16.4T8EVR-B.E1 (Paulo Amaral) julgar que o "despacho, proferido no processo especial de revitalização, que decide a impugnação da lista provisória de créditos apenas é impugnável com o recurso da decisão final (a referida no artº 17º-F. nº 5, CIRE)", nem cabendo na al. h) do nº 3 do artigo 644º CPC[23].

Com o devido respeito, discordamos. É que esta qualificação seria de acompanhar caso se entendesse que a impugnação do crédito não abre um incidente e que este não é processado autonomamente. É que os despachos de indeferimento liminar de incidentes processados autonomamente são apeláveis de imediato, nos termos do artigo 644º nº 1 al. a), sob pena de transitarem julgado.

Ora, pensamos que estamos perante um incidente processual – daí estar sujeito a custas próprias, por força do artigo 527º nºs 1 e 2 CPC, e do artigo 7º nº 4 do Regulamento das Custas Processuais[24]–, incidente esse que apresenta tramitação e decisão próprias. Por isso, merece apelação imediata nos termos do artigo 644º nº 1 al. a) CIRE, enquanto *incidente processado autonomamente* [25].

II. Sobre a matriz da tramitação processual civil o CIRE apenas introduziu disposições quanto ao **momento** e **modo de subida** que adaptam a lógica dos artigos 645º e 646º CPC.

Assim, por força do disposto no artigo 14º nº 5 CIRE os *recursos do processo de insolvência sobem imediatamente.*

[23] Pois para o Tribunal "o credor reclamante não vê, neste processo especial, o seu crédito apreciado, graduado; isso acontecerá depois e não é o carácter definitivo da lista que vai impedir isso. Não há pois que falar em absoluta inutilidade do recurso da decisão quando este deva ser apreciado com o que vier a ser interposto da decisão final descrita do artº 17º-F. nº 5".

[24] Veja-se, como exemplo, a impugnação "relatada" no ac. TG 9-2-2017/ Proc. 3820/15.8 T8VNF-B.G1 (JOSÉ CRAVO), sujeitada a custas

[25] Sobre a interpretação do artigo 644º nº 1 CPC veja-se o nosso *Código de Processo Civil anotado* I, 2018, 298-300.

Por outro lado, nos termos do mesmo nº 5, os *recursos sobem em separado*, acompanhados pelos documentos previstos no artigo 646º CPC[26]. Porém, ressalva o nº6 do mesmo artigo 14º CIRE, que *sobem nos próprios autos*

a. os recursos da decisão de encerramento do processo de insolvência e das que sejam proferidas depois dessa decisão;
b. os recursos das decisões que ponham termo à ação ou incidente processados por apenso, sejam proferidas depois dessas decisões, suspendam a instância ou não admitam o incidente.

A subida nos próprios autos tem uma razão: como o processo já não está a correr, bem podem os autos subir com o recurso. Portanto, a lógica subjacente é a mesma do artigo 645º CPC: a instrução documental do recurso não deve prejudicar o normal prosseguimento do respetivo processo[27].

2. Efeitos do recurso

A) Efeitos sobre a eficácia da decisão

I. Os recursos em processo de insolvência, no PER e no PEAP, *sobem com efeito devolutivo*, nos termos da parte final do nº 5 do artigo 14º CIRE.

Deste modo, a decisão recorrida produz os seus efeitos apesar do recurso. Trata-se de uma regra que substitui integralmente, em nosso ver, o regime do artigo 647º CPC, dado o enunciado expresso e sem restrições. Em consequência, não têm efeito suspensivo os recursos de despachos de indeferimento de incidentes processados por apenso (cf. artigo 647º nº 3 al. c) CPC), nem se admite atribuição judicial de efeito suspensivo mediante prestação de caução (cf. artigos 647º nº 4 e 648ç CPC), únicas normas que poderiam ser cabíveis aos processos pré-insolvenciais e insolvenciais[28].

[26] O artigo prevê ainda que para consulta pelos interessados será extraída das alegações e contra-alegações uma única cópia, que fica à disposição dos mesmos na secretaria judicial e que, durante o prazo para alegações, o processo é mantido na secretaria judicial para exame e consulta pelos interessados.

[27] Já fora do tema que nos está a ocupar, deve ser notado que o despacho previsto nos artigos 17º-C nº 4 e 222º-C nº 4 CPC, ao importar a suspensão das ações de cobrança, por força dos artigos 17º-E nº 1 e 222º-E nº1 CPC, implicará a suspensão da marcha dos recursos que estejam, eventualmente, pendentes nessas ações.

[28] Contra, admitindo implicitamente que, em abstrato, o disposto no nº 3 do artigo 647º poderia aplicar-se a apelações interpostas de decisões proferidas no PER, cf. o ac. RG 16-5-2013/Proc. 284/13.4TBEPS-A.G1 (Conceição Bucho)).

II. Destaquem-se, porém, algumas regras que procuram adaptar este princípio a certas categorias de decisões.

II. A. Assim, em sede de **plano de insolvência**, também o artigo 217º nº 5 CIRE dispõe que a "sentença homologatória produz de imediato os efeitos referidos nos n.os 1 a 3" do mesmo artigo, "ainda que seja interposto recurso". Mas, decorre *a contrario* que a restrição sobre o direito de regresso dos codevedores ou terceiros garantes da obrigação prevista na *parte final do nº 4* do mesmo artigo 217º CIRE só se dará com o trânsito em julgado da respetiva decisão.

Quem entenda que as disposições do artigo 217º CIRE se aplicam, com adaptações, **ao PER e ao PEAP**, ex vi artigos 17º-F nº 5 e 222º-F nº 5 e artigos 17º-A nº 3 e 222º-A nº 3 CIRE, deverá concluir pela concomitante aplicação deste mesmo regime do artigo 217º nº 5 a esses processos especiais.

II. B. Em segundo lugar, estando pendente **recurso da sentença de verificação e graduação de créditos** há lugar a cautelas de prevenção, dado o caráter provisório da sentença recorrida. Assim, segundo o artigo 180º nº 1 CIRE "consideram-se condicionalmente verificados os créditos dos autores do protesto ou objecto do recurso, neste último caso pelo montante máximo que puder resultar do conhecimento do mesmo, para o efeito de serem atendidos nos rateios que se efectuarem, devendo continuar, porém, depositadas as quantias que por estes lhes sejam atribuídas". Depois, após decisão definitiva do recurso, será autorizado o levantamento das quantias depositadas ou efetuado o rateio delas pelos credores, conforme os casos.

Prevê-se, então, uma responsabilidade processual qualificada no nº 3 do artigo 180º: "[a]quele que, por seu recurso [...], tenha obstado ao levantamento de qualquer quantia, e venha a decair, indemniza os credores lesados, pagando juros de mora às taxas legais pela quantia retardada, desde a data do rateio em que foi incluída"

Em terceiro lugar, se o processo tiver abraçado a via do **plano de insolvência** (cf. artigos 192º ss. CIRE), caso este seja aprovado antes do trânsito em julgado da sentença de verificação e graduação dos créditos terá de acautelar os efeitos da eventual procedência das impugnações da lista de credores reconhecidos ou dos recursos interpostos dessa sentença, de forma a assegurar que, nessa hipótese, seja concedido aos créditos controvertidos o tratamento devido (cf. artigo 209º nº 3 CIRE).

(Continuação). B) Efeitos sobre a marcha do processo

I. Subindo em separado dos autos, os recursos não tolhem a marcha do processo da decisão recorrida. Este continua os seus termos seguintes enquanto corre o recurso. Em suma, os recursos não têm efeito suspensivo intraprocessual [29], mas, antes, um efeito meramente devolutivo em sentido amplo.

A lei acautela, porém, a produção de atos cuja reversão por efeito da procedência do recurso seja custosa, ao determinar que **a liquidação e a partilha do ativo ficam suspensas por efeito da interposição** de

a. recurso da decisão de não homologação do acordo de recuperação (cf. artigo 17º-F nº 9 CIRE) ou do acordo de pagamentos (cf. artigo 222º-F nº 7 CIRE) [30];
b. recurso da decisão que, julgando a oposição de embargos à sentença declaratória da insolvência, mantenha a declaração de insolvência (cf. artigo 40º nº 3 CIRE);
c. recurso da sentença de declaração de insolvência (cf. artigo 42º nº 3 CIRE).

Ressalva-se, porém, o disposto no nº 2 do artigo 158º CIRE: o administrador da insolvência poderá promover a venda antecipada dos bens da massa insolvente que não possam ou não se devam conservar por estarem sujeitos a deterioração ou depreciação

Identicamente, sendo interposto recurso do despacho inicial, em sede de exoneração do passivo restante (cf. artigo 239º nºs 1 e 2 CIRE) **"a realização do rateio final só determina o encerramento do processo depois de transitada em julgado a decisão"** (artigo 239º nº 6 CIRE)

II. Se o procedimento pode ser acautelado provisoriamente dos efeitos de uma futura e eventual procedência do recurso, o inverso também pode ser considerado pelo legislador: acautelar o recurso dos efeitos de uma futura e eventual extinção do processo de insolvência.

Efetivamente, o artigo 233º nº 2 al. b) CIRE prevê que o encerramento do processo de insolvência, se for antes do rateio, acarreta a extinção da

[29] Sobre esta distinção veja-se o nosso *O recurso* cit., 241-242.

[30] Mas somente se o parecer do administrador vir a ser de que a empresa ou devedor se encontra em situação de insolvência.

instância dos processos de verificação de créditos e de restituição e separação de bens já liquidados que se encontrem pendentes, exceto (i) se tiver já sido proferida a sentença de verificação e graduação de créditos prevista no artigo 140º CIRE, ou (ii) se o encerramento decorrer da aprovação do plano de insolvência.

No primeiro caso os recursos interpostos da sentença de verificação e graduação de créditos prosseguem até final; no segundo caso "prosseguem até final as ações cujos autores ou a devedora assim o requeiram, no prazo de 30 dias" (artigo 233º nº 2 al. b) CIRE).

§ 4º Efeitos da procedência do recurso

Conclusões

I. A procedência de um recurso repercute-se retroativamente ao revogar, no todo em parte, um ato processual. Como tal ficam inutilizados os atos processuais praticados depois da decisão, ao abrigo do efeito meramente devolutivo e da não suspensão da marcha do processo, quando dela dependam.

Em conformidade, em sede de plano de pagamentos, a revogação da sentença de declaração de insolvência proferida nos termos do nº 1 do artigo 259º CIRE, implica a ineficácia do plano de pagamentos, nos termos da parte final do nº 3 do mesmo artigo, enquanto a revogação da sentença de homologação em via de recurso determina que são logo retomados os termos do processo de insolvência através da prolação de sentença de declaração de insolvência nos termos dos artigos 36º ou 39º, consoante o caso (cf. artigo 262º CIRE).

No entanto, o legislador procurou salvaguardar no artigo 43º CIRE a inutilização dos atos processuais decorrente da revogação por embargos ou recurso da sentença de declaração de insolvência: ela "não afecta os efeitos dos actos legalmente praticados pelos órgãos da insolvência".

II. Chegados aqui devemos concluir que há um traço comum à interpretação que fomos fazendo das especialidades que o CIRE apresenta no pano de fundo do regime recursório processual civil. O traço comum é o seguinte: as normas especiais sobre recursos que se retirem do CIRE devem ser interpretadas em harmonia com o *princípio pro actione* ou *favor actionis* decorrente do artigo 20º n.os 1 e 4 da Constituição (com suporte ordinário no artigo 2º nº 1 CPC e expressão no dever de gestão processual do artigo 6º CPC) [31]. Se a Constituição não garante o direito ao recurso, de modo irrestrito, porém, garante a interpretação mais favorável ao acesso aos tribunais de recurso, quando inexista um legítimo fim que prevaleça sobre esse acesso.

Mais: no domínio das vias de recurso legal e tipicamente positivadas, vigora o princípio da recorribilidade das decisões judiciais, consagrado no artigo 627º nº 1 CPC e da excecionalidade dos casos de irrecorribilidade [32] pelo que, também por esse princípio, se deve aplicar o regime recursório insolvencial de modo a que a rejeição de um recurso seja evitada, em caso de dúvida interpretativa.

[31] O princípio diz-nos que as normas de processo civil devem ser interpretadas segundo o sentido mais favorável ao exercício do direito de ação, sendo de afastar soluções formalmente mais severas, violadoras também da garantia de processo equitativo, não arbitrário.

[32] Assim, por todos, Ribeiro Mendes, *Recursos em processo civil*, 1994, 151 e o nosso *O recurso* cit., 205.

ÍNDICE

PREFÁCIO 5

PROGRAMA 7

Em face do Direito da insolvência iminente. O tratamento justo como condição para a reestruturação forçada da dívida: prioridade absoluta ou prioridade relativa? 13
CATARINA SERRA

O sinalagma na insolvência 31
MARIA DE LURDES PEREIRA

Insolvência, pessoas especialmente relacionadas, resolução em benefício da massa insolvente e subordinação de créditos 83
MARIA DE FÁTIMA RIBEIRO

Impugnação Pauliana, sob a sombra da resolução em benefício da massa 121
FRANCISCO MENDES CORREIA

Natureza e funções da responsabilidade civil por insolvência culposa 135
HENRIQUE SOUSA ANTUNES

Responsabilidade pela concessão de crédito a empresas em situação desesperada 169
NUNO MANUEL PINTO OLIVEIRA

Insolvência e Tutela do Consumidor 199
ANA TAVEIRA DA FONSECA

Administradores e (novo?) dever geral de prevenção da insolvência 229
J. M. COUTINHO DE ABREU

Conversão de créditos em capital 237
PAULO OLAVO CUNHA

Aprovação e homologação de planos de recuperação 255
FÁTIMA REIS SILVA

Financiamento para reestruturação e financiamento intercalar 271
MADALENA PERESTRELO DE OLIVEIRA

Insolvência da sociedade e responsabilidade fiscal dos seus administradores – algumas questões 281
RUI DUARTE MORAIS

Recursos no processo de insolvência e no P.E.R. 301
RUI PINTO